LOS PECADOS DE LA CARNE EN EL NUEVO MUNDO

MARIALBA PASTOR

LOS PECADOS DE LA CARNE EN EL NUEVO MUNDO

LA VISIÓN ESPAÑOLA DEL INDIO AMERICANO

CRÍTICA

Bajo el sello editorial CRÍTICA M.R.
Avenida Presidente Masarik núm. 111,
Piso 2, Polanco V Sección, Miguel Hidalgo
C.P. 11560, Ciudad de México
www.planetadelibros.com.mx
www.paidos.com.mx

Diseño de portada: Planeta Arte & Diseño / Daniel Bolívar
Imagen de portada: Litografía de Nicolas Eustache Maurin. Hernán Cortés después de destruir sus naves. Cc. Wikimedia Commons
Diseño de interiores: Francisco Miguel Miguel

Edición en formato epub
ISBN: 978-607-569-049-0

Edición en formato POD
ISBN: 978-607-569-076-6

Libro impreso bajo la técnica Print On Demand (POD)

Impreso en Estados Unidos – *Printed in United States*

ÍNDICE

INTRODUCCIÓN

Es conocido que, para el cristianismo —una religión con un dios único, un solo libro y una sola doctrina—, la muerte en el mundo llegó con el pecado original, la primera transgresión de la norma divina que alteró el equilibrio de los elementos constitutivos del ser (la carne y el espíritu) y heredó la soberbia de Adán a toda la humanidad. De acuerdo con Agustín de Hipona (354-430 d.C.) —uno de los teólogos que contribuyó considerablemente para incorporar las culturas ajenas al occidente cristiano y a repensar las religiones antiguas a la luz del Evangelio—, el pecado original no consistió en ingerir el fruto prohibido, sino en desobedecer y apartarse de Dios, ya que a la mala obra de comer lo prohibido precedió la mala voluntad de servir a los pecados en lugar de a la virtud. A esta ruptura del buen orden de la naturaleza, del buen orden dado por Dios, la llamó *contra naturam.*[1]

Para Agustín: «El pecado es una acción, una palabra o una concupiscencia que va contra la ley eterna»; contra «la razón divina que manda respetar el orden natural y prohíbe perturbarlo (AH, *Ciudad, XIV,* 6, 9).[2] Los pecados subvierten las relaciones entre los hombres, rompen la ley moral, la solidaridad; son asociales, se apartan de la recta razón y se oponen a la salvación del género humano.[3]

En el minucioso estudio de la naturaleza pecaminosa del hombre, sus debilidades y su oposición al espíritu a causa del cuerpo y la carne, el obispo de Hipona dice que la palabra *cuerpo* se refiere al instrumento material, a la «cárcel del alma»; en tanto que *carne* posee una connotación ambivalente. En sentido positivo, el Verbo se hizo carne, con ella, Cristo se convirtió en el mediador entre Dios y los hombres, y estos pudieron poner la carne al servicio de propósitos espirituales. En sentido negativo, las inclinaciones terrenales y corruptibles de la carne se manifestaron —como destacó Pablo de Tarso entre los años 50 y 56— como un conjunto de pecados.[4]

Para Agustín y para la teología cristiana posterior a él, toda actividad carnal beneficia a los poderes del rey de las tinieblas, debido a que promueve el desperdicio del tiempo y la energía que podrían destinarse al cultivo del espíritu. Como el gusto por los deleites es causa de desestabilización, él y otros sabios de la patrística recomendarán la renuncia al placer sexual[5] y recordarán que la lujuria es uno de los siete pecados mortales. El sexo es lo que los hombres tienen en común con los animales, y los actos sexuales sin fines de reproducción de la especie son contrarios a la buena y loable naturaleza, porque la afean y deshonran. Los impíos se distinguen por realizar tales actos, ya que no saben cuál fue el principio del linaje humano ni tampoco su destino, es decir, no tienen noticias de la bienaventuranza eterna. Son como bestias, siervos de sus apetitos, y ello los condena a sufrir la pena eterna después de la muerte. Los impíos viven en la mentira, en la carnalidad; vivir en Dios es vivir en la verdad, en la espiritualidad y aborrecer a quienes padecen los embates de afectos perversos y malignas enfermedades del ánimo. Por ello, el sexo solo debe orientarse a la multiplicación del género humano y a evitar en el cónyuge el peligro de la incontinencia (AH, *Ciudad* XIV, 26; *X*, 5).

Isidoro de Sevilla (556-536 d.C.), destacado influyente en España (y, a partir del siglo XVI, en América) agrega otras consideraciones relacionadas con los términos *carne* y *cuerpo*:

> Al *cuerpo (corpus)* se le denomina así porque, al corromperse, perece [...] Por su parte, *carne (caro)* es palabra derivada de *creare* [...] El significado de «carne» y «cuerpo» es diferente. La carne siempre es cuerpo, pero no

> siempre el cuerpo es carne. La carne tiene vida en cuanto vive el cuerpo. El cuerpo que no vive no es carne. Y así se da el nombre de «cuerpo» a lo que está muerto después de la vida o a lo que ha nacido sin ella. Es normal ver cuerpos con vida, pero carentes de carne, como puede ser la hierba o los árboles.[6]

Siglos después, la escolástica medieval, en particular Tomás de Aquino (*c.* 1224-1274) —una de las máximas autoridades teológicas en la educación del clero español—, aclarará que, aunque existen pecados de distinto género, todos se reducen a apartarse «de las cosas divinas y verdaderamente estables» y aceptar las «mudables e inciertas». En su obra magna, la *Suma teológica*, el Aquinate explica que los pecados se distinguen de acuerdo con los mandamientos que quebrantan, el objeto al que se dirigen y las virtudes que niegan. Hay pecados relacionados con Dios, el prójimo y consigo mismo; los hay de pensamiento, palabra, obra y omisión; y los hay carnales y espirituales. Entre los siete pecados capitales (soberbia, avaricia, gula, lujuria, pereza, envidia e ira), el que condena a más hombres al infierno es la lujuria, una afectación mental que «impregna con su desorden a todas las demás manifestaciones humanas».

A decir de Tomás de Aquino —el teólogo que más interesa en las páginas que conforman este libro, por haberse convertido en la guía y en el fundamento de la educación del cuerpo eclesiástico llegado a América—, los pecados de la carne se reúnen en la lujuria, que implica la menor participación del espíritu, es decir, la actuación humana que corrompe la moral y se acerca más a la animalidad. Caen en ella, sobre todo, los ignorantes, los paganos, los herejes carentes de templanza, y los fanáticos de los vicios de fornicación simple, estupro, adulterio, incesto y sacrilegio. Para el escolástico, la cópula carnal no es *contra natura*, al contrario, la procreación es ley natural, no obstante, el pecado ocurre cuando se aparta de esta función y se despierta el placer sexual que corrompe a la persona y a la naturaleza, porque en ese estado de desorden, la razón queda paralizada, despertándose la sed creciente de gozar más y más. Por eso, las virtudes tienen como finalidad reducir los movimientos de la carne a sus justos límites, para preservar el cuerpo de toda acción violenta.[7]

De acuerdo con la moral cristiana, recuperada por el tomismo, los paganos y los herejes cometen pecados nefandos, es decir, impíos e innombrables, porque satisfacen los deseos con movimientos corporales y derramamiento de semen sin resultados productivos, es decir, con actos desviados de la reproducción de la especie. Tales pecados se ubican en la esfera sexual de lo bestial y se les reconoce en la sodomía, en la molicie o en los tocamientos torpes, así como en las posturas que recuerdan las relaciones sexuales de animales que se alejan de la regla de la dominación del macho sobre la hembra. A estos pecados, siguen el sacrilegio, el incesto, el adulterio, el estupro y la fornicación simple que se aparta de «lo natural», porque, entre otras razones, así como los animales permanecen al lado de la hembra cuando es necesario para la prole, el hombre debe establecer matrimonio con una determinada mujer. Esta unión es connatural al ser humano, a diferencia del coito fornicario —el tenido fuera del matrimonio—, que va en contra de su bienestar.[8]

La tradición cristiana mostró su radical rechazo a la práctica de los sacrificios humanos —comunes en las etapas de predominio agrícola de la mayoría de los pueblos paganos— y a los sacrificios de animales efectuados hasta la caída del Imperio romano y aún después, por considerar que iban en contra de lo establecido en el Decálogo, sobre todo en contra del tercer mandamiento que impone santificar las fiestas, recordar el sacrificio de Cristo y no servir a otros dioses o ídolos. También contra el quinto mandamiento: no matarás.

Para superar la carnalidad y el derramamiento de sangre, los cristianos ordenaron la sustitución de los sacrificios corpóreos —producto, para ellos, de encantamientos mágicos y hechicerías satánicas— por el sacrificio de Cristo y los sacrificios racionales e interiores, individuales y colectivos del cuerpo místico que es la Iglesia. Además, en estrecho vínculo con el uso indebido de la carne y de la sangre, y el abuso de comidas y bebidas embriagantes, condenaron distintos tipos de relaciones sexuales frecuentes en los tiempos antiguos.

A partir del siglo XIII, los cristianos aportaron argumentos definitivos para reprobar las inclinaciones a los sacrificios cruentos, la fornicación, la embriaguez y la gula, es decir, para promover que sacerdotes y fieles se apartaran de estos pecados relacionados entre sí, ya que implicaban la participación del cuerpo, el derramamiento de la sangre y la excitación de la carne. Así, aconsejaron la abstinencia sexual, el ayuno y los ejercicios ascéticos. Además, para separar el coito del goce y reducirlo a su finalidad procreadora, inculcaron ritos de contención de las pulsiones libidinales y prohibieron las relaciones sexuales en determinados días del calendario litúrgico.[9] Asimismo, discutieron amplia y pormenorizadamente cuestiones relacionadas con la función de cada género hasta señalar, incluso, que las relaciones sexuales de los cónyuges que persiguen fines distintos a la producción de hijos violentan la naturaleza, y su realización en posiciones «no naturales» o con caricias no permitidas es pecaminosa. Por todo lo anterior, los aliados del demonio que ceden al mal y cometen faltas gravísimas —como pecar de idolatría y carnalidad— deberán recurrir, tarde o temprano, al arrepentimiento y la enmienda: tendrán que retornar a Dios.[10] Los fundamentos teológicos racionales para reprobar reglas y conductas distintas de las cristianas servirán a los cronistas de la primera evangelización para interpretar la cultura de los habitantes del Nuevo Mundo y justificar su obligación de adoptar el cristianismo. Como explicaré más adelante, con esta visión reconstruyeron el «verdadero» pasado de los pueblos vencidos, una práctica común entre los conquistadores y los colonizadores de todos los tiempos para asegurar el éxito de sus empresas de dominación.

*

El drástico desplome demográfico, la destrucción de los códices y de los templos, el asesinato de los sacerdotes y, en general, la coerción, la represión y la conversión al cristianismo, ocurridos durante la conquista y la colonización en América, ocasionaron que los cultos de producción y reproducción que daban sentido a la vida y la muerte de las comunidades prehispánicas se prohibieran o abandonaran, lo que trajo consigo tanto la eliminación de sus normas, valores, costumbres y representaciones, como una modificación sustancial de sus lenguas.[11]

Las culturas enfrentadas no fueron solamente dos, ni asistieron a un amistoso encuentro que les permitiera dialogar y negociar. Fueron múltiples y complejas, procedentes y ubicadas en ambos lados del Atlántico, con formas de vida incompatibles. Como bien lo condensó el franciscano Alonso de Molina en su *Vocabulario en lengua castellana y mexicana* (1571), era tal la diversidad de las palabras empleadas en las distintas regiones y tan difícil entender sus significados, que muchos secretos permanecerían sin esclarecimiento. Por eso, tanto «[…] para entender sus vocablos, como para declarar los nuestros» fueron «menester algunas veces largos circunloquios y rodeos»,[12] los cuales —o añado— no garantizaron el fiel apego a las creencias ni a las prácticas, que resultaban totalmente extrañas a unos y otros por ser el producto de experiencias que carecían de un lazo común.

En este libro planteo cómo las noticias fragmentarias, superfluas y fantasiosas acumuladas durante el Medievo por los hispanocristianos sobre divinidades y sistemas religiosos precristianos distintos de los suyos; su desacralización al considerarlos «idolátricos», así como su incomprensión de la fusión de lo espiritual y lo material, de lo sacro y lo profano, constituyeron problemas mayores para acercarse a la realidad y a la mentalidad de los pueblos americanos. Con este bagaje no lograron entender que, en otras culturas, los sacrificios cruentos —a veces hecatombes celebradas durante varios días— se realizaban para enfrentar la muerte con la muerte, conjurar el caos, garantizar la reproducción y establecer el orden; se trataba de un paso esencial en el control de la violencia interna y el establecimiento de las reglas de convivencia; constituían el fundamento de los códigos jurídicos y morales, y —aunque parezca escandaloso— permitían un progreso decisivo en el proceso de racionalidad y humanización.[13] Por el contrario, pensaron que tales actos correspondían a gente bárbara, aún no iluminada por la verdad del Evangelio.

Con base en lo anterior, reviso las principales crónicas de la «evangelización fundante» producidas en lo que Hernán Cortés, primero, y la Corona española, después, denominarán *Nueva España*. Estas se ubican entre el arribo de los primeros 12 frailes a Veracruz, en 1524, y la celebración del III Concilio Provincial Mexicano, en el año 1585.[14] Corresponden a los franciscanos Andrés de Olmos, Motolinia, Gerónimo Mendieta y Bernardino de Sahagún y a los dominicos Bartolomé de las Casas y Diego Durán.[15]

Las órdenes regulares antedichas comprendieron la religiosidad de los pueblos mesoamericanos, particularmente la de los mexicas, de acuerdo con lo aprendido en los cursos ofrecidos en los conventos españoles y novohispanos, así como en las universidades de Valladolid, Alcalá y, sobre todo, en la universidad de Salamanca. Con esta «sabiduría» creyeron encontrar el sentido y la significación de los cultos que les resultaron extraños y trataron de hacerlos inteligibles para que ayudaran en los procesos de conversión al cristianismo, al igual que habían hecho con otros pueblos paganos en Europa, Asia y África.[16] Por tal razón, tanto en los relatos como en las ilustraciones que a veces los acompañan, se observan alusiones a la tradición en la Iglesia católica de remitirse a los textos sagrados, las historias universales, el derecho canónico y la teología cristiana, principalmente a San Agustín, Isidoro de Sevilla y la escolástica aristotélico-tomista. Por consiguiente, el conocimiento de estas obras —en particular de la retórica y la teología cristianas— es imprescindible para interpretar las polémicas entabladas por los teólogos y los juristas españoles en torno a la naturaleza de los indios, y para entender las primeras crónicas, especialmente, las de evangelización. Esto se manifiesta en el constante énfasis que hacen sus autores de la idolatría y los pecados de la carne como vicios que los cristianos atribuyeron antes a otros pueblos paganos de la Antigüedad.

Al destacar todo lo relacionado con los «vicios» y no entender la lógica de las comunidades prehispánicas —sus formas de organización, sus reglas de comportamiento y sus sistemas de clasificación—, es decir, al convertir estos pecados en una obsesión, por considerarlos manifestaciones propias del demonio, los españoles no se percataron de la complejidad de la vida de los pueblos conquistados y se sumaron a la larga tradición imperial oriental y occidental de considerar lo ajeno inferior.

De acuerdo con los relatos de los cronistas, las conductas negativas de los habitantes de las nuevas tierras eran «naturales», porque en ellos no se había manifestado aún la gracia divina, y la ausencia de la revelación de la verdad los había mantenido en la ignorancia que impidió superar los temas de la carne y liberar al espíritu. No sabían —argumentaron los frailes— que lo que está dentro del cuerpo purifica la carne que está afuera y, como sacrificadores cruentos, antropófagos, adúlteros, fornicadores y, por momentos, sodomitas y bestiales, eran sirvientes del Mal. [(17)]

Por otra parte, en este trabajo destaco el procedimiento seguido por los frailes evangelizadores de «inculturar»[18] el cristianismo en la religiosidad prehispánica, persuadiendo a los indígenas a creer que sus diosas, dioses, mitos y ritos pretéritos contenían signos y denotaban inclinaciones cristianas. Lo hicieron, no como una forma de manipulación —quizá tampoco de manera consciente—, sino porque estaban convencidos de que la verdad divina se revelaba progresivamente y la llegada del Imperio español a América significaba la continuación del proyecto de salvación de toda la humanidad. Así distorsionaron lo extraño y proyectaron sobre él sus propias ideas, sus deseos y temores. Esto se evidencia en los relatos sobre el mundo precortesiano —para el caso del mundo mexica en las historias de Bernardino de Sahagún y Diego Durán—, cuando desvinculan los ciclos solares y lunares de los ciclos agrícolas, menstruales y de reproducción; desconocen las relaciones entre los sacrificios sangrientos, la guerra, la fertilidad y la noción cíclica del tiempo; dan por sentado el predominio de la estructura patriarcal y la superioridad de lo masculino sobre lo femenino, y no se preguntan por otros tipos de relaciones sexuales, de género y parentesco. El resultado de este proceso de distorsión es que todo lo relacionado con el uso de la sangre, la carne y el cuerpo humano, en especial los sacrificios sangrientos y las relaciones sexuales, los separan del conjunto de creencias, códigos y ritos establecidos por aquellas comunidades que —como cualquier otra precristiana— en realidad buscaban promover la cohesión, la fertilidad, el trabajo, las alianzas, la defensa bélica para evitar la disolución social,[19] sin que esto deba interpretarse como una idealización de tales comunidades, debido a que la historia prueba la universalidad del uso de la violencia.

Para explicar la conexión que las religiones prehispánicas establecieron entre las fuerzas naturales, incluidas las humanas, y las sobrenaturales en la vida cotidiana y en las fiestas periódicas (en las que, probablemente, sus asistentes ingerían brebajes, inhalaban perfumes, fumaban y entraban en trances extáticos acompañados de retorcimientos corporales, gritos, cantos y música), los evangelizadores no consideraron la importancia del papel de las relaciones carnales, tal como sí sugieren, en cambio, los relieves, las esculturas, las pinturas y la cerámica que sobrevivieron (y que actualmente se conservan en centros arqueológicos y museos), que representan genitales, coitos, embarazos y partos asociados al agua, la música, el erotismo, el poder y la producción económica.

En tanto los evangelizadores recabaron la información en sitios donde los cambios radicales habían acaecido (en el altiplano central de México, principalmente), y no en aquellos intocados o adonde los indígenas habían emigrado a causa de la invasión extranjera, lo relacionado con la religiosidad prehispánica procedió de otros españoles o de indígenas sometidos y adoctrinados. Además, como ocurrió antes en procesos de conversión emprendidos en otras latitudes, recurrieron al estereotipo del pagano mediterráneo, aprendido en sus colegios y universidades, para calificar y clasificar a los habitantes del Nuevo Mundo en forma análoga al Viejo Continente.[20]

Me parece necesario realizar este estudio debido a que las crónicas de evangelización han constituido el sustento de la historia del México prehispánico, a pesar de la intención declarada de sus autores de seleccionar solo aquello que pudiera contribuir a la conversión de los indios al cristianismo y no de reconstruir su pasado. Las crónicas de Bernardino de Sahagún y de Diego Durán han sido las más consultadas para reconstruir el pasado azteca o mexica, debido a que son las obras más detalladas y aceptan sin cuestionamientos lo que sus autores aseguran: haber recogido testimonios orales de indios ancianos que supuestamente vivieron y conocieron ampliamente lo acaecido antes de la Conquista.

El análisis de la historiografía colonial que aquí presento me permite sostener que la pretensión de reconstruir la religiosidad prehispánica con las crónicas españolas y los códices elaborados después de la Conquista por indios cristianizados, con la supervisión de los frailes, resulta fallida, [21] ya que cuando los evangelizadores conservaron algo de aquella religiosidad —casi siempre lo periférico o lo insustancial—, la reinventaron o la forzaron a sus principios cristianos, convencidos de la semejanza existente entre todos los pueblos paganos de la Tierra, y acostumbrados a ver la realidad desde la lógica dicotómica del bien y el mal, el providencialismo y la concepción del tiempo progresivo hacia la salvación; a entremezclar la realidad y la ficción, y a localizar los hechos históricos en los textos autorizados por la Iglesia. Esto fue evidente desde que los conquistadores agruparon a los pobladores del Nuevo Mundo llamándolos genéricamente *indios* —ubicados en la zona geográfica que suponían era la India—, igualándolos a los paganos de la Antigüedad por compartir con ellos las mismas conductas «reprobables», principalmente —como he insistido antes—,idolatría y los «pecados de la carne», con base en lo establecido por Agustín de Hipona, Isidoro de Sevilla y Tomás de Aquino.

Aunque hoy calificáramos el proceder de los frailes como prejuicioso, estereotipado y persuasivo, que, en los hechos, evidenció las limitaciones hispanas para comprender la vida religiosa y social de las comunidades indígenas e imaginar su mundo, en aquel momento histórico —siglo XVI— los hechos no podían haber ocurrido de forma distinta: las claves para entender al otro se reducían a advertir solo aquello que facilitara su dominación. Ellos procedieron como fieles católicos, de acuerdo con un período en el que el espíritu científico apenas se manifestaba. Es decir, es explicable que proyectaran su mentalidad en las culturas que les resultaban extrañas y las dotaran con sus propios códigos y valores morales.

Como se verá, no interpreto las crónicas únicamente como construcciones discursivas producto de la subjetividad influida por textos antecedentes y condicionada por sus circunstancias históricas, porque existen razones objetivas y materiales que no pueden soslayarse, sobre todo, el impacto que en ellas produjeron el miedo y las tensiones provocadas por el enfrentamiento de un mundo «monstruoso», la necesidad de sobrevivencia de sus autores, sus intereses materiales y espirituales, y los reclamos de los poderes monárquico y eclesiástico que dirigieron, censuraron y moldearon sus escritos. Además, las crónicas no deben estudiarse como obras de factura individual, ya que pertenecen a órdenes religiosas, es decir, a entidades sociales que tienden a colectivizar los relatos para fortalecer su posición.[22]

1

DE LA CARNALIDAD A LA ESPIRITUALIDAD

> La religión antigua nos hace soñar, en ocasiones, en una religiosidad que tal vez hemos perdido; pero, si nos fuese posible asistir a un sacrificio, nuestra reacción sería compleja ante esta escena de matadero, seguida por una carnicería sangrienta y terminada por los humos de una barbacoa. Pero el sacrificio es de hecho el acto capital de la mayoría de las religiones, aunque casi hemos olvidado su existencia. Los asistentes seguían las operaciones con una verdadera piedad, mezclada con alegría, todos se aprestaban a comer las carnes de la víctima, para no dejar al dios más que los huesos y los despojos [...][1]

Los conquistadores y los evangelizadores llegados a América identificaron los «pecados de la carne» como prácticas frecuentes de la población indígena y los compararon con los cometidos, siglos antes, por los pueblos paganos. Para comprender las razones de tal comparación es preciso referir —de manera panorámica— el tránsito de la carnalidad a la espiritualidad ocurrida en las costas mediterráneas, ya que esto permitirá un acercamiento a las concepciones precristianas, principalmente grecorromanas, de los sacrificios sangrientos, la fertilidad y la reproducción humanas, así como su conexión con el erotismo y las relaciones sexuales.[2]

La atención en el tránsito de la carnalidad a la espiritualidad dará una idea del proceso histórico que favoreció la expansión del cristianismo, con su internalización del sacrificio como sufrimiento, la prohibición de los sacrificios cruentos, el intento de limitar las relaciones sexuales a fines exclusivamente reproductivos y el afianzamiento de la monogamia y el patriarcado.[3] De igual manera, servirá para subrayar cómo el paso a la espiritualidad supuso la integración de los diversos dioses en un solo ente (el monoteísmo), la preeminencia de la unión personal y colectiva con lo abstracto, lo divino e intangible, y la formación de un aparato eclesiástico especialista en libros sagrados y prácticas religiosas. Hechos que se corresponderían con el abandono de la idea cíclica del tiempo asociada a los sacrificios sangrientos y la adopción de una idea lineal del tiempo vinculada a los sacrificios incruentos, la desacralización de los seres vivos y el desarrollo de la conciencia individual orientada a obtener la salvación en el más allá.

La referencia al pasado grecorromano, al Imperio romano, a su caída, y a los orígenes e institucionalización del cristianismo que se efectúa a continuación, no tendrá como objetivo componer una síntesis de siglos de historia de la religiosidad en los alrededores del mar Mediterráneo, sino solo destacar la importancia del significado del uso y el consumo de la sangre y la carne a fin de comprender mejor la mentalidad cristiana de los primeros cronistas evangelizadores del Nuevo Mundo e imaginar la revolución que supuso para los antiguos americanos la ruptura con su pasado.

El sacrificio como sacralización

Sacrificar es convertir algo en sacro, es divinizar. Los sacrificios humanos —practicados en casi todas las sociedades en algún momento de su historia— fueron una manera de garantizar el movimiento y la continuidad del mundo, por eso debieron repetirse constantemente. Su correspondencia con la noción del tiempo cíclico fue el símbolo de la conjunción de los tiempos y los espacios, de la permanencia y la actualización de los antepasados, también, la garantía de la cohesión social, la restitución del equilibrio, la fundación de las comunidades y el inicio de nuevas épocas. Ese tiempo se asoció a los ciclos astrológicos (solares y lunares) y meteorológicos; a los ciclos agrícolas, menstruales y de reproducción, y se correspondió con la noción de espacio cerrado; de conjunción de los reinos mineral, vegetal, animal, humano y divino, en los que todo ocurre en forma ambivalente, en tiempo presente, sin pasado ni futuro, o bien, se concibe la simultaneidad de las distintas temporalidades. El tiempo cíclico utiliza fórmulas para enfrentar el tiempo destructor, funciona como una muralla que incluye todo para evitar el caos. Estas fórmulas se confirman día tras día en las experiencias inmediatas, en el continuo ir y venir de la vida y la muerte, en el movimiento circular de los astros, en la alternancia de la siembra y de la recolección. La curva cerrada o los círculos que se repiten representan la perfección y la eternidad, el perpetuo retorno de todas las cosas y la negación de los conflictos. Por esta razón, la esfera y el círculo son imágenes sagradas, y es inútil elaborar promesas o creer en un mundo paradisiaco. Lo complementario y lo ambivalente —no lo excluyente ni lo dicotómico— forman parte de esta visión integral. Lo sagrado es igualmente bueno y malo, limpio y sucio. La muerte es una manera de venerar la vida y asegurar su continuidad. Lo femenino puede tener atributos masculinos y viceversa.[4]

De acuerdo con los relatos de la Antigüedad clásica que han permitido definir las bases de la teoría del sacrificio, la mayor parte de las comunidades tuvo su origen en un sacrificio inaugural, motor de la acción y de la explicación de fuerzas sobrenaturales, sociales y humanas. Tal sacrificio, generalmente sangriento, tendía a grabarse en la memoria de los creyentes, quienes lo repetían para garantizar la supervivencia colectiva, en virtud de su poder para comunicar el cielo y la Tierra, evitar las catástrofes, aplacar la ira de la naturaleza, favorecer las cosechas, reproducir las especies, fertilizar a las mujeres y garantizar los ciclos cósmicos. Las autoridades creyeron que los sacrificios proporcionaban energía a los soldados para ganar las batallas y hacían respetar las reglas de convivencia. Cuando, en los banquetes sacrificiales, se distribuía y consumía el cuerpo de la víctima —un ser humano o un animal—, al jefe, al monarca o al máximo sacerdote le correspondía el mejor trozo por ser el responsable de los mayores trabajos para preservar la cohesión comunitaria. El resto se repartía de acuerdo con el sitio ocupado por cada miembro en la colectividad. Así absorbían poder, afianzaban los lazos identitarios y diferenciaban las jerarquías.

Los sacrificios representaron el poder de los númenes, los peligros humanos, las conductas correctas e incorrectas, así como el respeto y la devoción por lo divino. En ellos quedaron fijados los temores, los deseos y las carencias materiales y espirituales. Funcionaron como medios de comunicación entre la humanidad y lo desconocido, entre los grupos sociales y los entes superiores o las fuerzas sagradas, y fueron una manera de acercarse a lo inexplicable, lo inanimado, lo invisible, lo impalpable, lo extramundano: a las fuerzas cambiantes de naturaleza ambivalente. Señalaron los momentos para dar y recibir; para apaciguar a los espíritus malignos, combatir los malos augurios, animar a los dioses a reproducir la especie y, sobre todo, a «superar el miedo a la muerte con sacrificios mortales».[5] Además, la realización de estos actos permitió la interiorización de un sistema simbólico relacionado con las divinidades y los distintos grupos sociales, su jerarquía y sus particularidades locales. Por su carácter homeopático, permitieron guiar lo sagrado, manipular el *mana* o las fuerzas ocultas. Con base en lo anterior, *sacrificar* no debe confundirse con *ofrendar*. Tampoco es lo mismo sacrificar un objeto animado o inanimado, un ser humano o un animal.

En la Antigüedad, cualquier persona, animal u objeto vinculado a una comunidad como protector o enemigo, como alimento o medio de curación, fue elevado a la categoría de divinidad mediante el sacrificio, por considerar que ese acto lo dotaba de poderes sobrenaturales. Exceptuando algunos cultos mistéricos en los que la idea de salvación predominó, el aquí y el ahora conformaron parte central de la vida. No preocupaba lo acaecido, sino lo repetido. Se creyó en la existencia de la reencarnación, en la inmortalidad, en un averno o una vida después de la muerte, pero no se temió un Juicio Final. El cielo, los antepasados, la Tierra y el submundo coexistieron, quedaron cercados en un espacio para evitar ser devorados por lo nuevo. Incluso el cultivo de la memoria y de los muertos trató de evitar que lo nuevo apareciera.[6]

Las sociedades grecorromanas, perturbadas a menudo por pestes, guerras, terremotos, inundaciones y otras catástrofes, invirtieron muchos esfuerzos en aminorar el miedo a la muerte y arrancarle sus secretos a la naturaleza. Sus divinidades pasaron sin dificultades del mundo sagrado al profano y, aunque fueron inmortales, ninguna de ellas ejerció un poder absoluto u omnisciente; ninguna fue perfección total. Por el contrario, se situaron en un sistema heterogéneo de pensar, distinguir y clasificar los fenómenos naturales, sociales y humanos, el cual procuró un equilibrio y comunicar los poderes del más allá. Sus dioses se transmutaron en animales, no contuvieron su lujuria, cometieron incestos, raptaron, violaron y —como Zeus o Apolo— establecieron relaciones homo y heterosexuales. Sufrieron, se flagelaron, trasgredieron las reglas y fueron volubles. Pudieron ser celosos, envidiosos, caprichosos, vengativos, rencorosos, injustos, incoherentes, exagerados. Es decir, en estas divinidades se proyectaron los deseos, las carencias y las aspiraciones humanas de controlar lo desconocido, y, a través de ellas, se impusieron las normas y las reglas de conducta.[7]

En la Grecia antigua, el mundo se concibió como una totalidad integrada. Los órdenes natural, humano y divino se pensaron unidos y colmados de múltiples formas de representación: desde los símbolos no icónicos y las figuras zoomórficas y fitomórficas, hasta las figuras humanas y monstruosas. Los tres órdenes (los animales mortales e irracionales; los hombres mortales y racionales, y los dioses inmortales y racionales) se crearon de la misma naturaleza y se imaginaron inmersos en una sola dimensión sagrada.[8] Lo espiritual y lo material no se concibieron separados, como se observa en la unión de la religión, la magia, la astrología, la alquimia y la medicina. Con sus saberes, los sacerdotes desentrañaron los misterios de los elementos primordiales (fuego, tierra, agua y aire); los médicos curaron los cuerpos en la medida en que conocieron las estrellas; los alquimistas dominaron el curso de los astros porque analizaron las entrañas de la tierra. Todo se reflejó en todo.

Ninguna religión griega se erigió en religión de Estado con pretensiones universalistas ni de exclusividad, tampoco configuró una Iglesia con un cuerpo sacerdotal especialista en cuestiones divinas, dogmas, libros sagrados y doctrina revelada. Por el contrario, todas ellas fueron el resultado de conglomerados de creencias, prácticas y representaciones, y formaron parte central de la colectividad. En la vida cotidiana, los dioses no detentaron una nacionalidad; se exportaron e importaron, ya que su culto fue local, individual, familiar o de grupo. Cada quien rezó al numen de su elección, de él se esperaron buenos frutos y, cuando no los dio o fue injusto, perdió su valor y su razón para adorarlo y ofrecerle sacrificios.[9] Lo mismo ocurrió en Roma, aunque los magistrados decidieron qué dioses, sacerdotes y templos debían recibir culto público.

Los antiguos cultos de sacrificio fueron complejos, dada su diversa composición en relación con la muerte y la vida, la pérdida y la adquisición. Sus ritos variaron de fecha en fecha, de tiempo en tiempo, y de lugar en lugar, al grado de existir distintos rituales para levantarse, rezar, vestirse, ingerir el primer alimento, caminar, cocinar, dormir, etc. En virtud de que lo religioso estuvo plenamente integrado a la sociedad, el amor, el nacimiento, el matrimonio, la muerte, la guerra, la paz, la agricultura, el comercio y la política se apegaron a estrictas reglas sagradas. Ningún rito de iniciación careció de sacrificios;

ningún principio de año, de siembra o de cosecha ignoró este acto. Tampoco las batallas omitieron esta manifestación. Las unciones de los altos dignatarios comenzaron con sacrificios que recordaron los relatos míticos a través de los cuales se transmitieron las tradiciones, en especial lo referente a la moral sexual. Zeus dominó arropado por los sacrificios; Medea sacrificó a sus hijos, y Agamenón entregó a su hija, Ifigenia de Áulide, a fin de permitir que su comunidad reiniciara su ciclo vital tras triunfar en la guerra de Troya. Casi todos los héroes míticos terminaron sus días exaltando su vida sacrificial. También las fiestas y las ceremonias, con sus objetos y sus representaciones, con sus danzas, coros, música y teatro, sus normas y reglas de conducta, surgieron del sacrificio y con él las comunidades adquirieron una identidad propia.[10]

Las celebraciones atenienses más populares e impactantes para los cristianos, las que trascendieron como típicamente paganas, fueron las de Dionisio, uno de los dioses más afamados de la Antigüedad por ser «brillante y seductor» y estar muy relacionado con los asuntos cotidianos. Él cultivó el «placer de vivir», los juegos, la embriaguez, los trances, la fertilidad, los banquetes y la abundancia. Sus ritos regularon episodios centrados en el erotismo y las cópulas. Su naturaleza ambivalente (varón y mujer, joven y viejo, cercano y lejano,) le permitió representar, simultáneamente, el orden y el caos.[11] El momento importante de sus fiestas —celebradas cada dos años en la montaña— fue el sacrificio del macho cabrío, símbolo de la cohesión de la *polis*. Sus epítetos divinos revelan la fusión entre él y su fiel; entre sacrificador y sacrificado: Dionisio se llama a la vez Toro, «Comedor de carne cruda» y «Comedor de toro, chivo y cazador de cabras», ya que el dionisismo «desconoce la estricta distinción entre los dioses y los mortales, que establece la religión tradicional».[12] En sus orígenes, su fiesta incluyó el ditirambo, un canto y danza rítmicas en honor a Dionisio, dirigido no solo al renacimiento de los humanos, sino de toda la naturaleza; un canto a la primavera y la fertilidad del año nuevo. El ditirambo acompañó a los ejecutores del sacrificio y recordó los gritos y los gemidos del animal al recibir el golpe de muerte. La sangre de la víctima —un elemento mágico— se guardó en un barril y su carne se cortó en pedazos, se tendió y se quemó en el altar. El momento culminante de esta celebración fue la *homofagia* o *comunión mística*, ya que el animal, cuyos trozos sangrantes se devoraron en el banquete, fue identificado como el mismo Dionisio.[13]

Además, de acuerdo con Heródoto, en estas reuniones

> [...] llevan por las calles las mujeres moviendo y agitando obscenamente un miembro casi tan grande como lo restante del cuerpo. La flauta guía la comitiva, y sigue el coro mujeril cantando himnos en loor de Baco o Dioniso. [...] Paréceme averiguado que Melampo, el hijo de Amiteon, no ignoraría, sino que conocería muy bien esta especie de sacrificio, pues no solo fue el propagador del nombre de Dioniso entre los griegos, sino quien introdujo entre ellos asimismo el rito y la pompa del Phalo, aunque no dio entera explicación de este misterio, que declararon, más cumplidamente los sabios que lo sucedieron.[14]

Como en cualquier otra parte del planeta, en el antiguo mundo mediterráneo, el punto de partida de esas prácticas religiosas fue la realidad social, por lo que calificarlas como actos irracionales y libertinos —como lo hicieron los cristianos— constituyó una falsa interpretación. En función de esos cultos se establecieron los pactos o acuerdos colectivos por los cuales se determinaron las conductas prohibidas, se fijaron los calendarios, y se calcularon los pesos, las medidas y los tributos que las comunidades debían entregar a las autoridades que distribuían los excedentes de producción conforme a lo que —según ellas— determinaban las fuerzas sagradas. Como escribió el apologista cristiano Lactancio, la cría de animales para los sacrificios, su venta a la entrada o dentro de los templos, el cultivo de yerbas asociadas a ellos, el comercio de conchas, metales y piedras preciosas, la confección de vestidos y la fabricación de ídolos, estatuas, figuras votivas, y otros objetos empleados en las fiestas de sacrificio, establecieron un ritmo de trabajo particular, de compra-venta y desarrollo de ciertos oficios. El dinero surgió de esta abundancia de recursos y la necesidad de su intercambio y distribución.[15]

Uno por todos

Durante la época del Imperio romano, muchos de los grandes centros religiosos edificados en honor de los afamados dioses griegos se mantuvieron vivos y, a menudo, desde cualquier punto geográfico, las procesiones llegaron hasta sus altares para realizar los tradicionales sacrificios de animales; una parte de las antiguas manifestaciones religiosas que no debía abandonarse.[16] De acuerdo con Virgilio, la comunidad romana se había fundado en un sacrificio humano —el sacrificio de Eneas— y este había prefigurado el sacrificio del emperador como símbolo religioso de la unidad del imperio y la entrada de su gente a la tierra prometida de la península itálica. El emperador —el *imperator Caesar Augustus*, la máxima autoridad detentadora de una gran riqueza material y revestida de carisma— encarnó el «ideal de todas las antiguas virtudes romanas, y, en especial, de la *virtus*, *clementia*, *iustitia y pietas*». Esta figura semidivina —representante de los dioses y, a partir del siglo III, de algún dios particular— se idealizó como un héroe cuyo sacrificio aseguró el futuro de la comunidad que, a su vez, se sacrificaba por él al ser el representante de Roma. La inobservancia de las prácticas religiosas imperiales se consideró un crimen máximo[17] y, en distintas regiones, los cónsules y los funcionarios establecieron un ceremonial de corte para adorar al emperador como a una clase de demiurgo platónico, tendiendo a conformar un «monoteísmo jerárquico» en el cual —según la interpretación cristiana— el emperador fungió como la encarnación del hijo de Dios o Logos mediador en la Tierra: «Un solo Rey, un solo Dios, un solo Imperio».[18]

El sacrificio de uno por todos fue una demostración del poder trascendental del emperador de morir como humano para renacer y permanecer eternamente en el imaginario de los vivos. Ese sacrificio prefiguró la inmortalidad cósmica, el sacrificio de Cristo y su resurrección: el triunfo de la lucha entre el cielo y la Tierra. De igual manera, prefiguró la visión dicotómica del mundo como una guerra entre el bien y el mal, entre Dios y el demonio.[19] Las frecuentes visitas de los emperadores a las provincias y la intensa actividad comercial desplegada desde su hegemonía provocaron que las religiones mistéricas, junto con cultos de origen egipcio, sirio, persa e indio, ganaran seguidores en Roma. Las formas de conocimiento del universo derivadas de ellas se guardaron en secreto, ya que en los rituales predominó el intento por alcanzar una íntima y personal relación con las fuerzas espirituales que movían el cosmos. Los romanos siempre habían aceptado otros cultos, siempre que no atentaran contra el Estado y no acarrearan conflictos por practicar sacrificios humanos o abusar de las relaciones sexuales durante los ritos nocturnos, como ocurrió en las bacanales del año 186 a.C., prohibidas por el senado romano.[20]

Los estoicos creyeron que un único dios estaba por encima de los demás y apreciaron la racionalidad e imperturbabilidad de las pasiones al sostener que la realidad estaba ordenada y sujeta a reglas, y la moral era un cosmos providencial en el que la muerte no significaba gran cosa: «Era el final de pequeñas cosas como comer, amar y dormir».[21] El estoicismo configuró una «receta de dicha individual» y autotransformación para las cuales enseñó a cultivar el poder y la autonomía de un yo capaz de vencer al «mundo amenazante o absurdo».[22] Criticó la lujuria, en especial la prostitución, y propuso el sometimiento de las mujeres al deber conyugal mediante el matrimonio y la fidelidad como reglas morales; pues «en el fondo de todo placer está el sexo y [...] la naturaleza del sexo requiere que se dirija y se limite a la procreación».[23] El pensamiento de Séneca (4 a.C.-65 d.C.) —el destacado filósofo estoico, rico negociante y senador romano de origen hispano que intentó guiar a Nerón por el camino de la virtud— influyó notablemente en su época (y después de ella), debido a que preparó el advenimiento del cristianismo y trascendió a la teología cristiana, particularmente en la península ibérica. En su combate contra el epicureísmo, contra la búsqueda del placer como esencia de la vida, el cordobés advirtió que cuando el cuerpo está «enviciado en la golosina» se apetece lo dañoso en vez de lo saludable. Según su entender, para dominar la pasión existe la razón y para luchar en contra del vicio, el cultivo de la virtud.[24]

> La virtud es una cosa alta, excelsa, real e infatigable; el deleite es abatido, servil, débil y caduco, cuya morada son los burdeles y bodegones. A la virtud hallarás en el templo, en los consejos y en los ejércitos, defendiendo las murallas, llena de polvo, encendida y con las manos llenas de callos. [el sumo bien es inmortal], el ánimo recto jamás se altera, ni se aborrece, ni se muda, porque sigue siempre lo mejor. El deleite, cuando está dando más gusto, entonces se acaba, y como tiene poca capacidad, hínchase presto y causa fastidio, marchitándose al primer ímpetu, sin que se pueda tener seguridad de lo que está en continuo movimiento (Snc, *Trat, VII*)

Para Séneca la sabiduría es la fuente de la vida juiciosa y bien intencionada que dirige al arte del buen vivir. Es el medio de apegarse a «los preceptos de la naturaleza». Por ello propone cercenar, cada día, alguna parte de los vicios propios y castigar las culpas (Snc, *Trat., VII*).[25] De esa forma, este hispanorromano estableció las bases del derecho natural que para los primeros cristianos (Tertuliano, Jerónimo, Lactancio y Agustín de Hipona) sirvió como guía del correcto comportamiento por ser la luz de la razón determinada por el Verbo, la Palabra, el Logos; aquello que para los cristianos encarnaría en Cristo, el hijo de Dios.[26]

Los seguidores de los cultos órficos y neopitagóricos también rechazaron el mundo sensible. Repudiaron los sacrificios cruentos y el abuso de la carne y la sangre en los cultos, e intensificaron la importancia de la perfección espiritual, la salvación del individuo e, incluso, la inmortalidad del alma mediante prácticas para deshacerse de los demonios, los demiurgos y las potencias del mal.[27]

Al recuperar los planteamientos de Platón sobre la realidad como creación subjetiva y «la emanación de todas las cosas a partir de Dios», los neopitagóricos reprobaron los sacrificios cruentos.[28] Para algunos de ellos, las relaciones sexuales (la distracción del alma de los fines espirituales) eran despreciables, ya que consideraron que el alma, encarcelada en el cuerpo, y tal vez inmortal, constituía una unidad, la misma en la vida que después de la muerte, y solo podía unirse a Dios por medio de la mística. Los seres humanos debían dominar las pasiones y pretender la perfección para alcanzar la salvación. También desarrollaron la idea de un Dios todopoderoso y un más allá condicionado por méritos personales más que rituales.[29]

Si bien las ideas de las sectas antedichas circularon en las ciudades del Imperio romano, junto con lecciones religiosas ofrecidas en forma de propaganda individual por sacerdotes y penitentes públicos, en las zonas rurales las prácticas de carácter supersticioso, astrológico y mágico se mantuvieron, y la creencia en los demonios obstaculizó el desarrollo del racionalismo. Había quienes se presentaban como hijos de Dios, como Dios o como el espíritu divino; quienes ofrecían curaciones y la adivinación del futuro y quienes —el emperador Alejandro Severo (208-235), por ejemplo— adoraban en su capilla privada las esculturas de cuatro distintos profetas: Abraham, Orfeo, Cristo y el místico neopitagórico Apolonio de Tiana. La idea de la unidad de todos los dioses en un único dios, trascendente y superior; la contención del placer sexual como una iniciativa positiva y la revitalización de actitudes virtuosas, ascéticas y abnegadas, fueron cada vez más atractivas y constituyeron el camino hacia una mayor espiritualidad entre la aristocracia romana, a pesar de la ocurrencia de algunos casos de sacrificios de niños, antropofagia y sacrificios de animales, y de la continuación de las adivinaciones y el desarrollo de las ciencias ocultas.[30]

La aversión a la carne y a la sangre

Como demuestra el relato mítico de Abraham, su hijo Isaac y su sustitución por un cordero pascual para el sacrificio (en la fase temprana de la religión judía), la desobediencia de la voluntad de Dios provoca la cólera divina que se aplaca con el arrepentimiento, los castigos y los sacrificios de primogénitos, carneros y otros animales (SB, Gen., *22,*1-19).

Posteriormente, en el conjunto de sacrificios de animales, expuesto en el Levítico —uno de los libros del Pentateuco de naturaleza fundante y expiatoria por pecados cometidos— se indica cómo se derrama la sangre de estos en torno al altar de Yahvé y algunas partes de sus cuerpos se queman en el altar de los holocaustos donde el fuego siempre debe arder. Se especifica qué carne de animal se puede o no comer, en qué días, y se determina no ingerir la sangre de cualquier especie so pena de ser borrado del pueblo (SB, Lev., 4-11), porque la sangre es la vida y «no debes comer la vida de la carne» (SB, Deut., 12-23). Isaías narra su hartazgo por los holocaustos y las fiestas con crímenes de animales, así como su decepción ante la comunidad judía por no aprender a hacer el bien.

Tras la destrucción del templo de Jerusalén por parte de los romanos, los judíos comenzaron a extender «[...] la creencia en la virtud redentora del sufrimiento, que tendrá una considerable repercusión religiosa y permitirá sublimar, poco a poco, la concepción antigua de la expiación por medio del sacrificio animal».[31] El deseo de volver a su templo para restablecer la alianza con Dios impulsó la conciencia del pecado, la refundación de la comunidad en la ley de Moisés y la institución de una entidad sacerdotal, de autoridad y fiestas como la del Yom Kipur (Gran Perdón). Será la purificación de los pecados, con el arrepentimiento y la conversión, lo que agradará a Yahvé, esto es, el alejamiento del mal y la práctica de la justicia.[32]

Para trascender el sacrificio humano y, en general, los sacrificios cruentos, será necesario superar su necesidad psicológica: la pulsión de interpretarlo como un imperativo divino para conservar el ciclo de la vida y la muerte, y convencerse de que cualquier otro sacrificio puede sustituirlo. Habrá que manifestar repugnancia por la sangre derramada y la carne muerta, fría, estática, quemada o mancillada, y aversión a tocarla, sentirla, destruirla u ornamentarla. Asimismo, será necesario sufrir ante la pérdida de una persona amada —como lo narran muchos mitos— y sentir amor, piedad, empatía y compasión por otros seres humanos. En contraparte, la regresión a los sacrificios cruentos, en especial al humano (ocurrido, generalmente, en situaciones críticas a lo largo de la historia hasta nuestros días), requerirá perder dichos sentimientos.

Fueron numerosas las influencias recibidas por los cristianos para sustentar su fuerza en la espiritualidad y la salvación.[33] A las antes mencionadas, procedentes de sistemas filosóficos y religiosos, de cultos de salvación y doctrinas judías y helenísticas, se suman otras dos: el culto egipcio a Isis (una de las diosas-madre venerada desde los siglos II y I a.C. en Pompeya, Herculano, Roma y en las ciudades griegas de Campania) y el culto persa a Mithra.

Los misterios de Isis, tomados de distintos ritos y mitos egipcios y griegos, se practicaron en las costas mediterráneas, a pesar de los intentos de Augusto por recuperar la tradición religiosa y sacar los cultos extranjeros del pomerium (el recinto sagrado romano). Esta diosa verde de la vegetación y el grano destacó por condensar múltiples atributos relacionados con la fertilidad, la producción y la reproducción, además de proteger la navegación y el comercio, y atraer así a gente de muy distintos lugares. Fue reconocida por haber sido esposa de Osiris y madre de Horus, por haber descubierto la cebada al sacrificarse por su esposo y sus ancestros, y presentarse como la verdadera esposa, madre tierra, reina benefactora de la naturaleza. Ella estaba «dotada de capacidades mágicas, podía curar enfermedades», perdonar y prometer la inmortalidad y la salvación eterna. Sus templos se ubicaban cerca de los prostíbulos y de los mercados y, como otras diosas-madre, era primogénita de todas las edades, salvadora de la raza humana, cuidadora y guía de los marineros, así como *Stella Maris* y *Mater Dolorosa* que consuela y da aliento a los desgraciados y los dolientes.[34]

Como prefiguración de la virgen María, Isis fue la contraparte del iranio Mithra, el dios de la luz (*Sol Invictus*) dotado de un sistema astrológico que adoptaron los romanos —principalmente los militares de las fronteras del imperio— como modelo de adoración de un padre transmisor de la masculinidad y la estructura patriarcal. El mithraísmo floreció en Roma, compitió con el cristianismo pero, al mismo tiempo, ayudó a aceptarlo. Su centro religioso fue el sacrificio del toro y, tras él, la conmemoración del banquete de Mithra y el Sol. La sangre del toro, la «sangre eterna», se consideró germinadora de «la vida de las criaturas que escapan del poder del Malvado», de la riqueza, la abundancia e incluso la inmortalidad humana: «La sangre de la víctima dará a los devotos de Mithra, demiurgo y salvador, la eternidad.»[35]

La fama del cristianismo como movimiento religioso subterráneo de tendencias subversivas causó fascinación entre algunos romanos que elogiaron el cambio de vida contraído con el paso de los sacrificios cruentos al autosacrificio corporal, al sacrificio voluntario de los propios deseos sexuales, a la adopción de la castidad y el amor a un único Dios. La vida en común compartiendo bienes, rezando juntos como hermanos e intentando ganarse a los enemigos que los odiaban sin causa justa, resultaron fascinantes.

De acuerdo con la interpretación cristiana, los enemigos de Dios, los demonios, las potencias intermedias, los ángeles caídos o gigantes, tenían en su poder a los no cristianos e impedían su salvación. Les provocaban la desdicha moral, especialmente su corrupción y el deterioro de su alma a causa de la materia, como lo probaron las orgías romanas en las que —se aseguraba— no había límites para los apetitos sexuales, se comía la carne cruda y chorreante de las cabras sacrificadas, y «los iniciados se ceñían de serpientes al cuerpo en su sagrada locura».[36]

En el Nuevo Testamento se reveló la lucha cristiana contra los excesos carnales y la separación de la carne y el espíritu. Pablo de Tarso (*ca.*10-67 d.C.), originalmente judío, condenó el rito de la circuncisión como una forma de sacrificio cruento y procuró descubrir, interpretar y reconciliar lo viejo y lo nuevo de su vida religiosa y fijar la «correcta» postura en varias de sus epístolas consideradas, posteriormente, fuentes de autoridad teológica. Al hablar de la eficacia de la crucifixión usó el lenguaje de las religiones mistéricas, debido a que la comida de la comunión —como participación en la sangre y el cuerpo de un dios— ya no era válida para el judaísmo. De acuerdo con narraciones mitológicas, estos encuentros fueron similares a unos más antiguos asumidos como comidas comunitarias o eucaristías, celebradas en las fiestas dionisiacas, con el sacrificio y la ingesta de la carne cruda del toro en el centro, en el culto a Atis, y en el mithraísmo romano, como manera de actualizar la vida y muerte de un dios (SB, Cor., 10, 16). Pero, en el caso de la Pasión de Cristo, este momento adquirió un sentido universal al anunciar que era el sacrificio perfecto que anularía todos los sacrificios anteriores y no admitiría posteriores.[37] Con él se redimía la entera humanidad, esto es, se le liberaba de la esclavitud, sobre todo la de la carne, la materialidad y la terrenalidad. Dios perdonaría a los hombres sus pecados y profetizaría su salvación eterna mediante Cristo, cuya resurrección simbolizaba la salida del sol, el despuntar de la vida, el triunfo del héroe Helios-Apolo que venció a Pitón, el mayor representante del pecado.

El sacrificio de Cristo

Aunque no sea demostrable la amplia difusión en su época, las apologías de Tertuliano (160-225) evidencian el tenso ambiente de las discusiones religiosas en los primeros siglos de la era cristiana. Él fue el primer autor latino-cristiano que atacó severamente las costumbres de los grecorromanos e introdujo las nociones de purgatorio, infierno, tortura eterna y rezo a los muertos. El cartaginés —de costumbres disolutas antes de convertirse al cristianismo— menospreció, con bastante virulencia, las representaciones trágicas romanas, la adoración de los espíritus de la agricultura, el bosque, las encrucijadas y la vecindad, así como las conductas sexuales de sus dioses: los adulterios de Júpiter, los escándalos de Venus, etc. Reunió fragmentos de los mitos antiguos de Saturno y la antropofagia; de Atis y la castración, y de Hércules y sus marcas en la carne con hierro candente, como si fueran realidades presenciadas por él.[38] Además, manifestó su aversión a los sacrificios cruentos por representar el desorden de las pasiones, la muerte, la noche, la impureza y la putrefacción.[39] Para este primer teólogo cristiano, el cuerpo era solo un recipiente del alma y su disciplina constituía la premisa de la sabiduría y la espiritualidad, sinónimos de superación de la barbarie y acceso a la racionalidad.[40] Quienes acostumbraban sacrificar seres humanos o animales, alimentarse e intercambiar sangre fresca tras perforarse algún miembro, eran —para él— ruines y corruptos. Peores eran aún los padres que entregaban a sus hijos en sacrificio (Tr., *Apol.*, IX).

Al reprobar los sacrificios cruentos, los incestos y las prácticas lujuriosas y considerar que la castidad era un valor supremo, Tertuliano trazó el camino de la moral sexual cristiana (Tr., *Apol.*, IX-XI). Para él, «[...] el estado de virginidad implicaba una actitud exterior e interior de renuncia al mundo que se complementaba con preceptos sobre la obediencia» y, en general, con el comportamiento y la manera de ser.[41] Como era necesario destruir los vicios, los cristianos no debían asistir a los cultos sacrificiales, tampoco elaborar y comerciar con ídolos u objetos destinados a ellos, porque esto significaba tomar parte de la idolatría (Tr., *Apol. IX;* Tr., *Idol.*, 1.1, 1.2, 16.3).

Las tergiversaciones de la religiosidad antigua manifestadas por este teólogo se mantuvieron vigentes, tanto que, trece siglos más tarde, en las crónicas indianas, aún se reconocen sus frases y juicios aplicados a los indios americanos —sobre la idolatría como el mayor crimen de la humanidad y los pecados de la carne como los principales vicios cardinales.[42]

Tertuliano y la apologética cristiana en general consideraron que el mundo precristiano estaba dominado por la ignorancia y la oscuridad, sintetizadas en la afición por el «adorno, alimento y deleite del cuerpo», la existencia del sacrificio humano y la adoración de muchos dioses (Lc, *Inst.*, *IV*, 3, *VI*, 10).[43] Sus argumentaciones influyeron en la teología cristiana y se incluyeron en las crónicas de la evangelización de América para sostener que los anuncios de Cristo justiciero se encontraban en los oráculos paganos (Lc, *Inst.*, *IV*, 1).

Como otros filósofos antiguos, Lactancio (¿245?-¿335?) fue citado recurrentemente por Bartolomé de las Casas para explicar los orígenes grecorromanos del sacrificio humano y la antropofagia practicados por los indios americanos y cómo el demonio los había introducido en el Nuevo Continente. El fraile dominico encontró que la decadencia del mundo antiguo era similar a la del mundo azteca, pero los griegos habían sido peores, porque los padres enviaban a los hijos a las escuelas a cometer pecados nefandos y a corromperse (Lc, *Inst.*, *I*, 10).[44]

La crucifixión de Cristo se había efectuado para sustituir los múltiples sacrificios sangrientos por el denominado último y definitivo sacrificio para la remisión de los pecados de la humanidad entera. Con este acto de reminiscencias antropofágicas, este Hombre-Dios concedió a sus apóstoles, y a quienes los sucedieron en el ministerio sacerdotal, el poder de consagrar y sacrificar a la víctima divina. El sacrificio y la resurrección de Cristo se revivirían cíclicamente en la fiesta de la Pasión, la cual condensaría todo lo divino en un ser humano, histórico y a la vez divino y eterno. De este modo, según los cristianos, Dios quiso que su hijo fuera sacrificado en lugar de aniquilar a toda la humanidad, para mostrar la caída, la debilidad y la crueldad humanas; y a sus ejecutores judíos como instrumentos de Satán.[45]

Si en el mundo grecorromano se había sacrificado a los dioses simbolizados en animales o semihumanos, con el cristianismo se haría una inversión: el Hombre-Dios se sacrificaría por los hombres y les transmitiría su energía. Los númenes anteriores serían considerados ídolos por los cristianos (realidades terrenales, por lo tanto, inferiores), y la fe en la nueva ley y profecía universales pondría fin a la función mágica y adivinatoria de los oráculos, los sacrificios de animales, la lectura de sus entrañas (en especial los hígados) y otras prácticas supersticiosas.[46]

Opuesto a la idea de que cada dios es dios de su propio reino a su manera, el monoteísmo implicó la existencia de un dios omnipresente, omnipotente, omnisciente y omniabarcante, una única verdad, algo difícil de concebir por parte de los griegos, los romanos[47] y, en general, los politeístas. Desde tal perspectiva, el polémico teólogo alejandrino Orígenes (185-254 d.C.), en su obra *Contra Celso*, defendió a Jesucristo frente al dios pagano Esculapio (Asclepio, para los griegos), y expuso cómo la doctrina cristiana era la verdadera medicina del cuerpo y el alma por dominar las bajas pasiones mediante el control corporal.[48] Explicó la diferencia entre la adoración de un solo dios, en un solo templo y altar, y el culto de los adoradores de los démones o falsos dioses que imponían la «ley del pecado»:

> [...] todo el culto de los démones es extraño a quienes adoramos al Dios de todas las cosas; y el culto de los démones es culto de los falsos dioses, *porque todos los dioses de las naciones son démones*. Lo mismo aparece también claro por el hecho de que se hicieron curiosos conjuros sobre los supuestos templos que parecen más eficaces al tiempo que se levantaron tales templos con sus correspondientes estatuas; conjuros

> que hacen los que, por fórmulas mágicas, consagran su tiempo al culto de los démones. De ahí nuestra resolución de huir, como de peste, del culto de los démones; y culto de los démones afirmamos ser todo lo que los griegos tienen por religión con sus altares, estatuas y templos de dioses (Or, *Contra,* 95, 5, *VII,* 69).

Orígenes elogió el sentido de las fiestas cristianas que se apartan de los placeres de la vida, que no fomentan el sentir de la carne, sino enseñan a «abofetear» el cuerpo y «reducirlo» a la servidumbre. Además, afirmó que Cristo, «nuestra Pascua», fue inmolado y su fiesta debe celebrarse comiendo su carne, pues él es el «sacrificio para el tránsito» a la ciudad de Dios (Or, *Contra VIII,* 21-22). En las ideas de este teólogo —quien al parecer se autocastró para evitar las tentaciones de la carne— es posible advertir cómo los mayores pecados se vinculan estrechamente con prácticas sexuales equivocadas. Él reprueba las fiestas paganas por los desenfrenos, embriagueces y disoluciones, y alaba las cristianas que enseñan a elevar y gozar del espíritu.

Las ideas y los argumentos de Orígenes, en buena medida tomados de la Biblia, fueron conservados en la teología cristiana y transcritos en las crónicas de la evangelización del Nuevo Mundo para reprobar la relación de los indios con la sangre y la carne, en especial sus conductas sexuales y cultos sacrificiales. Como veremos, esas crónicas identificaron de manera análoga a los ídolos con los demonios y a los hechiceros con los peores enemigos de la cristiandad por utilizar remedios naturales para curar el cuerpo y desconocer que las enfermedades eran producto de la impureza del alma.

Entre los siglos III y IV, las invasiones bárbaras, las guerras civiles, las epidemias y la creciente inflación afectaron a la sociedad romana, la cual, al ver el colapso de su cultura y orden social, tomó a los cristianos como chivos expiatorios, como una secta judía, un grupo bárbaro, «la encarnación de lo antihumano» causante de la huida de los dioses, la violencia, la peste, las plagas y todos los males que aquejaban al imperio. Se difundieron rumores de que los cristianos eran revoltosos e irracionales, efectuaban reuniones nocturnas clandestinas en los cementerios, veneraban la cabeza del asno —el animal más innoble—, honraban los genitales de su dios, copulaban con sus hermanos y hermanas, y con otros de su mismo sexo, y mataban infantes a golpes, lamían su sangre con avidez y se disputaban las partes del cuerpo para devorarlas. Sin embargo, este tipo de prácticas también se atribuía a los pueblos bárbaros (escandinavos, teutones, celtas, etc.) considerados en forma ambivalente «buenos salvajes», bestias amenazantes o nómadas incapaces de dominar la naturaleza, de coexistir regidos por las leyes y alcanzar al romano civilizado.[49]

A pesar de las acusaciones, las matanzas y su envío al circo para ser devorados por los leones, los cristianos se negaron a seguir las tradiciones romanas, particularmente, ejecutar sacrificios públicos. Su martirio contribuyó a la introyección del sacrificio y a desarrollar prácticas de autosacrificio con la convicción de que el sentido de la vida era servir a Dios. Pese a los edictos y las persecuciones masivas ordenadas por Diocleciano (284-305) y Galerio (293-311), el cristianismo se fue imponiendo como religión universal. La diversidad de cultos (asiáticos, egipcios, judíos, griegos y romanos) sintetizada en su doctrina devino en un sistema complejo con gran fuerza identitaria debido a la absorción de numerosas creencias, símbolos y ritos. Además, para ese momento, los misioneros expulsados del imperio habían logrado evangelizar a algunos bárbaros como estrategia para hacer la paz con los romanos y acrecentar su poder.

Si bien la represión varió de región en región, la gran persecución cristiana se decretó en el año 303 y produjo el incendio de sus iglesias, «la entrega y cremación de las Sagradas Escrituras, la pérdida de los derechos de ciudadanía para todos los cristianos, la de los cargos y las prerrogativas para los miembros de las clases superiores y la reducción a la esclavitud de cuantos cristianos prestaban servicio en la casa imperial».[50] A este edicto siguieron otros dos que exigieron sacrificios de animales como demostración de anticristianismo, ordenaron la prisión de los sacerdotes y la liberación de los apóstatas. La respuesta cristiana a ello fue insistir en su negación a sacrificar con sangre y enfrentar la embestida con todos los medios, principalmente, con discursos apologéticos que defendían su doctrina y entrega al martirio.[51]

La sangre de los mártires funcionó, paradójicamente, como semilla de la Iglesia, como el poder vital más eficaz por su capacidad de conjurar la muerte y los demonios.[52]

> A veces, solía reinar una verdadera epidemia de sacrificio; los cristianos buscaban la muerte y tenían que ser amonestados por sus maestros para que ahorraran sus vidas. Pronto se convierten los mártires en los ideales luminosos de la vida; surge un verdadero culto en torno a sus sepulturas y su valimiento ante Dios representa una de las mayores esperanzas de los cristianos. Su superioridad con respecto a los demás santos es algo obvio; entre todas las religiones, ninguna ha enaltecido tanto a sus mártires como el cristianismo y de este modo ha remachado tanto en la memoria el recuerdo de su expansión. Allí donde habían padecido los mártires existía un lugar sacrosanto y las persecuciones de emperadores anteriores, hasta las de Decio, ya se habían encargado de sembrar por todas partes lugares de esta clase.[53]

Con su interpretación providencial de la historia, los cristianos explicaron el auge y la caída de los imperios como expresiones de los insondables designios divinos. En el caso del Imperio romano —como será también con el Imperio azteca— su declive se debió a haber encarnado el mal, la idolatría, y haberse convertido en la Segunda Babilonia, el reino del Anticristo.[54] Al olvidar el mensaje de los antiguos filósofos —señalaron los cristianos— sus conductas habían dejado «[...] de regirse por la razón para abandonarse a los impulsos del sentimiento, los arrebatos de un misticismo exaltado, las emociones de los ritos orgiásticos, o los goces sensuales de un grosero materialismo, de vez en cuando entenebrecidos por los terrores de la superstición».[55]

La idea de la unicidad de Dios, de su superioridad frente a la diversidad, de su poder creador de todos los seres y su existencia y capacidad de determinar el pasado, el presente y el futuro, confirieron una dimensión histórica y teleológica, primero a las comunidades del entorno mediterráneo, y después al resto de Europa. Así, el tiempo del cristianismo, el tiempo de Dios, al igual cíclico que lineal y progresivo, el cual solo Él determina, se inicia con el nacimiento de Cristo y alcanza, con la vida eterna, un destino cierto. Los acontecimientos de la vida se orientan a esta meta soteriológica, en la que, en la unión del hombre con lo divino, el tiempo y el espacio se reconcilian. En ese destino final: «Cada cosa tiene su sitio y cada ser humano su puesto».[56] Además, con la idea del tiempo cíclico y lineal, los espacios permanecen en la memoria como historia narrada y repetida en tiempo sucesivo, como una serie de fiestas anuales (la Pasión, Pentecostés, Natividad, etc.), de relaciones de causa-efecto y fases del progreso: el pasado edénico, el presente de la caída, y el futuro de la salvación o la condenación.[57]

Con el cristianismo, el sacrificio humano se vuelve a colocar en el centro, pero se supera al tratarse de un acto único de redención, ubicado en un espacio y tiempo definidos, que reconoce a todos como hermanos, aunque no existan lazos de consanguinidad. Los fieles se incorporan a una misma *religio*, a una comunidad unida y solidaria, en la que, por existir en la doctrina principios de igualdad, están representados todos los estratos y grupos sociales (inclusive los pobres, los esclavos y las mujeres), aun cuando la Iglesia establezca autoridades, una marcada división jerárquica y asigne distintos papeles a cada quien.

Los sacerdotes cristianos conminarán a sus adeptos a ofrecer su propio cuerpo como «hostia viva», agradable a Dios, mediante la abstinencia, el ayuno, la continencia, la castidad y todo lo calificado como virtuoso. El camino del sufrimiento, del reconocimiento del mundo como fuente de dolor y el permanente morir en vida serán exaltados como las formas perfectas de estar transitoriamente en el mundo terrenal. Si se piensa en la vida amenazada constantemente por hambrunas, enfermedades, guerras e invasiones, la promesa de eternidad resulta liberadora o, por lo menos, aminora el miedo a la muerte. Esta manera de hacer sentir a los feligreses (nunca estar solos, sino siempre acompañados y protegidos) será una de las mayores fuerzas del cristianismo. A ello se aunará la solidaridad para satisfacer las necesidades materiales por medio de la beneficencia y la caridad, especialmente para atender a huérfanos, ancianos, enfermos y viudas.[58]

La comunión con Dios y con los demás miembros de la Iglesia por medio de Cristo ayudó a ritualizar el carisma y la predicación, es decir, a demarcar con claridad los límites entre lo permitido y lo prohibido. Al mismo tiempo, el Dios único, cercano a cada fiel, en tanto cada hombre y mujer puede acercarse a él, vivir en él y adquirir su propia divinización, contribuyó a la formación de la autoconciencia y la individualidad para alcanzar la perfección personal, el ideal del yo.[59] El sometimiento de los deseos instintivos y egoístas fue necesario para la supervivencia de los hombres; no obstante, la nueva religión también supuso una cierta distancia de la comunidad, el ensimismamiento, la introversión, la conciencia y el control de sí mismo.

2

EL ESTEREOTIPO CRISTIANO DEL PAGANO

> Los gentiles se esfuerzan en explicar mediante razones físicas algunos nombres de sus dioses sirviéndose de vanas fabulaciones, y esos nombres son interpretados como integrantes en el origen de los elementos. Pero todo esto es invención de los poetas, cuya finalidad es ensalzar a sus dioses con algunas galas, ya que las historias nos confiesan que fueron unos seres perdidos y llenos de infamante deshonor. Y donde falta la verdad es de todo punto imposible tratar de fingirla (IS, *Etim. I*, 725).

Al concentrar la atención en los vicios de los paganos, los cristianos consolidaron una imagen fija o estereotipo,[1] un conjunto de conductas consideradas pecaminosas, frecuentemente atribuidas a la intervención de los *daemons*: idolatría, sacrificios cruentos, antropofagia, y sexualidad desordenada, es decir, un pecado mortal (el primero) y tres pecados carnales contra la naturaleza (los segundos). Como ya mencioné, los romanos adjudicaron atributos semejantes a los bárbaros, y después a los cristianos, al acusarlos de sacrificar niños como ofrendas a dioses extraños, devorarlos, organizar orgías y copular con sus madres y hermanas. Posteriormente, actualizados y adaptados a las circunstancias, los cristianos dotaron con los mismos atributos a quienes se apartaron de su ortodoxia religiosa: musulmanes, judíos, brujas, leprosos, sodomitas, indios americanos y paganos en general.

Los grupos sociales siempre han construido estereotipos negativos como una forma de distanciarse de los otros, cohesionarse, imponer sus reglas morales y despojar a los extranjeros de sus recursos. Es una manera de identificar para marginar y denigrar a los enemigos y a los extraños, de desconocerlos como humanos y atribuirles la condición de animales para justificar su maltrato y exterminio. No obstante, tras las imágenes negativas, en realidad, se oculta el miedo a la muerte y al descontrol de los propios instintos que se proyectan —a manera de evasión de uno mismo— en el otro, en quien posee características físicas distintas, mutilaciones corporales, enfermedades, o a quien se envidia por ser poderoso o entablar relaciones sexuales deseadas, pero socialmente reprobadas.[2]

Para los problemas que trataré más adelante es importante ofrecer una síntesis del proyecto cristiano de espiritualización de la carne —aunque en la práctica haya sido alcanzado pocas veces—, así como un breve panorama de las prácticas que concentraron la atención de los cristianos en relación con el erotismo, el placer sexual, lo carnal y lo cruento, de los pueblos no cristianos. Observaré cómo las costumbres paganas sufrieron alteraciones, simplificaciones y exageraciones, tras lo cual se difundieron en forma de tópicos, promoviendo, con ello, la persecución de las culturas extrañas, o bien, el forzamiento a la conversión. En ese sentido, es importante recordar que, a lo largo de la historia (y aún en el presente), es frecuente que los religiosos ortodoxos califiquen a los heterodoxos como gente que adopta comportamientos «equivocados», especialmente, conductas sexuales depravadas y tratos nocivos de la carne y la sangre. Tales calificaciones funcionan como piedra de toque para su rechazo, discriminación, denigración, etc. Presento esto con la finalidad de comprender mejor la mentalidad de los conquistadores y de los colonizadores del Nuevo Mundo, su horror ante las figuras de los dioses, los cultos, los ritos y los restos materiales de las religiones prehispánicas, así como el trasfondo teológico y canónico del «estereotipo del indio» formulado en las polémicas sostenidas en España y en las crónicas del siglo XVI sobre la naturaleza humana americana.

El triunfo del espíritu

Los problemas relacionados con la carne, la sangre y los fluidos corporales, planteados en el capítulo anterior, fueron tratados extensamente en las filosofías grecolatinas (estoicos, escépticos, cínicos, epicúreos, neopitagóricos) por influencia de sectas orientales practicantes del ascetismo, la castidad y la purificación del cuerpo. Quienes optaron por combatir las tentaciones de la carne se concentraron en los cinco sentidos corporales, a los que identificaron como puerta de entrada a dichas tentaciones y recomendaron aislarse o refugiarse en el desierto para vivir en soledad (lejos de cualquier incitación), restringir el consumo de agua y alimentos calientes (en especial la carne) y ayunar para secar el cuerpo, ya que supusieron que los lugares calientes y húmedos son más frecuentados por los demonios.[3] La soledad ayudaría a combatir al Mal que encendía los apetitos sexuales, a luchar contra el pecado mediante flagelaciones y alcanzar la continencia definitiva para propiciar la espiritualidad mediante la contemplación y el contacto con lo divino. Los esenios —el grupo de estudiosos de los textos bíblicos al que quizá perteneció Jesucristo— creían, por ejemplo, ser los elegidos por Dios como herederos de las antiguas revelaciones secretas y fundadores, con la diáspora israelita, de una «nueva alianza». Ellos habían formado una comunidad mesiánica y monacal en la que la fraternidad, el cumplimiento estricto de las reglas de pureza y purificación y el celibato eran obligatorios (reprobación de la promiscuidad y abstinencia de la carne, el vino y el coito con mujeres) (IS, *Etim. I,* 692), debido a que habían tomado conciencia de la necesidad de redimir los pecados cometidos por generaciones anteriores y expulsar a los idólatras que habían invadido Israel. Según el historiador judío Flavio Josefo (*c.* 100 d.C.), los esenios huyen «[...] de las alegrías de la vida como si de un mal se tratara y abrazan la continencia como una virtud. Enjuician desfavorablemente el matrimonio, pero acogen a los hijos de otros [...] Están fuertemente convencidos de que el cuerpo es perecedero y que la materia no dura, pero las almas son inmortales para siempre jamás [...]».[4]

Los cinco libros del Pentateuco enseñarían a los judíos los más elevados preceptos morales y las normas de servicio a Dios (cultos y ritos sacrificiales, ofrendas, diezmos, votos, días santos) (SB, Ex. 13, 20-21,34; Lev. 1-12; Deut. 12.23); implantaron la obligación de circuncidar a los varones al octavo día de nacidos,[5] y reglamentarían las relaciones carnales y todo lo relacionado con los fluidos corporales (el semen, la sangre menstrual y la sangre de las recién paridas). En su doctrina se reprueba el asesinato, el adulterio y todos los «actos impuros» o pecados *contra naturam*, esto es, la homosexualidad y las relaciones sexuales con fines no reproductivos. (SB, Lev., 16) Según el relato bíblico, Yahvé ordenó a Moisés que su comunidad no estableciera alianzas con otros pueblos: «[...] porque fornicarán en pos de sus dioses, y ofrecerán sacrificios a sus dioses, y te invitarán, y comerás de sus sacrificios; o tomando de sus hijas para tus hijos, y fornicando sus hijas en pos de sus dioses, harán fornicar también a tus hijos en pos de los dioses de ellas [...]» (SB, Ex. 15, 34).

Con base en el Antiguo Testamento y en las epístolas de Pablo, los cristianos consideraron que el apetito carnal era una cárcel para el cuerpo y separaron el amor del contacto físico. Estos y otros valores quedaron manifestados en las actas apostólicas que despreciaron el consumo de comidas ofrecidas a los ídolos identificados con los demonios, es decir, los dioses antiguos. Además de reprobar la idolatría, prohibieron ingerir carne de animales estrangulados sin drenar su sangre, y rechazaron la magia y la adivinación por considerarlas prácticas relacionadas con las falsas religiones, en especial las reuniones y los sacrificios nocturnos. En la carta del apóstol Bernabé, fechada hacia el siglo I, —hoy considerada apócrifa, pero tomada muy en cuenta por la patrística— la prohibición de la ingesta de ciertos animales fue ordenada por Moisés para evitar algunos pecados sexuales: no comer liebres para no volverse pederasta; no alimentarse de hienas para no caer en el adulterio, ni comadrejas, para evitar cometer actos inmundos con la boca. Los argumentos de Bernabé sirvieron para identificar las relaciones sodomíticas como actos propios de animales e inspiraron la serie de leyendas transmitidas popularmente que constituirían la base de «la idea de que el único uso "natural" de la sexualidad era la procreación».[6]

A finales del siglo I, los médicos romanos discutían si las relaciones sexuales eran benéficas o nocivas para la salud. Había quienes consideraban que la sangre y el semen (ambos portadores de neuma) no debían desperdiciarse, y que un líquido seminal acumulado por algún tiempo daría lugar a un esperma de mayor calidad, por consiguiente, a hijos más fuertes. Otros se preguntaban si entre las capacidades femeninas se hallaban las de eyacular y sentir placer, y si esto tenía relación con los embarazos saludables. Según Galeno, sí: el esperma y el deseo sexual femenino intervenían en la concepción de los hijos. No obstante, los ideales monásticos y las disciplinas corporales supusieron otras respuestas, y algunas aristócratas romanas optaron por el retiro del mundo terrenal, la aversión a la carne y la represión del placer sexual. La noción de *pureza* se desplazó del mundo natural a la esfera de la moral y se confirmaron los efectos negativos de lo sucio y lo contaminado, propios de algunos animales, pero predominantemente de las mujeres, a quienes se excluyó o se les colocó en un lugar especial en los santuarios; recibieron restricciones para tener relaciones sexuales durante el período menstrual y los entierros, previo a los sacrificios, y antes y después de los nacimientos.[7]

Como mencioné en el capítulo anterior, en el período transcurrido entre los emperadores Marco Aurelio y Constantino I el Grande (finales del siglo II y principios del siglo III), la creciente inflación, las invasiones bárbaras, las guerras civiles y las epidemias periódicas originaron más de un siglo de inseguridad y ansiedad por el peligro de ver arruinada la *pax romana*. Los antiguos dioses y sus sistemas religiosos entraron en crisis y empezaron a considerarse perversos y endemoniados; en cambio, otros cultos como el judío, pero, sobre todo, el cristiano, se expandieron. Las concepciones de la lucha entre las fuerzas del bien y el mal, entre lo terrenal y lo celestial, ganaron terreno, y la búsqueda del desarrollo del alma, lo intangible, lo inmaterial y la salvación en el más allá se consideraron vías para mejorar la condición humana. Las ideas del mundo terrenal como despreciable y de la vida del cuerpo como enemiga del alma se proyectaron en el autocastigo y la flagelación y en una más elevada valoración del autocontrol, la virginidad y la castidad.[8]

Con Constantino el Grande (306 d.C.), la figura del emperador romano de occidente asimiló las características del déspota oriental, alejado de las prácticas republicanas, pero fomentando, con el recurso de la pompa y su escasa aparición en público, su divinización y posición inalcanzable. Él adquirió el título de *pontifex maximus* y vio la salvación del imperio en su conversión en Víctor (elegido de la divinidad para salvar a Roma del fanatismo, la corrupción y las calamidades). Sus ambiciones religiosas se concentraron en un «monoteísmo tolerante», interesado en los éxitos militares y en la mezcla de cultos romanos y cristianos a Apolo, Mithra y Jesucristo.[9]

El panegirista de Constantino, el teólogo cristiano Eusebio de Cesárea, consideró que este emperador había sido elegido ministro de Dios y subrayó las cualidades sobrenaturales que lo distinguían del resto de los mortales, entre ellas la condensación de la heliolatría de las religiones antiguas, la cual preparaba el advenimiento del Evangelio. En su *Historia eclesiástica*, Eusebio afirmó que la razón concedida a los hombres por la naturaleza se había impuesto sobre las bestias, cuya vida se caracteriza por la inmoralidad y la brutalidad, y el cristianismo marcaba el fin de los hombres primitivos que practicaban la antropofagia, se corrompían unos a otros y se mataban entre sí; marcaba el inicio de la era de las ciudades, la convivencia, el establecimiento de las leyes, el invento de las artes, en suma, el inicio de la civilización. Eusebio retomó algunas ideas de Porfirio de Tiro y acusó a los pueblos antiguos de ofrecer sacrificios humanos, casarse con sus madres, hacer mercado sexual con sus hermanas e hijas y practicar la sodomía.[10]

El Edicto de Milán (313 d.C.), firmado por Constantino I y Licino (emperador romano de Oriente), legalizó la religión cristiana, pero permitió el libre culto. Esto dio al cristianismo posibilidades de expansión y, a sus seguidores, un espacio para recuperar las propiedades antes confiscadas. Los clérigos fueron reconocidos como una entidad separada de la sociedad y los obispos adquirieron importancia. Estos se apoyaron en Constantino y él en ellos, lo que permitió que el aparato eclesiástico constituyera un poder semejante al poder imperial, con tierras para el arrendamiento y la propia producción, y con facultades de heredar. Gracias a ese cuerpo social, disciplinado y jerárquico, a su poder, riqueza y capacidad administrativa, la religión cristiana se pudo presentar en «iglesias magníficas», con un «ritual imponente», así como adquirir un «tono principesco» en las grandes ciudades. Por otra parte, gracias a su sistema de misión, a su estrategia de evangelizar primero a los jefes de las comunidades, y a sus labores de beneficencia (posibles con el apoyo del Estado y las donaciones), el cristianismo también obtuvo aceptación popular.[11]

En el Concilio de Elvira, organizado en Ilíberis (España) entre los años 303 y 315 d.C., aproximadamente, por el consejero de Constantino, Osio de Córdoba, 19 obispos y 26 presbíteros españoles pasaron de la reprobación verbal de los vicios de las religiones antiguas a la prohibición práctica, al acordar cánones disciplinares, los cuales, entre otras cosas, establecieron restricciones sexuales (matrimonio monógamo, celibato del clero, virginidad) y conminaron a los feligreses a no asistir a los viejos sacrificios. Además, señalaron la atención especial que se debía destinar a la celebración de la pasión, la muerte y la resurrección de Cristo. El primer canon de este concilio revela la importancia adquirida por el perdón concedido a los conversos, como ocurrirá once siglos después en América:

> Para condenar a los apóstatas, escribióse el canon 1, que excluye de la comunión, aún en la hora de la muerte, al cristiano adulto que se acerque a los templos paganos e idolatre. Igual pena se impone a los *flámines* o sacerdotes gentiles que, después de haber recibido el bautismo, tornen a sacrificar, o se manchen con homicidio y fornicación; pero a los que no sacrifiquen con obras de carne ni de sangre, sino a los que se limiten a ofrecer dones, otórgales el perdón final, *hecha la debida penitencia.*[12]

Ante las distintas posturas cristianas, el Concilio de Nicea (325 d.C.) fijó una única posición en torno a la naturaleza divina y humana de Jesucristo. Como resultado, Constantino el Grande favoreció a las autoridades eclesiásticas para integrar sus dogmas en la estructura estatal romana,[13] permitiendo la conversión de los idólatras, herejes y apóstatas, a través de la exhortación y el ruego para el bienestar del imperio, pero desterró, castigó corporalmente, degradó y confiscó los bienes de quienes no atendieron ese requerimiento. Mediante metáforas y comparaciones, la retórica antigua ordenó los discursos, se adaptó a los nuevos tiempos y formuló estereotipos que funcionaron para elogiar a los cristianos y vituperar a quienes no lo eran. Las relaciones sexuales y el sacrificio de animales sirvieron para reconocer a los paganos.[14]

El término *pagano* se empleó frecuentemente en el discurso cristiano de esa época. Su carga semántica (en latín *paganus*, villano, rústico, habitante del *pagus* o campo) fue, desde sus inicios, peyorativa, si se considera la importancia de las ciudades y de quienes disfrutaban de la condición de ciudadanos del Imperio romano, y si se toma en cuenta la introducción del cristianismo como superación de la barbarie y sinónimo de civilización. En tanto los cristianos se consideraron *mīlitēs* de Cristo (soldados de la Iglesia militante), el término *pagano* —aplicado por los soldados romanos a quienes no pertenecían al ejército— se transfirió a los cobardes que no peleaban en el ejército de Cristo. Al relacionarlo con la animalidad, lo agreste, lo extranjero, lo aldeano y lo indígena, este mismo vocablo se usó (al igual que *gentil*) para referirse a todo adorador de dioses falsos y cosas terrenas, practicante de ritos sangrientos y pecador de la carne. La identificación de los paganos o gentiles como gente que no conoce la ley, que vive en el pecado original y sirve a los ídolos sin haber sido bautizada, permitió a los cristianos ubicarlos geográficamente (hacia Persia en el Oriente; el mar Báltico en el Norte; el océano Atlántico en el Occidente, y el estrecho de Gibraltar en el Sur). De esta forma, la categoría *paganismo* simplificó la complejidad cultural no cristiana, la homogeneizó y la cercó en un mismo campo semántico para eliminarla con mayor facilidad. «Es decir, lo pagano se contrapone a lo cristiano con un tratamiento que pone al mismo nivel al adorador de Cibeles en Antioquía, al devoto de Júpiter Capitolino en Roma, al marinero que se pone bajo la protección de Hércules Melkart en Gades, al lusitano que dedica un voto a Endovélico y al curandero de una aldea gala».[15]

Toda vez que las autoridades eclesiásticas se impusieron a las «religiones difusas» (sin una Iglesia instituida y jerarquizada), consideraron las prácticas y creencias de estas como una peste contagiada por el demonio y promovieron la destrucción de sus templos y la quema de sus códices. Durante el reinado de Constancio II, entre 341 y 356 d.C., ocurrieron cambios radicales: se prohibieron los sacrificios humanos y de animales so pena de muerte, se reprobó todo lo calificado como irracional, principalmente, la idolatría y las conductas sexuales consideradas desviadas. Con ello, los centros de cohesión de las antiguas religiones se desmantelaron y la centralización y unificación de la Iglesia cristiana avanzó. La doctrina cristiana acentuó la dicotomía vicio-virtud, la intromisión en la vida íntima de los creyentes se incrementó y las uniones entre personas del mismo sexo se reprobaron. Juan Crisóstomo, el patriarca de Constantinopla en 397 d.C., cuestionó la frecuentación de los varones a los prostíbulos, los vínculos carnales de los hombres casados con las siervas, las felaciones y la sodomía; aconsejó el matrimonio monógamo y recomendó el envío al desierto de Siria a los niños de diez años o su entrega a los monjes para que velaran por su educación, ya que, a menudo, eran violados. No obstante, el proceso de conversión de los paganos al cristianismo recuperó numerosas prácticas de las otras religiones para «inculturar» progresivamente la fe. Este proceso determinó una moral y una dogmática para dominar los distintos aspectos de la vida, imponer un sistema de justicia y dar repuesta a los conflictos religiosos. La Iglesia tomó en cuenta los miedos y las esperanzas de los paganos para ofrecerles, en sus ritos y reflexiones, soluciones para eliminar sus cultos anteriores. Además, estudió los textos antiguos para advertir cómo y cuándo alteraban la tradición cristiana y decidir si debían ser censurados, corregidos o quemados por transmitir fórmulas mágicas, poderes demoniacos o saberes ocultos. En otras ocasiones, los mismos paganos se autocensuraron por miedo a la tergiversación de sus textos o para garantizar su seguridad personal.[16] Todo ello se instituyó como una poderosa estrategia de conversión, motivo por el cual no será extraño encontrarla de nuevo en América.

Al demoler la religiosidad antigua y convertir al cristianismo en la religión dominante del Imperio romano, los lazos de los pueblos antiguos con su pasado comenzaron a reducirse y la vida espiritual se separó de la vida material (del trabajo, la producción, el intercambio y la reproducción). En teoría, la perfección cristiana se halló en la ascesis que reclama la limpieza del cuerpo, la castidad y la continencia sexual como virtudes, no solo por la mayor comunicación con Dios alcanzada por estos medios, sino porque —también para el médico griego Galeno— las fatigas y las enfermedades producidas por los coitos merman la salud. Se supuso que el combate de la concupiscencia y el refinamiento de las técnicas de control corporal y autocontrol permitirían el fortalecimiento de la autorreflexión y la conciencia del yo, y que la disciplina del cuerpo, la aversión a la carne y la sangre, y el asco a los fluidos corporales (sangre, saliva, pus, semen, excrementos) abrirían la posibilidad de combatir la violencia física para alcanzar una mayor racionalidad. Por otra parte, los discursos sobre la virginidad femenina se convirtieron «casi en una moda» y grupos de mujeres se apartaron del matrimonio, el embarazo y el alumbramiento para afianzar los vínculos entre la Tierra y el cielo a través de su cuerpo santo, considerado el espejo de la pureza del alma o la imagen del Edén. A quienes optaron por la vida mundana se les inculcó la moderación en sus movimientos y el acatamiento de reglas estrictas vinculadas al calendario litúrgico, como la abstinencia sexual en cuaresma y en períodos no fecundos (el embarazo y la menstruación). La entidad eclesiástica tuvo éxito al exigir a la gente más de lo que podía dar, al atribuir el mal y las enfermedades a la actividad sexual y, por este camino, fomentar los sentimientos de culpa.[17]

El cristianismo viajó con el comercio y retomó elementos de las filosofías y de las religiones helenistas. Con ello ganó adeptos para imponerse finalmente en las ciudades más populosas, aunque las creencias y los ritos paganos persistieran entre los campesinos y una parte de las élites aristocráticas e intelectuales del imperio, que seguían consultando a los autores clásicos. La persecución de los paganos y de los herejes registró altibajos, pero la supresión de las múltiples religiones y su sustitución por una sola, controlada por una única Iglesia, produjo efectos positivos para la centralización imperial.[18]

En el año 381 d.C., después de haberse constituido el cristianismo niceno, o catolicismo, en la religión oficial del Imperio romano, y de declarar ilegales a las demás religiones, el emperador Teodosio publicó un edicto por el cual, quien realizara sacrificios diurnos o nocturnos o empleara un altar en estos actos criminales sería castigado con la proscripción. Tiempo después, Teodosio II mandó recopilar toda la legislación romana y la ortodoxia cristiana desde tiempos de

Constantino para dar forma al *Código Teodosiano* (438 d.C.), el cual instituyó la creencia en una deidad unida en Santa Trinidad (Padre, Hijo y Espíritu Santo) y exigió, clara y expresamente, el cese de los gladiadores, los espectáculos sangrientos[19] y los sacrificios cruentos. El códice significó un punto de quiebre en la historia del cristianismo, ya que, para cumplir sus leyes, las autoridades imperiales romanas emprendieron campañas de destrucción de textos, templos y representaciones de los «dioses falsos», prohibieron las fiestas que realizaban los sacrificios sangrientos, los banquetes y las orgías, y reprobaron las relaciones sexuales sin fines de procreación. Desde entonces, los cristianos reclamaron con mayor énfasis la exclusividad de su religión y sustituyeron las prácticas carnales y cruentas por otras fincadas en la espiritualidad. Posteriormente, Justiniano eliminaría las reminiscencias antiguas, castigaría a los apóstatas con la pena de muerte, obligaría a las familias a instruirse en la doctrina cristiana e incapacitaría a los paganos a ocupar cargos magisteriales con el «objeto de que no corrompieran las almas con el pretexto de enseñar».[20]

En los procesos de conversión de los últimos tiempos del imperio, los paganos enfrentaron violencia, a pesar de la cual, regresaron a sus antiguas prácticas mágicas —sobre todo en las aldeas campesinas alejadas de las urbes— al constatar que las fórmulas cristianas no eran efectivas para combatir a los invasores, detener las inundaciones, eliminar las plagas ni erradicar las enfermedades.[21]

El rechazo cristiano de los cultos, los ritos y los mitos antiguos provocó la desaparición de los modelos de racionalización y explicación que estos transmitían, así como los deseos, los sueños y las aspiraciones que entrañaban. Por ello, la interpretación de los textos clásicos que ofrecían los teólogos cristianos asombró a paganos como el emperador Juliano (331 o 332-363 d.C.), quien, en su intento por revivir la cultura grecolatina, afirmó que, en realidad, las enseñanzas de los nuevos maestros eran charlatanerías: ¿Cómo podían entender y explicar a un Homero o a un Hesíodo si rechazaban a sus dioses, sus prácticas religiosas, los fundamentos de su vida social?

El cristianismo, formado durante largo tiempo, viviría numerosas disputas y escisiones, pero, finalmente, lograría ser atractivo en los difíciles momentos de la crisis romana. En ese sentido, se establecería como la única fuerza organizada sobreviviente a las invasiones bárbaras del siglo V.[22]

Los «errores» paganos

La teología cristiana, la ciencia que se ubica encima de las demás ciencias por concentrarse en el conocimiento de Dios, la verdad revelada y las relaciones entre la fe y la razón, empleó la estrategia de reunir argumentos de otras religiones para responder las grandes preguntas sobre lo sagrado, la vida y la muerte, así como para corregir los «errores» paganos, completar sus lagunas, asimilar su lenguaje y sus categorías mentales, convencerlos de su naturaleza cristiana en potencia y lograr su conversión. El apologeta Justino Mártir afirmó al respecto: «Cristo es el Logos del que participa todo el género humano, y todos los que vivieron conforme al Logos son cristianos aun si se les tuvo por ateos, como sucedió entre los griegos con Sócrates y Heráclito».[23] Con base en esta idea de la Revelación y del esparcimiento que hace Dios de la semilla de la verdad en el mundo, a fin de que todos los seres humanos la reconozcan progresivamente, tres Padres de la Iglesia (Jerónimo de Estridón, Agustín de Hipona y Paulo Orosio) sostuvieron que el Imperio romano había sido una proyección divina para preparar el advenimiento del reino universal de Cristo, para transformarlo en imperio sacro y a Roma en la ciudad de Dios.[24]

La concepción lineal, ascendente y progresiva del tiempo planteada por Agustín se correspondió con la promesa de salvación eterna, distinta —a pesar del retorno anual de sus fiestas— de los tiempos cíclicos, los circuitos y las repeticiones concebidas por los paganos (AH, *Ciudad* XI, XII). Partiendo de esta idea, el teólogo comparó las edades humanas (niñez, madurez y ancianidad) con las etapas históricas, lo que sirvió para identificar el atraso o adelanto de las creencias religiosas de los distintos pueblos. En el centro de este tiempo, Agustín ubicó a Cristo, la eternidad que «no destruye lo temporal, sino engarza los tiempos, lo pasado con lo presente, lo presente con lo futuro, pero en un futuro perfecto, que no tendrá necesidad de engranarse en una nueva rueda existencial». Lo definió como «el orden de los acontecimientos» y la articulación de los tiempos que de Cristo reciben su luz y consistencia.[25] Al plantear esto en su obra apologética *La Ciudad de Dios contra los paganos*26 (entre 412 y 426 d.C.), algunos romanos se preguntaron cómo era posible que mientras ofrecieron sacrificios a sus dioses, Roma se mantuvo en pie, y al prohibirlos e instaurar el sacrifico del Dios cristiano, los visigodos la saquearan (año 410 d.C.) iniciando las desventuras de esta grandiosa ciudad. Otros se preguntaron cómo era posible que estando sepultados en Roma los cuerpos de San Pedro, San Pablo, San Lorenzo, y varios mártires más, esa ciudad padeciera tantas adversidades. Para responder a estas interrogantes, el obispo de Hipona afirmó que Roma había fenecido por el descuido absoluto de sus dioses, que en realidad eran hombres excelsos, posteriormente divinizados y consagrados en los mitos,[27] preocupados solo en «hacer su propio negocio» disfrazándose de mensajeros de la luz, cuando en verdad eran unos espíritus inmundos, ángeles caídos, demonios impostores que habían introducido la corrupción de las costumbres en griegos y romanos (AH, *Ciudad VI,* 8).[28] Él no aceptó lo aseverado por los paganos acerca de sus normas de buena conducta y reclamó las pruebas sobre la existencia de esa «misteriosa religión recibida de los antepasados, donde se aprenderá la rectitud de la vida y la castidad». Pidió que le mostraran los lugares donde no tenían cabida los obscenos histriones y no se realizaban fiestas carentes de pudor y honradez, y, en cambio, se seguían los mandamientos de sus númenes. Preguntó: «¿Cómo no entendieron los romanos que sus dioses, ansiosos de un culto tan lleno de vilezas, eran indignos de honores divinos?» (AH, *Ciudad* IX, 21-34). Además, le pareció perverso que en las fiestas solemnes y en las representaciones teatrales y otros espectáculos, los romanos propusieran toda clase de «inmundicias», la vida criminal y disoluta para su imitación y, al mismo tiempo, dictaran preceptos morales en santuarios secretos.

El sacrificio antiguo que debía repetirse al infinito y producir un bastidor de cráneos fue, para Agustín, imperfecto, ya que dejó el problema del pecado sin resolver. Según él, Dios no tenía necesidad de bienes temporales o corruptibles, porque estos eran suyos; suyo era el orbe entero. Tampoco deseaba sacrificios de animales al modo en que se los ofrecían «los ignorantes». Lo que Dios quería era la alabanza y el cumplimiento de las promesas para liberar a los hombres. Los sacrificios que Él reclamaba solo significaban su misericordia y amor. De ahí que —para este teólogo y predicador— la naturaleza del sacrificio de Cristo, el único sacrificio verdadero, fuera completamente distinta de la naturaleza carnal de los «falsos» sacrificios precristianos (AH, *Ciudad* X, 5). De acuerdo con el obispo de Hipona, entre las obras de la carne no se encontraban únicamente las pertenecientes a su goce, sino también las que manifestaban «los vicios del ánimo ajenos al deleite carnal como son: la idolatría, las hechicerías, las herejías, las iras, las envidias, etc.» (AH, *Ciudad* XIV, 2-4), ya que «[...] no fue la carne corruptible la que hizo pecadora al alma, sino al contrario, el alma pecadora hizo a la carne que fuese corruptible», y es que la fuente de todos los vicios es la soberbia que reina en el demonio.[29]

La práctica de los sacrificios humanos y el uso de encantamientos mágicos y hechicerías propios de los seres malignos que tenían subyugados a los paganos, pertenecían, entonces —según Agustín—, tanto a carnalidades como a animosidades (AH, *Ciudad* XIV, 2-4), de ahí lo irracional de su proceder. Además, contravenían la obligación de recordar el sacrificio de Cristo y, por supuesto, el mandamiento de no matar. Si los sacrificios cruentos se acompañaban de antropofagia, ello indicaba que sus devotos estaban apresados por pensamientos, deseos y actos impuros, es decir, demoniacos, ya que el único sacrificio permitido era a Dios y debía consistir en el sacrificio de uno mismo y del cuerpo místico y verdadero que es la Iglesia (AH, *Ciudad* x, 6).

El estereotipo del pagano como modelo

Aunque realizaron adaptaciones a los distintos contextos y recurrieron a manuales y fórmulas vulgares y simplificadoras, los cristianos procuraron no separarse del código moral fundado en buena medida por Agustín de Hipona. En algunos lugares estas adaptaciones no resultaron complicadas debido a que ellos mismos habían heredado de las religiones helenísticas y orientales parte de sus ciencias, como la idea del funcionamiento del cosmos, los nombres de los dioses paganos para designar los astros, las estrellas y las constelaciones; la correspondencia entre el macrocosmos y el microcosmos, y la relación entre el zodiaco, las estaciones, los vientos, las cualidades, las etapas del crecimiento y el estado de los cuerpos humanos a partir de los humores (sangre, bilis, bilis negra y linfa), los temperamentos (sanguíneo, bilioso, melancólico y flemático) y los colores de la piel.[30]

En la Alta Edad Media (siglos v al x), mientras el clero de la Europa occidental (orientado por teólogos destacados como Beda el Venerable, Alcuino de York y Rabano Mauro) trabajó intensamente en la conversión de los paganos y el abandono de sus antiguas prácticas religiosas, la tolerancia religiosa predominó. Las leyes que regularon las relaciones sexuales fueron raras y el poder civil no se entrometió en los hábitos personales. Sin embargo, esa situación cambió a partir de la primera Cruzada (1096-1099), porque los ejércitos dirigieron sus armas en contra de los miles de judíos que siglos atrás se habían instalado en los alrededores del Rin acusándolos, entre otras cosas, de haber colaborado con los sarracenos para ocupar los lugares santos. Desde ese momento, numerosas comunidades judías fueron masacradas, perseguidas y expulsadas de Inglaterra, Francia, Italia, principalmente, con la consiguiente confiscación de sus propiedades. El Concilio Lateranense IV (Concilio de Letrán) (1215) les prohibió «ocupar cargos públicos, restringió sus actividades financieras», no les permitió salir de su casa durante los últimos días de Semana Santa, y les impuso ropa con distintivos para no confundirlos con los cristianos. Así, nacieron los atributos de su estereotipo: usureros con narices pronunciadas, sucios, demoniacos, infanticidas, profanadores de la hostia sagrada, sacrificadores de Cristo, practicantes del rito sangriento de la circuncisión y representantes de los vicios carnales, en particular de la sodomía. También se difundió la idea de que el Anticristo era un judío nacido de la fecundación de una ramera por el diablo, instruido en las artes negras, que reinaría en todo el mundo hasta el advenimiento de Jesucristo, quien lo vencería.[(31)]

Una parte de la fuerza demoniaca se atribuyó a las Diez Tribus Perdidas de Israel, lo cual explica por qué los movimientos milenaristas asociados a la doctrina del Anticristo también emprendieron matanzas de judíos y musulmanes,[32] y por qué, siglos después, los cronistas evangelizadores llegados a América escribieron que los indios eran descendientes de alguna de esas tribus, como señalaré más adelante.

No obstante, la asignación de privilegios a los estratos superiores y mayores libertades a los varones que a las mujeres (ya que ellos podían visitar los prostíbulos y el adulterio les generaba menos repudio y escándalo social), los principios de igualdad, la representación de todos los estratos sociales y las capacidades para desarrollar la unidad y la solidaridad entre los miembros hicieron que la comunidad cristiana resultara atractiva. Después del fracaso de las Cruzadas, la Iglesia consideró necesario perseguir no solamente a judíos y musulmanes, sino también a brujas, leprosos y sodomitas, debido a que, para ella, representaban el peligro de introducir doctrinas equivocadas. Su martirio y eliminación «se justificaron plenamente»,[33] y los sentimientos de xenofobia, defensa y cerrazón se exacerbaron, en buena medida, motivados por el deseo de apropiarse de sus bienes y negocios. Muchos herejes se arrepintieron, pero no recuperaron sus propiedades, y quienes no se retractaron fueron quemados vivos o encarcelados el resto de sus días.[34] Para tratar de sacar a la Iglesia de su crisis y promover la animadversión popular contra los heterodoxos se aseguró que tras ellos se encontraba el diablo, que promovía el culto a los ídolos, los sacrificios cruentos, la antropofagia y la fornicación desordenada.

Las conductas descritas en las apologías de los Padres de la Iglesia para defender a los cristianos de las acusaciones romanas, primero, y para reprobar a los paganos y herejes, después, habían quedado fijas en la memoria.

> Incluidas en obras teológicas que se preservaban en las bibliotecas de los monasterios y que muy a menudo eran copiadas y vueltas a copiar, estas historias deben haber sido moneda corriente en las lecturas de los monjes. Es lógico suponer, pues, que a la hora de desacreditar a un nuevo grupo religioso, los monjes echaran mano de este *stock* tradicional de clichés difamatorios. Más aún, es sabido que en el siglo XIV algunos cronistas insertaban deliberadamente tales historias en sus narraciones para proveer a los predicadores de materiales útiles para sus sermones contra la herejía.[35]

El culto al demonio —el autor de la ruptura de la unidad y la armonía y el incitador de los pecados— se reconoció como fórmula para inducir a los opositores a celebrar misas negras (el opuesto de las misas cristianas) caracterizadas por sacrificios humanos (especialmente, infanticidios), antropofagia y orgías. Este complejo demoniaco se convirtió en una obsesión, sobre todo entre el clero practicante del celibato desde 1139, el cual difundió las doctrinas de un Cristo «asexuado y hostil al placer».[36]

Entre los siglos XII y XIII, la lucha contra los pecados de la carne, sobre todo contra el adulterio, la masturbación, la sodomía, el bestialismo y el placer en general, atormentaron al occidente cristiano. La fornicación durante el menstruo se consideró pecaminosa en atención a las consecuencias desastrosas que podían padecer los hijos. A este respecto, Bertoldo de Ratisbona (f. 1272), célebre predicador en esos tiempos, afirmó:

> Los hijos concebidos en ese tiempo no te darán ninguna alegría porque o estarán poseídos por el demonio o serán leprosos o epilépticos o jorobados o ciegos o contrahechos o mudos o idiotas o tendrán una cabeza deforme como un mazo [...] y si se diera que habéis estado ausentes durante cuatro semanas, incluso, si habéis estado lejos de vuestras mujeres durante dos años, debéis guardaros muy bien de desearlas [...] Sed personas honestas y ved que hasta un maloliente judío pone todo el empeño en evitar ese tiempo.[37]

El calificativo *malolientes* fue frecuente en el discurso antisemita cristiano, ya que la poca afectación de la lepra entre los judíos se atribuyó a la observancia rigurosa de la abstinencia en el período menstrual. Por el contrario, para Bertoldo, la causa de la lepra y otras enfermedades extendidas entre los campesinos se encontraba en la unión con sus esposas en dichos días.[38] La introyección mental del sufrimiento, la aceptación del dolor, los sentimientos de culpa, la pena de haber transgredido los imperativos morales y el miedo al castigo, causaron el enloquecimiento de muchas personas en la época medieval y posteriormente, pero al ser trasmitidos de generación en generación, se descubrieron como dispositivos eficaces de control social, ya que las prohibiciones generan deseos, operan como excitantes, y los represores de los apetitos y las «conductas anormales» se deleitan con su autoridad y poder para someter a otros.[39]

De no existir el mal ni la tentación al pecado, tampoco existirían la determinación de las formas que deben adquirir el bien, el arrepentimiento, la penitencia y el perdón. Las imágenes visuales, orales y escritas, en las que el protagonista central fue Lucifer o alguno de sus sustitutos heredados de los tiempos paganos (la serpiente, el dragón, el mago, la hechicera, la partera o figuras misteriosas) circularon profusamente. La clasificación de los «no cristianos» como incivilizados violadores de la ley natural significó asignarles una irracionalidad propia de seres no desarrollados, dependientes de la naturaleza salvaje y desordenada, incapaces de dominar sus pasiones. Esto se aprecia, por ejemplo, en los calificativos *materialistas*, *depravados* y *traidores*, asignados por el clero a los «herejes» cátaros, valdenses y templarios, cuando, en realidad, eran cristianos que deseaban regresar a la pureza de los primeros tiempos y acusaban a la entidad eclesiástica, precisamente, de algo similar: codicia, corrupción, vida ostentosa, autoritarismo y, sobre todo, pecados de la carne.

Para castigar a los nuevos herejes por incumplir los dogmas, la Iglesia instituyó el primer tribunal de la Inquisición y la tortura en su contra se extremó. De los valdenses, los inquisidores afirmaron, entre otras cosas, que celebraban sus reuniones «en cavernas subterráneas» en las que se entregaban a «orgías incestuosas». De los templarios, los acusaron de sodomitas y de alimentar a un ídolo con niños asados vivos[40] y los señalaron «[...] como bestias de carga que carecen de juicio y más aún, superan a las bestias irracionales por la asombrosa brutalidad que demuestran, pues se entregan a todos los crímenes más abominables con una sensualidad que incluso rechazan y evitan los mismos animales [...]».[41]

Por otro lado, sumaron a las mujeres a la nociva herencia de las costumbres heterodoxas. Dados los desórdenes sexuales que se les atribuyeron, el peso de la persecución cayó sobre curanderas, parteras, adivinas y «administradoras de lo sagrado», quienes —se afirmaba— habían guardado por siglos la magia pagana, incluso en zonas de efectiva conversión. Hasta el siglo XIX, la naturaleza salvaje y terrenal de las mujeres así como su capacidad para colocar al cuerpo en estado de confusión, alejarlo del pensamiento y la razón, e imposibilitarlo para alcanzar la verdad, no dejó lugar a dudas. Como un factor imprescindible para la consolidación del patriarcado, la mujer fue concebida como la génesis de la vida impura, de la degeneración, la principal causante de la pérdida de la inocencia y la virginidad, de la desgracia en el pecado original, de la aparición del apetito y los placeres sexuales que antes de ella no se advertían en el Paraíso. De ahí el señalamiento de su función reproductora y la obligación de que el padre o el pariente masculino más cercano las entregara como objetos a los maridos, quienes debían vigilarlas y orientar sus emociones.[42]

Aquellas mujeres, de quienes se sospechaba que llevaban una vida licenciosa, serían representadas por Lilith, Eva o una María Magdalena convertida en prostituta. Posteriormente, serían denunciadas como brujas tramposas, engañadoras y libidinosas, organizadoras de la antiIglesia o Iglesia negativa. Desde esta perspectiva, el *sabbat* se definió como la reunión orgiástica celebrada en homenaje al demonio, en la que las brujas recurrían a todo tipo de ritos satánicos y perversos: besar su ano, profanar la hostia consagrada en la misa negra, sacrificar y devorar niños —como forma homeopática de combatir la reproducción y la maternidad— y establecer relaciones sexuales promiscuas en la oscuridad y en presencia de animales diabólicos como el sapo y el gato negro. A ellas y a los judíos, la Iglesia los usó como chivos expiatorios para atribuirles la gran mortandad ocasionada por la Peste Negra (1348), la lepra y la sífilis relacionadas con los pecados carnales.[43]

En los siglos XIII y XIV, sumada a la lista de apóstatas, herejes, leprosos y brujas, se condenó la sodomía, a menudo confundida con el hermafroditismo. Aunque el concepto de *contra natura* podía encontrarse en textos grecorromanos y de la patrística, su empleo teológico para conceptualizar los actos de sodomía y bestialidad se generalizó en aquella época. Los sentimientos antisodomíticos se extendieron a nivel popular, se incluyeron en la literatura, y en casi todas las legislaciones europeas se estipuló que a quienes incurrieran en este pecado se les aplicaría la pena de muerte. Los amores entre adultos y efebos de condición libre habían ocupado un lugar apreciado en la Antigüedad, ya que para algunos griegos «era la única forma de erotismo que podía ser duradera, pura y verdaderamente espiritual».[44] Para Aristóteles, ese tipo de relaciones ocurría ordinaria o extraordinariamente, pero era «natural». En cambio, para filósofos como Platón y los neoplatónicos, aunque no lo consideraran «antinatural», creían que donde no había virtudes no podían cesar los males, además de que la parte pasiva de la cópula evidenciaba debilidad de carácter o falta de virilidad.[45]

La interpretación del relato de Sodoma en el Génesis, por el cual se identificó a los hombres de esta ciudad como incitadores de los ángeles a la homosexualidad, es reciente. En el Antiguo Testamento la palabra *sodomita* aparece únicamente dos veces y se refiere a pecados que no implican necesariamente homosexualidad, y solo el Levítico la reprueba de manera explícita.[46] De hecho, la teología cristiana transitó etapas en las que el amor y el erotismo fueron positivamente elogiados y ciertas prácticas sexuales entre personas del mismo sexo, ignoradas o aceptadas, pero no condenadas. No obstante, Alberto Magno (1193-1280), en su *Suma teológica*, calificó la sodomía como uno de los más graves pecados sexuales por ofender «la gracia, la razón y la naturaleza» y la consideró una enfermedad contagiosa. Por su parte, la Inquisición se encargó de barrer ese «vicio» sinónimo de «aberración peligrosa, antisocial y gravemente pecaminosa».[47]

El reconocimiento de una sola religión supervisada por una organización eclesiástica centralizada y rígida, sustentada en el derecho canónico, la teología escolástica y la Inquisición, supuso la obligación de aceptar sin ambigüedades un código moral único y afianzar los lazos de parentesco para asegurar la reproducción de los linajes y la legitimidad de la descendencia. La teología moral, las compilaciones jurídicas, los manuales de confesión y los libros penitenciales medievales abordaron los problemas del rapto, el estupro y el adulterio «porque trastocaban el cuadro de las alianzas y el sistema de transmisión de bienes, fundamento de una sociedad de órdenes», y se refirieron detalladamente a las «posturas innaturales» en el acto sexual considerándolas alteraciones graves del orden divino, del equilibrio cósmico, cuyas consecuencias eran trágicas debido a que ello significaba que el diablo seguía conservando sus poderes.

A pesar de que la fuerza del deseo hizo poco viable la aplicación de las normas, la familia patriarcal se impuso notablemente por su capacidad para garantizar la honra, la legitimidad de los hijos y el derecho a la herencia. Asimismo, se constituyó en un ente cerrado, que convirtió a todos sus miembros en vigilantes atentos y, al mismo tiempo, en ocultadores de los actos impuros o sospechosos de impureza.[48]

El cuerpo y las relaciones carnales

La recurrente aparición de la idolatría y el paganismo, así como la persistencia de herejías, evidenciaron la superficial evangelización llevada a cabo sobre todo en los ámbitos campesinos, a pesar de la represión y los esfuerzos de la Iglesia por absorber los poderes taumatúrgicos de las peregrinaciones y el culto a los santos y las reliquias (una actualización de la magia que empleaba trozos de cadáveres para embrujar y adivinar el futuro), del uso de símbolos, exvotos, rezos y sustancias, y de la veneración a la virgen María, sustituta de las antiguas diosas-madre, cuya función fue, como figura semisagrada, atraer la atención para conquistar un lugar, fungir como centro del perdón de los pecados, intercesora en el Juicio Final y modelo de conducta femenina, abnegada, llena de bondad, dulzura y piedad.[49]

En los siglos XIII y XIV, los cismas y los conflictos religiosos debilitaron la voluntad de conservar un cuerpo cristiano unido que respetara las decisiones papales y enfrentara a los herejes. Al reclamo de los cátaros y los valdenses para regresar al cristianismo primitivo se sumaron, entre otros, los husitas y los franciscanos «espirituales». Circularon rumores sobre prácticas sexuales —especialmente sodomíticas— en los campos militares, los conventos y los monasterios, donde privaban relaciones de autoridad y subordinación, y se habló de corrupción de las costumbres por pérdida de espiritualidad y por la continua aparición de prácticas paganas: reuniones adivinatorias, vuelos nocturnos, invocaciones diabólicas, promiscuidades, dispersión de fluidos corporales, sacrificios de niños y antropofagia.[50]

Las fallas en los procesos de conversión, aunadas al fracaso de las Cruzadas, obligaron al aparato eclesiástico a elaborar teorías y métodos más eficaces. En este contexto, se desarrolló la escolástica y las obras de Pedro Lombardo, Alexander Hales, San Buenaventura, Alberto Magno, Tomás de Aquino y John Duns Scotus se difundieron. La patrística reunió parte de las filosofías griega, romana y helenística al reconocer sus aciertos en el estudio de la razón como instrumento para penetrar el ámbito del ser, de lo abstracto y lo absoluto. Los sabios usarían y recomendarían los textos clásicos para cultivar el intelecto de las élites gobernante y eclesiástica en los campos humanísticos de la *paideia* griega.[51] Si bien la Biblia siguió siendo el fundamento más firme, y el uso frecuente de los símbolos y las alegorías bíblicas tuvo la intención de fijar sus postulados en la memoria de los hombres, como «el designio salvífico divino», la obra de Aristóteles, introducida al Viejo Continente por los árabes, se articuló con las tradiciones clásica (especialmente platónica) y agustiniana.[52]

La adopción de ideas filosóficas precristianas fue complicada para los teólogos por no tener sus escritos originales y por las diversas interpretaciones y expurgos existentes, no obstante, la formación educativa romana, sustentada en el *trivium* (gramática, retórica y dialéctica) y el *quadrivium* (aritmética, geometría, astronomía y música), fue recomendada para iluminar el espíritu de los estudiantes de los colegios y las universidades y porque se pensó que detenía la concupiscencia de la carne.[53]

El estudio se entendió como un acto de culto, una virtud y un medio de salvación debido a que permitió conocer la obra de Dios sobre la humanidad, amarla y actuar en favor de su realización en la Tierra. De acuerdo con la escolástica, la teología, además de ser la ciencia de la Revelación, que escruta los misterios de la divinidad y la relación del hombre con Dios, implementa postulados prácticos, fija las reglas de la predicación de la moral que deben asumir los hombres para alcanzar la salvación y de ella se derivan normas o cánones para proteger la fe y organizar el aparato eclesiástico y las relaciones entre este y la sociedad. Esta ciencia se enseñó en las universidades medievales por medio de compendios o *Summae,* a los que se añadieron los textos antiguos, los libros de Derecho Civil Romano, los preceptos cristianos y las nociones éticas, morales y legales que conformaron el Derecho Canónico.[54] Así fue el caso de la obra de Tomás de Aquino (1225-1274), el llamado «doctor angélico», canonizado en 1324, y reconocido como segunda autoridad teológica después de San Agustín.

La teología tomista —de gran importancia para comprender el proceso de evangelización de los habitantes del Nuevo Mundo— retomó la obra de Aristóteles y se convirtió en la base del cristianismo para entender el origen del mal a la luz de Dios y explicar los problemas de la relación de los hombres entre sí y con los órdenes natural y sobrenatural. Para el Aquinate, la ley natural otorgada por Dios a los hombres es inmutable y universal; por ella se establece el orden moral al que la vida debe ajustarse con sus normas, ritos y creencias. De estas últimas se derivan los derechos y los deberes de los seres humanos, que son mutables y responden al progreso del cristianismo. De acuerdo con el escolástico, el orden natural se perfecciona y la vida honesta se consigue —como lo había advertido Séneca— con las cuatro virtudes cardinales (prudencia, justicia, fortaleza y templanza). Los pueblos precristianos no se ajustaron adecuadamente a dicho orden, pero llegó el día en que el cristianismo, la posibilidad de alcanzar la perfección (la concordancia exacta entre las leyes naturales y las leyes morales) se les reveló. A los pueblos que habían caído en falta como consecuencia del pecado original, la verdad les fue revelada, porque, de acuerdo con Tomás de Aquino, los hombres son buenos por naturaleza y existe una inclinación natural al conocimiento de Dios. En ese momento abandonan sus prácticas equivocadas o, en caso contrario, Dios los juzga y castiga.[55]

En términos morales, la escolástica siguió los lineamientos aristotélicos planteados principalmente en la Ética a Nicómaco y fortaleció la construcción de dos géneros opuestos: las mujeres —sinónimos de naturaleza— y hombres defectuosos cuyos órganos de reproducción son internos; y los varones, sinónimos de cultura, cuyos genitales externos denotan el mayor poder. En ambos casos, la energía libidinal contenida podría orientarse al trabajo intelectual, productivo y creativo y contribuiría al aumento de las capacidades de racionalización. De ahí que los teólogos de esta corriente valoraran el erotismo de los paganos no solo como un sentimiento pecaminoso, sino también estéril.[56]

En la Baja Edad Media, la doctrina cristiana no pretendió borrar el cuerpo, sino liberarlo de las debilidades de la carne con la automutilación y la eliminación de las potencias y de los deseos para dejar al alma sola y pura, desnuda, sin cargas, para unirse a Dios. Esto supuso una relación nueva con el cuerpo, un tipo de movimientos corporales autocontrolados que ameritaron técnicas para desterrar la pasión. Lo puro está contenido en lo impuro, en el cuerpo imperfecto que es la materia que vemos y tocamos y que es «semejante a los cuerpos de las bestias».[57] Por eso, si el cuerpo no obedece al alma, que es el principio de la vida, si no se obliga a superar los desórdenes, el ser humano se degrada, es decir, retorna a su condición animal. Para asemejarse a Cristo es necesario suprimir los deseos físicos. Los perfectos cristianos —representados en la virginidad y castidad de María y de las santas como modelos femeninos, y en la virginidad y castidad de Cristo y de los santos como modelos masculinos— no deben sentir apetencia sexual, para que les sea posible alcanzar poderes sobrenaturales y la vida eterna.[58]

Con base en los anteriores preceptos, la doctrina cristiana trató de sustituir la debilidad de la carne de los seres humanos —en especial la inclinación al placer— por la carne reformada y la purificación del cuerpo. Como la de Cristo, la carne humana regresaría a su plena integridad en la resurrección, por lo tanto, la mayor felicidad radicaba en permanecer intocada en vida hasta la muerte. El asco y el rechazo a los fluidos del cuerpo, así como la eliminación o la restricción del coito se proyectaron en la aversión a todo aquello que implicara sangre, semen, impureza. En términos prácticos, como ocurriría en América, las dificultades que entrañaron la represión del placer y la sexualidad, y el cumplimiento de las reglas para la exclusiva reproducción de la especie humana fueron alimentadas por las propias autoridades eclesiásticas en sus sermones y en la confesión.[59] En el caso de esta última, aunque su obligación fuera anual, las preguntas de los confesores impelían a los fieles a dirigir la mirada a su propio cuerpo y promover sentimientos de culpa ya que las enfermedades se atribuyeron, sobre todo, a los pecados de la carne (hasta que la ciencia médica se alejó de las interpretaciones religiosas).

Hacia 1492, cuando Colón pisó tierras extrañas para él, los valores morales medievales seguían vigentes en el pensamiento de los pueblos mediterráneos. Para los imperfectos y quienes carecían de fuerza espiritual para mantener la castidad, el matrimonio era una solución a medias. La cantidad de placer determinaba la magnitud del pecado: «Quien percibe el placer, peca venialmente; el que se entrega con complacencia al placer, comete un pecado mortal». Y, como se sabe, también caen en pecado mortal (en la condenación eterna) quienes copulan en forma distinta a la «postura normal».

La ortodoxia cristiana intentará sublimar el erotismo en la esfera de lo espiritual por varias vías: separar al cuerpo del placer, convertirlo en materia asexuada o en puro sexo, y obligar a cubrirlo de modo que las emociones se restrinjan, así como tratar de limitar las relaciones carnales a la consumación mecánica del orgasmo. No obstante, paradójicamente, lo añadido al cuerpo por parte de la imaginación y la fantasía actuará como excitante erótico y sexual. En suma, al esconder la carne, los cristianos «no suprimían el antojo por la forma humana, al contrario, lo intensificaban al otorgarle la fascinación adicional de un misterio prohibido».[60]

3

LOS PECADOS DE LA CARNE EN LAS POLÉMICAS

Pecados muy grandes y muy desmedidos son
según disposición de la Iglesia: matar hombre a
sabiendas o de grado, o hacer simonía en orden
o ser hereje. Y los medianos pecados dicen que
son estos, así como adulterio, fornicación, falso
testimonio, robo, hurto, soberbia, avaricia, que
se entiende por escasez, saña de mucho tiempo,
sacrilegio, perjurio, embriaguez continuadamente,
engaño en dicho o en hecho, del que viene mal
a otro.[1]

En las páginas anteriores expuse cómo en los textos de los preniceanos, los niceanos, la patrística y la escolástica, el estereotipo del pagano está presente, y cómo su redefinición y adaptación ayudó a identificar y liquidar las religiones no cristianas, y a servir en los procesos de conversión al cristianismo. Repetido frecuentemente en relatos orales, textos e iconografía, este estereotipo se difundió con variantes en el Medievo y llegó hasta los evangelistas españoles encargados de la cristianización de los amerindios, también considerados paganos, es decir, seres terrenales y corruptibles que se guían por sus bajos instintos y cometen todo tipo de pecados, tanto los que corresponden a «carnalidades» (sacrificios cruentos, antropofagia, gula, magias, hechicerías, adulterio, sodomía, embriaguez, etc.) como a «animosidades» (odios, envidias, celos, etc.) (AH, *Ciudad* XIV, 2-4).[2]

El miedo de los conquistadores y de los evangelizadores al nuevo pagano habitante de las tierras al otro lado del océano Atlántico, sumado a sus prejuicios o ideas preformadas, propició la multiplicación de fantasías referentes a lo exótico y lo monstruoso, y apeló a lo estudiado en los conventos y en las universidades como fuera del orden natural (AH, *Ciudad* XIV, 2-4). En la discusión en torno a la naturaleza de los indios, la evidencia de su constante caída en los pecados de la carne sirvió a la Iglesia y a la monarquía españolas para legitimar la colonización, ya que tal evidencia significó su pertenencia a aquel estadio inferior en el cual los seres humanos no han desarrollado aún la capacidad de distanciarse y dominar a la naturaleza física, por el contrario, están sometidos y dependen de ella.[3] Esto sostienen soldados, juristas y cronistas (entre ellos, Hernán Cortés, Gonzalo Fernández de Oviedo, Francisco López de Gómara y Bernal Díaz del Castillo) en cartas, informes, relaciones, y, sobre todo, en las crónicas indianas de los primeros frailes.

A partir de aquí trataré de sustentar cómo, a finales del siglo XV y principios del XVI, la idolatría y los pecados de la carne se convirtieron en una obsesión para las autoridades civiles y eclesiásticas castellanas, dadas las amenazantes circunstancias vividas en la península ibérica a causa de la expansión de la heterodoxia y la herejía y su obligación de erradicarlas, así como el objetivo de promover la unión de los territorios recién descubiertos en torno a las instituciones, las leyes y el proyecto político y religioso monárquico y católico.

La península ibérica en tensión

Desde los concilios de Elvira (entre 300 y 324 d.C.) y Toledo (18 reuniones entre 397 y 702 d.C.), cuando —según manifestaron los obispos— la idolatría sintetizaba los diabólicos cultos paganos practicados ocultamente por las curanderas, las hechiceras, los agoreros, los judíos, los esclavos, las brujas, etc., en la península ibérica se empezó a fortalecer la tradición teológica cristiana. El paganismo pervivió hasta el siglo VII e incluso, debido a la precariedad de la evangelización, hasta el año 711 d.C., cuando los musulmanes la invadieron, de acuerdo con lo consignado en los concilios sobre gente bautizada que sacrificaba a los ídolos, y apostataba y no comulgaba. En siglos posteriores, las conversiones fueron cada vez más numerosas en las zonas no ocupadas por los moros, sin embargo, resultó difícil hacer que el código cristiano se implantara en las pequeñas aldeas ubicadas en las montañas o encerradas en los valles y que estas sustituyeran sus tradiciones.

Después de las Cruzadas, los tratados de demonología circularon con profusión en el mundo cristiano, a fin de que los eclesiásticos distinguieran las prácticas mágicas, astrológicas y numerológicas de los paganos y herejes, esos «lobos con piel de ovejas», embaucadores y libertinos que frenaban la expansión de la «verdadera religión». Los fundamentos de estos tratados se sustentaron en una lógica dicotómica recogida del maniqueísmo, reelaborada por la patrística y la escolástica, que vituperó lo perteneciente al mundo del demonio y elogió el mundo de Dios.[4] Un milenio después, en el siglo XIV, ante la amenaza de disidencia y renacimiento de viejas prácticas, los religiosos retomaron sus lecturas teológicas y escribieron nuevos tratados sobre maleficios y supersticiones, a menudo encargados por la Inquisición, la cual trabajó intensamente en cada una de las regiones en las que se instaló para castigar a los enemigos de Cristo.

En la península ibérica, los inquisidores investigaron y persiguieron a los conversos judaizantes, los moros, los bígamos, las brujas y los sodomitas. El *Manual de los inquisidores* de Nicolás Eymeric (1320-1399) señaló que la condenación a la pena de muerte de los inculpados por tales desviaciones no servía para salvar sus almas, sino para procurar el bien público.[5] Culpar a los otros del mal fue una forma de canalizar las tensiones sociales, de desviar los propios impulsos agresivos, de ahí que las persecuciones, los despojos de bienes, las confesiones mediante tortura y la autosugestión fomentaron nuevos temores, odios y engaños, los cuales acrecentaron la obsesión por el demonio, la sangre y la carne, así como el incremento de la violencia. Los judíos fueron acusados por las comunidades de crímenes religiosos y desastres sociales, por su «deficiencia moral hereditaria», y se les despojaron de sus propiedades y derechos ciudadanos. Además de este «demonio familiar», los musulmanes aparecieron en cuentos y relatos como protagonistas de violencia sanguinaria y sexual, y Mahoma fue imaginado como el gran enemigo de la naturaleza por haber difundido la sodomía en su pueblo, un pueblo entregado a los placeres de la carne.

La lucha contra los brotes de paganismo, la herejía y los falsos conversos se agudizaron con la toma de Constantinopla por los turco-otomanos (1453) y con sus ataques y amenazas de expansión. Las batallas contra Oriente acrecentaron el clima de preocupación y los ánimos contra cualquier heterodoxia.[6] La literatura presentó narraciones exóticas sobre otras culturas (egipcia, etíope, china, etc.) y lanzó cuestionamientos sobre qué hacer con esa diversidad de «subhombres». La repetición de imágenes fijas alimentó grabados, informes, opúsculos y crónicas, a menudo elaborados por el mismo aparato eclesiástico por razones políticas o intereses económicos, y presentados a la gente en forma visual u oral, principalmente, en los templos durante los sermones. Esos objetos podían inspirarse en transcripciones descuidadas o fantasiosas de interrogatorios y remontarse a sucesos ocurridos varios siglos atrás,[7] pero (ya que no eran épocas en las que existiera preocupación por la autenticidad de los testimonios) igualmente serían difundidos.

Los Reyes Católicos decidieron emprender la conversión masiva de los moros al cristianismo y la Inquisición trabajó intensamente para limpiar a España de los judíos acusados de avaricia y usura, de representar el mundo invertido del demonio,[8] cometer delitos sexuales y acudir a las artes mágicas (astrología, adivinación, remedios, profecías, signos misteriosos, amuletos) consideradas producto de la irracionalidad.[9] Para reconocer a los enemigos de la cristiandad y liquidarlos, la Inquisición castellana promovió el miedo, actuó como un Estado dentro del Estado y procedió a detenciones, torturas y quema pública de miles de herejes. Por otro lado, la Iglesia reglamentó la elaboración de las imágenes (en parte siguiendo los argumentos tomistas de la teoría de la imagen) y dio a conocer tratados contra las herejías, las hechicerías y las supersticiones, así como libros para reforzar las virtudes morales, la vida en oración, la pobreza, la mortificación del cuerpo y educar a las mujeres, los nobles y los gobernantes.[10]

El docto Antonio de Nebrija y el inquisidor Diego de Deza,[11] consejeros de los monarcas españoles, emprendieron una renovación para retomar a las autoridades teológicas, a la razón iluminada por la fe, primordialmente a Agustín de Hipona, Jerónimo de Estridón, Gregorio Magno y Tomás de Aquino, con el propósito de integrar en forma más racional los intereses de la Iglesia y la Corona. De Deza se oponía a la propuesta del cardenal Francisco Jiménez de Cisneros (1436-1517) (primado de España, gran Inquisidor de Castilla y León y confesor de la reina Isabel) de que en las universidades se estudiaran interpretaciones teológicas distintas (ockhamistas, tomistas y escotistas). Se inclinaba solo por la escolástica tomista, la cual, en pocos años, se impondría en todo el Imperio español como «método filosófico» e «instrumento para la solución de problemas públicos y privados».[12]

Los teólogos desempeñaban un papel social de primer orden por ser considerados sabios especialistas llamados «a dirimir contiendas religiosas, a condenar herejes, a censurar ideas peligrosas». La alianza entre los reyes, los teólogos y la jerarquía eclesiástica era lógica y profunda. La justicia partía de la interpretación de las leyes divinas y, por tal motivo, el pensamiento filosófico jurídico de esa época era obra de teólogos distinguidos. Además de fijar las reglas de la predicación de la moral que debían asumir los españoles para alcanzar la salvación, los teólogos fijaban las normas para el ordenamiento de la sociedad y la protección de la fe: el fin superior. Se entendía que sin la ley divina era imposible comprender las leyes humanas, por eso las hazañas de Cristóbal Colón, antecedidas de la expulsión de los judíos y el castigo y la quema de miles de conversos vivos en la hoguera pública no fueron interpretadas como hechos fortuitos, sino como señales de la elección divina de España para abanderar la expansión de la cristiandad hasta su triunfo total, es decir, hasta la eliminación completa de herejes y gentiles.[13]

Las malas cosechas, la miseria, la mortandad, las rebeliones locales y las luchas intestinas sumieron en una profunda crisis a los españoles a finales del siglo XV. El sufrimiento y la interiorización de la culpa, fomentados por la Iglesia, favorecieron el afianzamiento del poder real y la exigencia del cumplimiento de las leyes. Al mismo tiempo, el sentimiento de superioridad de los cristianos renació y resultó útil a los navegantes y los comerciantes para expandir los mercados allende el mar. La unidad política del Estado español —emprendida por Isabel de Castilla y Fernando de Aragón sobre el conjunto heterogéneo de señoríos dominados por eclesiásticos y caudillos locales—, el castellano como lengua franca, y la religión cristiana como la única tolerada, se consolidaron en 1492 con la reconquista de Granada.

Los Reyes Católicos estaban convencidos de que la profesión de la fe entre sus súbditos era la condición *sine qua non* para la cohesión y el orden sociales. De ahí la coincidencia de las políticas civil y eclesiástica con la actuación del Santo Oficio para tratar de anular la libertad de lectura e indagación que se abría paso con menos restricciones en otras zonas de la Europa occidental.[14] Entre los reyes de España y la Iglesia católica se afianzaron lazos de confianza y reciprocidad. Los monarcas españoles se distinguieron por asumir el compromiso de expandir el *orbis christianum*, y el Papa (la máxima autoridad reguladora de las relaciones internacionales) los apoyó, siempre y cuando mantuvieran el compromiso de luchar contra los no cristianos a fin de fortalecer el poder religioso, político y económico de Roma.

En virtud de que la expansión del Imperio español se interpretó como la expansión del imperio de Cristo, todas las actividades políticas y jurídicas, así como la inclusión de los nuevos pueblos a la historia humana, debieron ser plenamente compatibles con la doctrina cristiana y acordes con la Revelación divina anunciada en la Biblia, ya que, en última instancia, el sentido de la vida de los hombres era la salvación eterna y todas las acciones debían supeditarse a tal meta. A la Corona le interesó que el aparato eclesiástico fuera fiel al rey y a la «patria», que entre lo terrenal y lo espiritual no existieran contradicciones, y que las leyes y normas para imponer el orden moral no violentaran lo sustentado en la teología. Los neologismos *patria* y, posteriormente, *nación* entraron al vocabulario y el Estado monárquico español se fortaleció con la conquista y la colonización de las nuevas tierras.[15]

La religión seguía siendo la fuente del derecho y el «patrón de comportamiento rígidamente impuesto, es decir, imperante en el ámbito público y privado»,[16] y el nacionalismo pesó en la convicción del papel providencial del imperio. No obstante, esto no fue privativo de los españoles, también los portugueses, los franceses y los italianos alardearon de no recorrer el mundo solo para navegar, descubrir y comerciar, sino para llevar el mensaje de Cristo a todos los rincones de la Tierra. Como tantas veces en la historia, los religiosos serían los consejeros de los emperadores, y la violencia de Estado se pondría al servicio de la expansión y el progreso de la Iglesia: el trono y el altar establecerían una alianza firme, aunque pocas veces armónica.

La pecaminosidad indígena

La intervención del Papa de origen valenciano, Alejandro VI, en la demarcación de las tierras descubiertas por los europeos en 1492, respondió al *Dominium Orbis*, esto es, al poder teocrático concentrado en su figura desde tiempos medievales como vicario de Jesucristo en la Tierra, a su dominio universal temporal, y a su primacía entre todos los hombres, inclusive su facultad de coronar reyes o retirarles su legitimidad. Frente al Nuevo Mundo, el Papa concedió a los Reyes Católicos, mediante las Bulas *Intercaeteras*, el dominio de las tierras descubiertas y por descubrir y, reconociendo sus facultades para el triunfo sobre los sarracenos y la reconquista de Granada, los exhortó a someter a las naciones «bárbaras» y reducirlas a la fe católica enviando para ello a sacerdotes.[17]

Los justos títulos (la legitimidad concedida por el Papa a los monarcas para el dominio temporal de las nuevas tierras), el derecho de instaurar en ellas un nuevo reino y establecer el vínculo de subordinación de los indios a la Corona, presentaron problemas religiosos. Para solucionarlos, Francisco Jiménez de Cisneros desempeñó un papel de primera línea al impulsar la reforma de las órdenes mendicantes para combatir, entre otras cosas, a los sacerdotes concubinarios, y restablecer conductas estoicas como mayor atención en la oración, la contrición y la vida interior. Cisneros pretendía volver al ideal cristiano de la castidad y la obediencia también en los conventos de monjas, a donde debían retirarse las viudas y las mujeres que necesitaban cuidar su virginidad. Con ello pensaba disminuir los abusos, la vida disoluta y la ausencia de preparación de los sacerdotes, restituir el prestigio de la Iglesia y convertir a los reinos de Castilla y Aragón en el centro del pensamiento católico. Además, pretendía compensar de alguna manera las quiebras en las rentas eclesiásticas.[18] Tiempo después, siendo regente, Cisneros se unirá a Bartolomé de las Casas para intentar trazar un plan de gobierno religioso en la Indias.

A los pocos años de que el Papa concediera el permiso para predicar la fe católica entre los pobladores americanos y de haberse iniciado la colonización del Nuevo Continente con el repartimiento de indios y el imperativo de difundir el Evangelio, entre los eclesiásticos, los colonos y las autoridades reales surgieron problemas de conciencia y conflictos de interés. Se presentó la disyuntiva de si los colonizadores podían dominar a los naturales de las Indias empleando cualquier método o si procedía cristianizarlos (sinónimo de civilizarlos) primero, usando el convencimiento y la persuasión, y, si no obedecían, la fuerza. Con los presupuestos teológicos aprendidos, conquistadores y evangelizadores intentaron explicar los extraños y asombrosos comportamientos de los humanos recién descubiertos, así como profundizar en el conocimiento de Dios y su verdad revelada para saber el lugar que las nuevas almas debían ocupar en la historia sagrada. Para ello, se convencieron de su superioridad para profesar la última, perfecta y verdadera religión, y por haber librado batallas anteriores contra la infidelidad.[19]

Sin la firme convicción de que la hazaña era un mandato divino que formaba parte de la historia revelada, es decir, del proyecto de expansión del cristianismo por el mundo, la conquista de América difícilmente hubiera sido posible. De ahí que los españoles creyeran que Dios los había acompañado e iluminado en la guerra y que Él había elegido a España por su fe cristiana demostrada, y el valor y la virilidad de sus hombres. En este sentido, las figuras del judío, el moro y los heréticos en general, creadas por los apologetas cristianos durante siglos, así como las leyendas y los relatos históricos medievales sobre los paganos y los salvajes se mezclaron y organizaron la imagen del indio americano.[20]

La necesidad de incorporar las nuevas tierras pobladas a la historia universal, la historia sagrada y el concepto de *naturaleza*, sembró muchas inquietudes entre los Reyes Católicos y sus teólogos, ya que, pasado el tiempo de la idealización de los aborígenes y las fantasías paradisíacas colombinas, viajeros, soldados y encomenderos informaron que estos eran auténticos «bárbaros».

En octubre de 1495, Michele da Cuneo, nativo de Savona, acompañante de Colón en su segundo viaje, narró en una carta las vicisitudes por las que atravesó. En esta misiva puso especial atención en las relaciones de los americanos con la carne: habló de mancebos castrados tal vez para engordarlos y comerlos luego, mujeres bien dotadas de «valores táctiles», e isleños que vivían como bestias y practicaban el coito a menudo, cuando les venía en gana. Afirmó que los mansos indios habían contraído el vicio de la sodomía de los feroces caníbales y le habían tomado gusto: la «áspera cachondez de la lascivia antropófaga palpita y revive hasta nuestros días [...]».[21] Como él, otros europeos vieron en el Nuevo Mundo un universo gobernado por fuerzas desconocidas, malignas y misteriosas, colmado de diablos que debían ser destruidos para limpiar el camino de la verdad. Las variaciones en la flora, la fauna y la especie humana pusieron en duda sus consabidas verdades, ya que, en ocasiones, veían en los indios al buen salvaje cuya vida trascurría sin muros, fosos, leyes, malicia ni nociones de la propiedad privada, con belleza, exuberancia y observando «lo justo por instinto natural»; y, otras veces, al feroz y cruel guerrero acostumbrado a los sacrificios humanos, los banquetes de hombres y el libertinaje sexual. Sus relatos, frecuentemente confundidos con mitos, fábulas, monstruos y figuras fantásticas y zoomórficas, igual se deleitaron con la inocencia de los nativos que con los detalles escandalosos y obscenos relacionados con la suciedad en el uso de los fluidos del cuerpo y otros vicios.[22] Los escritos de Cristóbal Colón, Américo Vespucio, Martín Fernández de Enciso, las cartas, los informes oficiales y las relaciones de pilotos y conquistadores —reunidas, en parte, en la primera crónica escrita entre 1494 y 1526 de las *Décadas del Nuevo Mundo* de Pedro Mártir de Anglería— dan idea del bagaje cultural de estos primeros testigos directos e indirectos. Ellos se refieren a los suyos con el ideal del varón valiente, aventurero y heroico, difundido por los libros de caballería; manifiestan la existencia de ciudades imaginarias y monstruos llegados de Oriente, y hablan del poder mágico de las piedras, los talismanes y otras «supersticiones paganas». Las expresiones hiperbólicas, los personajes fabulosos (amazonas, sirenas, arpías) y las referencias a bestiarios y libros de prodigios señalan la indistinción entre lo fantástico y lo real. Por eso, y porque a sus autores no les preocupaba separar ambos mundos, ni resolver las contradicciones o explicar cómo y por qué acaecían las cosas, en las descripciones del Nuevo Mundo es difícil reconocer si el pasado idolátrico de los naturales corresponde, por semejanza, a rituales o mitos que evocan hechos ocurridos en algún otro tiempo y parte del mundo, o si en ellas constan datos que se remiten a lo presenciado.[23]

Desde las *Cartas de Relación* de Hernán Cortés, las crónicas indianas de los conquistadores y funcionarios civiles siguen un marco cronológico y episódico y un género épico cuya intención principal es dar a conocer los sufrimientos y el heroísmo de los españoles para dominar las nuevas tierras. Admiran sus propias hazañas, sus méritos, su virilidad, su valor guerrero, su clemencia con los vencidos y se presentan como herederos del Imperio romano cristiano con la meta de obtener fama, prestigio y, sobre todo, piedras preciosas, oro y otros metales. Según conviene en uno u otro momento, del enemigo exageran su poder y barbarie o su civilidad y grandeza.[24] Asimismo, narran con horror hechos crueles u obscenos que incitan al rechazo y la repugnancia, práctica bastante común en la Europa de aquellos tiempos. Un ejemplo atañe a las continuas referencias a las amazonas, que, en la mente de los conquistadores, devienen de las novelas que circulaban en España desde las últimas décadas del siglo XV, pero cuyo detonante podría proceder de situaciones reales, como se aprecia en las noticias de Cortés en sus *Cartas* sobre una isla poblada solo por mujeres donde, cuando paren, guardan a las hembras y echan fuera de ella a los varones; o sobre una mujer a la cual todos los señores obedecen. Para entender lo que le cuentan o presencia, el conquistador extremeño medievaliza el mundo indígena y describe las ciudades, las murallas, los castillos, los palacios y los templos como si fueran musulmanes o cristianos. Identifica a Motecuhzoma con un emperador; a su Corte, sus procesiones y sus formas de recibimiento, con las de las monarquías y noblezas europeas y atribuye a los mexicas relaciones monogámicas y patriarcales de tradición romano-cristiana, cuando, en realidad, sus reglas de parentesco pudieron corresponder a una sociedad matrilineal.

Además de que los relatos de los navegantes y de los conquistadores incluyen adaptaciones, traspolaciones o paráfrasis de mitos y fragmentos de romances medievales, novelas de caballería y combates, conservan la visión dicotómica de la clasificación cristiana del mundo: Dios y el demonio, lo alto y lo bajo, la vida y la muerte, las virtudes y los vicios, lo perfecto y lo imperfecto.[25] Llenos de confusiones entre lo visto y lo escuchado, y cargados de intereses e imaginación (aunque con referencias plausibles a la realidad americana), la idolatría, los pecados de la carne y los sacrificios humanos —que, al parecer, muy pocos presenciaron, aunque los restos arqueológicos evidencien su existencia— justifican la guerra.[26] Estas obras se tradujeron y se distribuyeron en Europa causando escándalo, morbo y curiosidad. Un ejemplo son las cartas escritas por Américo Vespucio entre 1500 y 1504, producto de su convivencia con aborígenes americanos durante 27 días, en las que el navegante destaca las conductas desordenadas de los nativos, como no comer a horas fijas y hacerlo sin mantel; no conocer leyes ni religión; inclinarse a la violencia, la guerra y la ingesta de carne humana y practicar relaciones lujuriosas, sobre todo las mujeres.[27]

Las primeras noticias sobre los comportamientos de los antillanos llegaron a la Universidad de la Sorbona de París, uno de los centros de teología más prominentes en esos tiempos, donde había enseñado Tomás de Aquino. En 1510, después de recibir estas noticias, John Major, el teólogo escocés representante del nominalismo, aplicó el concepto aristotélico de la *jerarquía natural* y resolvió que los habitantes de las lejanas tierras eran bárbaros pecadores *contra natura*, incapaces de gobernarse y prosperar, razón por la cual debían estar sometidos y servir a quienes, por naturaleza, estaban mejor dotados para ejercer la autoridad. Major justificó plenamente la guerra de los cristianos contra los nuevos paganos y el derecho a obligarlos a someterse a la fe cristiana. Sustentó su resolución en lo expresado por el profesor de teología de la Universidad de París, Pedro Lombardo, en su *Libro de Sentencias*: a los hombres viciosos no se les podía conceder la libertad, porque no sabrían usarla, más bien les perjudicaría.[28]

En diciembre de 1511 —de acuerdo con los informes de Bartolomé de las Casas en su *Historia de las Indias*— el fraile dominico Antonio de Montesinos denunció el maltrato al que eran sometidos los indios por los conquistadores en la isla La Española. Es sabido que esa denuncia generó efervescencia tanto entre el clero que vivía en el Caribe como entre las autoridades y funcionarios de la Corte española, por eso, el 23 de marzo de 1512, el padre provincial de los dominicos en España, Alfonso de Loaysa, prohibió que se trataran estas cuestiones desde el púlpito.[29] Aun así, la lucha entre los frailes y los encomenderos se desató y Fernando el Católico se vio obligado a reunir a los más destacados juristas y teólogos en la ciudad de Burgos para determinar la naturaleza de los indios y decidir si debían ser esclavos o libres. De ello dependería el derecho de los conquistadores a ocupar sus tierras, convertirlos en sus servidores y obligarlos a tributar.

Con fundamento en la tradición cristiana y conociendo hasta ese momento solo las conductas de algunos isleños y costeños americanos, los pecados de la carne fueron la justificación central de quienes defendían la causa de los conquistadores para guerrear, despojar y someter a los aborígenes. Sin embargo, dos de los participantes en las Juntas de Burgos (más de 20 sesiones) —el jurista profesor de la Universidad de Salamanca y consejero de Fernando el Católico, Juan López de Palacios Rubios, y el teólogo dominico del convento de San Esteban de Salamanca, Matías de Paz— reconocieron la universalidad del derecho natural y consideraron que la pecaminosidad no podía justificar violencia alguna, ya que Dios era el único que podía juzgar la moral indígena. Ellos fueron los primeros en poner en duda el sometimiento natural de los indios a los españoles y escribieron los primeros tratados sobre esta cuestión. De ahí se originaron las *Ordenanzas reales para el buen regimiento y tratamiento de los indios* (diciembre de 1512), mejor conocidas como Leyes de Burgos.[30]

Palacios Rubios resolvió que los indios pecaban porque no se les había revelado la verdad, pero ello no daba derecho a nadie para despojarlos ya que, de acuerdo con Tomás de Aquino, lo que es natural al hombre no se da ni se quita por el pecado. De ello se derivó, para el caso americano, la imposibilidad de someter a los indios a causa de sus pecados, pues estos «no les privan de su libertad, ni de sus derechos naturales y humanos».[31] Además, todo parecía indicar que los indios eran racionales, porque, según indicios recogidos por Cristóbal Colón, había en ellos inclinaciones al bien y animosidad para aceptar la fe. Dios quiere —afirmó el consejero del rey— que todas las personas y naciones sean salvadas y conozcan la verdad. Así está revelado y así se ha expandido por todo el orbe. Su compañero, Matías de Paz, también con base en el Aquinate, añade: «Existen algunos infieles a cuya noticia ha llegado la fe verdadera de nuestro Redentor como son los judíos, sarracenos, turcos y herejes. Todos estos tienen propiamente el pecado de infidelidad, no solo privativa, sino también positivamente, el cual es el pecado mayor [...]» (STh, *Suma VI,* 1-2, 102).[32] Los indios tienen el pecado de infidelidad no por haberlo cometido, sino «por omisión», por desconocerlo, y, de acuerdo con los testimonios de Colón, agrega que la gente hallada sí cree que en los cielos hay un Dios creador y parece apta para recibir la fe católica y aprender las buenas costumbres (PR, *De las islas,* 222, 233).

En el «Tratado de la ley antigua» de la *Suma Teológica,* Santo Tomás, con base en Aristóteles, sostuvo que la justificación del sometimiento de unos hombres por otros se sustentaba en la estratificación de la especie humana entre hombres racionales, esto es, aquellos capaces de apartarse del mal, dominar sus instintos y controlar sus pasiones, emociones y sentimientos para ponerlos al servicio de la obra espiritual de alabanza y adoración de Dios, y hombres irracionales que obedecen a las pasiones y los impulsos de la carne y se arrojan sin mediación, como animales, a satisfacer deseos como fornicar sin reglas ni límites (STh, *Suma VI,* 1-2, 98-101). No siendo animales, porque los animales no pecan, el sometimiento de los seres irracionales, inferiores, bárbaros e impuros a los seres racionales, superiores, civilizados y puros se justifica, debido a que de este modo es posible modificar sus costumbres, convertirlos en racionales y permitir que abandonen las tentaciones de la carne y sigan el camino de la salvación de sus almas.

Para Palacios Rubios y Matías de Paz, la idolatría, el culto a los ídolos, era, como indica la tradición doctrinal cristiana, el pecado mayor, contrario al derecho natural: «Lo natural es adorar a un solo Dios creador, y no a sus criaturas» (STh, *Suma VI,* 104). El Papa puede declararles la guerra justa a los infieles y privarlos de sus bienes o potestad sobre sus hijos, pero solo si intentan arrastrar a sus ritos y ceremonias a los fieles. Si un cristiano ve a otro idolatrando o judaizando podrá, con autoridad propia, darle impunemente muerte. Esto no significará crueldad, sino piedad por castigar los crímenes contra Dios. Además, todo cristiano tiene la obligación de delatar estas prácticas. Pero la situación de los indios es otra: ellos han servido a los ídolos por ignorancia. Por eso, «[...] apenas cautivados y vencidos, recibieron gustosísimos, según es fama, la fe de nuestro Salvador y el sacramento del bautismo» (STh, *Suma VI,* 102-114).

La identificación de los dioses paganos y los hábitos deshonestos inculcados por el Maligno fue para los españoles una «verdad» confirmada en la teología. Esta verdad se traduciría en la desacralización del pasado indígena que empezaría por descartar la posibilidad de que los naturales hubieran desarrollado religiones y asegurar que lo suyo eran *idolatrías.*[33] El Aquinate había completado el concepto de *idolatría* utilizado en el Medievo al plantear que era, como las desviaciones sexuales, «antinatural»; un pecado propio de los hombres de naturaleza imperfecta. En su entender, la idolatría —la adoración de toda clase de criaturas ofrecida con o sin imágenes— y no la adoración exclusiva al Creador, es una forma de superstición, no de religión, que procede de un pacto con el demonio y se expresa en la fabricación y el culto de los ídolos. Es el pecado más grave porque entraña infidelidad y odio a Dios, porque solo Dios, cuya perfección sobrepasa la de todas las cosas creadas, tiene derecho a ser adorado. Para el «doctor angélico», es «la causa, principio y fin de todo pecado» porque induce a cometer muchos otros pecados, contradice «el imperio divino universal». La disposición a la idolatría proviene de deficiencias de la naturaleza humana y la ignorancia, y por ella se generan pecados como «ofrendas rituales de vidas humanas, mutilación de miembros y cosas semejantes» (STh, *Suma IX*, 2-2, 94).

De acuerdo con este escolástico, para el culto a los ídolos, algunos antiguos construyeron con arte nefando imágenes que, por virtud de los demonios, causaron ciertos efectos, lo cual los llevó a pensar que había en ellos poderes divinos. Pero los ídolos «no eran nada en el mundo», eran seres inanimados sin poder divino; lo inmolado a ellos tampoco era divino, porque por tal inmolación las carnes «ni adquirían carácter sagrado alguno, como creían los gentiles, ni impureza de ninguna clase, como pensaban los judíos» (STh, *Suma IX*, 2-2, 94). En suma, para Santo Tomás, los sacrificios antiguos no debían entenderse como actos para sacralizar, sino como «ofrendas rituales» o conmemoraciones.

Como planteé antes, el peso de la teología cristiana en la desacralización de las religiones antiguas, especialmente en las grecorromanas, trajo consigo numerosas simplificaciones, interpretaciones y tergiversaciones históricas. Lo mismo ocurriría en América, ya que, desde un principio, a los teólogos y a los juristas españoles reunidos en Burgos no les interesó precisar (no correspondía a la lógica ni a los intereses de su época) en qué consistían realmente las religiones de los pueblos americanos, cuáles eran los poderes de sus dioses, qué significaban sus ritos, qué concepto tenían de la carne, la sangre, la muerte y el espíritu, cuál era la relación entre las creencias religiosas y la tributación. Tampoco se ocuparon de averiguar cómo eran las relaciones interpersonales, cuáles eran sus códigos morales, a qué respondían las reglas de parentesco, y, menos aún, las regulaciones sexuales.

Si bien los escritos de Palacios Rubios y Matías de Paz enriquecieron la concepción teológico-jurídica castellana (las leyes de Alfonso X y las *Pragmáticas* promulgadas por los Reyes Católicos), el pasado americano quedó impregnado del discurso cristiano-medieval que, en gran medida, se había derivado de las imágenes y de los textos estudiados hacía más de dos siglos en Europa. Por eso, Palacios Rubios asevera que:

> Los indios, antes de llevarse a sus mujeres a habitar con ellos, les permitían tener trato carnal con quien quisieran. [Ellas se prestaban] al punto y espontáneamente al trato carnal y otras exigencias con cualquier hombre, considerando ilícito el negarse. A causa de estos adulterios y del trato femenino con muchos hombres no era posible tener certeza de la paternidad de los hijos; por lo cual la sucesión, se hacía por las mujeres, sobre todo tratándose de las de aquellos que tenían sobre los de más poder y jurisdicción (PR, *De las islas,* 10).

Con su mirada escolástica, el jurista deduce que entre los indios no existía el matrimonio monógamo, lo cual es muy plausible, pero para demostrarlo atrae una serie de pruebas teológicas y decide que debían contraerlo y dejar de vivir en pecado mortal debido a que, de otro modo, se seguirían perdiendo «infinitas almas» (PR, *De las islas,* 11). Aunque Palacios Rubios advierte que «la sucesión, se hacía por las mujeres», no imagina —los prejuicios de la época en que vive no se lo permiten— relaciones matrilineales[34] u otro tipo de relaciones de parentesco, y las señala como conductas equivocadas, ya que, como era propio de la época y tradicional en la escolástica, la mujer se consideraba un ser inferior, poco apta para la fidelidad, la espiritualidad y la moralidad.

A la luz de la interpretación cristiana, la mujer se concebía como un objeto del deseo, un varón fallido de naturaleza defectuosa, un receptáculo para la procreación que debía someterse al varón, principalmente a su marido, y prestarle el débito conyugal cuando lo solicitara. Los sentimientos femeninos dirigían a las mujeres a todo lo malo, mientras la inteligencia de los varones, a todo lo bueno. El amor a las mujeres arrastra a los hombres a la ruina, como demuestra el relato de Eva al aceptar las verdades de la serpiente, y a Adán al mantenerse unido a su compañera a pesar del pecado.[35] Por otra parte, los comportamientos femeninos ameritan vigilarse, puesto que los cristianos deben conservar el honor para no poner en peligro el linaje por manchas de sangre. En la España de ese momento, el concepto *honor* —nacido en íntima conexión con el concepto *pureza de sangre* y la necesidad de cuidar de las mujeres para asegurar descendencias libres de mezclas religiosas y pecados— constituía un valor de primer orden, ya que articulaba un sistema de protección y cohesión sociales cuya función era orientar las conductas cristianas ejemplares. Para todo caballero, ganar el honor era tener la certeza de la procedencia y, por consiguiente, de la herencia, y mancillar la honra se asociaba con pecados carnales (haber nacido fuera del matrimonio o hallar a la esposa en adulterio), los cuales simbolizaban perder la vida, barbarizarse o semejarse a un animal.[36] Con base en este complejo, determinante de la relación entre los géneros en la península, difícilmente se podían interpretar las relaciones que —se decía— los pobladores americanos establecían entre los géneros.

La Junta de Burgos resolvió que la idolatría —la cual, como hemos visto, involucra otros pecados de la carne como los sacrificios cruentos y los pecados *contra natura*— justificaba la presencia de la Corona española en las tierras recién descubiertas. Los indios eran libres y no debían ser despojados de sus bienes, pero, como vivían en condiciones bárbaras, había que enseñarles la verdadera religión. La guerra solo podía justificarse (ser justa) si los naturales se oponían al Requerimiento, esto es, a la exposición de los justos títulos de la Corona que los capitanes de las tropas españolas debían leer a los caciques e indios de cada territorio para exigirles que reconocieran a las altas potestades de la Iglesia y la monarquía.[37] Al separar el poder terrenal del espiritual y el derecho de gentes del natural, el Requerimiento fue muy criticado en su época. Además se contrapuso a la realidad, debido a que los indios no entendieron su contenido y los conquistadores lo usaron para asaltar militarmente a los pueblos, y recibir con rapidez repartimientos y encomiendas. Por otra parte, los conflictos entre los encomenderos (interesados en minas y tierras) y los frailes (defensores del poder misionero de la Iglesia para difundir el Evangelio) se agudizaron, en parte porque, para ambos grupos, los indios significaban la mano de obra que habría de sustentarlos y proveer los tributos y diezmos reclamados por la Corona.[38]

Aunque las Leyes de Burgos reconocieron al indio como un ser libre con derechos sobre sus bienes[39] y determinaron la nueva reglamentación tendente a limitar su sobreexplotación, en este primer momento los invasores impusieron las reglas del juego: se conservaron las diferencias jerárquicas entre las autoridades españolas, los caciques indígenas y el resto de la población, y se reconoció la labor de las órdenes mendicantes en la conversión de los indios al cristianismo (PR *De las islas* XIII, XXII).[40]

Pocos meses después de haber sido promulgadas las Leyes de Burgos, fray Pedro de Córdoba,[41] uno de los primeros evangelizadores dominicos en las Antillas, compañero y defensor de Montesinos, planteó al rey su desacuerdo con ellas. Nuevamente, la Corona pidió la reunión de los teólogos, para lo cual se solicitaron nuevos informes. De ella se derivó un complemento titulado *Declaración y moderación de las ordenanzas de indios* (julio de 1513)[42] en el que se encuentran los métodos a seguir en la conversión de la población americana al cristianismo —una continuación de las ordenanzas dadas por los Reyes Católicos desde 1503—: acercar sus viviendas a los pueblos de españoles para que estos no abusen de aquellos ni de sus mujeres y aquellos no regresen a su «ociosidad y malos vicios»; colocar cruces e imágenes de la virgen María en las Iglesias; llamarlos a rezar y a cantar el Ave María, el *Paternoster* y el Salve Regina; enseñarles los diez mandamientos, los siete pecados mortales y los artículos de la fe; establecer el matrimonio monógamo e impedir que tomen por mujer a parientes; dar los hijos de los caciques a los franciscanos para su educación religiosa; llevar a los indios los domingos y los días de fiesta a oír misa y después proporcionarles «carne guisada» para que ese día coman bien.[43] Evidentemente, la estrategia seguida para «civilizar a los bárbaros» incluía la formación de nuevas comunidades controladas por los caciques indígenas, sometidas a los españoles, así como la educación cristiana de todos, en especial de los futuros caciques, los hijos de aquellos.

El estereotipo del indio

Los dominicos manifestaron su oposición a la encomienda y a quienes calificaron a los nuevos paganos de irracionales, mediante su representante en la Corte española y en las instituciones encargadas de la empresa de Indias, Bartolomé de las Casas, quien sería nombrado por el cardenal Jiménez de Cisneros «protector universal de todos los indios».[44]

Debido a que las medidas adoptadas por la Corona no remediaban los abusos, las crueldades y las matanzas de los naturales, en el *Memorial de remedios para las Indias* (1516), solicitado por Cisneros, Las Casas presentó un plan de reformas para la colonización pacífica. Posteriormente, realizó experimentos agrícolas con los cuales intentó demostrar que con el cese de los repartimientos y las encomiendas no se produciría la ruina del reino, tal como lo pronosticaban los particulares.[45] El fracaso de estos experimentos lo condujo a tomar el hábito dominico en 1522, en el convento de Santo Domingo en

Haití, para, después de siete silenciosos años de estudios de derecho y teología, reiniciar su lucha contra las encomiendas.[46]

En 1520, a pocos meses de instaurado el imperio de Carlos V, entre conflictos políticos y levantamientos de los comuneros de Castilla, en un ambiente de crítica y burla popular representadas en la literatura contra los clérigos por su ignorancia, simonía y fama de caer en debilidades de la carne, y mantener amantes e hijos ilegítimos, las ideas reformistas de los alumbrados y de Erasmo de Rotterdam, Thomas Müntzer y Martín Lutero se sumaron a dichos conflictos. Esas ideas habían sido bien acogidas en la península en un principio, pero inmediatamente perseguidas por las autoridades, debido a que, desde 1502, los Reyes Católicos prohibieron la circulación de libros de asuntos reprobados como supersticiones, nuevas o sin provecho. Al proseguir la presión religiosa, en 1521, el emperador dio a conocer un edicto oficializando la censura en España.[47]

Mientras tanto, en el período de guerra de conquista, llamada, posteriormente, por los españoles «guerra de pacificación» (1521-1542), en el territorio bautizado como Nueva España se registraba una violencia extrema debido a la codicia de los conquistadores y las sublevaciones indígenas. De acuerdo con los numerosos testimonios directos analizados por Silvio Zavala, los identificados como «indios» (hombres, mujeres, niños y niñas de cualquiera de las múltiples comunidades) fueron objeto de esclavización. Tomados como mercancías, los españoles marcaron con hierro su cara, los amarraron cual ganado, los encerraron en minas y obrajes, los «cazaron», robaron, compraron y vendieron. Además, los naturales supusieron grandes negocios, como el muy conocido de Nuño de Guzmán. Las reacciones indígena ante este trato fueron las denuncias —que incluso ya entonces apelaron a la transgresión del derecho natural y el derecho de gentes hispanos—,[48] las rebeliones, el miedo, la depresión y la huida. Por si fuera poco, entre los naturales también se reportaron casos de alcoholismo y desgano para sembrar y procrear. Una de las justificaciones de los encomenderos para adoptar la esclavitud fue la crueldad de los mismos caciques quienes llegaban a sacrificar a sus congéneres.[49] La Corona decidió que esos indios, en especial la llamada «nobleza indígena», debían conservar sus tierras. Los caciques y los frailes organizaron la tributación y vigilaron que las aldeas y las ciudades siguieran un trazo reticular para controlar mejor a la población e impedir que los españoles maltrataran a los naturales y abusaran sexualmente de las mujeres.[50] En respuesta a ello, cronistas y encomenderos daban a conocer las terribles costumbres practicadas por los naturales, y formulaban un estereotipo sobre el sacrificio humano (primeramente consignado por Hernán Cortés) que habría de repetirse numerosas veces: en presencia de sus ídolos, los habitantes de Tenochtitlan abrían por los pechos a seres humanos vivos, les sacaban el corazón y las entrañas, después las quemaban y ofrendaban su humo. Todo esto lo hacían muy frecuentemente y, como eran muchas las «mezquitas», anualmente morían alrededor de cuatro o cinco mil ánimas en cada una (HC, *Cartas*, 21-22).

Una vez conocidas algunas islas y costas, la exploración al interior de los territorios americanos motivó a los escasos testigos presenciales a informar que los pecados de la carne no los cometían tribus aisladas, sino grandes conglomerados, como el azteca y el inca. La respuesta de las autoridades españolas no se hizo esperar. En 1523, el Consejo de Indias se separó del Consejo Real de Castilla, y Carlos V instruyó a Hernán Cortés, a los virreyes, las audiencias y los gobernadores de Indias para que derribaran ídolos, altares y adoratorios de la gentilidad; quitaran sus sacrificios y prohibieran «expresamente con graves penas a los indios idolatrar, y comer carne humana, aunque sea de los prisioneros y muertos en la guerra [...]».[51] Un año después, el fraile Tomás Ortiz, quien había participado en la misión dominica de evangelización de los indios de Chiribichi (hoy Venezuela), justificaba ante el Consejo de Indias la esclavización de los aborígenes, en virtud de sus conductas salvajes. Ese testimonio, reproducido, sin duda, por Pedro Mártir de Anglería, Francisco López de Gómara y Antonio de Herrera,[52] muestra las dificultades para reconocer qué partes se aproximaban a la realidad, quién había experimentado qué o si alguien lo había inventado a partir de rumores y datos sueltos.[53]

Hacia 1526, el caos reinante en las nuevas tierras debido a los abusos de conquistadores, esclavistas y encomenderos fue conocido en España. Ese año el monarca firmó en Valladolid una Real Cédula por la cual ordenó a los capitanes y descubridores que les dieran a entender a los indios que los habían mandado para «enseñarles las buenas costumbres, apartarlos de vicios y de comer carne humana [...]».[54] En aquella tercera década del siglo XVI, la despoblación indígena por migraciones, hambre, maltrato, suicidios y epidemias preocuparon a la Iglesia y a la Corona, ya que ello significaba pérdida de almas y la consiguiente baja de ingresos de la explotación minera y los tributos. Fray Juan de Zumárraga, el obispo electo de México en 1528, quien había trabajado antes en Vizcaya extirpando brujerías, fue designado protector de los indios a fin de reglamentar su herraje y asegurar su adoctrinamiento, ya que, según él mismo, es «grand inhumanidad [...] tratallos como si fueran perros y aun peor».[55]

La religiosidad española y americana eran evidentemente asimétricas: «El catolicismo ibérico estaba profundamente marcado por la lucha entre las categorías morales del bien y el mal, de Dios y el diablo, lucha en cuyo seno las nociones de pecado y salvación ocupan un espacio absoluto».[56] Esta forma de pensamiento se distanciaba radicalmente del indígena, cuyas categorías suponemos que se ubicaban en «planos espiritual, moral y físico» divergentes.[57]

Si bien cada orden mendicante actuó, en principio, a su buen entender, todos los evangelizadores compartieron la lógica dicotómica y la obsesión por la idolatría y los pecados de la carne. Estas se profundizarían al institucionalizarse la confesión, una práctica cuya función principal era que los sacerdotes indagaran en qué pecados habían caído los indios, en especial, en qué consistían sus relaciones sexuales. Sin embargo, las faltas o transgresiones consideradas por una cultura no eran equivalentes en la otra. Lo paradójico de esa situación fue que en ese momento (entre 1526 y 1528), pensando en la península ibérica, Erasmo de Rotterdam, Lutero y otros reformadores atribuían al clero católico conductas pecaminosas similares a las observadas en los amerindios. Además de cuestionar a la jerarquía eclesiástica por su relajamiento religioso, las inclinaciones a los vicios llevaban —enfatizaron Erasmo y sus seguidores— a la reaparición de creencias y prácticas paganizantes que destruían el espíritu cristiano y abrían las puertas a la actuación del demonio. Por tal motivo, retomaban el nuevo estoicismo de herencia senequista sobre el cultivo del yo interior y la lucha contra la carne, muy presentes en España desde tiempos medievales, actualizados, en parte, debido a la edición crítica preparada por Erasmo de las obras de Séneca, y a la influencia de ese filósofo hispanorromano en el *Enchiridion*, y en el intento de Juan Luis Vives de armonizar la fe y la razón.[58]

Un ejemplo de la manera en que los franciscanos siguieron la tradición medieval del autosacrificio fue la representación de disciplinantes que expresaban la experiencia humana del sufrimiento y la muerte del hijo de Dios. Ellos presentaron en Nueva España las piezas de teatro que habían proliferado en Europa a finales del siglo XV para atraer a la gente a reproducir en su propio cuerpo y espíritu la vida de Jesús. Fueron centrales las que se refirieron a la caída en el pecado de Adán y Eva, la Pasión de Cristo, la vida de Francisco de Asís y las que promovieron el miedo al Juicio Final y al infierno.[59] En ese sentido, resulta elocuente el auto escrito en lengua mexicana por un anónimo sobre el sacrificio de Isaac, ya que incide en la reprobación del sacrificio humano y su sustitución por el cordero pascual, así como en la profecía: «Para que el mundo entero se salve, se formará el precioso Hijo de Dios, quien, de verdad, con su sangre y con su muerte abrirá el cielo [...]». El milagro portentoso de la salvación de Isaac de la muerte, realizado por Dios con la intercesión del ángel, es anunciado por este mismo al final de la representación teatral, junto con el *dictum*:

> [...] así pues, ajustad bien vuestro modo de vivir á Sus divinos mandamientos: no violéis uno solo, y cuidad á vuestros hijos para que no vivan carnalmente, para que vivan con moderación: para que sirvan á Dios nuestro Señor: para que merezcan también el reino de los cielos. Así sea.[60]

De igual forma, con el afán de impresionar a los indios y dirigir sus temores hacia el asombro y la fascinación, los regulares imitaron los sufrimientos de Cristo y de los santos con representaciones dramatizadas, sobre todo en Semana Santa. En ellas cargaban cruces y se flagelaban hasta derramar sangre. En todos los casos, paganos y herejes simbolizaban el mal.[61]

En 1526, tanto franciscanos como dominicos habían emprendido una campaña en contra de las críticas erasmistas a las supersticiones y sus reclamos de mayor rigor espiritual. El de Rotterdam fue acusado de favorecer al luteranismo, y sus obras se sometieron a revisión, expurgo y censura. Poco después, en 1528, los procesos inquisitoriales en contra de erasmistas iniciaron en los reinos españoles y en París. Además, en el capítulo general celebrado en Milán (1505), los dominicos habían acordado adoptar la teología tomista, con penas a quien osara impugnarla. Ambas órdenes habían cuestionado las tesis de Lutero y su rechazo de la escolástica aristotélica.[62] Por considerarlo una figura diabólica, se prohibió el ingreso de sus obras en España. De acuerdo con Domingo Soto —uno de los más influyentes teólogos de la Universidad de Salamanca (1530- 1570), así como figura clave de la reforma católica resultante del Concilio de Trento—, John Wyclif y Lutero, con el líbelo *De la abrogación de la misa privada* (1522), querían destruir el sacrificio y «"difamarnos", al sostener que quienes llamamos "sacrificio" al sacramento del altar, incurrimos en una impía idolatría».[63]

En aquellos primeros años del siglo XVI, la obra de Tomás de Aquino fue adoptada en España por ser la más adecuada para luchar contra los moros y los judíos, y para distinguir claramente a los infieles que nunca recibieron la fe de aquellos que, conociéndola, la rechazaron. El tomismo había sido estudiado en los conventos, en la Universidad de París, en las universidades de Valladolid, Alcalá y Salamanca —donde se formaban las burocracias reales y las altas jerarquías eclesiásticas— y en el Colegio de Santo Tomás, fundado en Sevilla en 1517 por Diego de Deza —el dominico sucesor del inquisidor general Tomás de Torquemada—, quien tenía fama de intolerante y cruel e imponía a sus discípulos el aprendizaje exclusivo de la teología tomista.

Como explicó el «doctor angélico», antes de Cristo los ritos no tenían la virtud de expiar los pecados, pero el cristianismo anula «observaciones carnales de la vieja ley y las sustituye por preceptos evangélicos *fundados en razón*» (STh, *Suma VI*, 1-2, 102). Separa la vida de la muerte, porque entiende que todas las obras muertas son obras del pecado y que los hechiceros y los sacerdotes de los pueblos idolátricos usaban en sus ritos carnes y huesos de hombres muertos, contaminándose con ellos. En cambio, según esta misma autoridad en teología, el sacrificio del cuerpo y la sangre de Jesucristo encierran el misterio de la redención, del perdón y la salvación del mal, así como la superación de la muerte consumada con la pasión y la resurrección de Cristo que es la promesa de la vida eterna. Para él, la eucaristía es el centro de la vida cristiana y no existe culto sin este sacramento: «[...] Es el cuerpo y la sangre de Jesucristo hechos manjar espiritual para los hombres y víctima para Dios». En su sacrificio, Jesucristo da realmente de comer su carne como salud del cuerpo y de beber su sangre para el alma (STh, *Suma XIII*, 80-83. DS, *De la justicia I*, 779).

Para los luteranos y otros religiosos reformados, las estrategias empleadas para la conversión de los paganos americanos, orientadas a eliminar las prácticas idolátricas, mágicas y hechiceras, e introducir en su lugar la exteriorización de los sentimientos religiosos en peregrinaciones y fiestas, eran impensables. Era inaceptable sustituir unos iconos por otros: el culto a los ídolos por el culto a los santos, sus milagros y sus reliquias, y transformar la adoración de las diosas-madre en la adoración de las advocaciones marianas y cristológicas. Tampoco concebían convertir los sacrificios y autosacrificios sangrientos en mortificaciones, flagelaciones, sufrimiento de mártires y, sobre todo, en el autosufrimiento, el sacrificio de Cristo y la ingesta de su sangre y carne en la eucaristía.

4

PARA RECONOCER LOS PECADOS

> Pero sí es lícito hacer la guerra a los bárbaros si se alimentan de carne humana y sacrifican vidas inocentes. La razón radica en que se trata de la violación de derechos inalienables e irrenunciables; además en la mayoría de las ocasiones consta que son llevados a la muerte contra su voluntad, sobre todo cuando se trata de niños (FV, *Obras,* 1050).

En las primeras décadas del siglo XVI, la Escuela de Salamanca examinó «la cuestión del indio», planteada a partir del sermón de Montesinos y la Junta de Burgos, por ser uno de los problemas morales y materiales más delicados y urgentes enfrentados por la monarquía católica. Esa escuela, integrada por teólogos-juristas formados principalmente en el convento de San Esteban y en la Universidad de Salamanca, renovó y difundió la escolástica aristotélico-tomista de la cual se derivó el derecho canónico correspondiente. Asimismo, determinó el conjunto de textos que se estudiarían en las universidades españolas y americanas.[1]

Historiadores y otros científicos sociales han escrito numerosos trabajos en torno a los planteamientos éticos, jurídicos y políticos de la Escuela de Salamanca en relación con la conquista y la colonización de América y el reconocimiento de la humanidad de los indígenas.[2] A continuación, me ocuparé del proceso seguido por Francisco de Vitoria, Domingo de Soto y Bartolomé de las Casas —tres representantes de dicha Escuela—[3] para adecuar los fundamentos teológicos y canónicos de la obra de Tomás de Aquino a la interpretación del comportamiento de los amerindios y ofrecer su «correcto entendimiento», es decir, analizaré las políticas eclesiástica y monárquica frente a la conquista y la colonización de América, en especial, del pensamiento de Las Casas —conocido como el «doctísimo», por estudiar durante muchos años teología y, sobre todo, cánones—.[4] Para lograr tal objetivo, destaco la pecaminosidad indígena, sobre todo los pecados de la carne, como el mayor cuestionamiento subrayado por los salmantinos; sus argumentos para justificar y explicar estos «errores» y emprender la incorporación de los pobladores del Nuevo Mundo al orbe cristiano, esto es, a la historia revelada por la divinidad.

Enseguida, plantearé cómo las Juntas de Burgos iniciaron una serie de polémicas sobre el Nuevo Mundo, que culminaría en las Controversias de Valladolid (1550-1551), entre el sacerdote Juan Ginés de Sepúlveda y el fraile dominico Bartolomé de las Casas, representantes de dos posturas teológicas opuestas. El primero, influido por el nominalismo e inclinado hacia el sometimiento de los nuevos paganos y a la imposición del cristianismo por la fuerza, invocó, en estricto apego al Antiguo Testamento, a los pecados de la carne para justificar el sometimiento y el castigo de los naturales. Al aceptar que fueran desposeídos de sus tierras y avalar la guerra justa, esa posición intentó ser conveniente a los conquistadores, los encomenderos y sus funcionarios, empresarios y aliados intelectuales. En cambio, la postura de Las Casas entendió los pecados de los indios como parte del desenvolvimiento natural de los pueblos precristianos, y la conversión como un acto voluntario propio del libre albedrío y el acceso a la gracia divina. Esas ideas fueron comandadas y seguidas por otros dominicos, también apegados al aristotelismo tomista, el cual, desde

1541, se estudió en el convento de Santo Domingo de México con maestros españoles, a fin de fortalecer la misión evangelizadora y la tutela de los indios por las órdenes regulares.[5]

Primeros relatos y más polémicas

En la década de los veinte del siglo XVI, España atravesó por momentos difíciles: los seguidores de los alumbrados y los erasmistas se multiplicaron, los luteranos rompieron relaciones con Roma, se registraron levantamientos internos de descontento político, las guerras contra Francia se complicaron, y los turco-otomanos, con Solimán I a la cabeza, sumaron conquistas en el oriente europeo. Lo anterior motivó a Carlos V a adoptar una actitud defensiva, pero determinante, para vigilar y organizar sus reinos. Aunque no fue el período de más ejecuciones, la Inquisición trabajó duro para juzgar y castigar a los herejes considerados causantes de los conflictos. Entretanto, en América, frailes y encomenderos abusaron del trabajo de los indios y los persiguieron porque, al parecer, no cesaban de «idolatrar».[6] Las noticias sobre las crueldades cometidas tanto por los colonos como por los colonizados trascendieron y fueron aprovechadas por italianos, alemanes, holandeses y franceses para criticar al Imperio español.

A partir de la caída de Tenochtitlan, al rey de España le preocupó que las prácticas pecaminosas no fueran propias solamente de tribus aisladas, sino de sociedades organizadas en ciudades con templos y señores como la mexica, tal como afirmaban —copiando las *Cartas de Relación* de Hernán Cortés— los informes de los conquistadores. En 1526, al tiempo en que los dominicos llegaban a México, el emperador le pidió al muy religioso, letrado y ambicioso capitán Gonzalo Fernández de Oviedo —quien había informado al Consejo de Indias sobre la realidad americana y había sido elegido cronista de Indias—, que le entregara una síntesis de la obra que preparaba.[7]

En ella, titulada *Sumario de la natural historia de las Indias*, el noble de ascendencia asturiana dio cuenta de las costumbres indígenas practicadas en tierra firme: guerras constantes entre vecinos, asesinatos de prisioneros, ingesta de carne humana, abuso de mujeres, sodomía, mutilación de órganos sexuales de enemigos, dirigentes guiados por el diablo, sacrificios humanos, esparcimiento de sangre, etc. Además, escribió que en muchas partes era común el pecado nefando *contra natura*, ya que, públicamente, «[...] los señores y principales que en esto pecan tienen mozos con quien usan este maldito pecado; y los tales mozos pacientes, así como caen en esta culpa, luego se ponen naguas, como mujeres, que son unas mantas cortas de algodón, con que las indias andan cubiertas [...]». A lo cual añade un comentario que en realidad delata prejuicios propios de la época, tal vez basados en estereotipos de los paganos grecorromanos: «[...] así, entre ellos, cuando un indio a otro quiere injuriar o decirle por vituperio que es afeminado y para poco, le llama camayoa».[8]

Bartolomé de las Casas —quien había reprobado la designación de Oviedo como cronista de Indias— afirmaba con enojo que este nunca había visto lo que narraba, y había mentido con la finalidad de igualar a los indios «con los animales brutos» y flojos y justificar así su esclavitud (BC, *Historia I*, 321-329).[9]

En un intento por aplacar las discusiones sobre la naturaleza de los americanos, en octubre de 1532, el rey ordenó que todos los funcionarios de las Indias entregaran a Oviedo relaciones sobre las nuevas tierras, si este las requería. Un año después, le solicitó al cronista que mandara inmediatamente a Madrid lo que llevaba escrito de su *Historia general y natural de la Indias, islas y tierra firme del mar océano*, «haciéndolo seguir de suplementos y añadidos a medida que los fuera teniendo listos».[10] También le pidió a la Segunda Audiencia de México (1531-1535), presidida por el dominico Sebastián Ramírez de Fuenleal, investigaciones sobre la vida de los pobladores.[11]

Conforme los argumentos «irrebatibles» de los teólogos, «los más sabios del reino», el proyecto para América debería consistir en que los integrantes de las órdenes religiosas fungieran como padres y decidieran el destino espiritual y material de la población indígena. Opuesto a ese punto de vista, Oviedo sostenía que los indios debían estar sujetos a los conquistadores, debido a que, a pesar de haber recibido noticias de «la verdad evangélica», simulaban olvidarla y practicaban muchas idolatrías, diabólicos sacrificios, ritos, crímenes y pecados nefandos.[12] El cronista da cuenta de la gran mortandad indígena debida a la epidemia de viruela y subraya las crueldades infringidas por los españoles a los naturales y su aniquilamiento en San Juan, Cuba y Jamaica; no obstante, enfatiza que en ninguna de las islas, ni en tierra firme han faltado «[...] algunos sodomitas, demás de ser todos idólatras, con otros muchos viçios, y tan feos, que muchos dellos por su torpeza é fealdad no se podrían escuchar sin mucho asco y vergüenza [...]». Esto, según el cronista, «se ha platicado é disputado por muchos religiosos» y personas de letras para asegurar la conciencia real sobre el tratamiento de los naturales y para la salvación de sus ánimas. En resumen, para él, el maltrato era una causa de la mortandad indígena, mas no se podía olvidar que Dios los había castigado por brindar sacrificios al diablo y ser «viciosos» (FO, *Historia,* 72-74).

Los relatos de Oviedo son una mezcla arbitraria de los primeros escritos y relaciones de pilotos, conquistadores, funcionarios reales, tergiversados o apoyados en citas de autores griegos y latinos, pasajes bíblicos, obras de teólogos cristianos (Justino, San Agustín, Alberto Magno, Paulo Orosio, Eusebio de Cesárea, Gregorio Magno, Isidoro de Sevilla), escritores renacentistas (Dante, Petrarca, Boccaccio) y otros libros profanos y novelescos, cuya introducción en las Indias prohibieron los monarcas españoles en repetidas ocasiones a partir de 1531, aunque no lo lograran a causa de la corrupción y los sobornos.[13]

Con base en los «vicios» y las «virtudes» de los pueblos antiguos, las obras del hispanorromano Paulo Orosio (¿383?-¿420?, un discípulo de Agustín de Hipona y Jerónimo de Estridón) contra los paganos servían a los doctos españoles como fuentes para acercarse a la historia de los pueblos antiguos, las guerras, las matanzas, las pestes, las enfermedades, el terror, el sufrimiento, la crueldad, los incestos, los sacrificios, etc. A Orosio lo habían estudiado con frecuencia en la Edad Media, entre ellos Isidoro de Sevilla, sin embargo, en los siglos XV y XVII su *Historiarum adversus paganus* alcanzaría una amplia difusión como modelo de historia universal. El mismo Fernández de Oviedo recurría a él en sus descripciones.[14]

La extensa *Historia general y natural de las Indias* de Oviedo pretendió ser la continuación de la *Historia Natural* de Plinio el Viejo,[15] que formó parte del *corpus* de las primeras cartas e informes (firmados, principalmente, por Cristóbal Colón, Américo Vespucio, Antonio Pigaffetta, Martín Fernández de Enciso, Hernán Cortés y otros viajeros y conquistadores). Al aparecer su primera parte, concluida en 1535, fue estudiada por quienes justificaban la guerra santa, ya que sostenía que las costumbres de los indios eran propias de animales carentes de razón. El caso más destacado fue el de Juan Ginés de Sepúlveda, también cronista del emperador, quien ese mismo año publicó su obra *Democrates primus*, un antecedente de las ideas que defendería posteriormente.

En la obra de Oviedo, la naturaleza americana aparece como algo exótico, secreto y maravilloso, lo cual propicia la incorporación de seres monstruosos y fantásticos de inspiración literaria. Conforme con el organicismo antiguo y medieval, los fenómenos físicos aparecen junto con la constitución de los animales, los vegetales y las costumbres humanas.[16] En sus descripciones, el cronista no se detiene ante lo que, para un cristiano, resultaría repugnante y obsceno: refiere entierros de mujeres vivas con sus maridos muertos, incestos con madres, hijas y hermanas, excesos sexuales, sodomías, afeminamientos e incluye constantes analogías entre los «indios salvajes» y los antiguos paganos europeos ya que, según él, muchas cosas admirables de los primeros «avemos visto ó leydo de otras nasçiones de nuestra Europa é de otras partes del mundo bien enseñadas» (FO, *Historia*, 235).

Sostiene que: «En muchas partes de la *Historia Natural,* Plinio dice que comen los hombres carne humana, assi como los antropóphagios, que son gente de los sçythas», y beben sangre en los cráneos de los sacrificados y usan sus dientes como collares (FO, *Historia,* 192).

Además de paganizar a los indios, de aportar «pruebas» de sus torpezas y afirmar que nunca podrían cristianizarse, Oviedo emplea estrategias para integrarlos a la naturaleza física a fin de rebajar su condición. Verbigracia: «[...] el cacique Goacanagari tenia çiertas mugeres, con quien él se ayuntaba, segund las víboras lo hacen». Y agrega que esto, únicamente, lo pudo aprender este cacique de las víboras según lo escribieron Alberto Magno, Isidoro de Sevilla y Plinio (FO, *Historia,* 133). No debe extrañar, entonces, que en dicha crónica, al igual que en otras, aparecieran prodigios asombrosos y maravillas ni que las numerosas exageraciones y paráfrasis de viejos escritos fueran compartidas por otros peninsulares letrados. Las conductas indígenas ya eran conocidas, estaban consignadas en obras en latín, historias naturales y morales, textos sagrados y en cuentos y relatos de ficción como los de Juan de Mandeville, y de comerciantes y viajeros como Marco Polo.[17]

La influencia de los escritos de Oviedo preocupó a una parte del clero porque contenían graves errores teológicos. Por consiguiente, a pesar de ser cronista oficial de Indias, en 1546 se prohibió la publicación de la segunda parte de esa obra. Por su parte, Las Casas, al acusar a Oviedo de mentiroso, no se refería –como hoy lo entendemos– a la falta de concordancia entre lo narrado y la realidad empírica, sino a su falta de apego al «correcto» *corpus* teológico.

Sacramentos y execramentos

Entre 1528 y 1533, Juan de Zumárraga y los franciscanos Juan de Alameda, Andrés de Olmos y Bernardino de Sahagún recopilaron discursos indígenas en las zonas de México, Tlaxcala y Texcoco, con la finalidad de conocer las lenguas, los usos y las costumbres de los naturales para hacer más eficaz la conversión. Esa labor se acompañó de la elaboración de sermonarios, catecismos, tratados, vocabularios y gramáticas, con el objetivo de destruir vestigios religiosos anteriores y educar a los hijos de la llamada «nobleza mexicana».[18] Como expliqué antes, ese tipo de acciones databa de las Cruzadas, con el no muy feliz intento de evangelizar a los asiáticos. Con base en técnicas escolásticas escotistas y sin separarse de la ortodoxia católica, en el siglo XIII, los franciscanos, sobre todo, habían entrevistado a ancianos, aplicado cuestionarios y elaborado textos con ilustraciones útiles para conocer a fondo los usos y las costumbres de los mongoles, y, así, convertirlos y acercar «el fin de los tiempos».[19]

En 1533, Olmos y Sahagún fueron enviados por la Segunda Audiencia de México a distintos centros religiosos de gran importancia en tiempos prehispánicos para erradicar idolatrías y obtener información acerca de la moral indígena.[20] Con esa experiencia, Olmos compuso los *huehuehtlahtolli* o «antigua palabra» (consejos, amonestaciones, salutaciones, súplicas) de los mexicanos,[21] en los cuales, supuestamente, sintetizó la moral indígena que, tiempo después, recopilaría Sahagún en el sexto libro del *Códice Florentino*. A partir de 1536, con la fundación oficial del Imperial Colegio de Santa Cruz de Tlatelolco, Olmos, Sahagún, Juan de Gaona, Juan Focher y Arnaldo Bassacio se dedicaron a cristianizar a los hijos varones de caciques de entre diez y doce años (oír misa, rezar y estudiar la doctrina, el español y el latín) para que enseñaran a otros indios y a sus «padres» la nueva moral y constituir un clero indígena (GM, *Historia*, 414-415),[22] lo cual, posteriormente, sería debatido y no aprobado.

La evangelización emprendida en América trataría de adaptarse a la realidad y a los vocabularios locales,[23] pero, como mencioné, tomando como fundamento antiguas experiencias. Por tal razón, los frailes se basarían en tratados para la extirpación de idolatrías, uno de los instrumentos inscritos en la larga tradición cristiana, iniciada en el siglo V, para convertir a los paganos romanos y a los denominados bárbaros. Olmos—, al igual que Motolinia, dedicó una gran parte de su tiempo a labores administrativas y fundó siete conventos— adaptó su *Tratado de hechicerías y sortilegios*[24] del *Tratado muy sotil y bien fundado de las supersticiones y hechicerías y vanos conjuros y abusiones* (1529) del español simpatizante de Erasmo, Martín de Castañega.[25] Dispuso los capítulos en el mismo orden y expuso los mismos temas y puntos de vista que Castañega, aunque con detalles nuevos y adiciones mínimas.[26] Su *Tratado* tiene la intención de guiar en la distinción entre la nigromancia de la teología y la Iglesia católica, de naturaleza espiritual, de la Iglesia diabólica indígena inclinada a promover los pecados. Impregnado de la dicotomía agustiniana del bien y el mal, en él se da a conocer la distinción entre los asuntos de Dios y Satán, entre la verdad y la falsedad, los sacramentos de los sacerdotes cristianos y los execramentos de los hechiceros indios, así como la potencia y la astucia del Maligno para organizar cuantiosas «asambleas de hombres-búhos» o demonios caídos del cielo en varios lugares, ya que «[...] mucho engaña el Diablo a aquellos que quieren saber, a aquellos que quieren conocer las cosas ocultas o lo que ocurre a lo lejos [...]» (AO, *Tratado*, 11, 17, 25). Además de ser mentiroso, baboso[(27)] y tentador, este personaje, desdoblado en miles de apariciones, se considera un ser de naturaleza incontrolada y pasional, lo que provoca que los sentidos se inclinen al pecado. Él habita «en la morada de los muertos, en el centro de la tierra, vive en las llamas, en el tormento, en el dolor, en la desgracia» (AO, *Tratado*, 13, 17), fue quien engañó a la primera mujer y

> le prometió el conocimiento de lo oculto. Por eso ella aprendió aquellas cosas que se hacen a lo lejos, en secreto, las cosas que es imposible conocer normalmente sobre la tierra, y aún aquello que no se puede conocer ni alcanzar en el corazón. Y así, porque todos los hombres quieren conocer enseguida lo que mucho sobrepasa, y quieren conocer las cosas que se hacen en secreto, desconocidas, misteriosas, incomprensibles, nunca dichas a nadie, nunca enseñadas en ninguna parte (AO, *Tratado*, 17).

De acuerdo con Olmos, el demonio les promete a las mujeres «una vida disoluta de placeres» (AO, *Tratado,* 49) y a las parteras les enseña «muchas cosas de aflicción», como la comida con sangre (AO, *Tratado,* 69). Satán puede atraer a las hembras para conocer los secretos, porque ellas, sobre todo las brujas, se dejan dominar por la ira, el enojo, los celos y las envidias; les gusta hacer sufrir y anhelan que le pasen cosas tristes y penosas a la gente (AO, *Tratado,* 47). El evangelizador, obsesionado con las inclinaciones sexuales femeninas y con la naturaleza carnal de los varones, recomienda a los indios no acudir a sus adivinos cuando enfermen o para que les hablen de su destino o sus sueños, ya que los malvados acostumbran «los sacrificios, el polvo, la basura, la ceniza, y arrastran a la gente a la ruina, a la enfermedad, los hacen desgraciados, los castigan muy duro con pulque, con hongos, para que vengan a ser malvados, perversos, pícaros, se hastían, unos a otros se devoran, unos a otros se odian, unos a otros se matan» (AO, *Tratado,* 29).

Entre 1536 y 1539, la persecución de los naturales que se resistían al cambio de religión se llevó a cabo en una atmósfera permeada por el desconcierto y el miedo, tanto de los colonos como de los colonizados. En virtud de que la soberbia era tenida como la causa del pecado original y el deseo de conocer se interpretaba como una señal negativa, la aceptación sumisa por parte de los naturales de la doctrina cristiana significaba, según Olmos, algo positivo. Sin embargo, para edificar el cristianismo sobre piedra firme, urgía eliminar los malos vicios, las herejías, las hechicerías, las abusiones y las supersticiones primero, y sembrar las virtudes después. Es por ello que Zumárraga le pidió a Francisco de Vitoria que enviara a Nueva España una docena de buenos curas y visitadores salmantinos,[28] y mostró su interés en tratar los problemas de las Indias en el concilio ecuménico en proceso de organización en Italia. Entretanto, Olmos contribuía con la elaboración de más textos para orientar al clero en la evangelización, y, por su parte, Jerónimo de Alcalá[29] y Motolinia —dos de los primeros doce franciscanos—, en el acopio de información sobre costumbres morales, ritos y ceremonias idolátricas.

Durante la tercera década, la pugna entre los encomenderos novohispanos —que buscaban afianzar el usufructo de las tierras, los tributos, la mano de obra y los privilegios— y las órdenes mendicantes —que pretendían administrar los sacramentos a los indios, ejercer su tutela y dirigir su conversión— se agudizó. Para ambos grupos, así como para la Iglesia y la Corona españolas, la determinación de la racionalidad (humanidad) o irracionalidad (animalidad) indígena constituía un asunto clave para el sustento económico y la expansión de la fe. Los regulares gozaban del privilegio concedido en 1522 por el Papa Adriano VI de incorporar y cuidar el cumplimiento de la evangelización. Ese privilegio, aunado al emplazamiento y a la construcción de conventos e Iglesias, la extracción de diezmos y el control de la enorme población americana, originaba pugnas con el clero regular, tradicionalmente encargado de realizar varias de estas labores. De cualquier manera, el aparato eclesiástico debía mantener su lealtad a la Corona, la cual, mediante el Patronato real establecido por bula papal, gozaba de amplios poderes para definir lo que podía hacer el clero.[30]

El oidor Vasco de Quiroga intentó promover un cambio de estrategia colonial al proponer al Consejo de Indias que los naturales rebeldes y pecaminosos fueran castigados con trabajos de minas y no con la esclavitud. Para combatir el incesante despoblamiento indígena, argumentó que se debía intensificar la enseñanza de las virtudes cristianas. Para recibir de ellos oro, plata y servicios (mercancías y bienes de suma importancias para los conquistadores y los pobladores), los miembros del cabildo de la ciudad de México calificaron a los indios de indómitos e irracionales. Así, las pretensiones antiesclavistas de Quiroga y de la Corona fracasaron, y en 1534 «se restablecieron la guerra justa y el rescate como fuentes lícitas de esclavitud»; dos medidas que, para el oidor, favorecían a quienes buscaban el enriquecimiento rápido y no la verdadera colonización.[31]

La reelección sobre la templanza

Si bien la descripción de los hechos de la Conquista proporcionada por Cortés y repetida por Oviedo, Gómara, Sepúlveda y otros defensores del capitán general y de los primeros soldados, se sometió a la censura y continuaron las labores para conocer los ritos y las costumbres indígenas, el estereotipo del indio siguió apareciendo en las crónicas y en los documentos oficiales con la intención de que los españoles recuperaran, herraran y se sirvieran de los naturales en las minas y otras labores «porque eran infieles, idólatras, sométicos, sacrificadores, comían carne humana y no querían ser cristianos [...]».[32] En años posteriores, ya instituido el virreinato de la Nueva España (1535), la Iglesia y la Corona determinaron organizar y controlar mejor a la población indígena, introducir el matrimonio monógamo, ganar sus almas, acabar con sus caciques, magos, hechiceros y todo tipo de idólatras.[33]

A principios del siglo XVI, cuando las noticias acerca de la pecaminosidad indígena llegaban a España, la ciudad de Salamanca destacaba como el centro educativo de los hijos de las familias acaudaladas españolas, en el que las autoridades religiosas y los funcionarios de gobierno de los reinos de León, Castilla y Aragón adquirían la mejor preparación y los miembros de las órdenes religiosas (benedictinos, dominicos, franciscanos, carmelitas y, a partir de 1548, jesuitas) se formaban para predicar el cristianismo. Del convento de San Esteban, una de las instituciones más distinguidas de la ciudad, habían salido los dominicos para embarcarse a América. Ellos eran experimentados en el reconocimiento y en la persecución de las heterodoxias, debido a que —como señalé antes— su congregación se había fundado a principios del siglo XIII para luchar contra la herejía cátara del sur de Francia y, más tarde, para evangelizar a judíos y musulmanes en la zona de reconquista de la península ibérica. Los dominicos acompañaron a los conquistadores a América. Entre ellos se encontraba Antonio de Montesinos, el fraile que denunció el maltrato de los indios por los encomenderos e inició la serie de juntas, polémicas y disputas sobre la esclavización y los derechos de los antiguos pobladores del continente recién descubierto.[34]

El prestigio de la ciudad de Salamanca se basaba en su universidad, la más antigua de España (1218) y la más importante desde 1416. Junto con Alcalá y Valladolid, detentaba el título de Universidad Mayor del Reino, es decir, recibía un subsidio económico de la Corona, contaba con autorización papal para enseñar, y participaba en los principales asuntos del Estado. De ahí la leyenda de su fachada: «Los Reyes a la Universidad y esta a los Reyes». En ella, los más prominentes profesores eran teólogos dominicos y su buena reputación obedecía, en gran medida, al conocimiento de las obras de Tomás de Aquino, Alberto Magno y Vicente de Ferrer.[35]

Mientras en América se promovía la fundación de ciudades y la congregación en pueblos de los indios dispersos, con el objetivo de vigilarlos y adoctrinarlos mejor, en la Universidad de Salamanca, durante el curso de teología de los años 1534-1535, a fin de responder a las preocupaciones por la legitimidad de los títulos de la conquista del Nuevo Mundo, Domingo Soto daba a conocer su reelección *De dominio*.[36] En ella, retomaba lo expresado por Palacios Rubios y Matías de Paz en la Junta de Burgos: «la infidelidad de los indios no es causa para que sean expoliados de sus bienes, y sus legítimos señores temporales privados del poder jurisdiccional que ejercen sobre sus propios súbditos. [...] El mero hecho del pecado, por grave que este fuera, no permitía una acción dominadora sobre los culpables de tales pecados». Al decir de Soto, el emperador no poseía el dominio universal «puesto que los nuevos pueblos descubiertos nunca pudieron dar su consentimiento». Por otro lado, el Papa carecía de poder sobre las cosas temporales. Ante ello, para establecer con los indios relaciones que correspondieran a la doctrina cristiana, solo era viable su transformación por medio de «la predicación evangélica» a cargo de los misioneros,[37] así, además, quedarían protegidos de la crueldad de los encomenderos.

En 1536, ante la persistencia de los problemas morales y jurídicos de la conquista y la evangelización de América, el compañero de Domingo Soto, Francisco de Vitoria, quien había ocupado la cátedra Prima de Teología en la Universidad de Salamanca, expuso sus consideraciones en reelecciones que serían recogidas por sus discípulos, en especial por Las Casas, quien lo cita en varias de sus obras.

Vitoria era un hombre docto. Realizó una larga estancia en la Universidad de París e impartió lecciones de escolástica tomista durante tres años en el Colegio de San Gregorio de Valladolid, siguiendo la tradición tomista de Pedro de Osma, y recibió la influencia de la renovación interna de los dominicos y el clima cultural y religioso del convento reformado de San Esteban de Salamanca. Con base en las exposiciones presentadas por los misioneros de ese convento y por varios de sus discípulos, en especial por Vicente de Valverde (un acompañante de Francisco Pizarro en la conquista de Perú),[38] en su primera reelección, titulada *De temperantia* (*Sobre la templanza*), Vitoria formuló varias preguntas: si era lícito comer carne humana y sacrificar seres humanos; cómo debía interpretarse la presencia de pecados *contra natura* entre los bárbaros o indios y si, en consecuencia, la guerra de los cristianos contra ellos era justa. Sus respuestas produjeron una reacción tan airada entre las autoridades españolas que lo obligaron a retirar partes del texto. Pero, gracias a que envió una copia a Martín de Arcos, un amigo y confidente suyo, el historiador dominico Vicente Beltrán de Heredia pudo editarla y por eso la conocemos.[39] Al parecer, al no concluirla, decidió dedicar una relección más al mismo tema que luego, por su amplitud, se convirtió en dos: *De Indis recenter inventis* y *De iure belli*.

En las dos relecciones antedichas, datadas en 1539, Vitoria cuestiona implacablemente las justificaciones españolas a favor de su intervención en América. Presenta una defensa de la integridad física de los indios y trata de demostrar las razones por las cuales eran los legítimos propietarios de sus bienes y territorios. De nuevo, la lectura pública de aquel trabajo produjo tal revuelo entre los políticos y los religiosos que Carlos V prohibió su publicación y ordenó que el asunto no se tratara en forma pública o privada en ninguna universidad o institución similar del imperio.[40] Aunque el rey consideró perniciosas las *Relecciones* de Vitoria y estas se tuvieron que publicar en Lyon en 1557, las posturas del dominico fueron conocidas y resultaron decisivas en los cambios que enfrentaría la política de evangelización seguida por la Iglesia española en América.

En la medida en que la relección *De temperancia* se remite a varios tratados de la *Suma teológica* de Tomás de Aquino, en especial al «Tratado de la templanza», para entender la lógica del salmantino es imprescindible la siguiente digresión.

El título de la relección ya indica el problema central registrado en los reportes sobre el Nuevo Mundo: los indígenas carecían de la virtud cardinal de la templanza, es decir, siguiendo a Aristóteles y al Aquinate, no tenían la facultad de moderar y aprehender con la razón las pasiones, los apetitos y los placeres de la comida, la bebida y la vida sexual.[41] Para la escolástica aristotélico-tomista, eso significa la presencia de emociones desordenadas, que descargan demasiada atención en un objeto sin la posibilidad de orientar esa energía hacia las virtudes.

Con base en la Ética a Nicómaco,[42] Santo Tomás escribe: «[...] en cuanto que nuestro apetito se siente atraído por los objetos deleitables que nos apartan del orden de la razón, necesitamos la virtud de la templanza a fin de reprimirlo; y en cuanto que impele a la voluntad para que se retraiga ante las dificultades que impone la rectitud racional, necesitamos la virtud de la fortaleza» (STh *Suma* x, 2-2, 141-144). De acuerdo con el teólogo, el cuerpo tiene necesidad de conservarse para servir al alma y reproducir la especie humana. El ser humano posee un doble elemento intrínseco (animal y racional), pero el segundo debe dominar siempre al primero. De este modo, desear es natural, humano y racional, pero el exceso de placer es animal, inhumano e irracional. La templanza proporciona, precisamente, el equilibrio para encauzar debidamente la razón, que es la que domestica la parte baja o animal (A, *Ética VII*; STh, *Suma X*, 2-2, 141-144). Así, la nutrición tiene como vicio la gula y como virtud el ayuno y la abstinencia; el vicio de la bebida es la embriaguez y su virtud, la sobriedad; y los placeres venéreos (pertenecientes al deleite sexual o actos carnales) y de la reproducción tienen como vicio la lujuria y como virtudes la castidad (privación temporal) y la virginidad (privación perpetua).

Para la moral tomista, la forma de moderar los placeres del tacto, la ira, la crueldad y los movimientos corporales desordenados, ligados a los vicios, son la modestia corporal, el ornato, la humildad y la estudiosidad. Además —siguiendo la ética aristotélica—, cuando el objeto deseado se apodera del hombre, lo domina y perturba, triunfan el mal y el odio, y todo concluye en tristeza y sufrimiento. En cambio, cuando domina el amor, la pasión que sobreviene es el goce o un movimiento superior del alma hacia el bien. El hombre temperado apetece los placeres que contribuyen a la salud y el bienestar y no se oponen a la honradez humana (STh, *Suma X*, 2-2, 141-144).

En un comentario elaborado a partir de los principios anteriores, retomado por Vitoria en *De temperantia* respecto de un caso americano, el salmantino afirma: «[…] ningún alimento estuvo prohibido al hombre por derecho natural». Con esto se concluye que fueron los preceptos morales los que prohibieron el consumo de ciertos alimentos y, por ellos, se consideró que comer carne humana era propio de las fieras: «Es abominable en naciones civilizadas y humanas»; no es lícito ni en caso de necesidad extrema ni para salvar la propia vida (FV, *Obras*, 1009-1010, 1024-1029). El teólogo salmantino proporciona varias referencias a los sacrificios humanos y a la antropofagia practicados en la Antigüedad, narrados en la Biblia y en textos de autores grecolatinos, y cita la *Suma teológica*: «Aquellos vicios que salen fuera de lo natural, como el comer carne humana, la bestialidad y la sodomía son de todo punto reprobables» (FV, *Obras*, 1030). De aquí se colige que tanto el Aquinate como sus seguidores considerarán la ingesta de carne humana una práctica propia de seres bestiales, por estar sujetos a la naturaleza.[43]

Vitoria había corroborado que la presencia del sacrificio humano entre los indios americanos indicaba su falta de capacidad para interpretar correctamente la ley de la naturaleza. De esta manera, las limitaciones intelectuales del teólogo para imaginar la lógica religiosa distinta de los pueblos mesoamericanos, lo condujeron a desacralizar sus cultos sacrificiales y a afirmar que poseían una visión confusa de la realidad, ya que no se habían dado cuenta de que, para no sacrificar a sus congéneres, Dios les había concedido animales. Tampoco se habían dado cuenta de que las vidas humanas solo pertenecen a Dios y Él no quiere ver la destrucción de sus creaciones: «No es el hombre dueño de su vida ni de la ajena —apunta Vitoria— como lo es de la de los animales brutos, a los cuales puede destruir o matar sin ofensa de nadie». Y prosigue:

> El hombre comete una injuria aun al darse muerte a sí mismo, porque su vida más bien pertenece a Dios, como Señor que es de la vida y de la muerte. Si el sacrificio ha de hacerse de cosas que no nos pertenezcan, ofreciéndolas a Dios, no puede ofrecerse la vida humana, que no nos pertenece.

Nadie es dueño de sí mismo ni puede entregar a la muerte a otros. Además, para la salvación del alma, el cuerpo humano requiere un entierro correcto. En conclusión —de acuerdo con el dominico—, no parece que esa costumbre esté en contra del derecho natural, porque muchos pueblos de la Antigüedad la tuvieron, pero, aunque parezca una inclinación natural, el sacrificio humano es ilícito, ya que para que sea verdadero, debe ofrecerse para el culto y consumirse o destruirse en honra de Dios (FV, *Obras,* 1031-1035).[44]

Lo anterior se comprende mejor al retomar las ideas del Aquinate, en relación con sus afirmaciones de que los sacrificios de los antiguos permitían que los hombres alejaran ciertas «inmundicias corporales» provenientes de los mismos hombres, es decir, fluidos corporales o aquello procedente del contacto con las cosas inmundas, lo corrompido o lo expuesto a la corrupción, como los cadáveres, los enfermos, las mujeres que sangran en días de menstruación, posparto o por alguna enfermedad, o los hombres que expulsan semen por enfermedad, polución nocturna o coito. Todo humor que salga del cuerpo por cualquiera de estos modos es una infección y muchas de estas se explican por la mancha que traen consigo los seres humanos desde el pecado original. De ahí que todo pecador (hombre o mujer) presente dificultades para acercarse a las cosas sagradas y se identifique con la impureza de la idolatría.[45] Los pueblos precristianos fueron —según Tomás de Aquino— impuros, porque usaron todos estos fluidos como elementos sagrados: esparcían sangre y semen y bebían la sangre de los sacrificios. Por esos usos indebidos de la carne y de la sangre es posible identificar los ritos idolátricos, «pues era costumbre de los gentiles el juntarse para comer en honor de los ídolos, a quienes creían ser muy acepta la sangre», pero, por no distinguir entre cuerpo y alma, estos pueblos eran atrasados (STh, *Suma* VI, 1-2, 102).

Las reflexiones y los planteamientos aristotélico-tomistas permitieron a Vitoria responder a la pregunta sobre la justicia de la guerra contra «los que tienen la sacrílega costumbre de comer carne humana o de ofrecer estos nefandos sacrificios, como son los salvajes de la provincia de Yucatán, en la Nueva España, recientemente descubiertos» (STh, *Suma* VI, 1-2, 102).

Su respuesta coincidió con los teólogos y los juristas de la Junta de Burgos: no se puede castigar y obligar a las naciones que quebrantan el derecho divino sobrenatural y revelado si no saben que pecan, porque pueden estar en la confusión de creer que obran bien. Tampoco se puede obligar a alguien a aceptar la fe. La condición de infidelidad o gentilidad nunca puede justificar por sí sola la guerra, porque entre los indios existe un poder legítimo, una organización política y una administración pública también legítimas, y —hasta donde Vitoria fue informado— los indios no han agraviado a los cristianos (FV, *Obras,* 1039). El teólogo salmantino añade: si bien los jefes gozan de autoridad para obligar a sus pueblos a abandonar los vicios *contra natura* y los españoles están obligados a apartarlos de ellos, y de cualquier otra conducta aberrante, e inducirlos a recibir la fe cristiana, no es lícito hacerles la guerra más por estos vicios que por otros que no sean *contra natura.* De acuerdo con el dominico, es lícito evitar los sacrificios humanos y proteger el derecho a la vida de seres inocentes, para ello, invoca la solidaridad natural humana y la necesaria cooperación de todos (FV, *Obras,* 1049-1050).[46]

Francisco de Vitoria negó que los pecados de la carne autorizaran a los príncipes cristianos a intervenir en sociedades en las que existen gobernantes propios. El homicidio sería un pecado más grave que dichos pecados, y, en ese caso, los infieles tendrían igual derecho de hacer la guerra a los fieles que estos a aquellos; aún peor, porque los fieles tienen conciencia y los otros son ignorantes (FV, *Obras,* 1050). Tampoco —como hemos visto— es aceptable privarlos de sus bienes y propiedades. Para acabar con la infidelidad y el paganismo e introducir el cristianismo en América es necesario, según el teólogo, proceder razonablemente y de manera tolerante: «Sin gran violencia e incómodo de los súbditos» (FV, *Obras,* 1056). Por esta razón, en afinidad con Las Casas y su proyecto antiencomendero, se pronuncia en favor de la conversión pacífica de los indios, mediante la persuasión y el convencimiento; en favor de hacerles la fuerza moderadamente y «evitar el escándalo», ya que es gloria de la religión cristiana nunca actuar con violencia sino mediante señales y razones de que la fe cristiana es la verdadera. Finalmente, propone que los reyes hispanos nombren nuevos gobernadores y hasta dueños que ocupen temporalmente las tierras americanas, en tanto sus naturales se convierten al cristianismo. Años más tarde, otros teólogos representantes de la segunda generación salmantina, así como los primeros teólogos jesuitas (Miguel Bayo, Domingo Bañez, Luis de

Molina, Francisco Suárez), influirán también en la teología hispanoamericana.[47]

¿Violencia o persuasión?

A pesar de las inquietudes de la Corte Real por los reportes de violencia y mortandad indígenas y de las quejas de los dominicos (en especial, de Julián de Garcés, el primer obispo de Tlaxcala,[48] y Bartolomé de las Casas) quienes se esforzaban en esgrimir argumentos canónicos para distinguir a los moros de los indios y evitar así su esclavización,[49] en 1537, García de Loaysa, el presidente del Consejo de Indias, autorizó vender indios como esclavos. Impresionados por tal decisión, Bernardino de Minaya y otros dominicos evangelizadores pidieron al Papa Paulo III, sin conocimiento de Carlos V, su fallo en la disputa entre apologistas y los detractores de los indios. El resultado fue la expedición de las bulas *Unigenitus Deus* (2 de junio de 1537), *Sublimis Deus* (9 de junio de 1537) y *Veritas ipsa* (9 de junio de 1537), con las cuales se reconoció a los indios como verdaderos seres humanos, se condenó su esclavitud y maltrato, y se resolvió que podían poseer y gozar de su libertad y propiedades, no ser reducidos a la servidumbre y sí «invitados a abrazar la fe de Cristo».[50] Si bien la decisión papal no detuvo los abusos de los encomenderos en las colonias y los adversarios de esa postura siguieron presionando y afianzando la imagen estereotipada del indio salvaje, las bulas significaron un impedimento para que los naturales fueran procesados por la Inquisición.

Mientras Vitoria leía su relección *De temperancia*, Las Casas escribía en Guatemala *Del único modo de atraer a todos los pueblos a la verdadera religión* (*De unico vocationis modo*, 1536-1537), una obra con sólidos fundamentos canónicos tomistas la cual inspiraría la bula *Sublimis Deus*. Derivado de sus malas experiencias en el intento de crear comunidades mixtas de indios y españoles en las costas venezolanas, en *De unico vocationis,* Las Casas opta por la evangelización pacífica e intenta probarla a quienes dudan que la palabra de Dios y el Santo Evangelio sean capaces de convertir al cristianismo, sin violencia, a los indios más feroces de la Tierra de la Guerra, designada posteriormente Vera Paz. Es decir, el dominico rechaza la violencia empleada por los pseudoprofetas y opta por el uso de la retórica clásica —el arte de la persuasión—, adelantándose al método que institucionalizaría la Iglesia después del Concilio de Trento, vista la necesidad de proceder a una conversión al catolicismo más efectiva para no seguir perdiendo almas.[51]

El doctísimo «protector de los indios» estaba convencido de la necesaria erradicación de la mala fama que otros peninsulares habían difundido sobre los americanos y pensaba que la manera de acercarlos a Cristo debía ser «natural» y apegada a la razón de la que todos los seres humanos están dotados, ya que todos tienen la vocación de salvarse, sean bárbaros o civilizados (BC, *Del único,* 339-341). Según sus consideraciones, la fuerza impide sellar el pacto entre indios y cristianos y, por lo tanto, impide la proliferación de la nueva religión. Debido a que, dentro del pacto, lo más importante son las prohibiciones que se derivan de los Diez Mandamientos (BC, *Del único,* 164-165), quienes maltratan a los indios, los violan constantemente. Además, recomienda el uso de la retórica implementada desde los primeros contactos para, por medio de pinturas, grabados y teatro,[52] atraer y conmover «el ánimo de los oyentes» y guiarlos «al punto que se propone» (BC, *Del único,* 94).

Para Las Casas, no hay alguien en el mundo que no pueda alcanzar la virtud, ya que todas las naciones odian a los crueles, a los soberbios, a los malvados y se cautivan con la delicadeza, la suavidad, la dulzura y el modo de vivir correcto. El cristianismo cambia lo material por lo abstracto, lo terrenal por lo espiritual, la idolatría por un solo Dios, el sacrificio humano por el sacrificio de Cristo, la comunidad por la Iglesia, la sexualidad antigua por el sacrificio del cuerpo y la abstinencia, la violencia por la paz y el orden, la vida en este mundo por la vida eterna, e introduce la promesa del fin del sacrificio cruento y del placer total en el paraíso. Se lee en la epístola paulina y en Las Casas: «No queráis engañaros: ni los fornicarios, ni los idólatras, ni los adúlteros, etc., han de poseer el reino de Dios» (BC, *Del único,* 176).

En el pensamiento lascasista, al igual que en el aristotélico-tomista, los usos y las costumbres son una *segunda naturaleza* y constituyen una propensión que puede ser modificada (BC, *Del único,* 128). Para tal transformación, ha de reprenderse a los indios suave y blandamente, usar halagos, inspirarles confianza, prometerles que si se evangelizan serán dispensados de una parte del tributo al que están obligados, y recordarles que ante la adoración de los animales, las plantas y las cosas que algunos infieles acostumbraban, Cristo no los vituperó, ni los injurió, ni los anatemizó, sino que les dijo que el Dios desconocido que buscaban era el que venía a anunciarles. (BC, *Del único,* 284-289).

Sin embargo, en aquella tercera década del siglo XVI, la voz de Las Casas fue poco escuchada y las tensiones respecto de la «cuestión del indio» se agudizaron, incluso en Salamanca, donde frailes conocedores de América, como Tomás Ortiz, un sobreviviente de la matanza de Cubagua, insistió en que los hombres de las Indias «comen carne humana y son sodométicos más que generación alguna [...] En fin, digo, que nunca crió Dios tan cocida gente en vicios y bestialidades, sin mezcla de bondad y policía».[54]

Ese tipo de afirmaciones creó inseguridad y miedo al demonio, a la muerte y el infierno, porque, en el imaginario español, y aún más, en el imaginario de los religiosos, se habían introyectado los estereotipos del hereje, la bruja y el pagano, con sus misas negras, consistentes en sacrificios, cocimiento y banquetes de niños, junto con la presencia de las artes mágicas y las fiestas orgiásticas.[55] De hecho, para entonces, el *Malleus Malificarum* (*El martillo de la brujas*, 1487), la obra de Heinrich Kramen y Jacob Sprenger, se difundía en Europa con la petición de prenderles fuego a las comadronas y a las brujas, y la extensa tradición heresiológica y sus tratados seguían alimentando los lugares comunes. Un caso evidente del miedo a las prácticas heterodoxas fue la impresión recurrente (doce veces) de la *Enciclopedia de herejes* de Alfonso de Castro (1495-1558), el consejero de Carlos V y Felipe II, quien recomendaba quemar vivos y confiscar los bienes de los obstinados, los relapsos y los cabecillas por poner en peligro al reino. Otro caso fue la muy difundida obra del teólogo tomista Pedro Sánchez Ciruelo, *Reprobación de supersticiones y hechicerías* (1538), la cual también conoció varias ediciones que se distribuyeron en el continente americano.[56]

Entre 1551 y 1552, en su lucha por la evangelización, Olmos escribió —afirma Gerónimo de Mendieta— otra obra titulada *Los siete sermones principales sobre los siete pecados mortales y las circunstancias en fin de cada uno por modo de pláticas*, en lengua náhuatl latinizada,[57] siguiendo «punto por punto el orden» y repitiendo, con adaptaciones y omisiones, imágenes bíblicas incomprensibles para los indios. Para ello, el franciscano reprodujo «fielmente todas las divisiones» de un sermón del valenciano Vicente de Ferrer, evangelizador de musulmanes y judíos en España, aunque con añadidos, para propiciar una ceremonia colectiva más efectiva.[58] En el sermón de la lujuria, Olmos no se separa del modelo del valenciano, aunque incluye algunas variaciones: omite referencias bíblicas, agrega exhortaciones de carácter colectivo y menciona figuras mexicas, como el supuesto infierno (Mictlán) el cual asocia con el castigo, el fuego y el dolor,[59] para que «miréis con pavor todo lo que es lujuria, adulterio y concupiscencia». El pecado de la lujuria lo clasifica en siete hábitos (fornicación, adulterio, incesto, violación o «strupo», «rapto», sodomía y «sacrilegio») y advierte la necesidad de cuidar el cuerpo para no caer «en la cloaca» (AO, *Tratado,* 43-45),[60] primero «cuando se tienen relaciones con mujer», segundo, por pensamiento y palabras, tal vez dirigidos por el deseo de cometer faltas. Asimismo, advierte que el varón cae en el pecado cuando «por su voluntad echa por tierra, en vano, su simiente». El franciscano narra las historias de judíos pecaminosos para señalar que quien peca de esta manera será castigado e irá al infierno (AO, *Tratado*, 47), por último, se refiere a las distintas maneras de contener los deseos y desviar las pasiones.

Lo anterior permite comprender por qué cuando Olmos pregunta por «las casas de las alegradoras» responde que, a pesar de caer en pecado mortal, es necesario que se reúnan en un mismo lugar para que los varones puedan fornicar,

> para que se conozcan estas perversas mujeres y para que el vicio no se extienda a las otras mujeres de buen corazón y que vivan con hermosura; se reúnen también por otra causa, para que las vidas virtuosas no se corrompan en todas partes. Y para que también los hombres perversos no se hagan sodomitas. Porque la sodomía es muy espantosa, despreciable, odiosa, indeseable (AO, *Tratado*, 53).[(61)]

Permeado de la misoginia europea propia de esa época, el franciscano expone con obsesión el mal que hacen las «alegradoras» que se ocultan, debido a que son como un gran pozo en el que los varones caen sin preverlo, para lo cual recomienda no frecuentar los mercados, no detenerse en los baños ni en las calles, porque allá está el demonio, «el hombre-búho que devora el faldellín» (AO, *Tratado*, 55).

Sin saber con certeza si los bárbaros eran los indios o los españoles, y alterado por la mortandad indígena y los problemas económicos, de conciencia y de propagación de la fe, Carlos V insistió en la prohibición de discutir e imprimir asuntos sobre el Nuevo Mundo. Esto explica el retiro, la pérdida y la mutilación de la mayor parte de la producción de los primeros cronistas, como las del inquisidor de Texcoco, fray Toribio de Benavente, mejor conocido como Motolinia, y la de Andrés de Olmos.[62] Al parecer, esta «pérdida» se relaciona con el desapego de los escritos de las normas morales y la correspondiente censura por parte del Consejo de Indias, pero tiene que ver también con que las relaciones histórico-descriptivas que circulaban en la península dañaban el reclutamiento de misioneros y sacerdotes, quienes no se aventuraban a realizar la travesía marítima por los peligros y las penurias que entrañaba, o porque creían que los indios eran paganos sin remedio que nadie podría evangelizar.[63] Naturalmente, sin el envío de clerecía al Nuevo Mundo, el proyecto colonizador se vendría abajo.

Si bien la política de dejar de crearles «mala fama» a los naturales no se cumplió al pie de la letra, las ideas de Vitoria y Las Casas empezaron a influir cada vez más dentro y fuera de Salamanca. En 1536 se efectuó una junta eclesiástica en Nueva España para dilucidar el problema del bautismo de los indios. Sus conclusiones, alcanzadas tras varias reuniones, fueron turnadas al emperador, pero este esperó el dictamen de los teólogos salmantinos, en especial de Vitoria, quienes decidieron, a diferencia de las prácticas franciscanas, que los indios debían bautizarse después de haber recibido «una larga instrucción en la fe cristiana» y de haber manifestado cambios radicales en su conducta.[64]

A pesar de las advertencias del partido de los encomenderos sobre el peligro de las «exageraciones» lascasistas sobre las Indias, el emperador decidió que el camino a seguir en la conversión de los americanos era la persuasión y no la fuerza. Enseguida, con la finalidad de mejorar la política de colonización, el Consejo de Indias fue reformado y, en 1542, otra reunión en Valladolid revisó el problema indiano. En ella destacó la participación de Las Casas y Domingo Soto y su resultado fue la promulgación de las *Leyes Nuevas* —disposiciones con las cuales se prohibió la esclavitud indígena y se suspendieron las autorizaciones de encomienda—. Asimismo, trató de establecerse un pacto a fin de que, «voluntariamente», los indios aceptaran el cristianismo y al rey español como propios.[65]

Los encomenderos y sus defensores se manifestaron en contra de las nuevas disposiciones, sobre todo por prohibir la encomienda hereditaria. La esclavización de los indios prosiguió, pero Las Casas influyó en la designación de los virreyes de Nueva España y Perú, y se consagró como obispo de Chiapas, una diócesis muy pobre. Con su autoridad episcopal y sus inclinaciones teocráticas, «el doctísimo» organizó una junta de teólogos de su orden, quienes aseguraron que la Providencia había dado las nuevas tierras a los Reyes Católicos para predicar el Evangelio y ampliar la fe, no para hacer más ricos a sus súbditos. Además, en esa junta se resolvió que a los indígenas les correspondían sus bienes y propiedades por derecho natural, divino y de gentes, pero, al igual que a los demás infieles, había que compelerlos a dejar de pecar y convertirlos al cristianismo con métodos suaves y pacíficos.[66]

En 1543, Carlos V derogó varias de las *Leyes nuevas*, las cuales, al final, no entraron en vigor en Nueva España. Ese mismo año, el plan de formar un clero indígena se discutió tan ampliamente que fue necesario consultar a los sabios salmantinos (Alfonso de Castro, Francisco de Vitoria y Andrés Vega), quienes consideraron que si los indios recibían el sacramento del bautismo, también eran capaces de recibir el resto de los sacramentos, pero solo los más adelantados debían estudiar teología y conocer los misterios y secretos de la fe cristiana. De Castro observó y Vitoria corroboró que, tal vez, quienes negaban a los indios la posibilidad de integrarse al cuerpo eclesiástico temían perder su autoridad y su poder. De igual manera, advirtieron que la historia daba giros y podría ocurrir que los indios, «cansados de la dominación de los españoles, se sacudan el yugo del rey de España, pero sin abandonar, sin embargo la fe católica. Esto es lo que sucede cotidianamente con los italianos, que dejan el dominio de un rey para someterse a otro, sin el mínimo daño de su fe católica [...]».[67]

Entre 1544 y 1546 empeoraron las epidemias que aniquilaron a millones de indios. Por esta «venganza de Satanás», a causa de sus conversiones al cristianismo, los clérigos recomendaron continuar e intensificar su reducción en pueblos para garantizar que no pecaran y fueran controlados e instruidos por los prelados. También aumentaron los conflictos de interés al interior del aparato eclesiástico debido a que los seculares no aceptaban ni las ideas ni el poder acumulado por los misioneros. Extrañamente, los documentos de la junta eclesiástica celebrada en 1546 desaparecieron, aunque la carta dirigida en esos meses por el visitador real Francisco Tello de Sandoval a Las Casas, solicitando su contribución para que en Nueva España no hubiera motivos de «alteraciones y desasosiegos», confirma la tensa coyuntura.[68] Durante la marcha del Concilio de Trento, en 1548, al cual el Consejo de Indias no permitió la asistencia de obispos americanos,[69] representantes de la Escuela de Salamanca revisaron el *Democrates alter*, la obra en la que, con base en la retórica deliberativa, Ginés de Sepúlveda, el cronista del emperador, representante de los encomenderos opositores del «protector de los indios», justifica la guerra contra los naturales. Para entonces, Vitoria había muerto (1546); Las Casas había redactado la primera versión de la *Brevísima relación de la destrucción de las Indias*, y había enfrentado conflictos en Chiapas, lo que originó su regreso definitivo a España (1547).

De acuerdo con Sepúlveda, los cismas cristianos y las guerras constituían pruebas de la ira divina. Él compartía con Erasmo la idea de reformar la Iglesia y, por consiguiente, cuestionaba el relajamiento de las conductas de los religiosos. Además, en virtud de que el arribo del oro y la plata americanos era decisivo para combatir la expansión turco-otomana, interpretaba la colonización de América como una señal divina que podía prolongarse incluso a la recuperación de los Santos Lugares. Para él, las proposiciones de Las Casas eran «temerarias, escandalosas y heréticas»,[70] porque la ley de la naturaleza y de la caridad humana obligaba a los paganos al conocimiento de la verdadera religión, aun en contra de su voluntad. Consideraba irreales las estrategias dominicas de conversión, porque los misioneros no tenían a su alcance los medios sobrenaturales de persuasión que Dios había concedido a los apóstoles. De este modo, había que someter a los indios primero para predicarles y convencerlos después.[71]

Las críticas al clero y lo «insano» de su doctrina provocaron que la publicación del *Democrates alter* no se aprobara. Sepúlveda se defendió en una carta de 24 puntos publicada en Roma, pero Carlos V prohibió su circulación en España. Hubo réplicas y contrarréplicas. Todo este revuelo motivó al emperador a suspender las incursiones armadas en el Nuevo Mundo hasta que los teólogos se pusieran de acuerdo y resolvieran cómo debía orientarse la Corona ante la colonización de las nuevas tierras «justamente y con seguridad de conciencia».[72]

Entre 1550 y 1551, en el contexto de las disputas por las *Leyes nuevas* en Nueva España, las interrupciones del Concilio de Trento, y al calor del declive del erasmismo en España y la incorporación de las obras de Erasmo en el Índice *de libros prohibidos* por la Inquisición, se celebró una nueva junta, conocida como las Controversias de Valladolid. A ella concurrieron trece sabios teólogos, legistas y consejeros reales presididos por un tribunal integrado por tres jueces de la Universidad de Salamanca (Domingo de Soto, Melchor Cano y Bartolomé Carranza de Miranda),[73] así como representantes de los encomenderos novohispanos y peruanos. Su propósito fue escuchar los argumentos esgrimidos por Las Casas y Ginés de Sepúlveda en relación con la «cuestión del indio», los cuáles serían registrados por Soto en una síntesis y publicados un año después. En ambas apologías, la idolatría y los pecados de la carne son el tema central. En ambas se reprueban las conductas indígenas y se señalan las obligaciones de la España católica de promover la salvación de las almas de los recién descubiertos, imponiéndoles nuevas leyes, gobierno y religión.

El «correcto entendimiento» de los pecados

Si bien los dos teólogos procedían de ambientes intelectuales y compartían lecturas similares, los conocimientos de Las Casas relacionados con el caso americano eran directos, más amplios y profundos que los de Sepúlveda, además de ser coincidentes con los de sus compañeros salmantinos que integraban el tribunal. La perspectiva del dominico atendía a asuntos más relacionados con la moral y la vida social que la perspectiva legalista de Ginés de Sepúlveda, orientada al «deber ser». Por otro lado, en los dos casos se evidenció una diferencia de fondo en cuanto a la clasificación de los pecados de la carne, ya que mientras para Sepúlveda eran crímenes solicitados por Satán, para Las Casas eran manifestaciones históricas propias del paganismo y de una religiosidad equivocada, pero religiosas al fin y al cabo.

Por influencia de los relatos de Pedro Mártir de Anglería y Fernández de Oviedo, en el *Democrates alter,* Sepúlveda repite las consabidas conductas del «estereotipo del indio». Escribe: «No es, pues, la sola infidelidad la causa de esta guerra justísima contra los bárbaros, sino sus nefandas liviandades, sus prodigiosos sacrificios de víctimas humanas, las extremas injurias que hacían a muchos inocentes, los horribles banquetes de cuerpos humanos, el culto impío de los ídolos».[74] Afirma que no se puede esperar nada «de hombres que estaban entregados á todo género de intemperancia», que además comían carne humana (GS, *Tratado,* 105), pues esas maldades pertenecían a los más feroces y abominables crímenes. Excedían toda perversidad humana.

De acuerdo con Sepúlveda, los habitantes americanos no poseían humanidad, ni ciencia, ni comercio, ni moneda, ni letras, ni leyes escritas, sino instituciones y costumbres bárbaras que promovían brutales violaciones de la ley natural (GS, *Tratado,* 101-103). Aunque contaban con una cierta racionalidad, esta era imperfecta a causa de que todavía estaban esclavizados a la naturaleza; no habían logrado separarse de ella porque desconocían los preceptos divinos que –aclara– no necesariamente debían ser los cristianos. Su vida era semejante a la de las bestias, por no haber desarrollado la capacidad de vivir en armonía y cumplir cabalmente la ley natural dada por Dios a los seres humanos.[75] En suma, a los indios les faltaba la racionalidad inherente al comportamiento ético. Si la tuvieran —continúa— no existiría motivo para hacerles la guerra.

Como buen aristotélico, Sepúlveda coincide con «el filósofo» en que hay tres tipos de costumbres de las que hay que huir: la maldad, la disolución y la bestialidad. Los animales «[...] ni tienen elección, ni discurso de razón, sino que son movidos por su naturaleza, como los hombres que están locos [...]», que son viciosos por naturaleza. Los brutales son los que exceden en vicios, es decir, son irracionales. «El disoluto no usa la razón». «La continencia, pues, y la perseverancia parecen ser cosas virtuosas y dignas de alabanza, pero la disolución y afeminación de ánimo viciosas y dignas de reprensión.» (A, *Ética VII*, 1, 3, 6).

Por otra parte, uno de los argumentos usados por Sepúlveda para legitimar la destrucción de las instituciones indígenas es la obligación de los cristianos de defender a los inocentes y dar auxilio al prójimo, máxime cuando se encuentran expuestos a la muerte. De ahí que la guerra *sea justa* y sea lícito apropiarse de las indianas tierras. Por otra parte –concluye–, con ello se beneficiarán las víctimas inocentes, pues serán menos los muertos por la dominación cristiana que por los antiguos sacrificios (GS, *Tratado*, 131). Los hombres privados de razón pueden actuar de manera similar a las bestias y esto constituye motivo suficiente para emprender la guerra. Sin embargo, la finalidad de la guerra es la paz, y la paz llega con el conocimiento de la auténtica religión introducida por aquellos hombres capaces de distinguir entre lo bueno y lo malo.

> ¿Qué cosa pudo suceder —pregunta Ginés de Sepúlveda— á estos bárbaros más conveniente ni más saludable que el quedar sometidos al imperio de aquellos cuya prudencia, virtud y religión los han de convertir de bárbaros, tales que apenas merecían el nombre de seres humanos, en hombres civilizados en cuanto pueden serlo; de torpes y libidinosos, en probos y honrados; de impíos y siervos de los demonios, en cristianos y adoradores del verdadero Dios? (GS, *Tratado*, 131).

Es claro cómo la valoración de los indios como viciosos, disolutos y afeminados obligo moralmente a «los doctos, prudentes y virtuosos» a emprender la misión de convertirlos al cristianismo. Mientras Ginés cree en ello, Las Casas comparte la interpretación tomista de Aristóteles y Vitoria que consideran la racionalidad como algo inherente a todos los seres humanos (BC, *Hist. II,* 110).[76] El «protector de los indios» lamentó que Vitoria no hubiera contado con información sobre las «verdaderas» costumbres de los indios y justificara la guerra preventiva. Seguramente, tampoco le agradó que el salmantino aceptara la injerencia de los poderes civiles en la vida de los indígenas, ya que de sus textos se concluye que su ideal era fundar un Estado teocrático.[77]

Desde su ordenamiento como dominico, Las Casas estudió las costumbres, los ritos y las ceremonias de los pueblos americanos, lo cual dejó registrado en sus principales obras: la *Historia de la Indias* y la *Apologética historia sumaria*, escritas a partir de 1527.[78] Aunque ambas esperaron más de 300 años para ser publicadas, su contenido fue conocido —como lo sería también el de otras crónicas— por funcionarios y religiosos españoles, en parte a través de la obra del agustino fray Jerónimo Román y Zamora, quien en su obra *Repúblicas del mundo* (1575), en el apartado que dedica a los indios occidentales, copia un fragmento de la *Apologética.*[79]

En sus voluminosas obras, Las Casas procuró demostrar las excelencias de los habitantes del Nuevo Continente y eliminar las «falsedades» propagadas por Mártir de Anglería, Fernández de Oviedo, Ginés de Sepúlveda y otros «enemigos de los indios». Con una mente más racional y empírica que ellos, en términos de indagación, y con una perspectiva más abierta al entendimiento de lo distinto, en la *Apologética* el dominico expuso los argumentos planteados en las Controversias de Valladolid. A diferencia de Ginés, pretendió demostrar que el linaje de los hombres es uno, y todos, en cuanto a su creación y cosas naturales, son semejantes: «Todas las naciones del mundo tienen entendimiento y voluntad y lo que de ambas dos

[de] estas potencias en el hombre resulta es el libre albedrío», que es la inclinación natural a ser doctrinados, persuadidos y atraídos al orden, la razón, las leyes, la virtud y la bondad (BC, *Apolog. I,* 258). Como razón y fe van de la mano, y en la república de los indios hay muestras de civilidad y virtudes, aunque les falte la gracia divina y la doctrina verdadera (BC, *Apolog. I,* 115), ya convertidos al cristianismo podrán salvar sus almas. El fraile añade que, aunque la disposición orgánica y su relación con el medio ambiente no fueran favorables, el entendimiento, el estudio de las ciencias, la sabiduría y el ejercicio de las virtudes harán que los naturales usen la razón y, por consiguiente, ingresen a la historia universal (BC, *Apolog. I,* 124).

En la *Apologética,* el fraile dominico utiliza la retórica epidíctica o panegírica —también llamada apologética—, y los principios epistemológicos del Derecho canónico, los cuales le proporcionan pruebas para sustentar sus argumentos. Emplea la «técnica de la glosa jurídica», herramienta de trabajo de legistas, canonistas y teólogos para «dotar sus afirmaciones del rigor necesario» y encontrar —como ningún otro cronista— los fundamentos de las prácticas consuetudinarias indígenas,[80] a fin de elaborar el adecuado Derecho indiano. Del mismo modo, expone las características de la naturaleza de las Indias occidentales, la biología y la cultura de sus habitantes, a fin de demostrar su capacidad racional y combatir a quienes los habían infamado.[81] Ya que todo es obra de Dios, Las Casas se propone conocer los «secretos» divinos que encierran las Indias y probar que su gente pertenece al linaje humano y es súbdita digna de los reyes españoles. Ese tratado lo escribe por la necesidad de incluir al indio americano en el plan providencial de la Revelación, por el bien y la utilidad de toda España, y el juicio justo de las virtudes y pecados de la población americana.[82]

El «protector de los indios» sostiene que entre los naturales existía una sociedad civil como Aristóteles la entendía, y que su elevado sentido religioso los preparaba para adoptar el cristianismo con profunda devoción, tal como había ocurrido con los pueblos de la Antigüedad. La ignorancia acerca de las costumbres de otra gente, como griegos y romanos, de sacrificar hombres y comer carne humana, había provocado —según el dominico— que los españoles consideraran bestias a los indios (BC, *Hist. I,* 545), sin embargo, estaban equivocados, ya que esas costumbres formaban parte del proceso histórico «natural», es decir, del plan eterno revelado por Dios.

Las Casas adapta y uniforma las religiones paganas para que la cristiana aparezca siempre en un nivel superior, como la religión del bien, el provecho, lo humano y el verdadero Dios (BC *Hist. I,* 496-497) y también procura que las americanas queden por encima de otras paganas. Al respecto, afirma: «[estas gentes] tuvieron muchas menos fealdades que otras afamadas y políticas naciones de las antiguas, y con menos heces de errores en sus idolatrías, [...] en la elección de los dioses tuvieron más razón y discreción y honestidad [...]» (BC, *Hist. I,* 663).

Los indios tuvieron menor dificultad para ser convertidos al cristianismo que los idólatras antiguos, porque eran más racionales y «se acercan más a las costumbres cristianas, lo cual demuestran sus templos anchos, altos, lujosos, ornamentados, ricos» y, en general, su entrega a la religión (BC, *Hist. I,* 688). Debido a que su intención es incluir a los indios en el proceso de la Revelación divina, al referirse a sus religiones —la parte más extensa de la *Apologética*— el dominico procura disminuir las consecuencias de la idolatría y «la violación de la ley natural».[83]

Como buen canonista, consciente de las regulaciones que más se acercan a lo dictado por el Dios cristiano y, por lo tanto, consciente de la necesidad de impedir que los seres humanos pequen y pierdan la posibilidad de ser «ciudadanos de la policía celestial» (BC, *Apolog. I,* 103), interpreta que las autoridades, las leyes y las costumbres de los pueblos paganos, incluidos los americanos, son resultado de su manera de sacralizar la vida, es decir, de hacer sacro o sacrificar. Por eso, sobre todo en la segunda parte de su obra, estudia la idolatría y los pecados de la carne para concluir que la ingesta de carne humana, la embriaguez y las relaciones sexuales incontroladas fueron obligadas por el demonio, quien turbaba los sentidos, creaba desorden y confusión, encendía las pasiones, levantaba los apetitos de la fornicación y destruía la castidad (BC, *Apolog. I,* 454-455), principalmente, en las fiestas bacanales, saturnales, lupercalias y florales. Esto le parece lógico, porque, sin el conocimiento de Dios, la carnalidad no se practica bien.

No obstante, entre los indios, esta no fue tan descarriada como entre otros pueblos (BC, *Apolog. I,* 288). Si quienes difamaron a los indios —en especial Fernández de Oviedo y Ginés de Sepúlveda— enfatizaron su irracionalidad por su barbarie o cercanía a la animalidad, por su falta de gobierno y policía y, sobre todo, por su idolatría y por la comisión de pecados de la carne, en la interpretación de Las Casas será lo contrario. Él dará largas explicaciones para probar, una a una, las causas naturales y accidentales de la racionalidad de los indios: la buena influencia de los cielos, la correcta disposición de las regiones, la compostura de sus miembros y órganos interiores y exteriores (la mesura en el beber y el comer, la templanza de las afecciones sensuales, la carencia de preocupaciones por las cosas mundanas y temporales, la falta de pasiones del ánima), la clemencia y suavidad de los tiempos, la adecuada edad de los padres para casarse y procrear, la bondad y sanidad de los alimentos, sus aptitudes para las artes mecánicas, etc.

El «correcto entendimiento» de la cultura indígena fue expuesto por Las Casas en las Controversias de Valladolid y, según él mismo, tanto Sepúlveda como los teólogos y los juristas «quedaron muy satisfechos» y «algunos se admiraron».[84] Aunque no estuvo exenta de contradicciones, ya que a veces los indios aparecen como grandes pecadores y otras veces no; su metamorfosis en seres humanos prudentes y racionales, poseedores de todas las cualidades para ser cristianos, aún mejores que los españoles, debido a su elevada religiosidad, significó el inicio de la transformación de la imagen del indio en una más cercana a la occidental. ¿Sería un nuevo estereotipo del indio, pero esta vez invertido hacia el bien y la perfección?

Ni para la Escuela de Salamanca ni para Ginés de Sepúlveda los indios eran animales. Las Controversias de Valladolid no se cuestionaron esto, sino su grado de racionalidad. Según Sepúlveda, «apenas merecían el nombre de seres humanos». De acuerdo con Las Casas, en cambio, su nivel de racionalidad era notable. Conforme con la opinión de todos los españoles, los indios necesitaban aceptar el principio aristotélico, según el cual, «lo superior y más excelente debe dominar lo inferior e imperfecto». No obstante, mientras el fraile dominico entendió que la población americana constituía un buen rebaño digno de ser dirigido suavemente hacia la organización de una hermandad cristiana solidaria y sumisa a sus padres religiosos, Sepúlveda —del lado de los encomenderos— no proporcionó otra alternativa que el total sometimiento. Ambos estaban convencidos de que España era la elegida por Dios para salvar al mundo del demonio, y de que en la península habitaban hombres superiores destinados a guiar a los inferiores,[85] pero su plan de conversión difirió, porque para Las Casas la Iglesia era más importante que España.

Al año de haber concluido estas Controversias, Las Casas publicó la *Brevísima relación de la destrucción de la Indias* (Sevilla, 1552) para persuadir al rey de la necesidad de corregir los vicios de los colonos y encomenderos en América. Esa obra fue aprovechada por Inglaterra, Francia y los Países Bajos para alimentar la *leyenda negra,*[86] es decir, el conjunto de juicios y acusaciones de estas potencias europeas en contra del Imperio español por la hipocresía y crueldad de sus soldados, sus alianzas con el papado y sus ambiciones universalistas, formulado para avivar la propaganda anticatólica emprendida por los reformadores, celosos de la extensión geográfica, y deseosos de apoderarse de los recursos humanos y materiales adquiridos por España, sobre todo en metálico.[87]

Otras defensas de la «guerra justa»

Al iniciarse la segunda mitad del siglo XVI, se evidenció en Nueva España el rechazo de las consideraciones de Francisco de Vitoria y Las Casas sobre los paganos americanos y lo ilegítimo del despojo de sus bienes.[88] Con base en la teología y el Derecho canónico del Hostiense,[89] elaborados al calor de las Cruzadas para establecer la necesidad de que los religiosos leyeran, releyeran, repitieran y memorizaran los cánones, Motolinia apeló nuevamente a la teoría de la guerra justa. Sus argumentos centrales se inclinaron a la conversión forzada de los naturales, para lo cual empleó tópicos ya usados por Sepúlveda y por Francisco López de Gómara, el clérigo erudito, admirador de Hernán Cortés y aspirante a cronista mayor de Indias, quien poco después de la terminación de las Controversias de Valladolid, en 1552, concluyó la *Historia General de las Indias*, en la que desaprobó la codicia de los conquistadores, pero, al mismo tiempo, reconoció sus méritos y privilegios. En ella denunció la crueldad española hacia los indios de la isla La Española y de tierra firme, su esclavización y muerte por epidemias, trabajos, hambres y suicidios, sin embargo, propuso una esclavización racional, como la que supuestamente había emprendido Hernán Cortés.

López de Gómara se remite al orden teológico cristiano para enunciar los «grandísimos pecados»: «idolatría, sacrificios de hombres vivos, comida de carne humana, habla con el diablo, sodomía, muchedumbre de mujeres y otros así».[90] La sodomía la ve con especial horror y afirma: «Son asimismo grandísimos putos, y tienen mancebía de hombres públicamente, donde se recogen por las noches mil de ellos, y más o menos según el pueblo» (LG, *Hist. I,* 83). Justifica los aperreamientos y la esclavitud («por putos, por idólatras, por comer carne humana») y, con la finalidad de evitar todo sentimiento de culpa por la violencia ejercida contra ellos, los rebaja a la condición de animales: «asnos», «bestiales en los vicios», «cobardes como liebres», «sucios como puercos» (LG, *Hist. I,* 304).

Es posible que esa obra fuera prohibida e incautada por la Corona un año después, por alimentar las ambiciones de los conquistadores (LG, *Hist. I*, 91), en especial, las de su capitán general, y por aplicar escandalosos calificativos para referirse a la población indiana.

Motolinia (otro admirador de Cortés) repite la necesidad de acabar con el salvajismo, la idolatría, los pecados *contra natura*, la rebeldía de los indios hacia los colonos y la necesidad de auxiliar a los inocentes destinados a ser sacrificados o devorados. En sus escritos, sostiene que Las Casas había exagerado el maltrato hacia los indios por los encomenderos, y defiende la empresa conquistadora por haber liberado a los inocentes de todos los pecados y preparado el camino de la salvación de sus almas al sustituir sus falsas religiones por la religión cristiana.[92] Su inclinación para ver en la encomienda una institución positiva fue compartida por su compañero de orden, Gerónimo de Mendieta, y el cabildo de la ciudad de México.[93]

En esos años, para acabar con las polémicas, combatir la *leyenda negra*, erradicar las tendencias autonomistas que se desarrollaban entre los conquistadores y sus hijos —particularmente en el círculo cercano a Hernán Cortés— y disolver las estrechas relaciones establecidas entre franciscanos e indios, la Corona decidió implementar una serie de cambios en su política colonial, entre los que destaca: difundir que los indios eran seres racionales que esperaban el mensaje de Cristo, y, por eso, lo habían aceptado voluntaria y gustosamente; dejar de hablar de la violencia y el maltrato cometidos por los conquistadores y los encomenderos en contra de los indios; suavizar el pasado pecaminoso de los americanos de manera que quedaran como víctimas del demonio y sus errores constreñidos a la idolatría, los sacrificios sangrientos, la ingesta de carne humana y el adulterio, y no tanto a delitos sexuales graves como el incesto, la sodomía y el bestialismo, e impulsar la propuesta lascasista de usar la persuasión y no la fuerza en el proceso de evangelización.[94]

Esos cambios se consignaron en 1555 en los *Comentarios a Las Siete Partidas*[95] del jurista y consejero de Indias Gregorio López, esto es, en las glosas de los fundamentos teológicos y las explicaciones razonadas de las leyes que tendían a unificar jurídicamente a España, cuya vigencia se conservó hasta la entrada del primer Código civil en 1889. En ellas se expresaron las coincidencias jurídicas del Derecho indiano con la escolástica tomista, mas no en todo coincidentes con Francisco de Vitoria en relación con la «cuestión del indio». En concordancia con Las Casas y la tendencia a difundir ahora el «estereotipo del indio cristiano», Gregorio López planteó que a los pobladores del Nuevo Mundo, la doctrina del Libro I de la *Política* de Aristóteles,

> no les es aplicable, porque no son gente ni feroz ni bestial, que carezca de razón. Antes bien, son hombres racionales y se ha hallado entre ellos orden de gobierno y poseen mucha destreza en las artes mecánicas [...] Si se ha descubierto entre ellos alguna impericia o estupidez, se debe más a la infidelidad en que han vivido que a la carencia de razón humana.[96]

Por decisión papal, los evangelizadores debían someterse a los reyes españoles, así como emplear medios pacíficos en su empresa. La guerra contra los indios paganos no se justificaba por no creer en Cristo, pero sí por obstaculizar la predicación o las prácticas cristianas de los ya convertidos y, con base en el deber cristiano, para proteger a los inocentes si insistían en la realización de sacrificios humanos.

Aunque la circulación de los impresos considerados nocivos no pudo detenerse en la práctica, en 1556, tras el fracaso del establecimiento del imperio universal y la abdicación de Carlos V en favor de su hijo, Felipe II, otra Cédula Real prohibió la impresión de libros en los que aparecieran errores, falsas doctrinas, deshonestidades o se abordaran asuntos sobre el Nuevo Mundo sin licencia del Consejo de Indias. Los que carecieran de permiso serían quemados, ya que lo que estaba en contra de España no debía perpetuarse en una «historia pública», porque era necesario cuidar la imagen del Estado y de la Iglesia, mantener la unidad en torno a la fe católica y alejar el peligro luterano. Para impedir que los enemigos extranjeros se informaran sobre la geografía americana, las autoridades españolas escondieron documentos,[97] y para aminorar los efectos de la *leyenda negra* y favorecer la llegada de nuevos evangelizadores, reiteraron su admiración por la naturaleza americana y calificaron a los pueblos indígenas como sobrios, humildes, pacíficos y preparados para la recepción del Evangelio. Tiempo después, se fomentaría el engrandecimiento de su historia, con los aztecas e incas como centros imperiales para su inclusión al "mundo de las civilizaciones".

5

EL PAPEL DE LA REVELACIÓN EN LOS DISCURSOS

> Y así diremos con verdad que todas estas Indias son las más templadas, las más sanas, las más fértiles, las más felices, alegres y graciosas y más conforme su habitación a nuestra naturaleza humana, de las del mundo, aunque en algunas partes acaezca ser el contrario por algunas particulares causas, la cuales son muy raras (BC, *Apolog. I*, 50-51).

En la primera mitad del siglo XVI, la adopción de un criterio común entre los cronistas evangelizadores de Nueva España en relación con la moral indígena fue difícil, en virtud de sus distintas estrategias, las discrepancias doctrinales y los titubeos imperiales. Para la segunda parte de aquel siglo, las noticias sobre el «regreso de los dioses prehispánicos», con sus sacrificios cruentos y sus «vicios» resultaron alarmantes,[1] no solo por evidenciar lo infructuoso de los trabajos realizados, sino por ocurrir en medio del declive demográfico americano a causa de la violencia, el maltrato y las epidemias. Los acuerdos del Concilio de Trento llegaron a la península y sus colonias para establecer una estricta definición doctrinal, corregir errores, unificar los principios católicos, detener las herejías, suprimir los desacuerdos relacionados con el «pudor » e impedir nuevas rupturas como la vivida con los protestantes. Como vimos, esta problemática motivó a las autoridades españolas a ordenar la propagación de una imagen más homogénea y dulce de las Indias para coadyuvar a someter a los indios y favorecer su ingreso como nuevos cristianos a la historia universal.[2]

La Corona mandó investigar más acerca de las idolatrías y dispuso que estas indagaciones se sometieran a la aprobación oficial. Los censores tacharon lo inconveniente y reescribieron fragmentos enteros de algunos textos para desaparecer tanto los actos de inhumanidad realizados por los españoles como asuntos delicados relacionados con la religión, las malas costumbres, los alborotos y las rebeliones indígenas.[3] Asimismo, en todo el Imperio español se adoptaron medidas para acceder a fuentes de información más efectivas y se implementó un control, vigilancia y administración más eficaces. Para ese momento, con la ayuda de la Escuela de Salamanca, la explicación sobre el Nuevo Mundo y sus habitantes se perfeccionó para hacerlo compatible con el concepto tomista de Revelación divina (STh, *Suma VII*, 2-2, 2-6),[4] con el causalismo y la lógica dicotómica cristianas, y con las nociones de historia universal y tiempo lineal, ascendente y progresivo. A partir de entonces, ese tipo de interpretación prosperó en las crónicas de evangelización, en particular en la obra de Bartolomé de las Casas.

La Teología: la ciencia de la Revelación

Cuando España conquistó los territorios americanos, la Teología se consideraba la ciencia de las ciencias, y la justicia partía de la interpretación de las leyes divinas cuya exclusividad detentaban los teólogos.[5] El racionalismo escolástico, impuesto en los conventos, los colegios y las universidades de Valladolid, Alcalá, Salamanca y, desde 1553, en la Real y Pontificia Universidad de México, era el sustento más sólido de la formación de los religiosos. Tras el Concilio de Trento, la nueva política eclesiástica estableció el uso correcto de las lenguas escritas, orales, visuales y auditivas, y adoptó la *Suma teológica* de Tomás de Aquino como la obra de autoridad indiscutible del mundo católico. Esto implicó que, por lo menos como mandato, agustinos y franciscanos se alejaran de las posturas de Juan Duns Scoto.[6] La dialéctica tomista, el método de inquisición, argumentación y deducción basado en el *sic et non* (el pro y el contra para resolver los conflictos), enseñó a los clérigos a armonizar las oposiciones para integrarlas en un todo que eliminara las desviaciones heréticas y paganas, y garantizara la ortodoxia.[7] Asimismo, los principios tomistas debían permitir la «solución» de las incógnitas inherentes a lo extraño hallado en las nuevas tierras.

Tomás de Aquino trató en forma extensa y precisa el fenómeno universal de la Revelación. De hecho, para él, la teología es la ciencia de la Revelación, el fenómeno divino más importante, dado su despliegue ineludible en todos los tiempos y los espacios, con el cual Dios ilumina a los seres humanos para que develen la verdad que les permite distinguir entre el bien y el mal, para que limpien sus pecados, obtengan el perdón divino y puedan acceder al reino de los cielos. De acuerdo con el Aquinate, la Revelación no avanza sin la razón. Dios ofrece las verdades para que el hombre, en estado de gracia, haciendo uso de su libre albedrío, las haga suyas y esto impone la superación de sus conductas irracionales y pecaminosas (STh, *Suma VI,* 1-2, 114).

Según él mismo aseguró, la verdad divina se reveló por etapas hasta el advenimiento de Cristo, y a los paganos y a los herejes se les seguirá revelando, con la mediación de la Iglesia, hasta alcanzar el orbe entero; porque ella no se descubre a todos los humanos al mismo tiempo, con el mismo grado ni orden, sino que sigue los designios divinos y una jerarquía que comprende desde los ángeles hasta los apóstoles, los profetas y los hombres en general.[8] La Revelación integra en la misma historia universal a todos los cristianos.

Todo está inmerso en la historia revelada cuyo fin es la salvación de la humanidad.

En virtud de que —de acuerdo con los cronistas evangelizadores— egipcios, judíos, griegos, romanos, celtas y otros pueblos antiguos habían compartido con los indios los mismos vicios en el pasado, con la empresa colombina a todos les había llegado la hora de la luz (el conocimiento de la fe verdadera), y quienes poseyeron la gracia para reconocerla habían emprendido este camino. Así interpretaron la conquista y la evangelización de América, como la continuación de ese proceso, producto del designio divino de sacar de la oscuridad, darles un lugar en la historia universal, y salvar las almas de numerosos seres dominados por el demonio. La seguridad de que todos los pueblos vencerían al mal, recibirían la gracia divina y quedarían incluidos en el Imperio cristiano para acceder a la salvación en estado de pureza,[9] motivó a los misioneros a guardar en la memoria sus proezas al servicio de la Revelación de la fe y sus esfuerzos para identificar tanto las señales providenciales como las trampas del demonio con las que engaña a los indios y los lleva por el camino equivocado; en el entendido de que quienes tienen fe deben transmitirla a los débiles y a quienes viven en el error.

Las crónicas que narran las hazañas de los santos varones de su orden religiosa, tocados por los milagros y las señales divinas, sin vicios, manchas ni pecados, lo hacen para exaltar sus méritos y conductas modélicas, a la manera de las hagiografías medievales. Esa forma de destacar los «triunfos de la fe» forma parte de la cultura sacrificial cristiana, en la cual el evangelizador es un mártir que, frecuentemente, se somete a los mayores tormentos y sufrimientos, al punto de encontrar la muerte en sus servicios a Dios. Los relatos siguen la retórica panegírica y las orientaciones de la orden religiosa de cada fraile,[10] es por ello que, en América, antes del Concilio de Trento, entre los franciscanos —dominados por la idea mesiánica del próximo fin del mundo—, los dominicos y los agustinos se observan diferencias discursivas sobre la «conquista espiritual», mas no

—como mencioné— sobre lo que constituye el centro de la reprobación de las conductas indígenas: la idolatría y los pecados de la carne.

En cambio, después de Trento, en los centros educativos mediterráneos e hispanoamericanos, la producción literaria y artística se reglamentó y se controló. No estaba permitido pintar o esculpir escenas religiosas no apegadas a los cánones establecidos por este concilio, tampoco, dar a conocer textos e imágenes con desviaciones de la ortodoxia. El valor de una obra consistió en su «capacidad de cristianización », y lo narrado estuvo condicionado más por la forma que por el contenido.[11] En consecuencia, en ese momento más que en la primera mitad del siglo XVI, la «verdad» de América no pudo encontrarse en la realidad percibida sensorialmente por los escritores, aunque esta influyera en ellos, sino en el *corpus* de fuentes de autoridad estudiado en los colegios y en las universidades en las que se habían formado, es decir, en escritos que a menudo no establecieron una frontera clara entre realidad y ficción.

Para ese momento, el término *verdad* conservaba su significado bajomedieval como: «Conformidad de las cosas con el concepto que de ellas forma la mente », de suerte que pudiera persuadir y convencer con certeza e infalibilidad. Era verdad lo fundado «en principios naturalmente conocidos».[12] Este criterio de verdad, muchas veces empleado ambiguamente, no participó del pensamiento científico ni del racionalismo moderno apenas en ciernes en Europa. No implicó la relación directa con los hechos ni la indagación seguida por el método experimental. No buscó pruebas demostrables empíricamente ni se basó en la duda. Tampoco puso en crisis el propio pensamiento para procurar desechar los prejuicios o involucró algún deseo de comprensión tolerante de otras culturas.

Cuando un cronista de los albores de la modernidad dice que su intención es consignar solo la «verdad», se refiere a su motivación de contribuir a la vida ejemplar, de atenerse a las fórmulas ya conocidas sobre la materia abordada, a lo que tiene en su mente, sin la intención de probar algo por otros medios. Esto explica por qué no existe prurito en tomar figuras retóricas empleadas por autores clásicos de renombre, adaptar personajes y pasajes bíblicos a la realidad americana, alterar los tiempos y los lugares, e incorporar relatos de otras crónicas, textual o casi textualmente, en las propias. Cada autor desarrolla un particular arte de traer a la memoria lo escrito por las autoridades y valorar la ubicación e importancia de las cosas, los personajes y los hechos para generar un nuevo relato.[13] Se puede creer en los diversos orígenes de una cosa y sus atributos pueden cambiar, no son fijos, porque no hay una definición de *verdad* que se constriña a una lógica de tipo cartesiano, a una relación de estricta causa-efecto, ni a un orden sucesivo por el cual el pensamiento se obliga a seguir una cadena rigurosa de deducciones, y a derivar cada argumento de un examen anterior.

Para los cronistas del siglo XVI, el mundo se basa en una «visión dogmática (la Revelación) sustentada en una religión moralizante» (el cristianismo) y este relato debe ser edificante, es decir, contener enseñanzas.[14] A algunos les preocupa embellecer el lenguaje, «decir bien », trasmitir sus mensajes con elegancia y eficacia, y a otros no; pero todos responden a una religión del «libro» que verifica lo vivido en función de lo leído y lo aprendido en colegios y universidades. Ellos piensan que el comportamiento humano es uno y se repite en todos los pueblos. Ya se conoce, pero la prosa posee su propio registro y cada uno de ellos «imita» las fuentes a su manera, lo cual implica la inclusión de nuevos asuntos y variaciones sobre los mismos temas.[15]

Las crónicas que se refieren al pasado prehispánico, lo miran desde la perspectiva medieval del tiempo que corresponde a una idea teleológica, pero con marcos cronológicos laxos y épocas poco definidas. «Las cosas del pasado se escriben como si fueran del presente»[16] —lo cual, para nosotros, resulta anacrónico—, porque su orden narrativo está sacralizado: los hechos existen en función de la redención y la salvación de la humanidad.[17] Esto explica la recurrencia al *corpus* de fuentes —algunas de ellas mencionadas en los capítulos anteriores de este libro— que ayuda a identificar las idolatrías, las historias de la Antigüedad pagana, la historia sagrada y de España, las apologías contra los gentiles, los tratados de brujería y contra las supersticiones, además de la legislación conciliar, las decretales y las bulas pontificias.[18] De ellas toman fragmentos que adaptan en forma literal, moralista, alegórica o analógica.

Los tratados e historias que corresponden al primer período de la evangelización (Olmos, Motolinia, Las Casas, Gerónimo de Mendieta,[19] Bernardino de Sahagún y Diego Durán) no tuvieron la intención de conocer, en términos modernos, el pasado americano, sino de servir de textos para guiar la educación de los sacerdotes predicadores. Por ello, se elaboraron en los conventos y en los monasterios, y se sometieron a las autoridades eclesiásticas y a los asesores de la monarquía para su revisión. De esa revisión se derivaron censuras parciales (tachaduras, supresión de páginas relacionadas con crueldades de españoles, levantamientos indígenas, conflictos entre los poderes seglares y eclesiásticos y entre seculares y regulares) o censuras totales. Después de haber sido enmendadas por los censores, se transcribieron de nuevo y pasaron por las manos de varios editores antes de su publicación. Así, pudieron sufrir tergiversaciones múltiples: las de los testigos oculares en sus testimonios orales; las de los escribanos o recopiladores; las de los frailes autores, sus compañeros de orden, sus ayudantes y discípulos; las de la censura y las de los editores coloniales y poscoloniales.[20] Todo esto, aunado a la subjetividad de cada cronista, da por resultado distorsiones tan numerosas que impiden tomar a estos escritos como fuentes primarias para la reconstrucción de la realidad prehispánica; menos aun cuando no se cruzan con los restos materiales cuya producción directa les confiere un valor superior.

Las obras más importantes de los cronistas mencionados —incluyendo la de Fernández de Oviedo— se empezaron a escribir en la primera mitad del siglo XVI, pero fueron publicadas varios siglos después, en el XVIII, XIX o XX, porque en su momento las autoridades españolas consideraron que muchas de sus afirmaciones eran polémicas, que sus descripciones podían motivar en los indios el recuerdo de su pasado idolátrico, o bien, porque no se apegaban a la doctrina y las políticas del momento. Debido a que su finalidad fue práctica (ganar almas para la cristiandad y fortalecer la conquista y la expansión territorial del Imperio español), sus escritores intentaron estudiar y registrar por escrito, con altas dosis de fantasía e imaginación, las manifestaciones religiosas del pasado indígena, en especial "sus pecados", para extirparlos; asimismo, buscaron transmitir los modelos de conducta de los santos varones y la obra de Dios. De ninguna manera su intención fue entender la lógica de las culturas que enfrentaban, ya que nadie contaba con la preparación ni la experiencia para ello, y porque, en términos generales, lo propio del saber de aquella época no era comprender, conocer o explicar, sino persuadir para convertir.[21]

Por otro lado, las crónicas someten la razón a la ortodoxia católica y siguen el principio del *magister dixit,* según el cual, para el conocimiento de las cosas hay que remitirse a diez lugares teológicos o autoridades en el siguiente orden: la Sagrada Escritura, las tradiciones de los apóstoles, la Iglesia católica, los concilios, la Iglesia de Roma, los Padres de la Iglesia, los teólogos escolásticos; así como a tres lugares auxiliares: la razón, los filósofos y juristas, y la historia con sus tradiciones humanas.[22] El seguimiento de este método se corrobora en las cuantiosas referencias de sus textos a las fuentes que se deducen de estos lugares teológicos, básicamente a los dramaturgos, filósofos y juristas grecolatinos, a las crónicas de España y de la Iglesia, y a las historias naturales y universales,[23] porque, sin las autoridades, las opiniones son sospechosas o débiles. Además, entre la opinión y la autoridad siempre debe existir concordancia, aunque la flexibilidad y el balance entre verdad y duda también tengan cabida.[24]

La lógica dicotómica

En los pueblos precristianos, todos los actos de la vida personal y colectiva estaban comprendidos en una dimensión religiosa, es decir, el mundo entero se encontraba sacralizado. Lo espiritual y lo material no se pensaban separados, como se observa en la unión de la religión, la magia, la astrología, la alquimia y la medicina.[25] En dicha dimensión religiosa, las relaciones sexuales desempeñaron un papel central, sin que el cultivo del espíritu negara el de la carne. En esos pueblos, los genitales y los coitos se representaron, frecuentemente, en alusión al embarazo, la reproducción, los partos y las fiestas «orgiásticas ». Los momentos y espacios de libertad sexual no equivalían —como interpretaron los cristianos— a la ausencia de un sistema de normas morales y civiles. Estas existieron en forma estricta y se plasmaron en esos mismos momentos, de modo que parte de sus rituales funcionaron, justamente, como lo contrario: como formas de control sexual y aprendizaje de lo prohibido y lo permitido. De otro modo, en las comunidades se hubieran desencadenado el caos y la violencia amenazantes de la sobrevivencia de sus miembros y de sus lazos de cohesión y defensa.

Como expuse en el primer capítulo, en las religiones precristianas rigió una noción de tiempo cíclico ligado a la producción y la reproducción materiales; predominó la idea de la totalidad integrada,[26] de un espacio cerrado con conciencia de un presente perpetuo. El culto a la esfera, la curva cerrada y los círculos estuvo presente en el teatro, en los coros y en las danzas,[27] y las dualidades existieron no como opuestas, sino como complementarias, incluyentes y ambivalentes. La muerte fue una manera de venerar la vida y asegurar su continuidad, y lo femenino pudo contener atributos masculinos y viceversa.[28] De ahí que los sacrificios humanos y de animales se crearan como una manera de integrar a la víctima a la propia comunidad y que la rueda —cuya presencia tanto se extraña en América— fuera un símbolo religioso.

En las crónicas de evangelización se observa la ausencia de un concepto de *evolución* claramente definido, porque siguen la tradición cristiana de la coexistencia de los tiempos cíclico y lineal.[29] ¿Pudieron sus autores comprender lo que vieron o les contaron, con su formación monoteísta, su idea de la verdad, su lógica jerárquica y dicotómica, y su obsesión por el demonio? ¿Pudieron entender el orden que se desprendía de una lógica distinta de la suya, con su ideal de matrimonio monógamo y organización patriarcal de la familia; con su parcial desarrollo del individualismo vinculado con el reclamo de continencia y dominio de sí mismo;[30] con su conciencia del pecado, la confesión, la penitencia, el perdón y la obsesión por las relaciones sexuales? ¿Les pasó a los misioneros en Indias algo parecido a lo ocurrido con aquellos teólogos cristianos que, intencionalmente o no, interpretaron de manera equívoca las religiones precristianas, en particular las grecorromanas, por ignorar o aniquilar su concepción cíclica del tiempo, sus vínculos con la idea de una totalidad integrada, sus preocupaciones en torno a la sexualidad y la reproducción, y su lógica de la ambivalencia?

Las gigantescas y extrañas esculturas y pinturas de los númenes y autoridades mesoamericanas que hoy podemos contemplar en los museos y en los centros arqueolígicos, seguramente, remitieron a los españoles a la figura del diablo que en Europa se difundía como propia de los tiempos idolátricos; como sinónimo de la muerte y el caos. Uno de los atributos del Mal —creían los europeos— era vestir múltiples disfraces para adaptarse a cualquier escenario.[31] Sus figuras podían estar dotadas de dos bocas voraces, de naturaleza oral y anal, semejantes a Saturno, que engulle y expulsa sin cesar,[32] o facultadas para alcanzar la metamorfosis zoomórfica (búhos, simios, gatos, abejas, moscas, puercos, salamandras, lobos, zorras) o la forma de seres monstruosos productores de todo lo extraño y amenazante (gritos, estruendos, tormentas, vuelos, visiones, desapariciones, etc.). ¿Recordaban los españoles, al igual que otros cristianos, a las deidades grecorromanas, especialmente al dios romano Pan, semejante al griego Dionisio, famoso en los relatos medievales por ser mitad hombre y mitad animal, con cuernos, gran nariz, piel de macho cabrío, falo poderoso y desenfrenado capaz de seducir a las ninfas, y artes mágicas y musicales para engañar? Hijo de Lillith, Cibeles u Horda —diosas-madre sanguinarias y devoradoras—, Pan representó la naturaleza salvaje y hostil, no cultivada, esto es, no reprimida y, en algunos relatos medievales, se identificó con Satán. Tuvo siete hijos mediante relaciones incestuosas y encarnó los siete vicios que —con base en las interpretaciones cristianas— dirigen a los pecados y a la condenación.[33]

¿Cómo interpretar las imágenes de los códices prehispánicos,[34] las pirámides, las estatuas y la cerámica mesoamericanas con sus innumerables serpientes y animales, sus diosas o mujeres desnudas abiertas de piernas o en posición de parto, sus autosacrificios, sacrificios humanos y desollamientos? Al parecer, la única lectura posible para los frailes hispanos fue mediante analogías con lo visto por ellos en la iconografía y lo escuchado en los relatos sobre los paganos. Entonces, solo pudieron asociar la desnudez con el pecado original, el demonio, el infierno y su fuego abrasador,[35] sin preocuparse —porque no correspondía a su época— en datar los objetos e investigar su función social particular.

Por otro lado, estos religiosos proyectaron la historia universal entendida como lucha entre el Dios y el demonio sobre la religiosidad indígena, imposibilitando así la aproximación a su lógica, es decir, alterando las relaciones entre las palabras, las cosas y las acciones; ignorando sus significados y confundiendo la realidad con sus re-presentaciones. Con su visión dicotómica del mundo, los cristianos intentaron eliminar lo ambivalente, lo relativo y lo inexplicable. Se concentraron en la persecución de lo negativo y, de este modo, redujeron la esfera del pensamiento del otro. Así pudieron sentirse justicieros y seguros y orientar sus frustraciones y sus deseos insatisfechos hacia las víctimas y los perseguidos. Los brujos, las curanderas, las hechiceras, la extraña cultura indígena, actualizaron sus miedos a los «demonios familiares de Europa», y funcionaron como contraparte de los riesgos ofrecidos por el perfecto cristiano en la defensa de la fe.[36]

Entre otros restos coloniales, las pinturas murales de las capillas agustinas de Actopan y Xoxoteco (Hidalgo) sobre el diablo, el infierno y los castigos a los pecadores, manifiestan, tanto el miedo que el clero trataba de infundir como el que él mismo sentía. Esta obsesión por la obra del demonio promovió que los frailes ignoraran, simplificaran o minimizaran la vida religiosa de las comunidades prehispánicas quitando la posibilidad de advertir su complejidad, historicidad, sentido y significado profundos. Les impidió reconocer sus reglas del parentesco y códigos morales ya que, si sus escritos se confrontan con los restos arqueológicos, en estos últimos es posible advertir un particular ordenamiento del mundo que no corresponde con las obsesiones católicas por la carnalidad, para la cual, la sangre, la enfermedad, la catástrofe, la basura, en suma, todo lo negativo y dañino, brota de una sola fuente: el Mal.

Con la mirada católica, los sacrificios sangrientos, el uso del cuerpo y el despliegue de los deseos, las emociones y los sentimientos se separaron del «medio discursivo, socialmente determinado», es decir, se extrajo de su contexto social, cuando cualquier intento de aislar estas prácticas está condenado al fracaso.[37] Al dar por sentada la oposición masculino-femenino, sin preguntar por otros tipos y formas de relaciones de parentesco, de género, sexuales y de convivencia grupal, los cristianos dislocaron los fundamentos del orden social de los pueblos nativos. Verbigracia, a la figura de Quetzalcóatl, tenido como un ente integrador supremo, correspondería la identidad ambivalente femenina y masculina, celeste y terrestre, productora de fertilidad y escasez, de vida y de muerte, y la serpiente-águila podría ser una tercera figura producto de la metamorfosis águila o serpiente.[38] No obstante, como veremos más adelante, a esta entidad los frailes le confirieron únicamente atributos masculinos positivos para identificarlo con el apóstol Santo Tomás o como una premonición de Jesucristo,[39] porque en la doctrina cristiana priva la dicotomía y los tiempos cíclico y lineal coexisten; el primero como naturaleza e historia, como acaecer cotidiano, sucesivo e irreversible, y el segundo, como eternidad y acaecer sacro, ritual y ceremonial. Ambos tiempos son de Dios, ya que la totalidad se reúne en la unidad perfecta de este dios inmanente y todo lo ocurrido es de Él. En el terrenal, Dios permite la existencia del mal, de las tentaciones y los pecados, por ser necesario para que los seres humanos tomen conciencia del camino correcto, corrijan sus conductas, expíen sus pecados, limpien su cuerpo y su espíritu, perfeccionen las virtudes y accedan al paraíso, la meta final.

En el *Calendario antiguo,* Durán atribuye una figura circular perfecta al calendario mexica dividido en 52 casas que representan, cada una de ellas, un año. Interpreta que este calendario —el cual permite marcar la coincidencia de los calendarios lunar y solar— está íntimamente vinculado a la astrología y a la hechicería propias de los idólatras, de modo que con él se adivinaba la buena o mala ventura de los recién nacidos.[40] En ese contexto se sitúan las discusiones de los evangelizadores (Motolinia y Sahagún, por ejemplo) en torno a los calendarios lunar y solar que regían la ritualidad del mundo mexica, así como los pronósticos astrológicos en los cuales nacían las personas, adoptaban atributos y se predecía el futuro, esto es, la *astrología judiciaria* (nigromancia, geomancia, hidromancia, piromancia, etc.)[41] para los europeos, la cual sería sustituida por un único calendario, el solar gregoriano.[42]

Para sustituir las religiones prehispánicas por la católica, Motolinia (el inquisidor en Texcoco, guardián de Cholula y Tlaxcala y partidario de los encomenderos), al igual que Sahagún, cree, en su obra *Historia de los Indios de la Nueva España* (1536 y 1541), que un conjunto de fenómenos naturales, como avisos divinos, presagiaron la llegada de los españoles: apareció una llama de fuego muy grande y resplandeciente en el cielo; el templo de Huitzilopochtli se incendió; un rayo impactó un templo; cayó un cometa; el mar se levantó con grandes olas y parecía hervir; se escuchó a una mujer llorando; los cazadores atraparon a un águila; Motecuhzoma —el rey profeta que prepararía el advenimiento del cristianismo— se espantó; el ave desapareció y en muchos lugares aparecieron «mostruos en cuerpos mostruosos».[43]

Al señalar que todo lo ocurrido en la Tierra forma parte del plan divino y está inmerso en la historia de la salvación, el mundo americano fue visto con la lente de un tiempo unidireccional, ascendente y progresivo —a diferencia del tiempo repetitivo de los paganos—; como un orden teleológico que engarza a unos hombres con otros y a unos seres con otros en dirección de una meta común revelada. En consecuencia, las múltiples historias siguen cursos regulares que confluyen en una sola historia que lo comprende todo. La expansión del cristianismo, el fenómeno civilizatorio más importante para cohesionar al mundo en torno a un único Dios, debería conllevar la paz y la armonía, la unidad que está por encima de la diversidad, tal como lo advertían los estoicos con el politeísmo como manifestación de Júpiter, el dios supremo.

La preparación del reino de Cristo

De acuerdo con los principios tomistas tridentinos, para fortalecer la expansión del catolicismo debían tomarse en cuenta el entorno cultural, el nivel educativo de la audiencia y adaptar la doctrina a ella, a fin de encaminar a los súbditos no con fuerza ni violencia, sino con métodos coercitivos y de persuasión.[44] Si bien esto no se cumplió en todos los casos, los cronistas trataron de identificar las manifestaciones de cristiandad en las conductas e inclinaciones paganas, a fin de adaptar en sus dioses y costumbres los elementos que pudieran dar un nuevo sentido a los ritos. Parte de esa estrategia fue mantener las antiguas fiestas, por ejemplo «transformando el sacrificio de animales en un banquete» celebrado «el día dedicado al mártir a que la nueva Iglesia se encomienda».[45] Esa experiencia demostró que lo más importante para la conversión al cristianismo era su núcleo central, es decir, el sacrificio de Cristo con su liturgia, su código moral y sus restricciones carnales. De esta manera, para sustituir los sacrificios antiguos por el sacrificio cristiano, no preocupó que lo periférico o circunstancial conservaran reminiscencias paganas. De ahí que la ley emitida por Carlos V en 1555 permitiera las leyes y las costumbres indígenas siempre y cuando no se enfrentaran con las leyes de Indias ni la religión católica.[46]

A la *Historia de los indios* de Motolinia antecedieron los *Memoriales,* en los que —según él mismo—, con base en códices antiguos, registró sus primeras impresiones sobre el mundo indígena.[47] Por otro lado, en *El libro perdido*, también atribuido a ese franciscano, trató los mismos asuntos con palabras e intenciones afines, siendo su objetivo central dar cuenta del diabólico mundo indígena que había sido sustituido por el reinado de Jesucristo gracias a los méritos de los evangelizadores. La diversidad y la pluralidad de fiestas, ceremonias y sacrificios idolátricos narrados minuciosamente por Motolinia, son reducidas en este último texto en virtud de la urgencia de sostener que «su abigarrado conjunto» era «la revelación del imperio que había implantado el demonio en el Nuevo Mundo».[48]

El franciscano transforma el pasado prehispánico en antecedente del cristianismo y ve similitudes con el mundo romano. Un ejemplo bien conocido, retomado por este cronista y repetido por otros posteriores, es, precisamente, el de Quetzalcóatl, el dios mesoamericano premonición de Jesucristo y el monoteísmo:

> [...] hombre honesto y templado, y comenzó a hacer penitencia de ayunos y disciplinas, y a predicar, según se dice, la ley natural, y enseñar por ejemplo y por palabra el ayuno y desde este tiempo comenzaron muchos en esta tierra a ayunar; y no fue casado, ni se le conoció mujer, sino que vivió honesta y castamente. Dicen que fue éste el primero que comenzó el sacrificio y a sacar sangre de las orejas y de la lengua; no por servir

al demonio, sino en penitencia contra el vicio de la lengua y del oír; después el demonio lo aplicó a su culto y servicio (Mot., *Hist.*, 64-65).

En su *Historia eclesiástica*, Gerónimo de Mendieta, otro franciscano llegado a Nueva España en 1554, interpreta el mundo indígena como preparación del reino cristiano y asigna elementos cristianos a los dioses prehispánicos. Para él, Quetzalcóatl también es un dios que se identifica con Cristo porque su piel es blanca, lo visitan muchos con votos y peregrinaciones, y en todas partes le instalan capillas y adoratorios, colocando ídolos o simulacros en su honor. A él lo canonizaron los antiguos indígenas —dice el fraile— y le ofrecieron devotos y voluntarios sacrificios, «porque nunca quiso ni admitió sacrificios de sangre de hombres ni de animales, sino solamente de pan de rosas y flores, y de perfumes y olores »; además —adelantando el Decálogo—, prohibió la guerra, el robo y la muerte (GM, *Hist.*, 92). Lo mismo afirmó Las Casas en su *Historia de la Indias,* con las mismas palabras,[49] lo cual parece indicar la existencia de un acuerdo entre los religiosos para «purificar» a este dios a fin de que sirviera como el sustituto de Cristo.

La *Historia de los indios*, compendiada y ordenada en España para no imprimir «algo vicioso y mal escrito» —como señala Motolinia en la epístola proemial—, evidencia los conflictos entre los peninsulares para situar a los indios en su justa dimensión, ya que algunos creían que los ritos, las costumbres y las ceremonias eran «de generación de moros »; otros pensaban que de judíos, y lo más común fue creer que, en realidad, todos ellos eran «gentiles» (Mot., *Hist.*, 55) Asimismo, evidencia la presión ejercida por la monarquía española para diseñar una estrategia de conversión y afirmar el éxito de la misión evangelizadora. Fray Toribio procura elaborar una «relación de los ritos antiguos, idolatrías y sacrificios de los indios de la Nueva España, y de la maravillosa conversión que Dios en ellos ha obrado» (Mot., *Hist.*, 55), debido a que, tal como comunica a Antonio Pimentel, conde de Benavente (de su misma localidad), en ese momento (apenas el tercer decenio del siglo XVI), los indios ya se habían convertido y Jesucristo era «nuevamente conocido» (Mot., *Hist.,* 56). Es decir, al igual que Fernández de Oviedo, cree que los indios habían conocido el Evangelio antes de la llegada del demonio al Nuevo Mundo.

En virtud de la necesidad de limpiar la Tierra de musulmanes, judíos y gentiles para esperar el inicio del reino milenario de Cristo, del verdadero cristianismo[50] (una búsqueda que distinguió a los franciscanos de otras *órdenes* religiosas), los indios —según Motolinia— adornaron muy pronto las iglesias, salieron en procesión llevando la cruz, buscaron el bautizo y fundaron hospitales y cofradías que organizaron fiestas con flagelantes (Mot., *Hist.*, 157-158, 195-202). En repetidas ocasiones, habla del valor de la cruz para la salvación de las almas de los naturales y la sustitución de este símbolo, de la imagen de Jesucristo y su bendita madre, por los sacrificios humanos y la ley de la carne.[51]

El franciscano retoma relatos bíblicos y sostiene que Dios inició la liberación de la servidumbre indígena al enviarles, al igual que a los egipcios, diez plagas, ya que sus tierras eran un traslado del infierno y sus pobladores lo que más querían era entregarse a los vicios y los pecados: realizaban sacrificios y fiestas, le daban de comer su propia sangre a los ídolos, bebían hasta emborracharse, perdían el sentido, se herían unos a otros, y tenían mil visiones, en especial de culebras, por comer hongos crudos y amargos con miel de abejas. En una inversión de la misa cristiana, Motolinia dice que esos hongos se llamaban en su lengua *teonanácatl,* carne de dios o del demonio que adoraban y «con aquel amargo manjar su cruel dios los comulgaba; otros, sobre todo los principales, mercaderes y ministros de los templos, comían carne humana de los sacrificados ». (Mot., *Hist.,* 78).[52]

En su relato, Motolinia pone atención en dar a conocer los fundamentos de la doctrina cristiana mediante *lugares comunes* (quién es Dios, quién es el demonio, quién es Santa María, qué es la inmortalidad del alma) e instituir las fiestas cristianas (Pascuas, Navidad, Reyes, Candelaria, Corpus Christi) en las mismas fechas que las fiestas indígenas, y aprovecharlas para narrar pasajes bíblicos como el drama de Adán y Eva en el Paraíso, su pecado y destierro (Mot., *Hist.* 83, 143). De acuerdo con su interpretación, el calendario de los indios era como el de los romanos, ya que todos los días adoraban a un ídolo con nombre de varón o mujer y, como los griegos, contaban con «dioses» de los cuatro elementos primordiales (fuego, aire, agua y tierra)(Mot., *Hist.*, 87). Pero, según este evangelizador, «los sacrificios y crueldades de esta tierra y gente sobrepujaron y excedieron a todas las del mundo» (Mot., *Hist.*, 89). Esta afirmación la repite textualmente Las Casas y otros cronistas, aunque matizada, como abordaré más adelante.

La inclusión de lugares comunes y párrafos idénticos en unas y otras crónicas no debe sorprender ya que, para Mendieta, las obras de Olmos, que más tarde se incautaron o perdieron, fueron la «[...] fuente de donde todos los arroyos que de esta materia han tratado emanaban [...]» (GM, *Hist.*, 75-76). Los execramentos de la Iglesia diabólica identificados por Olmos (sintetizados en los sacrificios y los excesos carnales) competían con los sacramentos cristianos, pues el demonio había dejado una especie de «bautismo, circuncisión, confesión, matrimonio y comunión con sangre» (GM, *Hist.*, 107-109), solo que entre los mexicanos en el reverso de la moneda: excesos sexuales, borracheras, sacrificios de esclavos tomados en las guerras.

> Y antes que comenzasen tan cruel sacrificio, hacían procesión al ídolo Uzilopuchtli en México, en esta manera: vestido el Papa de sus insignias, y los cardenales (digamos) con él, luego por la mañana tomaba el mismo Papa el dicho ídolo, y á más andar ó á correr, y los demás sacerdotes tras él le daban la vuelta a la ciudad por distintos barrios y regresaban y si el ídolo no se caía era buena señal y si se caía mala y luego lo ponían en su lugar y empezaba la matanza –desollaban el cuerpo y se echaban encima algunos sacerdotes el cuero y lo traían así 20 días y algunas mujeres cortaban algo del cuero y lo guardaban como reliquia o lo comían (GM, *Hist.*, 100-101).

En varias crónicas indianas —incluidas las de Mendieta, Sahagún y Durán—, la estructura de los cultos sacrificiales coincide con la de la Roma antigua. Esta coincidencia puede explicarse porque, en realidad, en todas las religiones sacrificiales, los ritos se dividen en partes y conservan estructuras similares, o bien, como extrapolación discursiva de los cultos romanos a los prehispánicos.

Al repasar sintéticamente las fases de la mayor parte de los ritos romanos, puede advertirse el intento de los religiosos españoles por homologar a los antiguos y los nuevos paganos. *Grosso modo*, el sacrificio en la Roma antigua iniciaba con una procesión llevando al animal elegido al templo donde se entregaba a los sacerdotes o *rex sacrorum*. «Normalmente, donde se ofrecían sacrificios cruentos, se colocaba un altar de piedra delante del templo, o al pie de los escalones que conducían a él o a la entrada de la antecámara». Los sacerdotes, encargados de mantener el culto a los dioses y realizar las ceremonias, lavaban sus manos con agua sagrada tomada de una vasija especial y las secaban con una tela de lino. Los asistentes también debían estar limpios. Se reclamaba silencio. Se daba muerte al animal y su sangre corría. Una parte podía recogerse para rituales posteriores. Después, la carne era consumida *in situ* por el sacerdote y la gente que ofrecía el sacrificio.[53]

Las mismas fases y elementos se reconocen en numerosas descripciones en las crónicas indianas. A partir de su concepción profética y por un camino parecido, fiel a la dicotomía de Olmos (a la oposición entre execrementos y sacramentos), Mendieta atribuye a los indígenas una mezcla de ritos paganos, cristianos, judíos y musulmanes que obedecen, cada uno de ellos, a circunstancias históricas que difícilmente pudieron presentarse en tierras americanas. Algunos de esos ritos son: una especie de bautismo, la circuncisión de los varones, la desfloración de las recién nacidas por los sacerdotes y por las madres a las niñas de seis años de edad, y la confesión —de reciente adopción por la Iglesia cristiana—, no porque pensaran alcanzar el perdón ni la gloria después de muertos —afirma el fraile— sino «porque todos ellos tenían por muy cierto el infierno» y no querían que «les descubriesen sus pecados » (GM, *Hist.*,107-108). Mendieta añade que las confesiones las presentaban a sus magos y ellos les ordenaban ayunos y penitencias. Estas recuerdan las consignadas en el Levítico:

> [...] lo que más comúnmente les imponían, era que apartasen cama ellos de sus mujeres cuarenta ó cincuenta días: que no comiesen cosa con sal: que comiesen pan seco y no fresco, ó solo maíz en grano: que estuviesen tantos días en el campo en alguna cueva que les señalaban: que comiesen sobre la haz de la tierra: que no se bañasen en tanto tiempo. Finalmente, tenían entendido que por los pecados les venían todos los trabajos y necesidades. Y mucho mejor entendieron ser esto gran verdad, cuando se les predicó, conforme á la ley de Dios (GM, *Hist.*, 281-282).

Por otra parte, este mismo fraile se refiere a dos diosas totonacas —de las que también habla Bartolomé de las Casas— que prefiguran a Eva y a la virgen María. Esta última, según afirma, era muy venerada por ser diosa de los cielos, mujer del sol, «cuyo templo estaba encumbrado en lo alto de una alta sierra, cercado de muchas arboledas y frutales, y de rosas y flores [...]». Aborrecía y prohibía los sacrificios humanos, era abogada ante el gran dios, y los indios tenían esperanza en su intercesión para que el sol enviara a su hijo para que los librara de los sacrificios que les demandaba el demonio (GM, *Hist.*, 89).[54] Siguiendo la estrategia cristiana de adaptar símbolos y figuras, el franciscano afirmaba que el demonio, seguramente, había inventado esa figura para confundir a los indios, es decir, el Maligno había trabajado para el bien sin quererlo.

Con base en la misma lógica dicotómica, Mendieta afirma que en la Iglesia satánica existió otra diosa «[...] que unas veces se tornaba culebra y otras veces se trasfiguraba en moza muy hermosa, y andaba por los mercados enamorándose de los mancebos, y provocábalos á su ayuntamiento, y después de cumplido éste los mataba. Cosa que podría permitir Nuestro Señor por los pecados de aquella gente, dando licencia al demonio para que se transformase » (GM, *Hist.*, 90-91). Las Casas repite estas alegorías con las mismas palabras que, igualmente, aparecen en las historias de Sahagún y Durán (BC, *Hist. I*, 642).

Un caso más. Conforme con la visión profética y la idea de la Revelación, Mendieta y Las Casas escriben que el pontífice grande —el equivalente al Papa— les dijo a los totonacos que dios, el sol, los había elegido a ellos para que suplicaran el envío de su hijo y así librarlos de tantas angustias y miserias. Ambos cronistas aseguran la existencia de conventos de monjas y frailes que hacían votos de castidad y que en las fiestas caminaban en procesión, en silencio, recogimiento y mortificación. Servían a los templos y se ocupaban en coser, hilar y tejer mantas; realizaban cantos, danzas y rezos, y, en caso de hallarlos en pecado carnal, morían (GM, *Hist.*, 107). Asimismo, hablan de los ayunos y las penitencias de los sacerdotes indígenas como si fueran cristianos (GM, *Hist.*, 102). Reproducen estereotipos del sacrificio humano, la ingesta de carne humana y los autosacrificios, destacan la organización de cofradías y la incorporación de los santos, los modelos de abstinencia que, tentados por el pecado carnal, lo vencieron para nunca más sentir movimiento sensual alguno.[55]

Las Casas «prueba» la Revelación

Si bien en crónicas civiles como las de Hernán Cortés y Bernal Díaz del Castillo se observa el peso de la concepción profética y la Revelación, en las crónicas de evangelización, estas son su principal sustento. En ellas, la información acerca de la naturaleza y la cultura de los pueblos paganos tiene sentido para contribuir al conocimiento del proceso de descubrimiento de la verdad universal que se cumple progresivamente conforme el plan providencial.[56] De ello se intuye por qué la *Historia de las Indias* de Bartolomé de Las Casas señala, con base en San Agustín, la predestinación divina (BC, *Apolog. I,* 3); por qué en la *Apologética* este mismo fraile habla de «la natural inclinación de todas las gentes del mundo» al bien y se empeña en demostrar la capacidad racional del indio americano como posibilidad de conversión.

A partir de una información que hoy en día consideraríamos superficial sobre el clima, la flora, la fauna, las costumbres y la desnudez de los naturales, Las Casas intenta descubrir qué significan las Indias en los Libros Sagrados y en numerosas historias y escritos antiguos[57] y teológicos, convencido de que, si se aplica la exégesis bíblica y se interpretan sus sentidos literal, moral, histórico, alegórico y místico, será posible llegar a «la verdad ». De ahí la preocupación de la *Apologética* por ofrecer «pruebas», para lo cual, como ninguna otra'crónica, los textos se acompañan de un denso, voluminoso y bien estructurado conjunto de referencias a autoridades, principalmente de la Teología.[58]

Las Casas escribe la *Apologética* a partir de las experiencias adquiridas en el Nuevo Mundo, pero con una escasa comunicación directa con los indios, debido a que desconoce sus lenguas. El dominico afirma que no tiene afán de probar empíricamente lo que le han contado funcionarios y eclesiásticos, sobre todo los franciscanos, en relación con las costumbres, los ritos y las ceremonias de los indígenas de los tiempos de su infidelidad, porque «ninguna cosa dello vieron, sino por relación de los mismos indios lo supieron» (BC, *Apolog II,* 202). Tampoco le interesa probar con hechos o compulsar los testimonios para confirmar sus afirmaciones o los asuntos leídos en algunos documentos y cartas de Pedro Mártir de Anglería, Álvar Núñez Cabeza de Vaca, Miguel de Estete, Francisco de Jeréz, Pedro Cieza de León, etc. El asunto central tratado por Las Casas en su obra es la historia antigua de la idolatría, los sacrificios y los pecados de los paganos. Sus estudios de cánones le sirven para probar que las nuevas naciones descubiertas por los europeos no fueron «solas en el orbe, ni tampoco las peores que hobo en él». «Nosotros —afirma el dominico— también tuvimos "idolatría y supersticiones, bestialidades y vicios". Dios nos privilegió antes, pero las otras naciones también están predestinadas».[59] Al igual que los egipcios, los griegos y los romanos, los indios poseen en potencia las semillas de la gracia.

En la primera parte de la *Apologética*, Las Casas ofrece una descripción de la naturaleza de la isla de La Española, y, puesto que la prueba empírica no le es útil, la hace extensiva al resto de las Indias (BC, *Apolog. I*, XXI). Como si los indios fueran realmente una extensión de los antiguos, toma a Plinio para explicar cómo obtenían el fuego (BC, *Apolog I*, 58, 74). O bien, dice que por los grandísimos árboles que existen en La Española, de los que también da cuenta Estrabón en su *Geografía,* se puede «colegir que estas nuestras Indias son parte de aquella nombrada India» (BC, *Apolog. I*, 77).

La identificación de un mismo territorio y de una esencia común pagana, propia del pensamiento medieval, es subrayada por el dominico, quien manifiesta querer dar cuenta de las costumbres de los gentiles para que no nos asombremos creyendo que los indios fueron los primeros en cometer algunos excesos como «tomar por mujeres a sus hermanas» y también para mostrar el origen de «dos grandes males introducidos en el mundo. El primero: ofrecer en sacrificio a los ídolos y a los que estimaban por dioses, matando a los hombres; el segundo: comer carne humana» (BC, *Apolog. I*, 543).

Las Casas resuelve el escandaloso asunto de los sacrificios cruentos y la antropofagia haciéndolos corresponder con la ley natural, remitiéndose a San Agustín, y sosteniendo que dichos actos son una obligación para todos los hombres, pero las leyes humanas determinan lo que se sacrifica. Así: «El sacerdote de la antigua ley ofrecía siempre los mismos sacrificios que no podían borrar los pecados. Pero Cristo lo ofreció una sola vez para siempre» (DS, *De la justicia,* 154). Además, en los sacrificios antiguos, las cosas se hacían sagradas sacrificándolas, pero Cristo ya es sagrado y no hay necesidad de sacrificarlo. Su consagración ya no es cruenta ni violenta, sino ritual.[60]

Si se piensa en un viaje de ida y vuelta, es posible que después de la Conquista algunos indios mezclaran su religiosidad pasada con la nueva o cristianizaran sus mitos para congraciarse con los españoles y no ser castigados, y que así los trasmitieran a los cronistas. Sin embargo, también es posible que estos forzaran los relatos como una forma de inculturación para probar la prefiguración de Cristo. Por ejemplo, según Las Casas, los mayas tenían un dios llamado Bacab, que nació de una doncella virgen; fue azotado, le pusieron una corona de espinas, lo extendieron y amarraron a un palo donde murió: «Estuvo tres días muerto, y al tercero, que tornó a vivir y se subió al cielo, y que allá está con su Padre». A este sacrificio y resurrección el fraile añade: «Si estas cosas son verdad, parece haber sido en aquella tierra nuestra santa fe notificada [...]» (BC, *Hist I,* 649).

Como puede apreciarse, la interpretación lascasiana, muy consciente del fenómeno de la Revelación, permite entender las supersticiones idolátricas como ceremonias que expresaron «los múltiples misterios de Cristo», porque, en realidad, los sacrificios de los paganos «ya significaban abundantemente a Cristo [...]» (DS, *De la justicia,* 151). Él mismo encuentra prospectos de buenos sacerdotes entre los indios, porque la cristiandad se anuncia en muchas partes, y del mal nace el bien. En suma, los naturales son cristianos en potencia y la inclusión de su pasado a la historia universal se justifica por su identificación con el pasado del resto de la humanidad. A diferencia de Mendieta, el «protector de los indios» piensa que sí poseen la «lumbre natural» o la gracia para conocer a Dios, y han puesto mucho empeño en limpiar sus pecados, por eso pecan poco. Saben que sus vicios responden a costumbres erradas, también que su culto y su religión se deben a la ignorancia (BC, *Hist. II,* 227).

La naturaleza física, biológica y cultural permite a Las Casas deducir que los indios avanzan en el camino de la fe y en el conocimiento del Dios verdadero. Al hacer una comparación con otros paganos asevera —como señalé— que «se igualaron a otras naciones y sobrepujaron con no chico exceso a griegos y romanos» (BC, *Hist. I*, 4). De esta forma, en la *Apologética*, el tomista supera la concepción meramente biológica de la «especie humana» para asignar la misma historicidad a todos los seres humanos, prójimos y hermanos, pues todos están llamados a la salvación y la vida eterna. Por ser un creyente fervoroso del dictado de la Revelación, al dar a conocer al indio, lo integra a la «familia humana».[61] Fue la ausencia de gracia y doctrina la que provocó el desvío de las naciones precristianas hacia la impureza, la ignorancia y otros errores, pero de eso no es posible culparlas, afirmará (BC, *Apolog. II*, 243).

Confirmación de la religiosidad indígena

El «doctísimo» destinó mucho tiempo y esfuerzo a reunir las obras[62] que le permitieran plantear una explicación congruente, la cual se sustentará en argumentos que, igualmente, encontraremos en otros cronistas: al llegar el cristianismo al Viejo Mundo, los demonios huyeron a otras tierras, entre ellas a las Indias, y allá predicaron las mismas prácticas, oráculos y sacrificios que en tierras de los paganos europeos (BC, *Apolog. I*, 429). Dios desamparó a aquellos que se apartaron de la gracia y la doctrina, e incurrieron en pecados, y los dejó ir por los caminos errados que el demonio les mostró. Ahí nació la idolatría, es decir, el culto a los falsos dioses, contraria a la latría, el culto al verdadero Dios (BC, *Apolog. I*, 638). La idolatría —de acuerdo con Las Casas— es efecto de la oscuridad, «ignorancia y corrupción natural, ayudada y atizada con la malicia e industria demoniaca de la mente del linaje humano, tenebroso y corrupto después del pecado de los primeros padres [...]» (BC, *Apolog. I*, 387).

Más allá del derecho natural, el «protector de los indios» observa los efectos sociales que produjo la práctica de la idolatría a lo largo de la historia. Según él, fue opinión universal que el culto a muchos dioses garantizaba la salud, la prosperidad, la conservación y la perpetuidad del bien público y común, esto es, servía para la sobrevivencia y la reproducción del linaje humano (BC, *Apolog. I,* 243, 254-255). Las mayores calamidades cayeron sobre los pueblos negligentes que no prestaron atención a los dioses. Por ello, al igual que los romanos ante el triunfo del cristianismo, los indios creyeron que la catástrofe producida por la conquista española era producto de la destrucción de sus antiguos templos y el abandono de sus dioses.

Las Casas asegura que los demonios transmitieron las malas costumbres como cargas pesadas a los indios americanos. Entre ellas, el sacrificio humano los deleitó más por el gozo que les significó ver la crueldad de los sacrificadores y el derramamiento de sangre humana, y porque, muertos esos hombres, se apoderaban de su alma. Apolo fue el principio de la plaga perniciosa de hacer a los demonios execrables sacrificios. Por otra parte, fue quien acrecentó la perdición espiritual y corporal de los hombres, quien enseñó a los griegos a adorar leños y piedras, a que ofrecieran sacrificios a figuras o ídolos de piedra, de madera, de oro y de plata, e inventó diversidad de sacrificios para su culto (BC, *Apolog. I,* 426). «Para librar a los atenienses de una gran pestilencia y mortandad, su oráculo les aconsejó realizar sacrificios en la ciudad y en los campos. Con ello cesó la mortandad y desde entonces se levantaron altares y se ofrecieron sacrificios en Atenas y por sus comarcas [...]» (BC, *Apolog. I,* 408). Con esa pestilencia, Apolo «inficionó todo el orbe» hasta la llegada de Cristo redentor (BC, *Apolog. I,* 427).[63] Los excesos paganos también se mostraron en los autosacrificios, por ejemplo, los que hacían los sacerdotes de Baal, «que con ciertas lancetas o navajas se herían y cortaban en los brazos hasta que salía mucha sangre» (BC, *Apolog. II,* 427-428).

En el proceso de inmersión del indio en la historia universal, Las Casas afirma que en Tlaxcala se comían a los sacrificados «porque esta carne tenían por tan consagrada que comiendo della creían quedar santificados. Acabad todo esto, cesaba la pascua y su abstinencia y ayuno y comían su axí e las otras cosas que ayunando les eran vedadas» (BC, *Apolog. II,* 196). Y como no comían carne humana por tener «la naturaleza corrupta», por la «indispuesta y mala disposición de la tierra y destemplanza de los aires donde viven», por padecer epilepsia o locura, o por nacer con personas que usaron largo tiempo esas costumbres, la explicación del consumo de carne humana (BC, *Apolog. II,* 243) y de otros vicios atañe a la influencia de malas personas: magas, hechiceras, hombres de artes mágicas, demonios, en suma, enemigos del linaje humano (BC, *Apolog. I,* 468-469).

Lo anterior coincide con la explicación medieval naturalista que asegura la capacidad de los demonios para mover y conmover la sangre y los humores hacia las potencias interiores. Es el caso de los sueños que se producen por el descendimiento de la sangre a la cabeza, que encienden la imaginación y las fantasías, y que pueden cegar el entendimiento humano, hacer perder la razón, turbar los sentidos, crear desorden y confusión, encender las pasiones, levantar los apetitos de la fornicación y destruir la castidad (BC, *Apolog. II,* 454-458). Por otro lado, al igual que los romanos —sostiene Las Casas—, los indios predicen el futuro interpretando los cantos de las aves, su vuelo o mirando las carnes, los hígados y las entrañas de los animales que se ofrecen en sacrificio en los altares (BC, *Apolog. I,* 410). Asimismo, colocan manjares sobre las tumbas para que, de noche, los demonios los consuman y se aplaquen (BC, *Apolog. II,* 81).

Los sacrificios y autosacrificios practicados por las naciones paganas sirven al «protector de los indios» para afirmar que, aunque por su cantidad, diversidad y multitud, los pueblos prehispánicos los aventajaron. Hay pruebas de que estos eran más comedidos y religiosos con Dios y tenían un más claro y sutil juicio de razón, un mejor entendimiento, resultado de la potencia de su alma. Estas pruebas son: su devoción al sacrificio, las variadas ofrendas que acostumbraban hacer, y el hecho de sacrificar seres animados e inanimados durante el día y la noche, todos los días, y más aún los días de fiesta.

A decir de Las Casas, los ayunos, los sufrimientos y las penitencias que hacían los indios antes de las grandes y ostentosas procesiones y fiestas son evidencias de su fervor religioso, al igual que los ritos y las ceremonias requeridos por sus distintos cultos, y el gran cuidado de sus sacerdotes al ayunar, purgar su cuerpo, lavar las manos, permanecer en silencio, pronunciar oraciones, producir sahumerios para purificar y preparar todo a fin de que su dios aceptara los sacrificios (BC, *Apolog. II,* 168).

El fraile dominico tiene claro que la religión es la primera forma de racionalización del mundo, el primer producto cultural en el proceso de dominación y liberación del hombre de su condición enajenada de la naturaleza, por eso elimina la posibilidad de que —para el caso americano— los sacrificios humanos y la ingesta de carne humana se confundan con crímenes o asesinatos cometidos por pueblos bárbaros. Presenta lo que considera fundamentos de esta verdad y explica cómo deben interpretarse esas antiguas prácticas. Al ocupar la mitad de su obra en hacerlo, es probable que a él se deba la primera y más elaborada historia del sacrificio.

En franca oposición a lo expuesto por Ginés de Sepúlveda, y profundizando las tesis de la Escuela de Salamanca, Las Casas llega a la conclusión de que la práctica del sacrificio humano es prueba de que los indios sí usaban correctamente su natural juicio de razón. La demostración de dicha racionalidad se encuentra en la gran dedicación y el esfuerzo invertidos en realizarlo. Subraya que el sacrificio humano debe entenderse como el ofrecimiento de un ser vivo para sacralizarlo, y no puede relacionarse con otro tipo de acto violento, ya que solo las naciones que tuvieron un alto grado de conocimiento de las fuerzas superiores, de las fuerzas divinas, y reconocieron el poder y el temor que les inspiraban, llevaron a cabo de manera muy elaborada sus sacrificios.

Para él, los sacrificios humanos son una clara señal de la intensa relación de los indios con los dioses. No es prudente calificarlos de malvados, porque el demonio —que ellos creían que era Dios—, al tenerlos sujetos y esclavizados, los había obligado a ello.

En el proceso de volver a sacralizar las costumbres de los pueblos indígenas que cronistas anteriores a Las Casas habían desacralizado e, incluso, animalizado, el dominico llega al extremo de justificar el sacrificio que los indios hacían —como los judíos— de sus propios hijos, ya que la entrega de las cosas más preciadas y costosas, y su realización con cuidado, solicitud, diligencia y trabajo son —para él— señal de la alta estima de Dios. Cuando se le ofrece cualquier cosa, una flor, incienso o un animal, se le tiene en poca consideración. Por eso, los antiguos nobles y caballeros ofrecieron en sacrificio a sus hijos primogénitos, aunque, para el religioso, los cristianos deberían agradecer a Dios haberles concedido «religión y ley tan suave y sacrificio tan sin costa, tan fácil, tan digno, sancto, puro, limpio, deleitable, con cuya cotidiana y ligera oblación cada hora se nos aplaca, y por los méritos del Cordero sin mácula que le sacrificamos, nos concede remisión de nuestros grandes pecados» (BC, *Apolog. II,* 242-243, 254-257).

La idolatría, los sacrificios y los ritos carnales, al mostrar su profunda religiosidad, evidencian, también, que estos paganos, al igual que los antiguos, podían reorientarse, ya que, como afirman San Agustín y Santo Tomás, y retoma Las Casas, es ley natural ofrecer sacrificio a Dios. En todas las naciones del mundo siempre se acostumbró y se señaló la posesión de una razón natural, pues ella dicta, mueve e impele a los hombres a que se sujeten a algún ser superior. Conocen a Dios, aunque no tengan fe y no sepan alzar el espíritu; aunque sean gente carnal, entregada a las cosas sensibles, y vean «más deleitable y pegajoso» el culto a los ídolos (BC, *Apolog. II,* 155).

La *Apologética* plantea cómo los indios aventajaron infinitamente a los griegos y los romanos (BC, *Apolog. II,* 289), porque se acercaron más al cristianismo y tuvieron «menor dificultad para ser traídos y convertidos a nuestra santa fe que munchos de los idólatras gentiles pasados [...]» (BC, *Apolog. I,* 663). El mundo antiguo decayó en forma similar al mundo azteca, pero —de acuerdo con el dominico— aquellos paganos fueron peores, porque en Grecia, por ejemplo, los padres enviaban a sus hijos a las escuelas a cometer pecados nefandos y a corromperse (BC, *Apolog. I,* 1, 10, 17; *II,* 248-249).

A diferencia del resto de los cronistas, y en franca preparación para concentrar el Mal lejos del ámbito de la sexualidad, Las Casas subraya que, aparte de la idolatría y de los sacrificios sangrientos, los indios fueron más perfectos, porque no cometieron pecados carnales. En cambio: «los romanos y griegos, especialmente, todos sus sacrificios y festividades no eran otra cosa sino placeres, deleites, alegrías, lascivias, y todos sensualísimos [...]» (BC, *Apolog. II,* 289). En sus fiestas, ceremonias, ritos, sacrificios y pascuas fueron las naciones «más viles, las más feas, más sucias, las más lascivas, más deshonestas y más desvergonzadas y con mayor violación de la ley y razón natural y de la humana verecundia y honestidad que pudieron ser por alguna gente barbarísima y bestialísima imaginadas, ni por las mismas bestias obradas» (BC, *Apolog. II,* 290).

Las Casas informa que, entre los griegos, lo primero que el demonio introdujo fue la idolatría con sus ministros y sacerdotes; ellos fueron los que más se opusieron al cristianismo. Por eso fue necesario desengañarlos, persuadirlos y atraerlos (BC, *Apolog. I,* 653-654).[64] De las mentiras y maldades de los demonios salieron infinitas supersticiones con las que los hombres fueron confirmados en la infidelidad. Dichas supersticiones dieron lugar a magos, nigrománticos, encantadores, creadores de sueños, brujas y hechiceras, que en latín se nombran maléficas. De estas últimas, como mencioné, surgió la práctica de comer carne humana, y muchas otras abusiones. Los griegos corrompieron al linaje humano porque «ningún género de abominación carnal en ellos se dejó de perpetrar, ni el vicio nefando, hombres con hombres, y en la comunicación de las mujeres ninguna especie de vileza por cometer dejaba» (BC, *Apolog. II,* 97). Y, sobre todo en las bacanalias y las saturnalias: «Qué de estupros, incestos, adulterios, vicios nefandos y homicidios allá se cometían [...] (BC, *Apolog. II,* 288).

A decir del «protector de los indios», por honor a la diosa Berecintia (Cibeles), llamada madre de los dioses, se consagraban muchos mancebos a padecer el abuso nefando, «no por el deseo y vileza del vicio, sino por la misma causa, que era por religión y culto», y, en sus festividades, sus sacerdotes «se rasgaban las carnes de los molledos de los brazos, y se hacían todos sangre, y aquel día se henchían de furia, haciendo mil fealdades y locura, y el sacerdote mayor y los demás se cortaban sus instrumentos viriles, castrándose por honra y servicio suyo» (BC, *Apolog. II*, 444). Asimismo, los romanos, por reverencia y honor a Venus, consagraban «muchas doncellas y otras mujeres a ser públicamente malas y a dar de gracia a munchos y a cuantos hombres quisieren sus cuerpos» (BC, *Apolog. II*, 127). En las fiestas florales, «todas las mujeres públicas pecadoras salían del todo en cueros, desnudas, haciendo bailes y danzas y representaciones deshonestísimas delante de todo el pueblo» (BC, *Apolog. II*, 134).

El cronista dominico recuerda que los hombres rudos lo son por la influencia de la naturaleza en sus cuerpos, pero superan este estado con el entendimiento y la voluntad. Lo anterior le permite asegurar que si los pueblos indígenas se reprodujeron tan copiosamente fue por su buena razón. Con base en referencias de Aristóteles, Avicena y Alberto Magno, explica que la disposición de los cuerpos humanos (delicadez, delgadez, gordura, compostura, proporción, blancura de la piel, tacto sensible, hermosura del rostro, etc.) indica el grado de nobleza del alma y tal disposición hace ser a los hombres más o menos ingeniosos o inteligentes (BC, *Apolog. I*, 126-127).

La figura de la cabeza y sus partes son, para Las Casas, señales principales para saber si una persona tiene o no buen entendimiento, si está inclinada al bien o al mal. Establece una clasificación de las cabezas (grandes, pequeñas, redondas, breves, etc.) e indica su correspondencia con actitudes como la imprudencia, la disolución, la proclividad a los engaños, la ira, la prudencia, entre otras. También considera que la forma de la frente y los cabellos señala inclinaciones humanas. Tanto los órganos internos y externos como la armonía de los humores de todo el cuerpo, la moderación de los gestos y los movimientos, la contención de las afecciones sensuales, la sobriedad y la templanza en el comer y en el beber denotan el buen entendimiento. La ira, el gozo, el temor, la tristeza, el enojo y la vergüenza alteran los humores, confunden la mente y los actos, y producen enfermedades. Las afecciones a las cosas viciosas y sensibles, mayormente las venéreas —las más deshonestas de todas—, impiden los actos del entendimiento y debilitan la razón, dejando a la gente casi bruta y sin espiritualidad. Por eso —dice el dominico—, quienes «se abstuvieron de los movimientos de los sentidos y de las ocupaciones carnales y son siempre solitarios, fácilmente reciben las impresiones celestiales y vienen a ser profetas» (BC, *Apolog. I,* 134-137).

Una vez analizadas las causas naturales y accidentales que convergen para que los hombres produzcan «actos de buena razón y tengan buenos entendimientos», el autor de la *Apologética* concluye que los indios han sido favorecidos en todo por Dios: la naturaleza les es benigna; sus órganos exteriores e interiores son proporcionados, sobrios y templados; solo tienen mujeres para sustentar la especie humana y no para salirse de «los límites de la razón» (BC, *Apolog. I,* 186); no tienen interés en las cosas mundanas y, aunque vayan desnudos, obran con honestidad. Aquello que podría ser reprobable, como horadarse las orejas, lo justifica, porque otros pueblos, como los judíos también lo hicieron; o emborracharse en las ceremonias de culto a los ídolos, porque «fue defecto de todos los gentiles por industria del demonio». Si alguien comete pecado nefando es algo excepcional, y si alguien incurre en otros pecados es porque lo ha aprendido de los españoles que dan el mal ejemplo (BC, *Apolog. I,* 183-187). En conclusión, los indios estaban absolutamente dispuestos para recibir el cristianismo.

6

LA INCULTURACIÓN DE LA FE

> Y preguntados algunos viejos por qué ahora mienten tanto, dicen que porque no hay castigo; y que también es la causa ser los españoles tan soberbios y crueles, que les han cogido tanto miedo que no les osan responder más de aquello en que sienten que les agradan, diciendo a todo que *sí*, aunque sea imposible, y que están siempre recatados para no responderles fuera de su gusto, y que no se confían de ellos ni los entienden; y es así que en preguntando el español al indio alguna cosa, luego se recata para responder, y pocas veces responderá descuidadamente. Y también dicen que lo han aprendido de los españoles.[1]

Si bien las órdenes mendicantes consideraron que dieron pasos importantes, muchos años antes de la celebración del Concilio de Trento, en el camino de su reformación, consistente en un mayor rigor y disciplina en el cumplimiento de los votos de pobreza y castidad, así como haber sido las transmisoras más fieles del modelo de perfección cristiana entre los neófitos,[2] en la segunda mitad del siglo XVI, las autoridades españolas atribuyeron la persistencia de las idolatrías a sus defectuosas labores en Nueva España. En consecuencia, en 1555, el Primer Concilio Provincial Mexicano, organizado por el arzobispo Alonso de Montúfar,[3] pretendió corregir los excesos del clero, reemprender la evangelización y defender algunos derechos de los indios.[4] Los mendicantes no aceptaron los cambios que, aseguraron, les afectaban, discutieron si se defenderían de las acusaciones de abuso y relajación moral que externaban los seculares y enfrentaron a Montúfar, partidario de que se recogieran en sus conventos. Tiempo después, tendrían que someterse, ya que, tras los acuerdos tridentinos, Felipe II, el «rey prudente», defensor de la ortodoxia católica, se comprometió a transformar la Iglesia en todos los territorios de su soberanía y, en la Real Ordenanza de 1574, encomendó a los obispos la vigilancia del clero regular y la supeditación al clero diocesano en lo tocante a la predicación, la administración de los sacramentos y el ordenamiento de los sacerdotes. El gobierno monárquico supuso que estas medidas permitirían incidir con mayor vigor en la vida religiosa de las comunidades indígenas.[5] Así, los regulares perdieron los privilegios que les había otorgado el Papa. A partir de ese momento, las tensiones y los conflictos entre ambos cleros se agudizaron y la política de evangelización dio un giro radical.

El franciscano Bernardino de Sahagún y el dominico Diego Durán empezaron a redactar sus historias durante los años treinta y cuarenta del siglo XVI, para concluirlas después de que en «la perla de la corona» se hubiesen recibido los acuerdos del concilio ecuménico. Ambos religiosos dedicaron sus escritos a los prelados para que pudieran distinguir los objetos, las costumbres, las conductas y los dichos indígenas que correspondían a sus idolatrías, para que supieran preguntarles lo conveniente a la hora de la confesión y combatieran sus pecados mediante la prédica.

Sostengo —y procuraré argumentarlo enseguida— que las obras de estos dos miembros del clero regular, dedicadas al pasado mexica, principalmente, no tuvieron la intención de rescatarlo o reconstruirlo para «guardarlo en la memoria», sino registrar con mayor precisión y detalle las «cosas» relacionadas con su antigua religiosidad, para contribuir a la mejor conversión de sus seguidores. En un entorno complicado, debido a que la asistencia de la población indígena a las iglesias había declinado desde 1545 y la intensificación de las epidemias elevaba su mortandad, y al calor de pugnas ácidas entre mendicantes y seculares, estos escritos contribuyeron a defender los trabajos misioneros y pretendieron ser guías para la «inculturación la fe», es decir, para alcanzar la «íntima transformación de los auténticos valores culturales por su integración en el cristianismo y la radicación del cristianismo» en sus culturas,[6] esto es, para incluir «las culturas americanas y sus experiencias históricas en la lógica de su propio ordenamiento del mundo»,[7] aprovechar las afinidades y cambiar la lógica pagana por la cristiana.

La evangelización después de Trento

El Concilio de Trento, celebrado con interrupciones entre 1554 y 1563, respondió, entre otros asuntos, al reclamo general de reformación de la Iglesia, a la campaña de desprestigio del catolicismo romano emprendida por los reformadores centroeuropeos, a la propuesta de estos últimos de anular las creencias mágicas que entorpecían la razón e incentivar la *devotio moderna*, la meditación interior, la mística, así como una relación libre e íntima de los fieles con Dios.[8] En concreto, quienes serían conocidos con el nombre de *protestantes* manifestaron su inconformidad por las supervivencias paganas que la Iglesia había conservado y fomentado durante el Medievo, al calificarlas como señales de oscuridad. Al papado lo acusaron de ser un gran almacén de «supersticiones étnicas»; cuestionaron las enseñanzas de la escolástica tomista por incluir artes adivinatorias capaces de producir milagros; rechazaron la liturgia, el teatro popular, el uso de las imágenes (*imago versus idolum*) y otros objetos sagrados en forma de propaganda en los templos, y, por último, reprobaron la mundanización de los sacerdotes que no respetaban el celibato. A todo lo anterior, algunos sumaron el lamentable compromiso del Papa y algunos teólogos con el neoplatonismo y las obras del hermetismo.[9] Por supuesto, detrás de todas estas críticas se hallaban intereses políticos y económicos por el centralismo papal y su aparato eclesiástico y, sobre todo, por su riqueza acumulada, sobre todo en abundantes y ociosas tierras.

Al elevar la importancia de la fe individual y la comunicación directa con Dios, sin intermediarios, los protestantes deseaban propiciar la formación de una nueva actitud religiosa que realmente destacara «la incompatibilidad entre el espíritu pagano y la moral cristiana».[10] Pero cambiar la realidad era un asunto complicado, ya que las creencias y las prácticas precristianas no solo seguían cultivándose parcialmente, sino que la propia Iglesia las había permitido y hasta empleado. Los campesinos, más que otros grupos sociales, mantenían vínculos emocionales con sus comunidades y ancestros y, en la vida cotidiana, dados los ciclos de estrecheces materiales, miseria, desnutrición, epidemias, trastornos mentales y mortandad, y el acceso limitado a la ciencia médica y la cultura escrita, trataban de mitigar los poderes malignos acudiendo a yerberos, curanderas, hechiceros y magos, y a todo tipo de remedios, narcóticos, explicaciones sobrenaturales y recetas para reducir el sufrimiento.[11]

Domingo de Soto, Alfonso de Castro,[12] Juan Bernal Díaz de Lugo, Diego de Covarrubias y Leyva y Fernando Vázquez de Menchaca fueron algunos teólogos y juristas españoles enviados por Felipe II al Concilio de Trento. Varios de ellos habían sido discípulos de Vitoria, representantes de la segunda escolástica salmantina, autores de una extensa obra, asesores del rey y miembros de sus consejos. Junto con otras autoridades católicas, coincidieron con los reformadores en la necesidad de acrecentar la conciencia de misión y emprender cambios para disciplinar al cuerpo eclesiástico, pero cerraron filas en contra del luteranismo. Confirmaron la importancia del texto bíblico y de las obras de los Padres de la Iglesia y Tomás de Aquino como fundamentos de la dogmática cristiana, y determinaron que cualquier libro que contuviera doctrinas sospechosas o perniciosas fuera recogido. El clero lucharía en contra de las reminiscencias paganas, y, sobre todo, en contra de los apóstatas y los herejes que, de acuerdo con la interpretación romana, eran los servidores más fieles del demonio.

Los españoles asistentes a Trento conocían las polémicas sobre la «cuestión del indio», pero, durante las 25 sesiones del Concilio, los asuntos americanos pasaron casi desapercibidos.[13] No obstante, después de la reunión, la Corona española fijó estrategias debido a la necesidad de proceder a una nueva y exitosa evangelización en sus colonias.[14] Para ello, exhortó a los sacerdotes a seguir la liturgia con mayor rigor y producir textos de uso catequístico para enseñar, con base en las Sagradas Escrituras, la obra de los Santos Padres, la liturgia y los misterios de la Iglesia, el credo, las oraciones básicas, los diez mandamientos, los sacramentos de la fe y los siete pecados mortales.[15] Una parte fundamental de la formación católica de los americanos se encaminó a que supieran reconocer y evitar los pecados, por eso había que enseñar a los niños a «leer, escribir, cantar, buenas costumbres, separarse de los vicios, castidad, mandamientos, signar y santiguar y todo lo contenido en la tabla o cartilla» para ser buenos cristianos y defenderse de los paganos y herejes.[16]

Mediante el Misal tridentino que debían seguir los sacerdotes se intentó uniformar los distintos momentos de la misa y, con la realización del milagro de la transubstanciación del cuerpo y la sangre de Cristo, se procuró enfatizar el sacramento de la eucaristía como el momento de expresión y exteriorización más importante para la comunidad cristiana y su cohesión.

Como había señalado Domingo Soto, gracias al sacrificio de Cristo sería posible la salvación de toda la humanidad, de modo que debía ocupar el centro de la religión, y el relato mítico como el más excelso modelo de conducta que debía recordarse a través de los cantos y los rezos, en el tránsito a la muerte y en las representaciones artísticas (DS, *De la justicia I*, 779).[17] Así se expuso en las resoluciones tridentinas: «[...] la naturaleza humana necesita auxilios o medios extrínsecos para meditar las cosas divinas» y la realización de ritos en la misa católica cumple la función de destacar «[...] la majestad de tan grande sacrificio, y excitar los ánimos de los fieles por estas señales visibles de religión y piedad a la contemplación de los altísimos misterios que están ocultos en este sacrificio». De ahí que algunas partes de la misa se pronuncien en voz baja, y otras con voz más elevada. Y se recurre a «[...] bendiciones místicas, luces, inciensos, ornamentos, y otras muchas cosas de este género [...]».[18] De igual manera, para ese momento crucial, se puso atención en la música, los vestidos, el lenguaje corporal y los comportamientos tanto de los pastores como de los fieles.[19]

Por otra parte, se insistió en el bautismo como sacramento para eliminar el pecado original y se combatió el concubinato —incluso el practicado por el clero— para fomentar la celebración del matrimonio. Se prohibieron la bigamia y el adulterio, y se condenó el incesto, la sodomía, la bestialidad y la prostitución.[20] Paradójicamente, al tiempo que se intentó extirpar toda creencia o acto de hechicería, sortilegio, encantamiento, adivinación y maleficio, con castigos graves para quien los cometiera, el reimpulso del catolicismo entre los fieles (concentrados, sobre todo, en los Países Bajos, Francia, el sur de Alemania, partes de la Europa oriental, en los reinos ubicados en torno al mar Mediterráneo, en España e Italia principalmente, y en América) recurrió a fórmulas paganizantes que habían sido altamente atractivas en la época medieval. Estas transportaban «poderes secretos propiciatorios»[21] y, muy posiblemente, permitían conectar el pensamiento mágico campesino con el católico en: la sistemática celebración de procesiones y fiestas relacionadas con las figuras de Cristo (la Semana Santa, el Corpus Christi y la Natividad); la virgen María y sus advocaciones, con sus funciones divinas, purificadoras, maternales, protectoras de la familia e inhibidoras de las relaciones sexuales, y los santos mártires, bíblicos y patronos con su potencial totémico, idolátrico, sacrificial y su vida de sufrimiento y milagros;[22]

la promoción de la fe en las reliquias y los santos óleos; la proliferación de imágenes y amuletos «sacramentales» con carácter benefactor (la cruz, el rosario, el cáliz, la hostia, el vino, el agua bendita, etc.), y la ritualización de los sacramentos, sobre todo del nacimiento, el matrimonio y la muerte. En todos estos actos, los fieles debían acudir a los templos, a esos espacios cerrados, terrenales y, a la vez, sagrados, especialmente elegidos por la divinidad como símbolos de la victoria y el poder,[23] así como a los atrios o las plazas, vivos gracias al trabajo desplegado durante el año por los creyentes, y a la inversión de sus excedentes de producción en ofrendas y objetos de adoración. De igual manera, en esos días extraordinarios se promovió la composición musical, la entonación de cantos y la escenificación teatral, es decir, actividades derivadas de la colaboración, la fraternidad y la esperanza en el bienestar y la reproducción comunitaria.[24]

De las adaptaciones de las resoluciones tridentinas a la Nueva España, llevadas a cabo sobre todo en los concilios provinciales mexicanos segundo y tercero, se generaron cambios notables. Se impulsaron campañas antiidolátricas, se puso mayor atención en los matrimonios y se vigilaron y denunciaron las conductas pecaminosas. El objetivo era procurar más honestidad y decencia en la vida de los religiosos;[25] y continuar la política de reducción de los indios dispersos en pueblos para adoctrinarlos y enseñarles castellano. Cuidaron la retórica de los sermones[26] e intensificaron el uso de las imágenes aleccionadoras y seductoras a fin de excitar a los neófitos a la adoración de Dios. Asimismo, la organización de cuerpos sociales o corporaciones (cofradías de españoles, cofradías de indios, órdenes de caballería, cabildos, colegios, congregaciones, etc.) se sistematizó con el propósito de un mayor control de la población total.[27]

Para borrar las idolatrías, se acordó que en los bailes, areitos y mitotes, no se permitiera a los indios usar máscaras ni insignias, ni cantar canciones antiguas, ni danzar dentro de las iglesias, «sino en lugares públicos, donde se vea lo que hacen y se pueda oír y entender lo que cantan».[28]

En 1568, el gobierno de Felipe II atravesó por una dura crisis mercantil y hacendaria y un severo conflicto político causado por la guerra en los Países Bajos y la rebelión de los moriscos en Granada. A ello se sumaron las rivalidades entre los conquistadores y las sublevaciones de encomenderos con visos de autonomismo en Nueva España y Perú. La Crónica Mayor de Indias, una institución dependiente del Consejo de Indias, procuró centralizar, oficializar y, sobre todo, organizar el saber de la monarquía, ya que pretendió contar con información anual acerca de todo lo relevante ocurrido en los dominios españoles: «[...] las costumbres, ritos, antigüedades, hechos y acontecimientos con sus causas, motivos y circunstancias [...] para que de lo pasado se pueda tomar ejemplo en el futuro, sacando la verdad de las Relaciones y papeles más auténticos y verdaderos, que se nos enviaran en nuestro Consejo de las Indias [...]».[29]

Desde la década de los cincuenta del siglo XVI, el miedo al luteranismo se activó en la península ibérica al descubrir grupos de seguidores en Valladolid y Sevilla, y redes de contrabandistas de libros prohibidos. Por esta razón, teólogos salmantinos, como Domingo Soto y Melchor Cano, elaboraron los primeros índices, propiciando que se recogieran los escritos de López de Gómara, Las Casas y Alonso de la Veracruz.

El Primer Concilio Provincial Mexicano, celebrado en 1555, estableció la obligación, so pena de excomunión, de publicar solamente aquello autorizado por la autoridad eclesiástica. Las obras de Erasmo y del humanismo italiano, que se encontraban en las primeras bibliotecas americanas, fueron prohibidas. A estas se añadirían trabajos perdidos (Olmos y Motolinia) y otros que no se tomarían en cuenta o desaparecerían durante siglos para reaparecer copiados, mutilados o enmendados después (Díaz del Castillo, Mendieta, Las Casas, Sahagún y Durán).[30]

La función de la retórica panegírica

La dialéctica y la retórica fueron parte del *trivium* medieval, útiles para descubrir la esencia de las cosas y para construir conocimientos medulares en la formación de los religiosos, ya que se consideraron armas contra las supersticiones, así como herramientas imprescindibles para promover el desarrollo de los valores morales cristianos y revelar la verdad. Según Aristóteles, la retórica es un transmisor de ejemplos y acciones nobles, capaz de comunicar al pueblo lo más conveniente a sus intereses. El estagirita señala que para persuadir es necesario convencer y para ello se requiere un método que coloque en orden lógico las ideas y demuestre los hechos. Este método es la retórica, que persuade, encanta, conmueve, penetra el corazón de cada uno de los sujetos y dirige sus emociones más íntimas. Con ella, los ánimos se inflaman y los oyentes encaminan sus acciones.[31]

Entre los distintos géneros de retórica, la epidíctica o panegírica se emplea para defender o cuestionar, para probar el honor o la vergüenza, y demostrar lo que se elogia o censura con amplificación y ornato.[32] Para Quintiliano, este último género es propio de los discursos, los himnos, las odas y los sonetos que se refieren a los dioses, los héroes, los grandes hombres, las ciudades, las batallas, las actuaciones políticas y las acciones públicas, y se adecua mejor al pensamiento dicotómico del elogio[33] o alabanza divina y el vituperio o censura de los enemigos.[34]

La retórica había sido esencial en los procesos de inculturación de la fe cristiana en los pueblos paganos y se concretó en la composición de los sermones, los discursos, la iconografía, las ceremonias, y las fiestas organizadas por las comunidades en las que se destacaron batallas, disputas, ciudades, naciones, figuras bíblicas, santos, héroes, diablos, etc. En el Medievo, los cristianos la orientaron contra judíos y mahometanos y la retomaron para evangelizar y civilizar a los bárbaros. Por probar «la verdad» y la superioridad de la sabiduría cristiana, las apologías y los textos de defensa fueron numerosos.[35]

Los doctos teólogos Alberto Magno y Tomás de Aquino, urgidos por las Cruzadas a distinguir con claridad lo occidental de lo oriental, emplearon el *corpus* de textos cristiano dedicado al combate de las herejías, principalmente a Agustín de Hipona, y plantearon la importancia de la retórica y la memoria en el proceso de cristianización.[36] Con los postulados retóricos y teológicos trataron de iluminar el espíritu, apartar las falsas interpretaciones y colocar al sujeto en correspondencia con la disciplina que ayuda a frenar la pecaminosidad al infundir miedo, desarrollar una «pastoral de la muerte, del sufrimiento y del fuego», y mostrar distintas alegorías del paraíso y el infierno con sus lugares, inscripciones y personajes. Un ejemplo es la representación del corazón identificado con el de Cristo, profusamente representado después de Trento en las imágenes de los santos como objeto divino, envuelto en llamas o traspasado por saetas, sangrante, o bien, la representación del «intercambio de sangre y otros líquidos entre Cristo y sus amantes terrenas».[37]

En las crónicas de los soldados, los informes de los funcionarios, las memorias eclesiásticas y la vida de los mártires y los santos, la retórica epidíctica funcionó para divinizar lo propio y condenar lo extranjero, por su poder para conmover el alma, las emociones y los sentimientos. Esto lo muestra Mendieta en sus narraciones de la vida de los primeros franciscanos llegados a América, al seguir una estructura similar a la utilizada por el dominico del siglo XIII Santiago de la Vorágine en sus hagiografías medievales.[38] La primera parte de la vida de cada prohombre se refiere a las condiciones inusuales que rodean su nacimiento e infancia: el lugar, la extracción social, la santidad de sus padres, sus capacidades para enfrentar al demonio y ser «llamado» por Dios. La segunda etapa de estas figuras sacralizadas es su retiro del mundo a causa de un llamado providencial. Lo que ocurre en este tramo de su vida es, muchas veces, inexplicable o permanece en el misterio para enfatizar su condición superior frente al resto de los mortales, y dar a entender que son asuntos vedados al conocimiento de los vulgares. En la tercera etapa, estas figuras enfrentan pruebas que deben librar con éxito, o bien, realizar hazañas y milagros encaminados a vencer a las fuerzas del mal (mujeres lascivas, serpientes, dragones, monstruos, brujas, hechiceros, demonios), a superar la muerte, las enfermedades o destruir a los enemigos. El poder carismático de estas figuras sacralizadas radica en su presentación como fuerzas depositarias de la fe y la esperanza comunitarias, y en sus batallas contra los pecados. Por último, para completar su ciclo, regresan vivas o muertas a la comunidad, la cual se congrega para elogiarlas y recurrir a ellas como modelo cristiano.[39]

La alegoría, la metáfora, la parábola, el estereotipo, la semejanza, los *exempla* y otras interpretaciones figurativas y simbólicas tomadas de la literatura clásica, cobraron fuerza en la retórica de los sermones y la música litúrgica cristiana para probar que Dios era la verdadera fuerza de la naturaleza y el pecado original y que el demonio y el infierno eran superables mediante la verdadera conversión. Su uso puede constatarse también en los escritos de los primeros viajeros, evangelizadores y conquistadores llegados a América, en las obras del teatro,[40] la arquitectura de los templos, la música sacra, la poesía, la escultura, los murales[41] y, en general, en todos los lenguajes verbales, corporales, auditivos y visuales empleados como medios de comunicación y seducción, creando ambientes atractivos y propicios para moldear los sentimientos y las emociones de los neófitos, sobre todo, cuando los españoles adoptaron la vía de la persuasión propuesta por Bartolomé de las Casas para convertir a los indios.

En virtud de que en la España del siglo XVI ninguna autoridad o funcionario civil o religioso podía emitir opinión oral o escrita propia sobre el estado y la naturaleza de las Indias occidentales, todos debían seguir el *magister dixit*, someter la razón a la ortodoxia cristiana, y clasificar y disponer las cosas en el orden correcto, tal como lo prescribían los manuales de retórica de Cicerón y Quintiliano. Los sacerdotes aprendieron cuáles eran los «lugares comunes» (*loci commune*), es decir, los argumentos y temas que organizan el discurso sin contradicciones, las repeticiones, las moralejas y los *exempla* (anécdotas ejemplares cortas a los que podían recurrir para ilustrar o impactar a sus escuchas), así como las «cosas memorables» necesarias de vivificar para penetrar la estructura emocional del espectador, de acuerdo con la idea de que lo ordinario se olvida, y lo extraordinario impacta y se recuerda.[42]

La arquitectura, la pintura, la escultura y los relieves de los templos, al igual que los discursos y las lecciones edificantes postridentinas emplearon la retórica de la imagen como fuente de poder mnemotécnico para la instrucción cristiana, con la mitología pagana vaciada de sus antiguos códigos morales y llena de códigos cristianos. La teología católica rechazó la imagen bizantina, se distanció de la renacentista y manierista, por reactivar la superstición y la atracción por el desnudo, la lascivia y las actividades deshonestas,[43] e indicó el «correcto tratamiento» de las cuestiones religiosas y profanas, algo aplicado muy pronto en el arte barroco, también llamado *arte de la Contrarreforma*. Con esta finalidad, algunos pasajes de las obras de Pedro Lombardo y Tomás de Aquino se recuperaron —en especial, los que proporcionaron precisiones iconológicas como la función didáctica de la imagen— y las imágenes de culto, reducidas a las más célebres y situadas al interior de la iglesia, en capillas o lugares selectos, en medio de una «escenografía digna y suntuosa», «se pusieron al servicio de la propaganda de la fe».[44]

En los primeros años de evangelización de la población americana, los frailes siguieron la iconografía autorizada por Roma y, poco a poco, las instituciones eclesiásticas, en su conjunto, conscientes de la fuerza de la iconografía para disciplinar a la gente, fueron organizando mejor la censura: las imágenes debieron tomar como modelo la forma de vestir, la gestualidad y las poses autorizadas, aunque, a menudo, en la práctica, los cánones se rompieran y la personalidad del artista o del gremio quedara estampada de una u otra forma.

En su sesión 25ª, el Concilio de Trento estipuló:

> En la invocación de los santos, la veneración de las reliquias y el empleo sacro (*sacro usu*) de las imágenes debe prescindirse (*tollatur*) de toda superstición, eliminarse toda utilización nefanda y, finalmente, eludir toda falta de decencia (lascivia). En consecuencia, no debe seguir pintándose o decorando imágenes con belleza tentadora (*procaci venustate*) [...] Finalmente, obren los obispos en estas cosas con tanta circunspección y cautela que no se tolere nada fuera del orden [...] ni aparezca nada profano o deshonesto (*inhonestum*), pues para la casa de Dios es adecuada la santidad [...].[45]

En casos relacionados con la exposición de las imágenes, el obispo debía dar su aprobación y cualquier cosa nueva o inusitada requería la consulta del Papa. Se ordenó a los visitadores que, si encontraban imágenes representando historias apócrifas o esculturas y pinturas indecentes, las borraran, las destruyeran o colocaran otras decentes en su lugar.[46] Así como la pintura debía atenerse a las indicaciones de los tratados dogmáticos para aprender a representar los temas, la música y el canto también debieron seguir las pautas litúrgicas preestablecidas para educar adecuadamente los sentidos,[47] pues las voces, los sonidos y los silencios podían construir el universo mágico y hermético necesario para fascinar y rechazar todo lo ajeno a la comunidad cristiana. La relación de la sensualidad con la música se reprobó, razón por la cual se limitó el uso de algunos instrumentos (chirimías, flautas, vihuelas de arco y trompetas) por «el grande número de cantores e indios que se ocupan en los tañer y en cantar [...]».[48]

La censura de la imagen y la música se correspondió con la de los escritos que pretendieron atacar al Imperio español y a la Iglesia católica. La Sagrada Congregación del Índice del Vaticano, fundada en 1566, otro producto tridentino, integrada, generalmente, por dominicos, revisó, expurgó, prohibió lo inadecuado y negó el ingreso de literatura religiosa a España y a sus colonias, así como la estancia de estudiantes españoles en universidades extranjeras. Además, su Índice de libros prohibidos señaló que: «[...] los censores eclesiásticos no admiten que se consiga colocar los relatos eróticos amparándose en un piadoso disfraz, ni que se busque en los amores de los Dioses los Sacramentos del Evangelio».[49] En esa tarea de reprobar lo indebido —informa Bartolomé de las Casas—, los inquisidores preservaron a la Divina Providencia, ya que sus oficios tuvieron como fin «la defensión y conservación de la fe católica [...] buscar, perseguir, castigar y extirpar los que en aquellas abusiones y supersticiones hallan inficionado» (BC, *Apolog. I*, 500).

La mayor parte de las crónicas indianas empleó la retórica panegírica que se sustenta en la dicotomía (Dios opuesto al demonio; el elogio opuesto al vituperio; lo bueno opuesto a lo malo; lo bello, a lo feo; lo masculino, a lo femenino, etc.), aunque algunos textos coloniales, como los *Coloquios* de Sahagún y el *Democrates alter* de Sepúlveda, sean mayormente deliberativos, es decir, escritos en forma de diálogo, como forma de persuasión y disputa, en la cual el maestro siempre tiene la razón. La panegírica borra los «terceros caminos», las ambivalencias, y recurre a clichés y entramados de «lugares comunes».[50] Son los casos de la batalla de Cintla —la primera de la conquista de México— y la caída de Tenochtitlan narrados, con base en las *Cartas de relación* de Cortés, por Francisco López de Gómara en su *Conquista de México*, por Bernal Díaz del Castillo en su *Historia verdadera*, y por Juan de Torquemada en su *Monarquía indiana*. Conforme al análisis realizado por Alfonso Mendiola, el relato del primero de estos acontecimientos sigue el modelo de una ordalía o juicio de Dios y el segundo reproduce el modelo explicativo de la escatología cristiana. Ambos están concebidos desde los cánones de la exégesis bíblica y, con el referente del relato de batallas libradas con anterioridad por los cristianos para vencer a los paganos, más que hablar de hechos ocurridos en el mundo americano, dan cuenta de lo que era un discurso para un español del siglo XVI,[51] cuando, desde la Baja Edad Media, la tradición castellana acostumbraba copiar, palabra por palabra, gestas y hagiografías a las cuales se añadían conocimientos propios sobre el paisaje o la historia local.[52]

Uno de los marcos retóricos para la formación de los sacerdotes novohispanos postridentinos lo dio la obra del franciscano novohispano Diego Valadés (1533-1582), *Retórica cristiana*, elaborada en Italia a petición de la Santa Sede Esa obra tomó como antecedente las doctrinas cristianas de Molina y Sahagún, pero buscó adaptar mejor —según afirma el propio fraile— la formación de los predicadores a la capacidad racional de los indígenas novohispanos,[53] y concentrarse en la inculturación de los sacramentos, los pecados veniales y mortales y las virtudes contrarias a los vicios.[54]

Valadés enseña a los sacerdotes a componer sus sermones para establecer una buena comunicación con los neófitos, alcanzar el mejor entendimiento de la doctrina cristiana y propiciar el olvido de la antigua religión. Para ello, sigue la tradición medieval de incluir ejemplos sobre los cultos, los ritos y las costumbres de los indígenas en tiempos de su «infidelidad», y poner especial atención en los modos de ejercitar su memoria y mover sus sentimientos mediante la fuerza de la declamación, el empleo de apóstrofes, exclamaciones y otras figuras, así como la seducción oral mediante estímulos, amenazas y recompensas. Advierte que los oradores deben contar con amplios conocimientos sobre la historia sagrada del cristianismo y sus principios teológicos, y proporciona las fuentes de la ortodoxia que deben consultar, sobre todo, los Padres de la Iglesia y la escolástica. También integra los recursos más importantes de la evangelización que son los visuales (pinturas, grabados y dibujos en serie), por su cualidad de aumentar la atención de los auditorios, explicar y repetir. Con ellos —afirma— es posible fijar en la memoria las imágenes «debidas y claras», y desterrar las indebidas y pecaminosas «existentes en las mentes de los indios» (DV, *Ret.*, 239).

La *Retórica cristiana* reúne los fundamentos grecolatinos de la retórica, sobre todo las obras de Aristóteles, Cicerón y Quintiliano.

Tanto en los textos como en las imágenes y las explicaciones escritas que los acompañan, Valadés —quien compartía la visión paterna peninsular y cristiana del mundo— continuó la tradición familiar de contribuir a la evangelización de los paganos, en este caso los indios, ya no por medio de la coerción y la violencia, sino mediante la persuasión.[55]

El fraile franciscano sustituye constantemente elementos del sacrificio humano por los del sacrificio de Cristo aunque, de acuerdo con la descripción que hace del primero y sus prácticas asociadas, al igual que los cronistas religiosos, nunca presenció alguno ni contó con referencias testimoniales directas. Ignora los muchos dioses, los cultos particulares y las distintas formas de sacrificio practicadas en Mesoamérica antes de la Conquista, y reproduce la visión estereotipada del sacrificio humano consignada en textos anteriores para intentar conmover a los escuchas con frases como: «La ferocidad y la infeliz ceguera de esos bárbaros»; había dos mil dioses, algunos «de dimensiones casi gigantescas»; «este ídolo exigía se le ofreciesen víctimas humanas»; «eran sacrificados, en medio de danzas y músicas muy delicadas». O bien, repite tópicos de la frecuentemente narrada e ilustrada imagen del sacrificio humano:

> Eran colocados sobre la mesa antedicha, y entonces se les arrancaba primeramente el corazón, después de abrirles el pecho con navajas y cuchillos de piedra. Una vez ejecutado esto, ofrecían el corazón al ídolo, ya sea introduciéndoselo en la boca, o ya bien lo depositaban en sus manos [rociaban] las paredes del templo con la sangre humana [...] El cuerpo ya sin vida era arrojado por las mismas gradas; y, recogido por los amigos, era sepultado en los atrios que se tenían destinados al efecto. [...] cuando celebraban lo que tenían como aniversarios sagrados, llegaban a sacrificar quince o veinte mil hombres [...] en el templo de Tetzcutzingo, que dista media milla de Texcoco, se habían inmolado años atrás, en un solemne sacrificio, setenta y seis mil hombres, hechos prisioneros en la guerra contra los tlaxcaltecas (DV, *Ret.*, 393-395).

La *Retórica cristiana* sigue la estrategia de vituperar la obra del demonio primero para elogiar las posibilidades de salvación de los indios después. Los defiende de las inconsideradas acusaciones de continuar practicando sus viejas costumbres, cuando en realidad se han vuelto cristianísimos, mucho más que los moros, cosa que asegura por haberlos tenido a su cargo durante treinta años, y predicarles y confesarlos durante 22 en tres idiomas: mexicano, tarasco y otomí (DV, *Ret.*, 425). Recomienda a los sacerdotes sacar los ejemplos de las autoridades en teología y de la Biblia Vulgata autorizada por el Concilio de Trento por ser la auténtica y constituir «una especie de fortaleza y monumento contra los herejes» (DV, *Ret.*, 325). Los sacerdotes debían seguirla al pie de la letra, sin interpretaciones propias (DV, *Ret.*, 229), pues ella «contiene los máximos secretos y los más altos misterios» (DV, *Ret.*, 331) y las excelsas exposiciones de los legítimos Doctores de la Iglesia (Pablo, Jerónimo, Agustín, Orígenes, Atanasio, Ambrosio, Justino Mártir, Clemente de Alejandría) considerados sucesores de los apóstoles. En este sentido, el Levítico es para él el libro que mejor enseña lo que cualquier religioso debe preguntar a los indios: sus ceremonias, ritos sacrificiales, las costumbres de los sacerdotes, las cosas que se pueden consagrar, los manjares, las comidas, las leyes de purificación de las inmundicias, las reglas de las fiestas, los votos solemnes y las promesas. (DV, *Ret.*, 261). Esto significa que pone la consabidaatención en las conductas que involucran el uso de la sangre, el cuerpo y la carne tratado hasta aquí como indebido e indeseable para los cristianos.

Sahagún y la «inculturación de la fe»

Uno de los primeros pasos en el proceso de evangelización en Nueva España correspondió a la educación de un número limitado de hijos de gobernantes indígenas en el Colegio de Tlatelolco, un centro dotado de una rica biblioteca, con gramáticas, diccionarios, y un pequeño *corpus* de fuentes clásicas y cristianas, de la cual Bernardino de Sahagún fue uno de sus principales custodios.[56] El franciscano cuenta cómo, entre otras actividades, algunos de los jóvenes nobles recién convertidos al cristianismo iban en las noches —al principio acompañados de algún fraile— a espiar a los indios que estaban en plena borrachera o en areitos. Los aprehendían, los ataban y los conducían a este colegio donde los castigaban y obligaban a hacer penitencia. Les enseñaban la doctrina cristiana, los hacían escuchar los maitines de media noche y los azotaban hasta que, después de varias semanas, se arrepentían de sus pecados. El propio cronista añade: «Fue tan grande el temor que toda la gente popular cobró de estos muchachos que con nosotros se criaban [...]» que después ya iban solos (BS, *Hist. II*, 631-632).

Al estar formados por los frailes en los colegios y aprender de ellos el *trivium* y el *quadrivium*, además de teología, latín, castellano y náhuatl, aquellos jóvenes indígenas serían mensajeros de la cultura hispanomedieval. Si habían permanecido encerrados, quizá desde los diez o doce años, sin contacto con sus parientes o allegados, pues salían poco de los edificios, ¿hasta qué punto su lengua remitía realmente a los usos, las costumbres y la diversidad religiosa prehispánica? Para responder esta pregunta es necesario recordar que, con base en el molde latino de la gramática de Antonio de Nebrija, Alonso de Molina trazó «el entramado gramatical donde atrapar las nuevas lenguas, en concreto el náhuatl».[57] Para ello, recurrió a la tradición grecolatina, a una gramática hebrea y, extrañamente, encontró algunas similitudes entre esta lengua y el náhuatl.[58] Él fue maestro de varios franciscanos, dato importante al estudiar las crónicas de evangelización, ya que emplearán un vocabulario náhuatl adaptado a una estructura gramatical latina (GM, *Hist.*, 552).[59]

Sahagún y Durán lamentaron la quema de las «antiguas pinturas» o códices prehispánicos ya que los dejaron sin conocimiento y, delante de sus ojos, los indios idolatraron a la manera antigua sin poder entenderlos (DD, *Hist. II*, 15). Para escribir sus historias, ambos frailes —como Olmos lo había hecho antes— recurrieron a indios ancianos que, supuestamente, habían conservado en la memoria lo narrado por sus antepasados, a pesar de haber transcurrido entre un cuarto y un medio siglo desde la caída de Tenochtitlan, y haber muerto la mayor parte de las autoridades indígenas, sobre todo los sabios sacerdotes, que conocían directamente los cultos, los ritos y los mitos prehispánicos.

Al traducir el discurso oral de aquellos informantes al lenguaje escrito, al darle a las palabras en náhuatl una caligrafía, ortografía, gramática y sintaxis, es decir, al estructurarlo como el latín, la lengua original quedó fuera del contexto social que la conformó, es decir, perdió las experiencias, las relaciones y las significaciones con las cuales había surgido. Si todo lo proporcionado por los informantes fue mediante libros pictográficos anotados a partir del mensaje oral, si en las culturas ágrafas prehispánicas «la conciencia se expresa espacialmente mediante la presencia física del orador, sus gestos, la dinámica de la danza, la dramatización de la voz, etc., y no solo con la palabra», ¿cómo pudieron comprender los evangelizadores los discursos de gente tan alejada culturalmente de ellos? Al respecto, Patrick Johansson señala: «Así como la expresión oral pasa por el embudo reductivo del alfabeto cuando se consigna en los manuscritos, la imagen pierde su dimensión propia al ser transcrita de la misma manera a partir de la lectura que hizo de ella un informante».[60]

En el prólogo al libro II de la *Historia general*, Sahagún afirma «[...] que escribiese en lengua mexicana lo que me pareciese ser útil para la doctrina, cultura y manutencia de la cristiandad destos naturales [...]» (BS, *Hist. I,* 77-78). Pero ¿cómo este seráfico seleccionó lo útil? Él mismo asevera que le faltaron «testigos fidedignos», escritores anteriores, testimonios considerados ciertos y también el testimonio de la Sagrada Escritura; aunque confuta la idolatría con varios capítulos copiados de la Vulgata (BS, *Hist. I,* 66-68).

En Tepepulco, añade Sahagún: «Hice juntar todos los principales con el señor del pueblo, que se llamaba don Diego de Mendoza, hombre anciano, de gran marco y habilidad, muy experimentado en todas las cosas curiales, bélicas y políticas y aún idolátricas». Ese señor de nombre cristiano reunió a diez o doce ancianos principales. También recurrió a cuatro gramáticos adoctrinados en Tlatelolco (BS, *Hist. I,* 77-78).[61] Con los ancianos informantes y los jóvenes ayudantes y copistas trabajó cerca de dos años siguiendo una minuta. Se comunicaron mediante códices pictográficos que los gramáticos declararon en su lengua, y las respuestas a las preguntas fuero escritas en náhuatl por Sahagún en sus *Primeros memoriales*, en los que trata cosas divinas y humanas (dioses, himnos, fiestas, cielo, gobernantes, costumbres, educación, partes del cuerpo, enfermedades, remedios, etc.) que retomará en textos posteriores con añadiduras, enmiendas y adaptaciones.[62] En esos escritos se observa cómo los informantes de Sahagún emplean términos nuevos para significar una realidad a la cual han incluido objetos, conductas, formas cristianas de ser y pensar.[63]

Los doce libros de la obra más importante de Sahagún, la *Historia general*, son muy irregulares en contenido, extensión y calidad, presentan constantes interpolaciones y mezclas de elementos aparentemente prehispánicos, grecolatinos, bíblicos, medievales, salmantinos y de su presente histórico.[64] Esto se explica porque fue escrita en los primeros momentos de la reformación católica, por la intervención de muchas manos, y por las múltiples revisiones y correcciones realizadas en ella entre los siglos XVI y XX. Por ejemplo, en el Libro XII, la conquista de México abordada en la *Historia general* y el *Códice Florentino* presenta diferencias que podrían explicarse por la urgencia de justificar las acciones de los conquistadores y reconocer el legado de Cortés para el cristianismo, algo considerado conveniente después de Trento.[65] A pesar de los esfuerzos manifiestos por apegarse a lo que se debía y podía decir, este cronista afirmó: «Todo lo sobredicho hace al propósito de que se entienda que esta obra ha sido examinada y apurada por muchos, y en muchos años, y se han pasado muchos trabajos y desgracias hasta ponerla en el estado que agora está» (BS, *Hist. I*, 80).

Sahagún enfatiza los elementos de lo que él entiende por religión y proyecta sus conocimientos bíblicos y cristianos en sus preguntas sobre la religiosidad prehispánica: fiestas sacrificiales, bautizos, confesiones, penitencias, castidad, templanza, adulterio, virginidad, etc. Al inquirir con obsesión lo relacionado con los pecados de la carne es plausible que indujera las respuestas a la manera tomista: para escuchar lo cierto, lo conocido o lo imaginado por él previamente. Por otro lado, al ignorar el contexto cultural mexica de la creación de las representaciones de sus dioses, ritos y mitos, anuló o, por lo menos, limitó la posibilidad de captar las conexiones entre los ámbitos sagrado, orgánico e inorgánico, material e inmaterial de aquella religión.

Si bien Sahagún expresa su intención de «sacar a luz todos los vocablos desta lengua con sus propias y metafóricas significaciones y todas sus maneras de hablar, y las más de sus antiguallas buenas y malas», las listas que incluye a manera enciclopédica no remiten de manera directa a la problemática enfrentada por los mexicas en su vida cotidiana y excepcional, principalmente a asuntos clave como la fertilidad, la producción, la reproducción, las normas sexuales y las reglas de parentesco, ya que el evangelizador organiza y adapta la información de acuerdo con los lineamientos teológicos y retóricos de otros franciscanos, y de lo aprendido en Salamanca, y no considera que una parte del saber indígena está compuesto de secretos y misterios conocidos solo por los altos dignatarios.[66] Por otro lado, en el proceso de cuidar que los usos indígenas no alteren el cristianismo y de transformar las «costumbres tenazmente arraigadas y gravemente dañinas» en otras parecidas, pero buenas, separa lo que califica como asuntos religiosos del resto de la vida, y homologa las instituciones prehispánicas con las hispanas. En realidad, no le interesa acercarse a los conflictos de los mexicas, ni a sus miedos y relaciones con la naturaleza.[67]

En sus descripciones, la religiosidad prehispánica comparte el mismo tipo de dioses, ritos y mitos (dioses del cielo, de la vegetación, guerreros, de la fertilidad, civilizadores, del placer) que la religiosidad pagana europea, para —consciente o inconscientemente— justificar el cambio, dando como resultado una distorsión de la manera de «ser» y «actuar» de los distintos grupos indígenas. El franciscano incultura el viejo en el nuevo mundo cuando elimina las particularidades y homologa las instituciones del moderno Estado español con las de un supuesto «Estado mexica» que cuenta con audiencias para las causas criminales, civiles y para la gente noble, con Consejos, entre los cuales uno de los más importantes es el Consejo de guerra, y estratos sociales afines a los medievales (gobernantes, mercaderes, oficiales, hombres del pueblo, etc.), entre otras cosas (BS, *Hist. II*, 517-536).

Esta manera de inocular lo propio en lo ajeno también se percibe en Diego Durán, quien, creyendo en la presencia de Dios en todas partes, reduce el mundo mexica al por él conocido. Por ejemplo, narra la fundación de Tenochtitlan mediante el mito de Cópil y la sucesión de los reyes mexicanos como una dinastía similar a alguna medieval europea interesada en conquistar las Indias y convertirlas en tributarias suyas, con un rey (trono, insignias, unción divina, promesas de defender su ciudad y morir por ella) rodeado de nobles (condes, duques, marqueses) «que por su valor y destreza ganaron los dictados y renombres de grandes» (DD, *Hist. I, XIV, XV*, 89, 168-182). Señala que, aunque la Corte real de México «[...] estaba en policía, orden y concierto, y se vivía con gran crianza y temor, y con gran cuidado de que no hubiese males ni desorden, quiso y fue la voluntad del rey que hubiese ordenanzas y leyes [...]». [(68)] Al igual que el rey de España, Motecuhzoma I organizó su Consejo con «los grandes de su corte, ó por mejor decir, hiço cortes y junta general de todos los grandes de su reyno y de todas las provincias comarcanas» para que adoraran a los reyes como a dioses; además su Supremo Consejo estaba compuesto de oidores, alcaldes de Corte, alcaldes ordinarios, corregidores, alguaciles y regidores (DD, *Hist.* I, XXVI, XV, 264-266).

Más que intentar aproximarse a la realidad mesoamericana, las partes copiadas y las similitudes existentes entre las distintas crónicas de evangelización, así como las frases y los párrafos que se repiten, casi palabra a palabra, en una y otra, responden al intento monárquico y eclesiástico de uniformar el pensamiento católico y los hechos de la Conquista, y conformar un mismo relato de la religiosidad indígena, sin contradicciones ni elementos comprometedores. Todo ello se perfila como material para la confección de una «historia oficial», esto es, el relato de un pasado prehispánico hecho a la medida de los propósitos imperiales y universalistas cristianos, en el momento crítico de la recomposición social novohispana, cuando la monarquía detenta un gran poder gracias al Patronato Real concedido por el Papa.[69]

Los pocos códices prehispánicos que se conservan muestran la complejidad cultural de las antiguas sociedades. Lo que parecen escenas son un entramado de símbolos cuyo significado depende de la posición, el color y la relación de cada objeto con otras figuras y cosas y, sobre todo, con la lógica y el contexto en el que se produce. Son una abstracción de la realidad a la cual los españoles no tuvieron acceso.

En cambio, en los códices coloniales que tratan de esclarecer el mundo prehispánico como el *Florentino* y el *Durán*, las imágenes pintadas por los indios corresponden al trazo, las proporciones, las formas, los colores y los modelos que pueden observarse en las enciclopedias medievales. En ellas se advierte cómo la intervención de varias manos de pintores indígenas prescinde de las relaciones simbólicas. Además de estar europeizadas (personajes erectos o arrodillados ante los dioses, indios con barba vestidos a la española, edificios indígenas con arcos y pilastras, demonios medievales, etc.),[70] estas imágenes están creadas con la intención de servir de registro, comunicación o consignación de algún mito o rito. Incluyen objetos antes inexistentes en América y en muchas de ellas «[...] subsisten relaciones estilísticas e iconográficas con la antigua tradición, pero su formato y su función se han transformado sustancialmente».[71] Durán confirma esto cuando señala: «Cuan poco atinamos a dar en el blanco de lo que los indios han menester». Sahagún también coincide al aseverar que los mexicanos fueron «atropellados y destruidos ellos y todas sus cosas que ninguna aparientia les quedó de lo que eran antes» (BS, *Hist. I,* 33).

En tanto los escritos en náhuatl debían estar limpios de herejías y confusiones,[72] los vicios de los mexicas pudieron haber sido sus virtudes. ¿Qué puede conservar la memoria de alguien sometido al miedo, que ha vivido la violencia conquistadora destructora de sus templos y autoridades, el colapso demográfico y el derrumbe de las creencias, los usos y las costumbres que estructuraban su mundo? Como ha destacado Guy Rozat:

> Frente a la hecatombe —la muerte de todos sus seres queridos, de sus parientes y aliados— y la imposibilidad de evitarla con el saber tradicional, probablemente por primera vez, el hombre americano tuvo la experiencia dramática de una vivencia atroz de la soledad, situación contra la cual toda la cultura de esos pequeños grupos había luchado desde hacía milenios, sabiendo que el hombre solo es un hombre condenado. Desde ese momento el hombre «salvado», o más bien sobreviviente, se volvió adicto a su pseudo salvador, y no hay que dudar mucho sobre el interés real que esos hombres tenían al seguir a su «padre».[73]

Qué hacer si —como afirma Diego Durán— brujos e indios endemoniados

> se encubren unos á otros y se guardan de nosotros más que nacion en el mundo, y es que en nada se fian de nosotros, y así están los delitos encubiertos de nosotros y secretos entre ellos, que por marauilla se al-

cança alguna cosa, y si alguna cosa acaso sabemos, luego no falta quien solicita solapallo y que se calle (DD, *Hist. II, XXVII,* 271).

¿Cómo aproximarse sin prejuicios a culturas verdaderamente extrañas?, ¿cómo distinguir la realidad del mito o la ficción, o un ritual de su representación pictórica o escultórica?, ¿cómo dejar de asignar valores grecorromanos, hebreos y cristianos a la interpretación de aquel pasado?[74] Ambos mundos respondieron a lógicas distintas, a formas diferentes de racionalización, ordenamiento de las ideas y explicaciones derivadas de las muy distintas experiencias y relaciones sociales, interpersonales y con la naturaleza que moldearon sus lenguas y sistemas simbólicos.[75]

Sahagún y Durán recuperaron obras del mundo clásico grecorromano conocidas en el Medievo, enciclopedias medievales, textos de las autoridades religiosas y libros autorizados por la Iglesia, porque no pudieron imaginar una lógica distinta de la cristiano-occidental, caracterizada por la dicotomía del mundo en partes opuestas, excluyentes y asimétricas, ni una manera distinta de resolver los conflictos humanos básicos de la fertilidad, la reproducción, la escasez, la enfermedad, la mortandad, la violencia, la guerra, etc.

Como sustenté en los capítulos precedentes, para los cronistas evangelizadores, los indios eran idólatras que se guiaban por sus inclinaciones mortales, terrenales, materiales y corruptibles, sus bajas pasiones y sus instintos, que acostumbraban vivir en la mentira y en la carnalidad, porque vivir en lo opuesto, en la espiritualidad, es vivir en «la verdad». En un párrafo del *Códice Florentino*, Sahagún afirma: «Necesario fue destruir las cosas idolátricas y todos los edificios idolátricos, y aun las costumbres de la república que estaban mezcladas con ritos de idolatría y acompañadas con cerimonias idolátricas, lo cual había casi en todas las costumbres que tenía la república [...]» (BS, *Hist.*, 627).

Al destruir el orden de la naturaleza, el buen orden dado por Dios, al desviarse del único camino trazado por Él, la diversidad y pluralidad de creencias indígenas indicaron a los frailes el caos, por ello ofrecieran otra forma de vida, la que parte de Dios, de una esencia inmanente y eterna, opuesta a la historicidad y caducidad de Satanás, contraria al mal que obstaculiza el ascenso progresivo de la Revelación.

El paganismo en las crónicas

En sus *Etimologías*, una obra copiada durante siglos y que se convirtió en fuente histórica y texto de consulta obligatoria en los centros educativos españoles hasta el siglo XVI, Isidoro de Sevilla procura armonizar el pasado y el presente, aunque en realidad mezcla elementos de religiones, épocas y naciones distintas (griegas, romanas, hebreas).[76] Lo expuesto en relación con las herejías y el paganismo fue de particular interés para los evangelizadores del Nuevo Mundo, ya que describe con claridad y detalle las creencias mágicas de los pueblos antiguos y los atributos de sus dioses (IS, *Etim. VIII, IX-XI*). A estos númenes les concede facultades de adivinación surgidas de los ángeles perversos por evocación de los infiernos (auspicios, augurios, oráculos y nigromancia) y de predicción del futuro mediante la lectura de las entrañas de los animales, el vuelo y el canto de las aves. «En todo ello —asegura Isidoro— se evidencia el arte de los demonios, emanado de una pestilente sociedad de hombres y ángeles malos. De ahí que el cristiano deba evitar todo esto, y repudiarlo y condenarlo con todo tipo de maldiciones» (IS, *Etim. I*, 717).

Con base en la idea del hermeneuta helenista Evémero de Messina (330-250 a.C.), de que en realidad los dioses antiguos habían sido «simples hombres, elevados de la tierra al cielo por la idolatría de sus contemporáneos», Isidoro encuentra a las deidades en héroes precursores de la civilización,[77] con cuya muerte empezaron a ser venerados por su comunidad. La efigie de los más poderosos fundadores de ciudades permitió que su gente encontrara consuelo en su contemplación: «Poco a poco, por incitación del demonio, este error fue arraigando de tal manera en sus descendientes que, a los que honraron únicamente por el recuerdo de su nombre, sus sucesores terminaron por considerarlos dioses y les dieron culto» (IS, *Etim. I*, 719-721).

En su *Historia general*, Sahagún sigue el ordenamiento aristotélico de lo superior (los dioses prehispánicos) a lo inferior o más bajo, así como la división cristianomedieval en los órdenes divino, humano y natural, para escribir e ilustrar el mundo mesoamericano, aunque dice que le faltan los fundamentos, «por no haber letras ni escriptura entre esta gente» (BS, *Hist. I*, 36).[78] Apela a la *Historia natural* de Plinio el Viejo —una de las obras más copiadas en los conventos, presente también en la biblioteca de Tlatelolco— en la manera de clasificar y describir los géneros y las especies de los animales y las plantas, y recurre a los enciclopedistas medievales (Isidoro de Sevilla, Rabanus Maurus, Lambert de Saint-Omer, Herrad von Landsberg, Vinzenz von Beauvois, Bartholomaeus Anglicus) que ampliaron los conocimientos conforme los cristianos establecieron contactos con culturas extrañas. De este modo, los temas tratados en la obra de Sahagún coinciden con los de *El libro sobre las propiedades de las cosas* de Bartholomaeus Anglicus, la enciclopedia más traducida y consultada en Europa, aunque los actualiza con lo recién descubierto.[79]

Apoyado en la Revelación, ya que la observación empírica era escasamente empleada en su tiempo, Sahagún identifica a los dioses mexicas, principalmente con los del Olimpo romano, los cuales, afirma: «Son los dioses fundamentales». Así, Huitzilipochtli es otro Hércules; Chicomecoatl es otra diosa Ceres; Chalchiuhtlicue, otra Juno; Tlazolteotl, otra Venus (BS, *Hist. I*, 40-43). Por otra parte, encuentra afinidades con pasajes y personajes bíblicos: Tláloc, el dios de las lluvias, habita en el Paraíso Terrenal; Cihuacóatl o Tonantzin «parece ser nuestra madre Eva» engañada por la culebra (BS, *Hist. I*, 40).[80]

Además de reconocer las mismas divinidades del mundo grecolatino en el mesoamericano, Sahagún desvela su intención de paganizarlas al asignarles los mismos mitos. Así, Yiactecuhtli, el dios de los mercaderes, comparte símbolos con Hermes-Mercurio, el dios grecorromano de los viajeros, los mercaderes y los ladrones, aunque sus atributos sean propios de las tierras americanas (caña, plumas, caracoles marinos, etc.):

> La imagen deste dios se pintaba como un indio que iba camino, con su báculo, y la cara tenía manchada de blanco y negro. En los cabellos llevaba atadas dos borlas de plumas ricas, que se llamaban *quetzalli*: iban atadas en los cabellos del medio de la cabeza, recogidos como una gavilla de todo lo alto de la cabeza. Tiene unas orejeras de oro. Está cubierto con una manta azul [...y] calzuelas de cuero [...] (BS, *Hist. i*, 54).

Las acciones y las conductas de este dios concuerdan con las del dios del mito grecolatino, lo cual no podría acercarse a la realidad prehispánica debido a que, como sabemos, los mitos proyectan formas culturales propias. Aun pudiendo ser una conducta universal, la osadía para «entrar en todas las tierras» y la astucia para «tratar con los extraños, así aprendiendo sus lenguas como tratando con ellos con benevolencia, para atraerlos a su familiaridad» es característico de los relatos míticos sobre Hermes.[81] Además de esas identificaciones, el fraile recurre, frecuentemente, a figuras retóricas como la metáfora y la alegoría. Por ejemplo, en la fiesta nocturna del dios de los convites, Omacatl, introduce la imagen de la misa cristiana (hueso en lugar de hostia y pulque en lugar de vino), así como la figura de la mayordomía de las cofradías mediterráneas: «Comulgaban con su cuerpo» con una masa que le llamaban «el hueso deste dios» y bebían pulque. Quienes habían comulgado quedaban comprometidos a realizar la misma fiesta al año siguiente, «proveyendo todo lo necesario» (BS, *Hist.*, 52).

El poder de los designios providenciales, una creencia propia de los evangelizadores, se evidencia en el apéndice que sigue al libro primero de la *Historia general*, una especie de sermón basado en la verdad revelada, elaborado conforme los fundamentos morales del catolicismo, especialmente de Agustín de Hipona, para distinguir a Dios de los falsos dioses y para «probar» que en realidad los mexicas «no eran dioses, sino diablos mentirosos y engañadores» (BS, *Hist. I*, 201-202).8 [82] El abominable culto de los ídolos, sinónimos de demonios, es la causa, el principio y el «fin de todos los males»: sacrificios humanos, guerras, hambre, adulterios, homicidio, hurto, engaño, corrupción, infidelidad, olvido de Dios, contaminación de almas, impureza, etc. (BS, *Hist. I*, 65-75).

Sobresale el caso de Huitzilopochtli, un «nigromántico, amigo de los diablos, enemigo de los hombres, feo, espantable, cruel, revoltoso, inventor de guerras y de enemistades, causador de muchas muertes y alborotos y desasosiegos», a quien los indios destinaban grandes fiestas cada año, con sacrificios de seres humanos, a quienes extraían sus corazones, derramaban su sangre y comían sus carnes. También destaca Tezcatlipoca, «el malvado Lucifer, padre de toda maldad y mentira» y el propio Quetzalcóatl, de quien dijeron habría de volver, lo cual es mentira —aclara el fraile—, ya que: «Su cuerpo está hecho tierra y a su ánima nuestro señor Dios la echó en los infiernos. Allá está en perpetuos tormentos» (BS, *Hist. I*, 71-72).

Como correspondía a la educación religiosa y moral de su tiempo, Sahagún afirma que el pecado de idolatría es el peor de todos y se debe castigar con los mayores tormentos en el infierno (BS, *Hist. I*, 69) debido a que de él se desprenden las «cosas sucias» de los mexicanos, sobre todo las borracheras, el hurto y la carnalidad, al igual que de los «ritos idolátricos, y supersticiones idolátricas y agüeros y abusiones y cerimonias idolátricas» (BS, *Hist. I*, 31), las cuales persistían a mediados siglo XVI, afirma Sahagún, en oposición a la desaparición asegurada por Motolinia.

Sahagún lamenta lo conveniente de la congregación inicial de los indígenas, junto a los monasterios, y muestra su decepción porque permaneciera poco tiempo y los indios engañaran a los frailes haciéndoles creer que eran siervos del Dios verdadero cuando, en realidad, persistían en sus malos hábitos. Como una estrategia para justificar la labor del clero regular, Sahagún dirá que el pecado en que caen quienes adoran ídolos y demonios es grave, pero más grave es el de aquellos que pervierten a otros y siembran sus errores entre los demás: los «más malditos y malaventurados» son «aquellos que después de haber oído la palabra de Dios y la doctrina cristiana perseveran en la idolatría», o quienes después de haber sido bautizados vuelven a idolatrar (BS, *Hist. I*, 69), algo que, como se recordará, había sido planteado en el *Requerimiento*, dado a conocer por los Reyes Católicos al inicio de la conquista de América, y enfatizado en el Tercer Concilio Provincial Mexicano al recomendar no halagar a los indios y pasar a la severidad de los castigos corporales.[83]

El franciscano aconseja que la predicación de los católicos sea esencialmente sobre «vicios y virtudes» para persuadir lo uno y fomentar lo otro (BS, *Hist. II*, 583).[84] Advierte que los reincidentes serán castigados en el infierno «con mayores tormentos que todos los otros pecadores» (BS, *Hist. I*, 69), y pide la denuncia de quienes observen algo idolátrico para que, a la brevedad, se remedie «con gravísimos tormentos, en este mundo y en el otro», ya que no es buen cristiano quien no denuncia los delitos (BS, *Hist. I*,75).

Con su larga experiencia en la conversión de los indígenas y su familiarización con algunas de sus conductas —tal vez desde los años de 1530 a 1533, cuando residió en Tlalmanalco y subió a los volcanes Popocatépetl e Iztaccíhuatl para destruir los ídolos que los indios tenían escondidos y para que los misioneros no los localizaran—[85] el evangelizador llama a desarraigar el arte de la adivinación y la nigromancia infiltrados por el diablo, y describe los signos del zodiaco mexica con similitudes al zodiaco griego, pero respondiendo a la lógica dicotómica del bien y el mal, la cual se evidencia a lo largo de su historia, por ejemplo, cuando afirma que entre los naturales, «los que nacían en buenos signos luego se bautizaban, y los que nacían en infelices signos, no se bautizaban luego mas los diferían para mejorar y remediar su fortuna» (BS, *Hist. I*, 234, 273), o cuando, influido por Isidoro de Sevilla, considera ridículas las fábulas inventadas por los griegos y los romanos sobre el sol, la luna, las estrellas, el agua, el fuego, la tierra, el aire y otros elementos y sus atributos divinos, pues deben explicarse mediante el pecado original, la malicia y el odio de Satanás (BS, *Hist. II*, 477).

De igual manera, en la segunda parte de su *Historia de las Indias*, el dominico Diego Durán interpreta la realidad americana a partir textos antiguos, e inserta figuras cristianas. Aclara que, ante la falta de Revelación divina sobre la historia de los mexicanos, hay que echar mano de sospechas y conjeturas. De ellas concluye que: «Con su bajísimo modo y manera de tratar, y de su conversación tan baja», los indios son «naturalmente judíos y gente hebrea». Esto también denota «su modo de vivir, sus cerimonias, sus ritos y supersticiones, sus agüeros y hipocresías, tan emparentadas y propias de los judíos, que en ninguna cosa difieren» (DD, *Hist. I*, 53). Aunque los ancianos cuentan muchas fábulas sobre su procedencia, su «opinión y sospecha» es que los indios son de «aquellas Diez Tribus de Israel».

Durán afirma que los indios le contaron que siguieron el mismo camino del Éxodo bíblico y que su caudillo, Moisés, los guio fuera de Egipto. Es decir, ellos le narran al fraile fragmentos del Antiguo Testamento y, con estas referencias, el fraile asegura que algunos habían sido adoctrinados antes de la Conquista. Otra prueba es que buscaron la Tierra Prometida, se multiplicaron mucho, pero Dios los castigó por sus «maldades, abominaciones y nefandas idolatrías», de modo que trescientos españoles pudieron someter a millones de personas para, más tarde, ser convertidos al catolicismo gracias a la divina misericordia y la fe (DD, *Hist. I*, 55-56).

Para Durán, la prueba irrefutable del ascendiente judío de los indios es que sacrificaban niños, mataban a los cautivos en la guerra y comían su carne: «Todo cerimonia judaica de aquellos diez tribus de Israel dicho: todo echo con las mayores cerimonias y supersticiones que se puede pensar» (DD, *Hist. I*, 19). Los sacerdotes hacían adorar al ídolo Huitzilopochtli, el cual determinaba las leyes, los ritos y las ceremonias a seguir, de la misma manera que los hijos de Israel cuando anduvieron en el desierto. Este ídolo se mostró pronto muy cruel y les ordenó obedecer solo sus mandatos, por eso se extendió la opinión de que «no comía sino corazones» (DD, *Hist. I*,77). Junto con él, los indios trasladaron a otros siete dioses. En su viaje desde las Siete Cuevas hallaron el lago de Pázcuaro. Por mandato de Huitzilopochtli entraron en él hombres y mujeres desnudos para lavarse, al salir no encontraron su ropa, y la gente que los acompañaba los había abandonado, ante lo cual, con alta dosis de fantasía, Durán afirma: «Vinieron á perder la vergüença y traer descubiertas sus partes impúdicas y á no usar bragueros ni mantas los de aquella nacion, sino unas camisas largas hasta el suelo, como lobas judaicas, el qual traje yo lo alcancé y hoy día entiendo se usa entre los maçeguales» (DD, *Hist. I*,73).

Como es posible advertir, Sahagún, Durán y otros cronistas contemporáneos, destacan y adaptan lo similar a lo antes conocido por ellos (*simile simili cognoscitur*) mediante sus lecturas y lo que han escuchado. Con esta homologación, caen en lo que actualmente conocemos como *anacronismos*, algo característico del pensamiento medieval, especialmente de la exégesis bíblica, que permite conocer el sentido de la Revelación para engrosar los hechos de la historia universal. Además de eliminar la singularidad de una figura o un acontecimiento, esta falta superpone los tiempos pasado y presente (el pasado idolátrico judío y grecorromano y el presente prehispánico), mezcla elementos que supuestamente corresponden a las religiones antiguas con la cristiana, de modo que lo nuevo no altera el modelo en el cual toda la humanidad queda integrada en una sola dimensión.

Los indios protocristianos de Diego Durán

La intención de la *Historia de las Indias* de Diego Durán fue descubrir en qué consistían los ritos, las supersticiones y las idolatrías de los falsos dioses que adoraban los naturales en Nueva España, —con las cuales el demonio era servido antes de la llegada de la predicación del Santo Evangelio— a fin de que sacerdotes y evangelizadores católicos pudieran borrarlas totalmente de su memoria (DD, *Hist. II*, 13). Él encuentra el mundo indígena impregnado de los mismos errores y pecados que otros paganos, y también de prefiguraciones cristianas. Con la meta de la conversión en mente, solo quiere avisar lo necesario, dar señas que permitan a los religiosos identificar las conductas contrarias al cristianismo, evitar que los indios solapen o disimulen y los ministros cristianos se engañen.

Este religioso apunta: «En todo me sujeto a la correccion de la santa yglesia católica» (DD, *Hist. II*, 13). Es decir, acepta la revisión y la censura de su manuscrito y toma en cuenta que lo han reprendido por no procurar brevedad (DD, *Hist. II*, 79).[86] Según él mismo, careció de fuentes, pero entre los indios había «excelentísimos historiadores» que componían sus relatos del pasado con pinturas que «el ignorante celo» destruyó «creyendo ser ídolo». Por eso se basó en unos textos que la historiografía contemporánea ha identificado como la *Crónica X* (DD, *Hist. I*, 25-26).

Los tres tratados elaborados por Durán (*El libro de los ritos* y el *Calendario antiguo*, ambos completados en 1579, y la *Historia de la Indias de Nueva España e islas de Tierra Firme*, de 1581) tomaron como base los textos reunidos en la *Crónica X* o *Crónicas X*, así como tres relaciones (Azcapotzalco, Coyoacán y Texcoco) y otras fuentes. De acuerdo con el investigador Robert Barlow, de la *Crónica X*, actualmente perdida, se derivaron varias crónicas coloniales: la *Historia de las Indias* de Durán, la *Crónica mexicana* de Hernando Alvarado Tezozómoc, el Libro VII de la *Historia natural y moral de las Indias* de Joseph de Acosta, el *Códice Ramírez* y el manuscrito de Juan Tovar.[87]

Se ha pensado que es la fuente indígena de la cual estos cronistas abrevaron y que tomó «las librerías antiguas» vistas por Tovar, con pictogramas y caracteres que tradujeron algunos indios de Texcoco y Tula.[88] Sin embargo, si esta crónica existió realmente, si no fue parte de la obra perdida de Olmos y correspondió a un indígena o grupo de indígenas, es evidente que se trató de una obra de gente cristianizada, conocedora de la Biblia, que vio en las reglas prehispánicas los diez mandamientos y renegó y se escandalizó de sus propias creencias, en especial del belicismo, los sacrificios humanos, la ingesta de carne humana, los pecados de la carne, la crueldad y las acciones que siempre terminaron en grandes hecatombes, derramamiento de sangre e impregnación de los templos con sangre (DD, *Hist. II*, 171-172).

En las primeras páginas de su *Historia de las Indias*, Durán describe al dios mexicano Topiltzin, residente en Tula, como análogo al Moisés bíblico, porque, según él, así constaba en los informes que le proporcionaron los indios. Dice que Topiltzin, también llamado en tiempos prehispánicos Papa: «Auia llegado á la mar con mucha gente que le seguia y que auia dado con un baculo en la mar y que se auia secado y hecho camino y que entro por alli el y su gente y que sus peregrinaciones auian entrado tras el y que se avian buelto las aguas á su lugar y que nunca mas auian sabido de ellos». Añade que este personaje entalló crucifijos e imágenes en los pueblos y —según un viejo indio— dejó un libro grande en Ocuituco que los indios quemaron, porque no sabían leer y pensaron que les podría traer algún mal. El fraile dominico expresa su pena, «porque quiça nos diera satisfecho de nuestra duda que podria ser el sagrado evangelio en lengua hebrea [...]». En función de la misma identificación que hace de Topiltzin con la mezcla de figuras bíblicas (Moisés, el apóstol Tomás, Jesucristo), Durán agrega que el mismo indio afirmó que todos los ritos, la manera de construir los templos y los altares, poner ídolos en ellos, ayunar, besar la tierra, tañer caracoles, etc., fue «remedar á aquel santo barón». Para completar el cuadro, señala que a este dios los hechiceros le metieron en su habitación a una ramera de nombre Xochiquetzal, para hacerle mala fama, pero «como era tan casto y onesto Topiltzin, fue grande la afrenta que recibio y luego propusso su salida de la tierra». Solo se supo que fue a dar aviso a sus hijos, los españoles, y los trajo para vengarse. Por eso, Motecuhzoma, ante el aviso del retorno de los hijos de Topiltzin, les envió joyas, plumas, oro y piedras de mucho valor (DD, *Hist. I*, 21-23).

En otras partes de sus tratados, Durán identificará a Topiltzin con Quetzalcóatl, quien se había ido de esta tierra dejando dicho que regresaría «él o sus hijos a poseer el oro y plata y joyas que dejó encerradas en los montes y todas las demás riquezas que ahora poseemos» (DD, *Hist. I*, 507). De este modo, usando a Quetzalcóatl, Durán atribuye a los mexicas —al igual que otros evangelizadores— un monoteísmo anticipado o en potencia (DD, *Hist. II*, 70).

Cuando este dominico escribió lo anterior, hacía cincuenta años que los conquistadores habían destruido los templos y los ídolos, quemado pictogramas, y los gobernantes, que seguramente eran, al mismo tiempo, guerreros y sacerdotes, habían sido asesinados o muertos por epidemias. La justificación principal de tal proceder había sido comprobar con horror que las nuevas tierras estaban dominadas por el demonio,[89] el ángel caído que había introducido en la Tierra la idolatría, que —como hemos visto— es el pecado mayor del cual se derivan los demás pecados. Por ello, la contraparte de Topiltzin es Huitzilopochtli (DD, *Hist. II*, 51), el ídolo al cual los mexicas destinaban sus mayores sacrificios humanos. Durán relata que primero un sacerdote degollaba a sus víctimas, regaba al ídolo con su sangre, desollaba sus cuerpos, y otro —representante o sustituto del dios— vestía sus cueros y se adornaba con objetos o les sacaba los corazones y los ofrecía al sol. Asimismo, encuentra similitudes con el demonio al sostener que estos reyes agradecían sus triunfos a su dios Huitzilopochtli, tenido como omnipotente señor de lo creado (DD, *Hist. I*, XLVII).

Como parte de la inculturación de la fe, las imágenes y los elementos del mundo prehispánico son interpretados por Durán, al igual que sus colegas, como señales proféticas del cristianismo. Verbigracia: asegura que los indios reverenciaban a un árbol llamado *tota,* en realidad: «al padre, al hijo y al espíritu santo». A cada uno en particular, y a los tres en uno, los indios dedicaban una fiesta, «donde se nota la noticia que huuo de la trinidad entre esta gente» (DD, *Hist.* II, 95). Algo semejante encuentra en la muy sangrienta y regocijada «fiesta *tlacaxipehualixtli,* que quiere decir desollamiento de honbres», en la cual adoraban a un ídolo «por debajo de tres nombres Totec Xipe Tlatlauhquitezcatl». Según el dominico, esta «era fiesta (así aparece en el original) de toda la tierra y todos lo soleniçauan como a dios universal». En ella «mataban mas honbres que en otra ninguna» y al cabo de cuarenta días enterraban sus cuerpos «[...] con canto y solenidad como a cosa sagrada [...] acauado el entierro, hauía vn sermon muy solene el cual hacia vna de las dignidades todo de retórica y metáforas con la más elegante lengua que podia ordenalle en el cual sermon referia la miseria vmana la baxeça que somos y lo mucho que deuemos al que nos dio el ser que tenemos» (DD, *Hist.* II, 103). El fraile vuelve a incluir a la Trinidad cuando habla del ídolo Tláloc, cuyos sacerdotes sacrificaban a un niño de seis o siete años «al son de muchas bocinas y caracoles y flautillas», haciendo fiesta a cada uno en particular y a todos tres en uno (DD, *Hist. II,* 91) «[...] y dicen que si aquella sangre de aquel niño no alcançaba que matauan otros dos para que se cumpliese la ceremonia y se supliese la falta» (DD, *Hist. II,* 93).

La conciencia del fenómeno de la Revelación se advierte en la historia de Durán cuando se refiere a los ministros del templo de Huitzilopochtli, cuyas actuaciones —explica— concuerdan «con lo que Dios tenia mandado en el Deuteronomio [...] que comiesen de las oblaciones y sacrificios ofrecidos á Dios [...]» (DD, *Hist. II,* 36). La coincidencia calendárica entre las fiestas cristianas y las de este ídolo satánico hace que el fraile colija dos cosas: «ó que huuo notiçia [...] de nuestra sagrada religion christiana en esta tierra ó que el maldito de nro. aduersario el demonio las hacia contra haçer en su seruicio y culto haciendose adorar y seruir contra haciendo las catolicas cerimonias de la christiana religión [...]» (DD, *Hist. II*, 44).

En otra parte, el dominico se muestra convencido de que en esta tierra hubo predicador del cristianismo, pero el demonio, el señor del inframundo, en cuyos dominios priva lo frío, la desnudez y el libertinaje sexual, triunfó con sus engaños (DD, *Hist. II*, 162).

Como puede observarse, el cristianismo en América fue para Durán una fuerza en potencia y los indios unos protocristianos. Por ello, acabada de narrar la fiesta de Huitzilopochtli, el dominico pone en boca de un anciano con mucha autoridad la predicación de su ley, junto con:

> los diez mandamientos que nosotros somos obligados a guardar conbiene a sauer que temiesen y honrrasen a sus dioses [...] el no tomar a sus dioses en la boca [no blasfemar...] santificalla las fiestas [...] honrrar á los padres y a las madres y a los parientes y a los sacerdotes y biejos [...] el matar uno a otro era muy proheuido [...] También se proheuia el fornicar y adulterar [...] lo mesmo del hurtar se guardaua harto [...] tambien huyan de no leuantar falssos testimonios [...] (DD, *Hist. II*, 45).

Y afirma que quienes caían en estos pecados eran castigados, infiltra valores cristianos e imágenes hispanomedievales, y aclara que, además de componer sermones con retórica y metáforas, los indios insistían en no cometer pecados. Uno de sus sacerdotes

> [...] bedaua el hurtar el fornicar y adulterar y desear lo ageno finalmente amonestaua todo genero de birtudes y bedaba todo genero de males como vn catolico predicador lo podia persuadir y predicar con todo el ferbor del mundo prometiendo al que cometiesse aquestos delitos que

dexaría en esta bida nonbre de malo y peruerso y que descindiria al ynfierno con la mesma fama y que seria tenido alla por tal [...] (DD, *Hist. II,* 111).

Para él, lo anterior confirma que esta gente sí tuvo noticia de Dios y del Sagrado Evangelio, «y realmente eran católicos [...] pero yba esto tan mezclado de sus ydolatrias y tan sangriento y abominable que desdoraua todo el bien que se mezclaua [...]» (DD, *Hist. II,* 111).

Como en el proceso de Revelación los hombres podían hacer visible un hecho invisible para otros, y los indios debían convencerse de que con la llegada del Evangelio se iniciaba un nuevo ciclo para inducir la gracia divina, el fraile introduce la confesión y la expiación de los pecados en el relato de la fiesta mexica de la diosa Xuchiquetzal, cuando la gente iba a bañarse a los ríos para «labar los pecados y las maculas liuianas y veniales que entre año habían cometido [...] empero para los que habían cometido delitos y pecados graves había este mesmo día otro genero de confesion muy propia á la de la ley de escritura que confesaban sus culpas exteriormente pero no en especie [...]» (DD, *Hist. II,* 160-161).

Durán descalifica a quienes «[...] han querido poner esta nacion indiana en tan bajo e infimo lugar», como gente irracional que vivía bestialmente, porque, por el contrario —repite varias veces—, no ha habido nación en el mundo con tanto concierto y orden como esta. Elogia sus leyes justas, sus reyes temidos y obedecidos, el respeto a los sacerdotes, los ministros y los dioses, aunque en otras partes reprueba los pecados de la carne. (DD, *Hist. II,* 193-205)

En la *Historia* de este fraile pueden advertirse tanto la lectura de la realidad a partir de la exégesis bíblica, de las interpretaciones, literales, morales, alegóricas y anagógicas, como la mezcla de elementos del pasado con el presente y, por ende, de una religión y otra. Un ejemplo es cuando se refiere a Tláloc como un diablo al cual los sacerdotes le sacrificaban una niña que tiraban junto con joyas en un ojo de agua o sumidero que se la tragaba a fin de «haçerles creyentes a todo el comun que los ydolos hacian milagros y maravillas para que les cobrasen mas miedo y reuerençia por ser esta vna gente que les mueue más lo que ben que no lo que oyen muy deuotos de santo Tomás y de ber y creer como los judios sus antepasados que pedian a Xhristo algunas señales del cielo [...]» (DD, *Hist. I,* 98-99).

En las crónicas de Durán también es posible observar su tendencia a estereotipar la religión mexica, por ejemplo, en el relato sobre Motecuhzoma I, quien mandó edificar su templo —similar al Olimpo—, el «templo de la culebra», para colocar la diversidad de dioses de los pueblos y provincias y realizar la fiesta con todos los grandes señores vecinos de Teotihuacan para celebrarlo. En esta ocasión, afirma que mataron a 2 300 presos y ensangrentaron todos los templos de cuya espantosa crueldad e «inhumano hecho» se espantaron los extranjeros enemigos (DD, *Hist. II,* 443-444). El castigo divino por tan inhumanos hechos llegó en forma de pronósticos y malos agüeros que anunciaron la llegada de los españoles, como el incendio ocasionado por los huexotzincas del templo de la diosa Toci, y la aparición de un cometa prometiendo «pestilencias, muertes, hambres, guerras y mortandades [...]» Y, añade: «Todo iba por vía del demonio, más que por ciencia natural» (DD, *Hist. 1,* 471).

7

EL CONTROL DE LA CARNE, LA SANGRE Y OTROS FLUIDOS

> [...] pues podemos afirmar que para gente tan apartada y extraña de la conversación de las naciones españolas y políticas no ha habido gente en el mundo ni nación que con tanto concierto y órden y policía viviese en su infidelidad como esta nación (DD, *Hist. II,* 193).

A pesar de las diferencias en extensión, estructura y materias abordadas, explicables por sus propias experiencias, formaciones e intereses, así como por la pertenencia a dos órdenes mendicantes distintas, en las interpretaciones hechas en las historias de los frailes Bernardino de Sahagún y Diego Durán es posible encontrar puntos de coincidencia acerca del pasado de los pueblos que en el siglo XVI habitaban lo que hoy es el Valle de México, Tlaxcala y Puebla.[1] En ambas, los cronistas destacan los atributos de los dioses, sus cultos sacrificiales, mitos, calendarios, adivinaciones y otras «supersticiones», con énfasis en los vicios que involucran el uso *contra natura* de la carne y la sangre. Los dos religiosos admiran una parte de la realidad indígena y reprueban otra, cayendo en la discordancia o falta de correspondencia cultural de repetir, frecuentemente, que en ritos e idolatrías, los indios mostraron ceguedad y engaño diabólico, pero en lo demás (policía, buen gobierno, sujeción, reverencia, grandeza, orden, concierto, autoridad, ánimo y fuerzas) no hubo quién los rebasara (DD, *Hist. II*, 119-193).[2]

Estos cronistas se refieren a instituciones indígenas refinadas y organizadas de manera desarrollada y racional, muy semejantes a las hispanomedievales, mientras las relaciones entre los sexos eran indecentes y sus creencias y prácticas religiosas, bárbaras e irracionales. Esta inconsistencia estructural puede explicarse porque, consciente o inconscientemente, de esta manera igualan a los indios con los españoles en todo —excepto en aquello relacionado con la moral— para justificar así su labor de evangelización y convertirla en lo más urgente. Como planteé antes, en ese punto, difirió Bartolomé de las Casas, quien negó la existencia de grandes pecados de la carne, reprobó los vicios vinculados al mal uso de la carne y la sangre, y, cuando fue el caso, los justificó por corresponder a una etapa de la evolución histórica de la humanidad.

En esta última parte del libro, trato de aproximarme a algunas de las que —para nuestro tiempo— resultan ser alteraciones de la posible realidad prehispánica presentes en los libros de Sahagún y Durán, sobre todo las valoraciones negativas del mundo indígena concentradas en la idolatría y los pecados de la carne. Con ello, pretendo ilustrar la forma en que estos cronistas contribuyeron a desacralizar la religiosidad indígena y, al mismo tiempo, a «purificar» o limpiar su mundo, no solo para inculturar en él el catolicismo e incluirlo a la historia universal de la Revelación, sino también a una «historia oficial» del pasado indígena que borrara los conflictos sociales y religiosos, y sirviera al intento postridentino de impulsar el proyecto político monárquico-católico de controlar las relaciones sexuales de la población novohispana para dirigir la producción y reproducción de su vida material.

La desacralización de los sacrificios

Si bien, en el mundo antiguo asiático y europeo, ser sacrificado significó un honor y las víctimas del sacrificio (doncellas, primogénitos y caudillos) fueron elegidas dentro de lo mejor de cada comunidad, llegó el momento en que, debido a la piedad y la empatía con el prójimo, tuvo que sustituirsee por el sacrificio de animales y productos alimenticios, aunque lo más común fue llevarlos a cabo simultáneamente, para recurrir al sacrificio humano solo en circunstancias críticas. La adopción de nuevas formas de sacrificio y la sustitución de un animal por otro (vacunos, bovinos, aves, etc.), o de una forma de sacrificio por otra, a menudo ocurrieron como prevenciones o soluciones de alguna catástrofe, es decir, para establecer o restablecer una relación equilibrada con lo sagrado. El carácter ambivalente de estos sacrificios hizo que se instauraran con convicción, fuerza e, incluso, violencia, ya que se consideraron —aunque hoy nos resistamos a aceptarlo— productos de la civilización, entendida como dominación de la naturaleza, y de la superación de la barbarie, entendida como dependencia o sumisión a ella. Además, los sacrificios funcionaron como catarsis o autoliberación de las tensiones y ansiedades, de los propios desequilibrios, para restaurar las funciones vitales, evitar la guerra y aspirar a la paz y continuidad al interior de la propia comunidad, algo que también se percibe en el sacrificio cristiano al situar a la eucaristía como el momento de mayor cohesión y liberación, como la unión con Dios y antesala de la salvación.[3]

El imperativo cristiano de no reconocer en otros la práctica de una religión, sino de una idolatría, y no considerar sus númenes dioses sino demonios, distorsionó la realidad, ya que impidió a los cronistas de Indias comprender las relaciones entre los sacrificios sangrientos, la vida, la muerte, la sexualidad, los modos de cocinar, danzar, cantar, etc. En suma, los indujo a separar la producción y reproducción materiales de la vida espiritual.[4]

Las maneras de comer y de beber, los instrumentos para transformar con fuego la materia de los alimentos, las reglas para degustar y otras manifestaciones culturales son la base de los ritos, que se proyectan en los mitos y cobran sentido en las representaciones.[5] La desacralización del Nuevo Mundo redujo la posibilidad de que los evangelizadores se percataran de las diferentes formas de sacrificio y elección de las víctimas sacrificiales, que simbolizaban fuerzas sagradas, personajes excepcionales, tradiciones y ancestros, y que fortalecían la cohesión, la identidad y la paz, ya que, entre otras cosas, no fue lo mismo rendirle culto a seres vivos, representantes de la fertilidad que debían ser sacrificados, que a la imagen un solo Hombre-Dios como Jesucristo.

Como otros españoles, Sahagún reproduce el cliché del sacrificio humano acompañado de antropofagia (BS, *Hist. II*, 574-575)[6] y, en afinidad con esa «abominable costumbre», enfatiza la gran devoción a la sangre de quienes matan hombres y mujeres en los templos de día y de noche, delante de las estatuas de los demonios, o bien, sacrifican a algún esclavo, se perforan algún miembro y sacan la sangre de los animales (BS, *Hist. I*, 190-191). Le escandalizan estas ceremonias idolátricas promovidas por el diablo que —como he planteado— se distingue, precisamente, por su exaltación de la carne y la sangre. Según su relato, en las calendas del primer mes del año, los mexicas sacrificaban lactantes como tributo a los dioses del agua o de la lluvia llamados *tlaloque*. Como a unos les sacaban los corazones, los cocían y se los comían, el fraile aprovecha para exclamar: «Y ciertamente es cosa lamentable y horrible ver que nuestra humana naturaleza haya venido a tanta baxeza y oproprio que los padres, por sugestión del Demonio, maten y coman a sus hijos, sin pensar que en ello hacían ofensa ninguna, mas antes con pensar que con ello hacían gran servicio a sus dioses» (BS, *Hist. I*, 104-107).

La forma en que Sahagún se refiere a los cultos sacrificiales que incluyen la ingesta de carne humana refleja su lejanía y la de sus informantes y ayudantes indígenas de la cultura mexica, pues en estos últimos no cabría lamentar lo pecaminoso de sus conductas pretéritas ni horrorizarse de la religiosidad de sus antepasados, tampoco sería válido describirla echando mano de la dicotomía y las simplificaciones, máxime si se recuerda que, en todas las comunidades, los ritos requieren largas preparaciones, deben celebrarse siempre con solemne rigor y están cargados de misterios y complejas significaciones que solo los sabios sacerdotes hubieran podido descifrar. Los elementos empleados en los sacrificios aztecas (cuchillos, altares y cofres de piedra labrados), que se exhiben actualmente en los museos, indican que el corazón y el cuerpo de la víctima tenían un valor sacro, por lo tanto, ser elegido para el sacrificio significaba pasar a una dimensión sobrenatural que permitía tanto a verdugos como a espectadores perder la empatía sentida con otros seres humanos.

Para el siglo XVI, la misa, el sacrificio del cuerpo y la sangre de Cristo (el único sacrificio verdadero para el catolicismo), estaba instituida por Roma en forma centralizada, es decir, seguía una estructura ritual y una reglamentación precisa que debían respetarse y repetirse siempre de la misma manera; nadie podía introducir variaciones en ella.[7] Sin embargo, el rigor y la precisión litúrgicas, seguramente, también fueron característicos de las religiones prehispánicas, probablemente sin la centralización imperial que le asignan los cronistas, porque los cultos sacrificiales fueron muy variados, con númenes distintos que correspondían a diferentes regiones con necesidades de producción y reproducción propias, y a circunstancias particulares que requerían poner en acción figuras, instrumentos, símbolos, danzas y cantos diversos. Es cierto que tanto Sahagún como Durán asignan múltiples elementos a cada culto indígena, pero, en su búsqueda de similitudes, les atribuyen ritos que casi siempre siguen el orden de la liturgia católica.

Durán describe cómo durante el acto penitencial —las actividades previas al sacrificio mayor— los creyentes realizan sacrificios menores (ayunos, purificaciones, punciones corporales, sangrías, rezos, ofrendas y alabanzas), después, organizan procesiones con ídolos que se detienen en estaciones en las que ejecutan sacrificios menores. Acto seguido, depositan ofrendas (mantas, joyas, piedras, copal, mazorcas, comidas para el ídolo y animales), usan ungüentos, ingieren bebidas embriagantes y materia ponzoñosa (DD, *Hist. II*, V). Algún indio o india, generalmente esclavo, representa en «vivo» al ídolo, por eso lo pintan y atavían igual que él. Verbigracia: el elegido para ser sacrificado por Camaxtli (DD, *Hist. I*, 82-84) se conserva como ídolo vivo durante días, encerrado en la noche para que no escape. En el caso del sacrificio de Quetzalcóatl, la ceremonia del *neyolmaxiltihztly* —que quiere decir «apercibimiento o satisfecho»— es el momento en que le informan al cautivo que va a morir (DD, *Hist. I*, 72-73). O en el caso de la diosa Toci, llamada Madre de los dioses y Corazón de la Tierra, se elige a una india a quien someten a cuarentena, es decir, durante cuarenta días la lavan, la consagran y la encierran en una jaula para que no peque ni cometa algún delito en tanto es sacrificada (DD, *Hist. I*, 150).

Este mismo religioso alaba los actos de contrición de los sacerdotes y ministros del templo, pero se horroriza ante la cuantiosa sangre que derraman en sus penitencias y purificaciones. Iguala los tiempos prehispánicos con los cristianos al afirmar que tales sacerdotes y ministros del templo intentaban ser o eran célibes, y acostumbraban realizar actos penitenciales antes del sacrificio mayor (ayunar, no fornicar, azotarse, autosacrificarse y martirizarse al demonio) (DD, *Hist. I*, 53).[8] En la fiesta de Tezcatlipoca: «[...] guardauan continencia y muchos de ellos por no benir a caer en alguna flaqueça se hendian por medio los miembros biriles y se hacían mill cosas para boluerse impotentes por no ofender a sus dioses» (DD, *Hist. I*, 64). Estas aseveraciones constituyen para nosotros una inconsistencia lógica: ser mártires del demonio y, simultáneamente, «castigar las carnes» para no pecar. No obstante, Durán la repite para la zona mixteca:

> [...] hubo sacrificio de los miembros genitales por los cuales sacaban cuerdas de á quince y de á veinte brazas y otros para hacerse imposibilitados de no pecar los hendian por medio (cosa que hace temblar las carnes) á trueque de que los tuviesen por siervos del demonio y por hombres santos y penitentes y castos y honestos que era en lo que más hincapié hacían (DD, *Hist. I*, 170).

¿Lo hacían para no pecar, aunque carecieran de la conciencia del pecado, como algo relacionado con el tipo de relaciones sexuales reprobadas por los cristianos, o lo hacían por lo contrario, como una forma de ensalzar e incitar los deseos sexuales y, con ello, la fertilidad e incluso el placer?

Enseguida, Durán refiere cómo esos indios otorgaban gran valor al agua, pues con ella se lavaban y esto «les seruia de confesion y purificacion de los pecados», y también para limpiar sus autosacrificios sangrientos en ojos, lenguas, orejas, etc. (DD, *Hist. I*, 172). Tras los actos penitenciales de religiosos y legos, y la convicción del fraile en la conciencia del pecado y el sentimiento «prehispánico» de culpa, la segunda parte de la liturgia —al igual que en la misa católica— se dedica al sacrificio mayor, al momento de la plegaria de ruptura, la muerte y la ingesta del ser vivo. En ese momento reconoce lo sacro. Dice: «[...] la cual carne de todos los sacrificados tenian realmente por carne consagrada y bendita y la comian con tanta reuerencia y con tantas cerimonias y melindres como si fuera alguna cossa celestial y assi la gente comun jamas la comia sino alla la gente yllustre y muy principal» (DD, *Hist. I*, 116). No obstante, el hecho de que la consideraran «cossa celestial» es, para él, equivocado.

El dominico atribuye a tlaxcaltecas, huexotzincas, calpas, tepeacas, teacalcas, atotonilcas y cuauhquecholtecas el sacrificio de los cautivos atrapados en otros pueblos, y en casi todas las ceremonias narra la riqueza de ornamentos desplegados en distintos momentos. Sin embargo, el estilo mecánico y estereotipado que vuelve a sus descripciones continuamente delata su internalización del estereotipo del indio (ofrenda del corazón, cuerpo arrojado por las gradas, colecta por sus dueños, reparto del cadáver y banquete antropofágico)(DD, *Hist. I,* VI).

Otra tendencia a la desacralización de la religión del «otro» se evidencia cuando habla de la muerte de más de mil (DD, *Hist. I,* 42) o de 80 400 hombres de diversas provincias y ciudades en cuatro días. A él, la cifra de sacrificados le parece increíble, pero alega haberlo encontrado en muchos otros lugares escrito y pintado. La muerte de otros la explica porque querían «comida sabrossa y caliente de los dioses cuya carne les era dulcísima y delicada» (DD, *Hist. I,* 44). En varias ocasiones, Durán relata cómo sacrificaban seres humanos en las ceremonias de ascenso al trono, cómo los desollaban y vestían sus cueros «a la manera que el dios de la fiesta estaba», reduciendo las razones de tal actuación a su bestialidad. Son los casos de Totec y Xipe Tlatlauhquitezcatl (DD, *Hist. I,* 175).[9] También menciona la fiesta del ídolo Xocotl, llamada «fiesta de los muertecillos», en la cual honraban también a otros ídolos y sacrificaban muchos esclavos vestidos como dioses principales. Los echaban vivos al fuego «y a medio asar antes que muriesen los sacauan y los sacrificauan cortandoles el pecho». De acuerdo con el dominico, tras ellos sacrificaban a otros esclavos, y, como eran numerosos, había muchos cuerpos muertos tirados en el suelo (DD, *Hist. I,* 127).[10]

Las frases recurrentes que nos remiten a relatos dantescos del infierno corren paralelas a los actos posteriores al sacrificio mayor como parte final del culto: el retorno a la vida con el banquete, las borracheras, las danzas, los cantos, la música y la toma de reliquias. «Acabada la pressa celebrada con mucho regocijo y algaçara todas aquellas moças que hauian servido al ydolo y moços de que hemos benido tratando des dauan libertad para que se fuesen y asi en orden unas tras otras salian para yrse» (DD, *Hist. I,* 55).

Los sacrificios celebrados a menudo por los indios (a principios del mes, de la semana, de trece en trece días), con diversidad de víctimas (niños, niñas, cautivos, doncellas, etc.), así como con exceso de violencia, derramamiento de sangre, pecados e ingesta de carne humana, ocupan un lugar central en los libros de Durán. De sus afirmaciones se sabe que en las comunidades prehispánicas, la totalidad integrada respondía a un orden: los indios usaban los signos calendáricos en los intercambios, los casamientos, los baños, en comer ciertos alimentos; por el calendario sabían qué hacer cada día (sembrar, labrar, cultivar maíz, frijol, calabaza, recoger, desgranar, etc.) y cuándo debían realizar sus fiestas y rituales.

El cronista destaca cómo la mezcla de hechicería, superstición e idolatría se expresaba en todos los ritos y en las actividades: en los mercados, los baños, los cantares, las comidas, los «mitotes» y los banquetes, en labrar la tierra y edificar las casas, en los nacimientos, casamientos y funerales; pero lo aparta de la vida militar, económica y social, y lo incultura con altas dosis de moral, debido a que a él no le interesa averiguar cuál es la relación entre unas y otras manifestaciones, sino cómo se puede identificar la idolatría. Al respecto, sostiene que la celebración de los sacrificios era ordinaria y común en cada fiesta, «[...] como es ordinario el matar en la carnicería carneros o uacas, y no lo encaresco muncho —añade— pues auía dias de dos mil, tres mil hombres sacrificados, y día de ocho mil, y otros de á cinco mil, la qual carne se comian y hacian fiesta con ella después de auer ofrecido el coraçón al demonio» (DD, *Hist. I,* 476). En suma, evidencia la singularidad ritual prehispánica, pero ante ella solo cabe su «verdadera» explicación, aquella que lo comprende todo en un único complejo, el complejo del mal o el «entendimiento equivocado», para incorporar las variantes indígenas en el proyecto cristiano.

Lo anterior se ilustra con una digresión acerca de las relaciones de parentesco, sexuales y de género de las sociedades precristianas, sobre todo de las griegas y romanas, ya que, ante el desconocimiento de las religiones prehispánicas por contar únicamente con restos materiales, la comparación nos permitiría una mayor comprensión de las modificaciones realizadas por los cronistas cuando cristianizaron o intentaron cristianizar las «culturas extrañas» mesoamericanas.

En torno a las diosas-madre

Los estudios antropológicos plantean que la celebración de sacrificios humanos no fue común en las tribus cazadoras y recolectoras, en las que sí se celebraron sacrificios sangrientos de animales, sino entre las comunidades agrícolas de la Antigüedad, donde predominó el orden matrilineal de parentesco,[11] es decir, relaciones en las que la línea de descendencia estuvo determinada por la madre, y el linaje se heredó por línea femenina: de la abuela a la madre, de la madre a la hija, etc. «En el orden matrilineal, los hermanos y las hermanas de la madre y sus hijos forman parte del clan de la mujer y, en general, viven juntos en una casa comunal».[12] Es necesario no confundir matrilinealidad con matriarcado en la interpretación de las representaciones antiguas, sobre todo en las esculturas y relieves de las diosas-madre o divinidades de género ambivalente, porque en la estructura matrilineal del parentesco están presentes elementos de la estructura patrilineal. La autoridad es, frecuentemente, masculina (el hijo o el hermano de la madre), es decir, detenta el poder de gobierno militar y sacerdotal. Los lazos entre hermano y hermano son más fuertes que los de la madre y el padre, pues este último es un «extranjero» que pertenece al clan de su madre. Así, existe un concepto de familia extensa, no cerrada o nuclear como en las familias en las que rige el patriarcado.

> Y esto porque la madre es la primera y única persona con la cual el ser humano tiene antes y después de su nacimiento contacto: *mater semper certa est* decían los romanos. El padre no jugó un papel importante en la reproducción física cuyo proceso biológico fue en partes desconocida, y vivió, como fue costumbre en sociedades matrilineales, en la casa de su madre. Las madres tienen una relación muy estrecha con sus hijas e hijos porque ella es su sostén. Así la reproducción física de la especie humana se convirtió en modelo de toda la reproducción y fue proyectada

a la naturaleza como base de la reproducción de los alimentos. De esta forma también nació el concepto de la madre tierra o madre nutricia.[13]

En asociación con la luna, en las sociedades agrícolas se creyó que la sangre, basada en «la reproducción, la muerte y la resurrección»[14] ordenaba y mantenía la armonía del cosmos. Se consideró que los sacrificios humanos eran el núcleo de la acción, tanto de las fuerzas divinas como de las sociales y humanas. Con ellos, lo tangible y lo intangible tendían lazos de comunicación, pues los númenes aplacaban su ira, evitaban las guerras, los cataclismos y las plagas; garantizaban los ciclos cósmicos y concedían los dones necesarios para la reproducción comunitaria al favorecer las cosechas, multiplicar los animales consumibles, fertilizar a las mujeres y evitar las enfermedades, y las muertes prematuras.[15]

La función central del sacrificio humano, evidenciada en el culto primordial a la madre tierra o madre nutricia, simbolizada y representada en las diosas-madre y sus distintas advocaciones (diosas de la fertilidad, del agua, de la tierra, la vida, la muerte; protectoras del comercio, la navegación, la guerra, los esclavos), fue la producción y la reproducción de la especie humana y de su vida material y espiritual, lo que provocó que en los rituales los fieles se sintieran conectados con las fuerzas naturales y sobrenaturales.

En los sacrificios humanos demandados por las diosas-madre —por las deidades que, según los mitos, procedían de las entrañas de la tierra o las cuevas—, la sangre rociada en los campos se interpretó como el alimento de eros, el placer y la vida, como el poder derramado sobre la tierra, capaz de germinar las semillas, hacer crecer los frutos y alejar las enfermedades. Asociada con la luna, la menstruación y el parto, las sociedades antiguas creyeron que la sangre ordenaba el cosmos y conservaba la armonía. Es el caso de Hécate triforme, «señora de los mysteria brujescos y de las crisis de melancolía y licantropía», de la fecundidad, de los períodos menstruales y los nacimientos.[16]

Las conductas de las diosas-madre de la antigüedad euroasiática y africana, transmitidas mediante la literatura, los mitos y los restos arqueológicos, fueron ambivalentes: lo mismo proveyeron alimento y protección, que devoraron a sus hijos o castraron a los varones. Esas conductas evidenciaron los conflictos entre los géneros y el tabú del incesto, principalmente la prohibición de las relaciones sexuales entre las madres y sus hijos. El poder femenino no solo se reconoció en la capacidad de las mujeres de engendrar, dar a luz y amamantar, sino también en sus aptitudes para proveer placer sexual.[17]

La concepción de nuevos seres obsesionó a griegos y romanos, quienes estudiaron extensamente los genitales masculinos y femeninos, la esterilidad, el feto, el aborto, el embarazo, el alumbramiento y los coitos. Ante situaciones de emergencia, como pestes y hambrunas, los oráculos aconsejaron sacrificar doncellas, es decir, mujeres en edad fértil: lo más valioso de la comunidad. Alguna autoridad masculina adoptó el papel de sacrificador y garante de la cohesión social: quitó y dio la vida en el mismo momento.[18] Esa autoridad, que podía ser el rey-sacerdote o el líder de una ciudad, en conjunto con sus allegados, determinaron las formas de desviar los deseos sexuales inconvenientes o destructivos para orientarlos a la creación cultural, la producción material y la reproducción de la especie.

En tanto en la Edad Antigua los cementerios se ubicaban en el centro de las ciudades, la convivencia con los muertos era cotidiana. En Atenas, por ejemplo, se acostumbró sacrificar y comer una vaca —el animal sustituto de Hera— en la tumba, repartir su carne entre los vivos y dejar la sangre para el muerto.[19] De manera similar, otros sacrificios de diosas significaron el principio de la reproducción biológica y económica al quedar representados en templos y monedas, como el caso de la diosa romana de origen etrusco Juno, en cuyo templo, erigido en una colina del monte Capitolino hacia el año 400 a.C., se acuñó la moneda. Juno Moneta y Juno Lucina (otra de las advocaciones de Juno), presidieron las Matronalias, las fiestas del calendario romano dedicadas al alumbramiento y a las mujeres por extensión. Además, guardaron la castidad de las doncellas y esposas, ampararon la menstruación y fueron adoradas como diosas del matrimonio.[20]

Dada la importancia de la guerra para la sobrevivencia de la sociedad, después de intrincados ajustes legales e intensos conflictos entre el orden matrilineal y el patrilineal, en comunidades de tiempos y espacios distintos, los varones lograron controlar el poder femenino de la fertilidad y la reproducción en casi todo el mundo. Para ello, los sacrificios humanos a las diosas-madre fueron sustituidos por sacrificios de animales, y estas deidades fueron relegadas y situadas en el panteón de los dioses masculinos como modelos de madre y mujer, a los que se les confirió el ordenamiento y la dominación de la naturaleza biológica, material y cultural, demandándoles la renuncia o la limitación de su erotismo y sexualidad a su capacidad de parir, amamantar y criar.

Por lo general, en las religiones antiguas, la música y otras manifestaciones artísticas y culturales desarrollaron el erotismo, conservaron las tensiones sexuales y, a la vez, las liberaron para sustituir o compensar los sufrimientos y sacrificios. Los sonidos del cuerno o el caracol fueron sustitutos del poder sexual, que invoca a los dioses y los deleita para que presencien los sacrificios cruentos e incruentos.[21] Hay ritos que imitan el acto sexual, que representan la fornicación como un combate, que manifiestan su creencia en los vínculos sexuales entre los seres vivos y las cosas, que asocian el orgasmo con el fuego o con la muerte, o le rinden culto a la vulva. De este modo, si en los cultos de la Antigüedad existieron momentos y espacios de libertad sexual, esto no equivalió a la ausencia de códigos morales relacionados con las prácticas sexuales, como lo difundieron, para degradarlo, filosofías y sectas inclinadas a la espiritualidad, sobre todo neoplatónicos y agustinianos.[22] Los denominados paganos también desarrollaron la empatía, la repugnancia, los escrúpulos, la piedad, el autocontrol, el dominio de las pasiones, la contención de los movimientos corporales y el uso de la razón como elevadas virtudes. A los pueblos sin normas de conducta los consideraron bárbaros, y a los hombres sin religión los miraron como incompletos. (A, *Ética*)

En comunidades de cualquier época y lugar, las reglas del parentesco y las relaciones sexuales han constituido un sistema complejo.,[23] De ellas da cuenta el lenguaje, están presentes en la división del trabajo, en las guerras, en la política y en los conflictos sociales, porque los coitos, los embarazos, los partos, los nacimientos, las uniones o matrimonios significan el sustento y la continuidad de la comunidad. La paz y la guerra, la potencia y la impotencia, la fertilidad y la infertilidad, la castración y la contención de los deseos son determinantes para la vida y la muerte. De ahí la importancia de los ritos de paso, cuando los jóvenes alcanzan la pubertad, se separan de las mujeres y los niños, prueban su carácter, fortaleza y madurez, tal vez con sacrificios menores como tatuajes y mutilaciones que quedan como señas; con uniones solidarias con otros varones y ritos de preparación para las guerras.

En la literatura y el arte antiguos (en China, la India, Persia o Grecia) podemos observar que el coito se representó como una batalla, se asoció a la lucha entre los sexos y la sexualidad masculina a la guerra. Las acciones violentas se muestran cargadas de erotismo; la abstinencia es, frecuentemente, parte de la preparación para las contiendas, y los éxitos en las batallas se relacionan con la tensión sexual y su liberación.[24] Por eso, en los rituales de caza y guerra, incluso en los cultos funerarios, a los varones les conceden licencias para satisfacer sus deseos sexuales y, en ocasiones, las doncellas pierden su virginidad en un sacrificio con el cual se inician las expediciones.

El sacrificio del chivo, sustitución de la diosa-madre de origen asiático Artemisa, o el sacrificio del cerdo, sustitución de Demeter (la diosa de la agricultura, que en algún momento ingirió la carne cocida del joven Pélope, quien, al renacer, mostró cómo la muerte entraña la resurrección), animan la agresividad masculina y las pieles de estos animales desollados son portadas, a menudo, por los guerreros como capas o escudos.[25] Muchos héroes míticos se distinguen por estar cubiertos con la piel de algún animal sacrificado, y sus aventuras, sus guerras y sus competencias se asocian al cambio de las estaciones y los cursos de la luna y el sol. No obstante, a los varones, las hembras les causan miedo. De ahí que las representen como monstruos o bestias, sobre todo como serpientes, dragones u otros reptiles, es decir, como animales misteriosos poseedores de armas secretas y capacidades mágicas, sobre todo la procreación. La domesticación de la feminidad es difícil, pero debe imponerse para la sobrevivencia de la comunidad.[26] Una representación de la necesidad de exaltar esta dominación masculina se representa en los altares a los dioses planetarios del Circo Máximo en Roma: debajo de la pirámide del sol se localizan los altares de la Luna, Mercurio y Venus, y sobre él, los altares de Saturno, Júpiter y Marte.[(27)]

Disciplinar los bajos instintos

¿Qué lugar ocuparon las relaciones sexuales en el mundo prehispánico? ¿A qué reglas respondieron? ¿Cómo interpretar los restos arqueológicos que, abierta y repetidamente, representan escenas que remiten a vulvas, falos, coitos, embarazos y partos? ¿Predominaban las estructuras matrilineales de parentesco? ¿Es posible que a la llegada de los españoles a América existieran conflictos entre la estructura matrilineal y patrilineal que ellos no advirtieron?

Las crónicas de los evangelizadores nos alejan de las respuestas a estas interrogantes, porque introducen confusiones, como depositar siempre la autoridad en los varones cuando, como ocurre en otras sociedades, podrían haberla tenido para ciertas actividades como las económicas y la guerra, pero no para el resto de la vida social y cultural.

Tenemos poca información acerca de las reglas de pertenencia y sucesión de la supuesta nobleza azteca que los españoles aseguraron encontrar. Lo que sí sabemos es que la parte femenina desempeñaba un papel muy importante, ya que la herencia y descendencia eran bilaterales.[28] Es probable que existiera la poliginia, por lo menos en los estratos superiores, pues se establecían alianzas con otros pueblos por medio del matrimonio,[29] pero no la estructura patriarcal del cristianismo, que impone un orden jerárquico vertical, la exclusión de las mujeres de muchos ámbitos de la vida social, y el valor de la honra y el honor vinculado a la templanza femenina (virginidad y castidad).

A pesar de lo anterior, con la vista puesta en el patriarcado, Sahagún identifica en la sociedad mexica un tipo de ordenamiento: el padre es «la primera raíz y cepa del parentesco»; la madre es propietaria de los hijos a quienes cuida, es «como esclava de todos los de su casa»; los hijos y las hijas pueden ser viciosos o virtuosos. Siguen los tíos, las tías, los sobrinos, las sobrinas, el abuelo, la abuela y así hasta el tatarabuelo, en lo que se refiere a las relaciones directas de parentesco (BS, *Hist. II,* 584-587). El seráfico también observa los estamentos sociales medievales masculinizados: señor, rey, emperador, papa, obispo, senador, noble de linaje, caballero, hidalgo, artesanos, mercaderes, etc. (BS, *Hist. II,* 590-626). Entre la gente viciosa de la sociedad incluye a los rufianes, alcahuetes, embaucadores, traidores y ladrones, y frente al «sodomético» reacciona como un inquisidor: es «abominable, nefando y detestable, digno de quien hagan burla y se rían las gentes. Y el hedor y la fealdad de su pecado nefando no se pueden sufrir por el asco que da a los hombres. En todo se muestra mujeril o afeminado, en el andar o en el hablar, por todo lo cual merece ser quemado» (BS, *Hist. II,* 600). Por supuesto, estas clasificaciones y condenaciones corresponden con su formación doctrinal, y con las decisiones tridentinas de considerar «pecados muy atroces y graves» a los pecados de la carne (homicidio voluntario, aborto procurado, incesto, sodomía y bestialidad) cuyo castigo se reserva a los obispos.[30]

Si el orden mexica era matrilineal, o se encontraba en el tránsito a la patrilinealidad al momento de la conquista española,[31] las prácticas homosexuales y bisexuales difícilmente constituían un tabú, aunque la procreación se exaltara y lo masculino se impusiera como autoridad en el gobierno, en la guerra, en el dominio sexual de los jóvenes, y existieran reglas rigurosas impuestas a las mujeres para evitar el incesto y regular las uniones. Sin darse cuenta de que el orden patriarcal no correspondía con las prácticas sexuales prehispánicas y ante la dificultad para determinar cuál era la "legítima" mujer de un hombre, pero con el deseo de que los indios tomaran los sacramentos del matrimonio, la comunión y la confesión, el propio Sahagún señala que «hay muy pocos que vayan vía recta a recebir estos sacramentos, lo cual nos da gran fatiga y mucho conocimiento de lo poco que han aprovechado en el cristianismo» (BS, *Hist. II*, 631).

En la interpretación de Sahagún, las mujeres, asociadas a la naturaleza terrenal y salvaje, proclives a aliarse con las fuerzas demoníacas, son incitadoras de la actividad sexual, de ahí que, en una lectura guiada por el Levítico, las relacione con lo muerto, lo maloliente, lo podrido y lo oscuro del vientre preñado. Separadas por capítulos, en la crónica de este fraile, las médicas y hechiceras comparten elementos con el estereotipo de las brujas occidentales, obsesivamente perseguidas por la Inquisición durante esa época; con las prostitutas, las adúlteras, las hermafroditas, las monstruosas y las alcahuetas, que son como diablos engañadores (BS, *Hist. II*, 607-608).

No es lógico que en las comunidades prehispánicas las relaciones sexuales estuvieran asociadas con lo pecaminoso, el mal, lo podrido, lo maloliente o el excremento, como señalan los evangelizadores, ya que existen numerosas representaciones —estatuas y figurillas, principalmente— que muestran la adoración a las diosas en posición sexual o de parto. En otras representaciones, el pene fertiliza la tierra, y en el *Códice Borbónico*, uno de los pocos códices precolombinos, la diosa-madre Toci se representa rodeada de hombres que portan falos, y a ella le tributan mazorcas. Quizá por eso Durán la encuentra similar a la romana Cibeles (DD, *Hist. II*, 154). Asimismo, las deformaciones de los genitales, la introducción de espinas de mantarraya o espinas de maguey en el pene, los sacrificios menores, podrían ser formas de sacralización no relacionadas necesariamente —como señalan los cronistas— con la templanza, sino todo lo contrario, con la excitación de los genitales masculinos.

La lógica dicotómica que separa lo material de lo espiritual, lo terrenal de lo celestial, lo sagrado de lo humano, las funciones de los númenes de la producción y la reproducción, es común en las interpretaciones cristianas. De ahí que estos religiosos separen las representaciones del útero con la urna funeraria y los recipientes domésticos y sagrados, y despojen de su significado reproductivo a las serpientes, los caracoles, las conchas y los pájaros, elementos que hoy pueden verse en las pirámides y otros edificios mesoamericanos y que, en casi todas las religiones, conllevan cargas sexuales. Esto corresponde con la tradición historiográfica medieval cristiana que intenta descifrar, a partir de los propios valores, las culturas extrañas que desde las Cruzadas llaman la atención de los viajeros y mercaderes.

Debido a que en el mundo prehispánico predominaron las relaciones matrilineales de parentesco y no un tipo de relaciones similar al patriarcal cristiano, conforme la teología moral hispana, todas las relaciones sexuales fuera de este código resultan perversas. Así, Durán habla de señores que tenían concubinas encerradas como en un harem, que salían en la fiesta de *tecuilhuitontli* vestidas «de muy galanos aderezos », e introduce la muy española costumbre de adular a las damas: «Ibanlas festejando y requebrando muchos de los caballeros y gente principal de la corte llevando ellas sus ayos y amas que miraban por ellas con toda la diligencia del mundo». Acto seguido, menciona un comportamiento propio de la poliginia islámica: solo a los principales de «mucha calidad» se les permitía tener muchas mujeres; no más de las que pudiesen sustentar (DD, *Hist. II*, 264). En otra parte de su escrito, reconoce la importancia de la reproducción en el mundo precristiano pues, bajo el signo dieciocho, *tecpatl* (pedernal), se podía producir la esterilidad de los hombres y las mujeres,

> [...] y así les pronostícaban el nunca tener hijos que es el mayor dolor y mal que esta nacion siente y les la mayor afrenta entre ellos que se les puede decir ni hacer e el llamallos estériles infecundos y así los estériles que no tenían hijos viven afrentados y á trueque de tener hijos cometen muchos males y pecados de manera que los que nacían en el signo del pedernal en todo eran dichosos excepto en ser fecundos y tener hijos (DD, *Hist. I,* 232).

Es extraña la secuencia de las ideas: ¿«[...] cometen muchos males y pecados»?, pero ¿«están en todo dichosos»? Sahagún, Durán y otros cronistas evangelizadores no dudan de la centralidad de la figura paterna en los pueblos prehispánicos. Por eso, a la manera cristiana, destacan la importancia de la madre, la maternidad, la fecundidad, la fertilidad de la tierra y la relacionan con el género femenino, pero no entienden el misterio que suscita engendrar y dar a luz, la conexión de la menstruación con los ciclos lunares, el conocimiento femenino de las leyes de la naturaleza, en especial de las fuerzas telúricas. En suma, no perciben sus poderes ni la posible búsqueda de los varones para someterlas, o, al menos, controlarlas. Tampoco se percatan de los conflictos o tensiones entre los géneros.

En las sociedades antiguas fue muy común que las estructuras matrilineales se correspondieran con concepciones cíclicas del tiempo, las cuales tienden a darle mucha importancia a los vínculos de sangre y, por supuesto, a las diosas-madre.[32] Sus cultos y sus ritos son más sangrientos y están orientados a la renovación de los ciclos calendáricos, la solidaridad comunal y la supresión de la individualidad. Esto puede explicar por qué Sahagún habla de diosas femeninas mexicas, que son advocaciones locales de la misma diosa madre, y poseen atributos de Eva o de María, dos figuras inculturadas en el mundo mesoamericano dentro del esquema cristiano dicotómico del bien y el mal. Así, Tlazolteotl, «la diosa de la carnalidad», es otra Venus que se descompone en «advocaciones» que, identificadas con las brujas, reciben la confesión de sus pecados de la carne y, al igual que en los aquelarres, ellas mismas los perdonan. El franciscano dedica a estas una larga descripción por significar a todas las mujeres aptas para el acto carnal. Afirma: tenían «poder para provocar la luxuria, y para inspirar cosas carnales, y para favorecer los torpes amores» (BS, *Hist. I*, 44). El caso contrario es Coatlicue —quien ocupa el lugar de una virgen María invertida— pues un día, haciendo la penitencia de barrer, «descendióle una pelotilla de pluma» que puso junto a la barriga y quedó preñada de manera que nunca se supo quién había sido el padre de su hijo Huitzilopochtli (BS, *Hist. I*, 203-204), una especie de Anticristo.

Para una cultura precristiana como la mexica, resulta extraño imaginar cómo los «malvados» toman conciencia del pecado y desean reformarse; también es rara la institución de la prostitución a la manera medieval descrita por Isidoro de Sevilla. Sin embargo, de acuerdo con Sahagún, las mujeres y los hombres carnales y sucios confesaban a sus diosas sus pecados, porque ellas decían tener poder para perdonarlos y limpiarlos. Nuevamente, la supuesta conciencia indígena del pecado y la confesión se hacen presentes.

En ese mismo sentido, Durán afirma que la virginidad era muy celebrada entre los señores y principales prehispánicos, de modo que —al igual que en las estructuras patriarcales de las religiones monoteístas—, cuando una mujer se presentaba en el tálamo en estado no virgen, los invitados daban a conocer «su mal recato». Esto lo lamentaban mucho los padres y lloraban. Empero, si era virgen, se ofrendaba a los dioses y celebraba un gran banquete. En las crónicas de este dominico, el reconocimiento de la virginidad y la no pecaminosidad se narra a la manera cristiana, pero resulta contradictorio debido a las frecuentes alusiones a la carnalidad indígena de las que se deriva el significado negativo que asigna a las serpientes cuando, por sus numerosas representaciones en templos, pinturas, cerámica, etc., es posible que en Mesoamérica representaran figuras sagradas ambivalentes. Durán distingue los cultos a las diosas-madre, supuestamente prehispánicas, como celebraciones llenas de sacrificios humanos vinculados con el nacimiento, la muerte, la fertilidad, la reproducción y la agricultura, donde lo que más importa es su bondad o su maldad. Verbigracia: a Cihuacoatl, la diosa de los xochimilcas, hermana de Huitzilopochtli, festejada en México, Texcoco y «toda la tierra», dice que le ofrecían más seres humanos que a ninguna otra (DD, *Hist. II*, 131-140).

> La diosa de las mieses y de todo genero de simientes y legumbres era Chicomecoatl [...] el primer nonbre que es Chicomecoatl, que quiere deçir culebra de siete caueças le era puesto por el mal que haçia los años esteriles quando helandose los panes hauia necesidad y hambre [...] El segundo nonbre que tenia era Chalchiuhcihuatl que quiere decir tanto como muger de piedra preciossa el qual nonbre le aplicauan quando daua el año abundante y fértil [...] (DD, *Hist. II*, 141-142).

En las descripciones de los ritos de las diosas, afirma que las llevaban en procesión a los montes, las sierras y las cuevas y les ofrecían sacrificios de indias vestidas como la diosa para mantenerla viva por medio del honor y la honra y para que cubrieran necesidades «por falta de agua o por pestilencia o por hambre o para el auxilio de guerra futura». En el caso de Xuchiquetzal, relata que de ella los indios obtenían el perdón de los pecados, después de examinar su conciencia, confesarse y hacer penitencia (DD, *Hist. II*, 160-162). Se entiende que por razones bíblicas Durán insista en la feminidad y en la maldad de las serpientes, no como un tema sagrado, conectado con la fertilidad o las prácticas sexuales ambivalentes (como ocurre con las serpientes en otras religiones), sino como algo diabólico. Por tal razón, cuenta que en el signo *Cipatly* (cabeza de sierpe), el primer día del mes del calendario, celebraban una fiesta solemnísima durante la cual no se permitía barrer la casa, ni hacer de comer. Este signo era como letra dominical pues «celebraban en toda la tierra generalmente aquel dia harto con mas rigor que nosotros celebramos el domingo; con el mismo celo que los judíos celebraban el sábado y le guardaban» (DD, *Hist. I,* 230-231). A los que nacían el día del quinto signo *coatl* (culebra) les pronosticaban vivir como «hombres pobres desnudos sin abrigo y mendigo desarapado, sin casa propia: vivirían siempre de prestado y á pensión de otro y de continuo servirían y esto á imitación de la culebra que anda desnuda [...] era signo tenido por malo» (DD, *Hist. I,* 235).

De acuerdo con lo planteado por este evangelizador, los servidores del templo del ídolo Camaxtli eran muchos sacerdotes con mancebos que debían mantener la castidad y no caer en la lujuria. No debían conocer mujeres ni sentir ninguna «desonestidad» ni curiosidad en mirarlas, ni en obra ni en palabra, so pena de muerte (DD, *Hist. I,* 79-88). No obstante, también había mancebos que servían en el templo a quienes se les permitía «la fornicaçión simple con mucha libertad [...] les dexauan tomar vna sola manceba [...] dandosela como a prueba para que si teniendo hijos della quixiese despues casarse con ella se casase y si no que la pudiese dexar y cassarse con otra [...]» (DD, *Hist. I,* 85-86).

Es evidente que las formas antiguas de veneración de las diosas-madre y las reminiscencias de las estructuras indígenas de parentesco debieron ser condenadas, sustituidas e inculturadas. Más aún tras los acuerdos de Trento, cuando en las juntas, los consejos y los concilios, el aparato eclesiástico presionó al clero regular para cambiar las políticas de cristianización y darle mayor importancia a los cultos marianos y a la formación de cofradías con el objetivo de luchar en contra de la persistente idolatría.

Pecados por fornicación

En las sociedades antiguas, las orgías exclusivas para las mujeres, lejos de significar liberación —aunque en ocasiones lo intentaran— establecieron normas de conducta para el bienestar de las comunidades, señalaron la relación entre la vida, la muerte y la domesticación femenina, al destacar su importancia en funciones vinculadas con la agricultura, la fertilidad y la familia. También implicaron, mediante la danza y el canto, una preparación física para procrear hijos fuertes, ya que se pensaba que las dramatizaciones tenían efectos mágicos a escala cósmica. Su celebración formó parte de los cultos prenupciales y de iniciación a la sexualidad, muchas veces en honor de alguna diosa-madre,[33] representante de la naturaleza multiforme y el erotismo, para lo cual las participantes lanzaban «gritos de júbilo y lamentaciones, danzas frenéticas y fúnebres, sones de flauta» y practicaban la prostitución, la manipulación y la mutilación de los genitales. No obstante, como lo expresan diversos mitos correspondientes a religiones premonoteístas, resulta difícil distinguir la realidad de la ficción.[34]

En oposición a la magia racional, en Grecia, la orgía fue una forma de magia homeopática para erotizar a la sociedad, para entrar en trance y concretar la comunión religiosa.[35] Al igual que en otras fiestas, las mujeres bebían, bailaban y lanzaban gritos rituales, enunciaban profecías y se entregaban a una carnalidad desbordada.[36] Si bien todo ello se asoció a la vida, las cópulas y la reproducción, la razón de estas fiestas no debe buscarse —como hicieron los cristianos— únicamente en los deseos, ya que los movimientos corporales y la desnudez tenían un valor moral y un significado espiritual, y podían ser menos excitantes que el vestido y la ornamentación.[37]

El mundo griego del erotismo no se limitó al placer sexual. Fue cultivado en la literatura, el teatro y, en general, en las obras de arte, y se presentó cotidianamente en distintas formas de liberación de las tensiones. Era tan poca «la gente que se ocupaba de clasificar a sus contemporáneos sobre la base del sexo al que se sentían eróticamente atraídos, que no había en uso dicotomía alguna para expresar esta distinción».[38] El cuerpo desnudo fue admirado como bello si presentaba una perfecta musculatura y una proporción equilibrada entre la cabeza, el torso y las extremidades, si guardaba la proporción divina que irradia la fortaleza de la voluntad y la nobleza del alma,[39] como ocurrirá siglos después en el arte del Renacimiento. No obstante, durante mucho tiempo, las orgías griegas fueron descritas a partir de los prejuicios cristianos que también aparecen en la obra de Sahagún, quien asegura que los mexicas celebraban fiestas dionisiacas o bacanales en las que tomaban bebidas embriagantes, sobre todo pulque, como una manera de percibir señales divinas o adentrarse en mundos desconocidos, pecar y hacer su voluntad, y todo quedaba sin culpa ni castigo (BS, *Hist. II,* 63-64).

En las respuestas dadas por los ancianos informantes a Sahagún, los valores morales cristianos aparecen constantemente, sobre todo respecto a las prácticas sexuales que permiten limpiar de pecados al pasado idolátrico. El interés por modificar esta parte de la vida indígena correspondió tanto a los pupilos adoctrinados como al fraile franciscano, pero ¿al mundo prehispánico? En el libro décimo de la *Historia general,* en el que se tratan los vicios y las virtudes, así como cuestiones relacionadas con el cuerpo, las enfermedades y las medicinas, el cronista incluye una «Relación» que aclara cómo gracias a la llegada de los españoles cesaron los excesos, pues los indios criaron a sus hijos «en grande austeridad, de manera que los bríos y inclinaciones carnales no tenían señorío en ellos, ansí en los hombres como en las mujeres» (BS, *Hist. II,* 627).[40]

Con la obsesión de introducir urgentemente el matrimonio monógamo a fin de modificar de tajo las costumbres sexuales de los naturales, el Primer Concilio Provincial Mexicano insistió en la condena de los paganos al infierno y exhortó a los religiosos a castigar a los que cometieran pecados públicos,[41] a los que se casaran clandestinamente «en grados prohibidos de derecho», a «los que hacen vida variable con sus mujeres no habiendo recibido las bendiciones de la Iglesia, y contra los incestuosos y los que están casados dos veces [...]».[42]

A pesar de adoptar lo que parece una consigna dada por la Iglesia para clasificar a los paganos americanos, Sahagún reconoce que al prohibir sus malas costumbres «perdióse todo el regimiento que tenían» (BS, *Hist. II,* 627). Los vicios llegaron con el caos, porque «como no se exercitaban en los trabajos corporales como solían, y como demanda la condición de su briosa sensualidad, [...] comenzaron a tener bríos sensuales y a entender en cosas de lascivia [...]» (BS, *Hist. II,* 630). Por eso, se trató de guardar a los hombres en monasterios y a las mujeres en conventos, se les obligó a cantar maitines, azotarse por la noche, hacer oración mental, y se introdujo la cohabitación matrimonial.

Como es sabido, la castidad, la promesa de virginidad perpetua consagrada a Dios, fue una virtud y deber moral para el sacerdote católico. En el siglo XVI, fue muy vigilado en España y se castigó con penas que abarcaron desde la cárcel hasta la excomunión. Distinguía a los servidores de la Iglesia del resto de los mortales por significar decencia, decoro y buen ejemplo.[43] A decir de Sahagún, los clérigos tuvieron dificultades para casar a los naturales que tenían muchas mujeres y acostumbrarlos a la confesión anual y a la comunión (BS, *Hist. II,* 629-630). En el caso de los monasterios, él transmite las ideas sobre el celibato y la castidad practicadas por los sacerdotes cristianos, un asunto muy debatido hasta que el Concilio de Trento lo instituyó obligatoriamente.

De acuerdo con Sahagún, las mujeres que servían en el templo mexica fueron llevadas por sus madres desde pequeñas y salían —como las novicias cristianas— cuando alguien les pedía matrimonio (BS, *Hist. I,* 199). Por otra parte, en relación con el problema de la pecaminosidad, destacada en el Concilio de Trento y en el Primer Concilio Mexicano,[44] incluye la confesión en el mundo indígena al afirmar que los indios pecadores acudían a los sátrapas de Tlazoteotl para confesar sus «hediondeces y podredumbres». Lo hacían en presencia del dios Tezcatlipoca, que, como el dios cristiano, en realidad sabía todo, y nada se le podía ocultar. Los indios daban cuenta de sus pecados «por la misma orden que los hizo, con toda claridad y reposo, como quien dice un cantar muy de despacio y muy pronunciado y como quien va por un camino muy derecho, sin desviar a una parte ni a otra» (BS, *Hist. I,* 45). Lo que no queda claro es ¿para qué confesar actos lujuriosos a númenes igualmente lujuriosos, carnales y comedores de «cosas sucias»? ¿Los pueblos mesoamericanos seguían el mismo procedimiento que la confesión católica o, en realidad, el fraile proyectaba su presente en el pasado? Acabada la confesión —continúa Sahagún—, los sátrapas imponían penitencias similares a las cristianas (ayunos, peregrinaciones, ofrendas a deidades de otros lugares). El pecador se arrepentía y procuraba nunca más cometer esos graves actos carnales. Pero ¿por qué se arrepentía si era lo que las diosas lujuriosas promovían?

La confesión, necesaria en la religión católica para alcanzar la salvación, es un acto individual que corresponde a sociedades en las que existen este tipo de relaciones. Si hubiera existido la práctica de la confesión en las comunidades prehispánicas, además de la conciencia individual, también se habría desarrollado la conciencia del pecado, el sentimiento de culpa y la búsqueda del perdón a través de la penitencia con algún fin o meta. ¿No es demasiada coincidencia que —de acuerdo con la *Historia general* de Sahagún— los sátrapas guardaran el secreto de la confesión y les dieran a los pecadores una cédula firmada por el confesor para que la justicia no los persiguiera, al igual que los sacerdotes católicos? ¿Podría sumarse este otro desliz cristiano?: «Sin haber tenido noticia de las cosas de la fe, estos indios de Nueva España estaban obligados a confesarse una vez en la vida y esto *in lumine naturali»?* (BS, *Hist. I,* 45-47, 324-428). ¿Cumplían disposiciones católicas *avant la lettre?*

En otra parte de la obra de Sahagún, el sexto libro, el mismo sátrapa mexicano, impregnado de teología cristiana, afirma:

> Ya agora has descubierto y manifestado todos tus pecados a Nuestro Señor, que es amparador de todos y perdonador y purificador de todos los pecadores. Y esto no lo tengas por cosa de burla, porque en verdad has entrado en la fuente de la misericordia, que es como una agua clarí-

> sima con que lava las suciedades del alma nuestro señor Dios, amparador y favorecedor de todos a los que a él se convierten (BS, *Hist. I*, 326).

De esta forma, mediante numerosas metáforas, y en forma breve, aforística y repetitiva, la intención sahaguniana de borrar o «limpiar» el pasado indígena y asignarle valores análogos a los cristianos se evidencia en los comportamientos más preocupantes: los pecados de la carne. El fraile afirma que algunos émulos han asegurado que esos comportamientos «son ficciones y mentiras» (BS, *Hist. I*, 305), pero él defiende su postura confirmando que sí es lenguaje de los antepasados indios, y «lo que en este libro está escripto no cabe en entendimiento de hombre humano el fingirlo, ni hombre viviente pudiera fingir el lenguaje que en él está» (BS, *Hist. I*, 305-306). Sin embargo, tanto la forma como el contenido de los *huehuehtlahtolli* (traducida como «antigua palabra de los mexicanos») remiten a las exhortaciones a la sabiduría, la honestidad, la disciplina y la justicia pronunciadas por el rey Salomón en sus Proverbios, tal como informa y confirma Juan de Torquemada en su *Monarquía indiana* (JT, *Monarquía IV*, 265), hecho que antropólogos e historiadores contemporáneos no han atendido y, en cambio, han insistido en la pureza de la moral prehispánica.

Los Proverbios de Salomón son reglas prácticas escritas que señalan el papel determinante del padre en la educación de sus hijos y el cuidado de su mujer, así como «el deber ser» de cada uno de los integrantes de la sociedad hebrea. Estos Proverbios incluyen parábolas y aforismos contra los excesos, y amonestaciones contra la impureza. Coinciden con los proverbios y las sentencias de Séneca, muy difundidas en España durante la Edad Media y valoradas por Alfonso X debido a que enseñan a dominar las pasiones y a conformar el juicio reflexivo. Traducidas al español en el siglo XVI, tenidas por Erasmo como un «cristianismo eterno», presentes en la obra de Íñigo López de Mendoza (1552) como sabiduría inmemorial por sus consejos y su función de ser la guía de los comportamientos, estas reglas reaparecen en la Vulgata (SB, Proverbios).[45]

En virtud de la importancia del estoicismo en los observantes reformados, Sahagún retomó esas reglas y consejos tanto de Séneca como de la Biblia, con la intención de incluir la moral mediterránea en el mundo indígena en relación con las causas y las consecuencias de la enfermedad, el adulterio, el matrimonio, la preñez, el parto, el trato a los recién nacidos, el bautismo y la confesión.[46] Por otro lado, a partir de la lógica de la repetición de contenidos propia de las crónicas, es posible pensar que este franciscano tuvo presentes los *huehuehtlahtolli* elaborados por Andrés de Olmos entre 1547 y 1558,[47] pues fueron recogidos y retrabajados por otros franciscanos, como Mendieta, Juan Bautista y Juan de Torquemada, y que sus discípulos y sus ayudantes cristianizados y latinizados los conocieran, o que él los escribiera y sus informantes, también adoctrinados, los repitieran en náhuatl. Lo que no parece posible es que los consejos de los padres a sus hijos varones y de las madres a sus hijas doncellas, orientados a promover las virtudes morales o cardinales —los cuales, como se ha visto, estuvieron presentes en el estoicismo y el cristianismo—, correspondieran al mundo prehispánico (GM, *Hist.*, 114-118),[48] ya que los diálogos se apegan a la racionalidad de los vicios y las virtudes y presentan valores propios de la familia patriarcal (el padre como autoridad suprema, la estrecha relación entre la esposa y el esposo, la obediencia de los hijos a los padres, etc.). Los imperativos morales expresados evocan la ética aristotélica y las máximas de los sacramentos cristianos del nacimiento, la muerte, el matrimonio, etc., y se encaminan a la conservación de la cohesión, el orden y la armonía comunitarios.[49]

Además, en los *huehuehtlahtolli* de Sahagún, a los indios se les atribuyen creencias monoteístas debido a que se refieren al «dios criador de todos», así como a su conciencia del sufrimiento: «En este mundo no hay verdadero placer, ni verdadero descanso, mas antes hay trabajos y aflicciones y cansancios extremados y abundancia de miserias y pobrezas». Asimismo, destaca la exhortación a evitar el gasto de energía, el desenfreno, el juego, el consumo de alcohol y, especialmente, pecados de la carne como los placeres de la mesa (la gula) y el adulterio, añadidos a la reprobación de las conductas pasionales y las delicias carnales, aunque manifieste que, para los antiguos mexicanos, lo único que contaba era —al igual que para los cristianos— la procreación. (BS, *Hist. I*,307-365).

Los *huehuehtlahtolli* muestran el interés de Sahagún de considerar notablemente a las mujeres e integrar el valor de la virginidad en las doncellas nobles indígenas, para que sirvan de ejemplo a todo el género femenino. Con tal objetivo, cambia y adapta los proverbios y reúne lo que, supuestamente, decían los señores indios a sus hijas al exhortarlas a la disciplina y la honestidad incluyendo unos cuantos nombres prehispánicos, cristianizando a uno de sus dioses, adaptando símbolos cristianos como la cruz y, por supuesto, vicios como la lujuria, el adulterio y la prostitución. Escribe lo siguiente:

> Nota bien lo que te digo, hija mía, que este mundo es malo, penoso, donde no hay placeres, sino descontentos [...] Aunque eres doncellita, eres preciosa como un *chalchihuitl,* como un zafiro, y fueste labrada y esculpida de noble sangre [...] Mira que no te deshonres a ti misma; mira que no te avergüences a ti misma; mira que no avergüences y afrentes a nuestros antepasados [...] mira que eres mujer; nota lo que has de hacer de noche y de día. [...] Mira que no te des al deleite carnal. Mira que no te arrojes sobre el estiércol y hediondez de la luxuria. Y si has de venir a esto, más valdría que te murieses luego. [...] ¡Oh, hija mía muy amada, primogénita palomita, seas bienaventurada y Nuestro Señor te tenga en su paz y reposo (BS, *Hist. I*, 366-369).

Con un discurso semejante, también la madre disciplina a la hija:

> Mira también, hija, que nunca te acontezca afeitar la cara o poner colores en ella, o en la boca, por parecer bien, porque esto es señal de

> mujeres mundanas, carnales. Los afeites y colores son cosas que las malas mujeres y carnales lo usan y las desvergonzadas que yam perdido la vergüenza y aun el seso, y andan como locas y borrachas. Estas se llaman rameras [...] Mira que te guardes mucho que nadie llegue a ti, que nadie tome tu cuerpo. Si perdieres tu virginidad y después desto te demandare por mujer alguno, y te casares con él, nunca se habrá bien contigo ni te tendrá verdadero amor. Siempre se acordará de que no te halló virgen [...] (BS, *Hist., I,* 371-373).[50]

La obsesión de Sahagún en la carnalidad, propia del clero de su tiempo, da lugar a muchos ejemplos, sin embargo, refiero solamente uno más, el que señala cómo el cuerpo femenino era tomado como objeto y propiedad masculina, y cómo se persuadía a los jóvenes a preservar la templanza, la castidad y no caer en el adulterio:

> [...] ya que te cases, en buen tiempo y en buena sazón tomes mujer. Mira que no te des demasiadamente a ella, porque te echarás a perder. Aunque es así que es tu mujer y es tu cuerpo, conviénete tener templanza en usar della, bien así como del manjar, que es menester tomarlo con templanza [...] que tengas templanza en el actu carnal. Así serás tú, que si frecuentares la delectación carnal, aunque sea con tu mujer solamente, te secarás, y así te harás mal acondicionado y mal aventurado [...] (BS, *Hist. I,* 381-382).

Es probable que el recato y la vergüenza, la virginidad y la castidad, fueran valores mesoamericanos, pero —como destaqué antes, por apreciarse así en los restos arqueológicos— también lo fueron la desnudez y la exaltación de los genitales y la cópula, muy común en comunidades no monoteístas ni cristianas. Por otro lado, como mencioné, la exhibición del cuerpo no tenía que ser forzosamente un excitante sexual, como ocurre con las religiones monoteístas que la prohíben.

Si en sociedades antiguas, como las prehispánicas, las relaciones entre los sexos se vincularon con los ciclos solares y lunares, la siembra y la recolección, la tributación, la producción y la reproducción; si las relaciones sexuales condicionaron los conocimientos y estos, a su vez, determinaron las relaciones sexuales, al ocurrir una transformación radical como la introducción de las creencias, los valores, las prácticas y las representaciones cristianas, el mundo entero se interpretó de otra forma.

El breve recorrido realizado hasta aquí por algunas crónicas de la evangelización deja abiertas numerosas preguntas: ¿El desprecio de la carne y el horror a la sangre y otros fluidos, difundidos mediante valores y prácticas como el celibato, la castidad y la virginidad, contribuyeron a mantener viva la obsesión por la centralidad de la carne y la sangre? ¿Esta misma obsesión conservó elementos paganos propios del catolicismo,[51] como la eucaristía y su representación como sacrificio real, la profusión de imágenes de Cristo sangrante en la cruz, la devoción al dolor y a la abnegación de María y sus advocaciones, el elogio del martirio de los santos, la justificación del descuartizamiento de sus cuerpos para adorar las reliquias, la flagelación y las escenificaciones cruentas realizadas como pruebas de fe y arrepentimiento de los pecados?

¿Es una paradoja de la historia haber combatido el paganismo con el paganismo?

EPÍLOGO

Christus vivit, Christus vincit, Christus regnat, Franciscus famulatur.[1]

Alonso de Zorita, quien fuera un destacado jurista formado en la Universidad de Salamanca y un defensor de los procedimientos empleados por las órdenes mendicantes para la evangelización de los indios, ocupó el cargo oidor de la Audiencia de la ciudad de México entre 1556 y 1566. Como resultado de la petición de la Corona española de aplicar un cuestionario para conocer las formas de organización, posesión de la tierra y tributación de los antiguos señoríos mexicanos, Zorita se adentró, no solo en los asuntos políticos y económicos de interés para la monarquía española, sino también en los usos y costumbres de los antiguos pobladores. Registró sus investigaciones en su obra principal, la *Relación de la Nueva España*, escrita en Granada (España) poco antes de su muerte, acaecida en 1585. Su publicación, al igual que la de otros textos «inconvenientes» para la política hispanoamericana, fue prohibida y apareció impresa hasta el siglo XIX.[2]

En una versión reducida de su obra mayor, Zorita asegura haber acudido a religiosos doctos e «indios antiguos y principales» para tratar de obtener la «verdad» del pasado indiano, a pesar de —sostiene— las grandes limitaciones que ello representaba, por las numerosas diferencias entre las muchas provincias, el dominio de hasta dos o tres lenguas en cada localidad, la información imprecisa de los intérpretes, la pérdida o el estrago de la mayor parte de las pinturas en las que se consignaban las antigüedades indígenas, la «memoria deleznable», la muerte de «los más de los viejos que lo podían saber», y la ausencia de interés por estos temas, dado el poco provecho que de ellos podía obtenerse (AZ, *Señores,* 8-9).

A su llegada a Nueva España, Zorita, influido por la argumentación salmantina en torno a la «cuestión del indio», en especial por Bartolomé de las Casas, se sumó a las críticas externadas por los frailes en contra de la política tridentina orientada a restringir la actuación de los mendicantes y otorgarle al clero secular la administración de los sacramentos. Con base en los *huehuehtlahtolli* de Olmos, estudiados, adaptados y reescritos por los franciscanos en distintos momentos para construir la memoria indígena, el oidor repitió la visión idealizada de la moral prehispánica basada en el monoteísmo, la devoción, la monogamia, la templanza, la disciplina, la honradez, la sumisión a los superiores, etcétera (AZ, *Señores,* 59-81). En una parte de su obra, la recomendación de que fueran conocidos los consejos y las exhortaciones que los padres hacían a sus hijos para asegurar su buen comportamiento resulta de especial interés:

> Un religioso muy antiguo en aquella tierra, y que ha tratado siempre y comunicado y doctrinado aquellas gentes, los tradujo de su lengua, y dice que hizo a unos principales que los escribiesen, y que no pusiesen más que la sustancia de ellos, y que los escribieron y ordenaron en su lengua sin estar él presente, y los sacaron de sus pinturas, que son como escritura y se entienden muy bien por ellas; y que no mudó letra de lo que le dieron, más que dividirlo en párrafos o partículos para que mejor se entendiese la sentencia; y que los nombres que había de sus dioses, les avisó que los quitasen y pusiesen el nombre de Dios verdadero y Señor nuestro: y para que se vea claramente que no son, como ya otra vez se

> ha dicho, tan faltos de razón como algunos los hacen, se ponen aquí a la letra (AZ, *Señores,* 67-68).

¿Cómo es posible tal declaración? Él mismo aseguró que en cada provincia había dos o tres lenguas, que las pinturas habían sido destruidas y que los que sabían murieron. Al parecer, la clave de las respuestas se encuentra en el esfuerzo que desde la segunda mitad del siglo XVI emprendieron, principalmente los franciscanos, para estar siempre presentes e inculturar la fe: sustituir los dioses por Dios y demostrar la presencia universal del mensaje bíblico «que conforma con lo que sus padres dijeron a su hija Sara los suegros de Tobías» (AZ, *Señores,* 77). De este modo, al parecer, la «historia oficial» del pasado indígena empezó a consolidarse en las últimas décadas del siglo XVI: «Tenían algunas leyes injustas y malas, y algunos usos y costumbres crueles y tiránicos», pero «todo aquello ha cesado» (AZ, *Señores,* 81).

También en aquellos años, Gerónimo de Mendieta escribió su *Historia eclesiástica.* Para estructurar el segundo libro de esta obra empleó los trabajos de otros franciscanos, principalmente de Olmos, Motolinia y Sahagún. Retomó partes textuales, las sintetizó o parafraseó en forma lógica para contribuir a la inculturación del código moral cristiano. Esto se evidencia —al igual que en el caso de Zorita— en las exhortaciones de los padres a los hijos y de las madres a las hijas, textos con contenido y forma muy similares a los *huehuehtlahtolli* de Sahagún (GM, *Hist. III,* 126).

El jesuita Joseph de Acosta —seguidor de Vitoria y de los teólogos y juristas de la Escuela de Salamanca—, quien había viajado a las Indias intentando comprender su naturaleza física y humana, por encargo del Tercer Concilio Provincial Mexicano, recopiló sus conclusiones y elaboró catecismos y confesionarios en castellano, quechua y aimara. Su obra más importante, la *Historia natural y moral de las Indias,* publicada en Sevilla en 1589, dirigida a la educación del clero y concentrada en tratar asuntos mexicanos y peruanos, también siguió la idea bíblica de la Revelación.

Tal como lo había establecido la Contrarreforma, la intención del trabajo de Acosta fue homogeneizar los fundamentos de la fe católica, aborrecer los malos hechos, imitar las buenas obras de los antepasados y avanzar en el conocimiento de la religión cristiana, sin embargo, criticó la superficial enseñanza de la fe a los indios y coincidió con lo antes destacado por Las Casas y Durán:

> Si alguno se maravillare de algunos ritos y costumbres de indios, y los despreciare por insipientes [*sic*] y necios, o los detestare por inhumanos y diabólicos, mire que en los griegos y romanos que mandaron el mundo, se hallan o los mismos u otros semejantes, y a veces peores, como podrá entender fácilmente no solo de nuestros autores, Eusebio Caesariense, Clemente Alejandrino, Teodoreto Cyrense y otros, sino también de los mismos suyos, como son Plinio, Dionisio de Halicarnaseo, Plutarco.[3]

Este jesuita, «clave de la nueva orientación de la conversión indígena, de la implantación de la ortodoxia tridentina [...]»,[4] procuró «humanizar» la imagen pasada de los indios al separar los asuntos relacionados con la naturaleza física y los recursos naturales de los asuntos religiosos y relativos al gobierno y a las leyes. Esto último significó dividir los dos estados —el religioso y el civil— a la manera europea, con la diferencia de que —a opinión de Acosta— en la «Iglesia» peruana y mexicana dominaba el demonio, que procuró remedar en todo a Dios: templos, sacerdotes, conventos, monasterios, penitencias, confesión. «Todo fue igual, pero al revés». Es decir, las nuevas tierras estaban sembradas en forma falsa y no verdadera. Algo similar ocurrió con la «monarquía indiana». Su estructura fue similar a la medieval (reyes, linajes, nobleza, leyes, justicia, tributos, etc.), pero sus personalidades e instituciones cayeron en frecuentes errores por la influencia de Satán (JA, *Hist.* V, VI).

Después de Mendieta y Acosta, otro franciscano, Juan de Torquemada, se sirvió de los trabajos de sus predecesores para copiarlos, corregirlos, reinterpretarlos y dar cuerpo a *Los veintiún libros rituales* y *Monarquía indiana*, concluidos en Nueva España y publicados en Sevilla en 1615. Una crónica voluminosa, la única difundida entre sus contemporáneos, quizá porque, aunque recopiló los escritos de otros, borró las contradicciones e inconsistencias, cristianizó y, por lo tanto, «civilizó» las prácticas indígenas «de los tiempos de su gentilidad». Esto lo confirma el propio Comisario General de Indias, fray Bernardo Salva, en los preliminares de la obra, la cual considera una excepción porque había sido necesario reunir todos los escritos existentes hasta el momento para examinar de nuevo la verdad y poner todo «en buen estilo y modo historial» (JT, *Monarquía,* I, 5).

En efecto, en esta gran enciclopedia elaborada por encargo, Torquemada empleó «un léxico más acorde con el gusto de la época», eliminó «asperezas y críticas que podían ser conflictivas»,[5] y suavizó los pecados de la carne de los naturales al destacar que, en tiempos de su gentilidad, acostumbraban la castidad y la abstinencia sexual, prohibían el incesto, practicaban la monogamia e incurrían, excepcionalmente, en vicios. Él reprobó la idolatría y los pecados de la carne, pero —al igual que Las Casas y Acosta— situó su práctica en una dimensión histórica universal, para lo cual recurrió a las mismas fuentes que sus correligionarios: grecolatinas, bíblicas y teológicas. El espinoso problema del sacrificio humano quedó resuelto en su obra al sostener, como Las Casas, que es «de suyo bueno» (JT, *Monarquía III,* 135-167), por eso, una vez que los pueblos paganos lo superaron, se continuó en el sacrificio del cuerpo y la sangre verdadera de Cristo, porque la nueva ley entró junto con un nuevo modo de sacrificar que fue «ofrecer en el altar a Cristo en sacrificio» (JT, *Monarquía III,* 141).

La iglesia y la Corona españolas encontraron en la *Monarquía indiana* la «historia oficial» del pasado indígena, por eso aprobaron su inmediata publicación. Finalmente, las autoridades hispanas y novohispanas contarían con la historia completa y laudatoria que honra al Imperio mexica, comprende y explica las razones de los errores de los indios «en tiempos de su infidelidad» (la idolatría, los sacrificios cruentos, la ingesta de carne humana, el adulterio y otras transgresiones sexuales), pero, a la vez, justifica la conquista material y espiritual del Nuevo Mundo. El trabajo sería relevante porque se convertiría en el modelo más logrado de inculturación del cristianismo en los pueblos prehispánicos al asignarles estructuras afines a las europeas para aminorar así la pecaminosidad carnal de sus integrantes.

La estrategia de contar con un relato unificado que sopesara lo bueno y lo malo del pasado indígena permitió a las autoridades coloniales ocultar algunas «prácticas demoniacas» para impedir su recuerdo y retorno, o exagerarlas cuando necesitaron encontrar chivos expiatorios o generar sentimientos de inferioridad, culpa y arrepentimiento en los pueblos subyugados. Por otra parte, la impregnación de valores cristianos en las religiones antiguas funcionó para enaltecer a los antepasados indígenas y fortalecer la creencia de que, en realidad, Dios se sitúa fuera del tiempo mundano y su voluntad se despliega siempre por todos los continentes.[6]

En el tránsito del siglo XVI a XVII, cuando los cronistas de la «evangelización fundante» concluyeron sus relatos dando cuenta del pasado idolátrico, cuando Nueva España vivía una crisis profunda por la extendida mortalidad indígena, cuando la población sobreviviente era congregada en nuevos pueblos y una mezcla de comunidades con cultos religiosos distintos requerían ser convertidos al catolicismo, no fue una coincidencia que parte de la élite criolla novohispana (Diego Muñoz Camargo, Francisco Cervantes de Salazar, Juan Suárez de Peralta, Baltasar Dorantes de Carranza, Hernando de Alvarado Tezozómoc, Fernando de Alva Ixtlilxóchitl y otros), educada por el clero en los colegios y en las universidades católicas, impulsara el proyecto de elogiar la propia tierra para configurar políticas más convenientes a su posición social y sus intereses económicos. Tampoco fue casual que sus crónicas justificaran la conquista española como parte de la Revelación, porque, como afirma Ixtlilxóchitl: «Era ya llegada la voluntad de Dios, porque de otra manera fuera imposible querer cuatro españoles sujetar un nuevo mundo tan grande [...]».[7]

Para el siglo XVII, la apropiación del pasado indígena y de la invasión española alcanzada por las élites novohispanas logró expulsar simbólicamente de América tanto al antiguo indio como al viejo peninsular, especialmente, al cruel conquistador. Para ello, las numerosas particularidades, tanto de las naciones españolas como de las comunidades mesoamericanas, se suprimieron y las conductas de los protagonistas de ambas culturas (principalmente sus prohombres, Cortés y Motecuhzoma) se purificaron. Esto significó borrar la pecaminosidad de unos y otros.

El reconocimiento de instituciones afines en ambos imperios (el mexica y el español) permitió la inclusión de todos en el mismo proceso «civilizatorio» hispanocatólico. De ahí que la monarquía indiana quedara integrada —como antes lo habían perfilado los cronistas del siglo XVI— por emperadores, audiencias, nobleza y órdenes de caballería, y por un solo tipo de Iglesia con Papas, obispos, curas, monjas, frailes, escuelas y conventos.[8] Pero si el pasado prehispánico hubiera presentado las semejanzas con la monarquía española y el cristianismo que la versión oficial aceptó y difundió, ¿se habría registrado el sinnúmero de rebeliones, rechazos y resistencias indígenas? Las dificultades vividas por los evangelizadores para extirpar las antiguas «idolatrías» parecen probar, entre otras cosas, la ausencia de esas analogías que habían sido inventadas por los cronistas.

En las páginas anteriores, he señalado la serie de recursos teológicos, canónicos y retóricos, así como el conjunto de prejuicios, estereotipos, exageraciones, contradicciones, semejanzas, anacronismos y traspolaciones, reconocibles en las crónicas de evangelización, con las cuales los frailes enfrentaron «el mundo extraño» que debían cristianizar, a fin de contribuir a su dominación por parte de la iglesia y la monarquía españolas. Al destacar tales aspectos no intenté restar valor a esos escritos, sino llevar a cabo un acercamiento crítico, ya que, para mí, la crítica es el mejor instrumento para comprenderlos y avanzar en el conocimiento histórico.

La conclusión general de tal ejercicio apunta a la evidencia de que las crónicas de la «evangelización fundante», elaboradas en el siglo XVI, están muy lejos del pasado religioso de los pueblos mesoamericanos, por la época en que se escribieron, porque sus autores no contaron con la preparación para tomar distancia, y no fueron testigos directos de los hechos. Además, porque el peso de su formación teológica y sus prejuicios doctrinarios no les permitió producir conocimientos, sino adaptar elementos cristianos esenciales en las imágenes y los relatos supuestamente prehispánicos para hacer efectiva la conversión al cristianismo de los descendientes de aquellos «antiguos paganos». En ese sentido, y por los vínculos entre ellas, las crónicas, enriquecidas por las múltiples experiencias de conversión de otros paganos, constituyen un *corpus* cuya intención última fue dar los primeros pasos en la colectivización de los relatos y la construcción de una sola versión de los hechos.

Espero que el repaso de los escritos de los evangelizadores del siglo XVI haya dejado ver cómo los «vencedores» reelaboraron el pasado de los «vencidos» y —al igual que siglos antes lo hicieran los cristianos con los griegos y los romanos— lo heredaron como la «verdadera» historia prehispánica, la cual, mediante una labor de limpieza y «purificación», gestó los primeros mitos de la unidad nacional, el aztequismo, el guadalupanismo y la mexicanidad, que sustentarían la futura «historia oficial» de México,[9] esto es, un relato ideologizado que persiguió y persigue fines que oscurecen la posibilidad de aproximarse al conocimiento histórico de los pueblos prehispánicos por el camino de la aplicación rigurosa de la heurística y la hermenéutica históricas.

AGRADECIMIENTOS

Agradezco al Programa de Apoyos para la Superación del Personal Académico de la Dirección General de Personal Académico y a la Facultad de Filosofía y Letras, ambas dependencia de la Universidad Nacional Autónoma de México (UNAM), así como al Ibero-Amerikanisches Institut (IAI-Berlín) su apoyo para la realización de estancias sabáticas de investigación en los años 2014 y 2018, en España y Alemania, con la finalidad de consultar archivos y bibliotecas para elaborar este libro. Agradezco también a Fernanda Nuñez, Jaime Cuadriello, Stephan Hasam, José Pantoja, Miguel Ángel Ramírez Batalla y Guy Rozat, su generosidad intelectual al regalarme comentarios valiosos y sugerencias puntuales para enriquecerlo.

NOTAS

Introducción

1 Agustín de Hipona, *Obras completas. Escritos apologéticos. La Ciudad de Dios contra los paganos*, vols. XVI-XVII, Biblioteca de Autores Cristianos, Madrid, 1958, XIV, 6, 9. En lo sucesivo, AH, *Ciudad*. Ramón Mújica Pinilla, Ángeles apócrifos en la América Virreinal, FCE, Lima, 1992, p. 164.

2 Atanasio Sage, «El pecado en san Agustín» en Giuseppi Graneris *et al.*, *El pecado en las fuentes cristianas primitivas*, Rialp, Madrid, 1963, pp. 218-249.

3 José Román Flecha Andrés, *Teología moral fundamental*, Biblioteca de Autores Cristianos, Madrid, 1997, p. 314.

4 Sagrada Biblia, versión directa de las lenguas originales, por Eloíno Nácar Fúster y Alberto Colunga Cueto, Biblioteca de Autores Cristianos, Madrid, 1971, Gal. 5, 16-21. En lo sucesivo, *SB*.

5 Agustín de Hipona, *Obras completas.* Confesiones, vol. II, Biblioteca de Autores Cristianos, Madrid, 1979, II, 2; III, 4; IV, 12. En lo sucesivo, AH, *Confs*. Peter Brown, *The Body and Society. Men, Women and Sexual Renunciation in Early Christianity*, Columbia University, Nueva York, 1988, pp. 391-394.

6 Isidoro de Sevilla, *Etimologías*, 2 vols., Madrid, Biblioteca de Autores Cristianos, 1982, vol. 2, p. 15. En lo sucesivo, IS, *Etim.*

7 Santo Tomás de Aquino, *Suma teológica,* XVI vols., Biblioteca de Autores Cristianos, Madrid, 1994, vol. V, III, 65. En lo sucesivo, STh, *Suma*. Andrés Moreno Mengíbar y Francisco José Vázquez García, *Sexo y razón: una genealogía de la moral sexual en España (siglo XVI-XX)*, Akal, Madrid, 1997, p. 299.

[8] «Al semen del macho se lo denomina *crementum*, pues a partir de él se conciben los cuerpos de los animales y de los hombres. Por esto mismo, a los padres se les llama *creadores*. La carne está integrada por los cuatro elementos: es tierra en cuanto a la carne; aire, en la respiración; líquido, en la sangre; y fuego, en el calor vital. Cada uno de estos elementos ocupa su parte propia, retornando a su esencia cuando la integridad corporal quede disuelta», IS, *Etim.*, 2,15. STh, *Suma*, V, 2-2, 94. Santo Tomás de Aquino, *Suma contra los gentiles*, Porrúa, México, 1991, III, 122. En lo sucesivo, STh, *Contra gentiles*.

[9] Agustín proporciona un argumento más para contener la búsqueda del goce sexual: «Aunque los apetitos de muchas cosas llámanse en latín *libidines*, cuando se escribe solo *libido*, sin decir a qué pasión se refiere, casi siempre se entiende el apetito carnal; apetito que no solo se apodera del cuerpo en lo exterior, sino también en lo interior, y conmueve de tal modo a todo el hombre juntando y mezclando al efecto del ánimo con el deseo de la carne, que resulta el mayor de los deleites del cuerpo; de suerte que cuando se llega a su fin, se embota la agudeza y vigilia del entendimiento», AH, *Ciudad,* XIV, 16-17. Michel Foucault, «La lucha por la castidad», en Phillip Aries, *Sexualidades occidentales*, Paidós, México, 1987, pp. 34-35. Pierre Chaunú, con la colaboración de Jean Legrand, *Historia y población. Un futuro sin porvenir*, FCE, México, 1982, p. 111.

[10] John Boswell, *Cristianismo, tolerancia social y homosexualidad*, Muchnik, Barcelona, 1992, p. 173. Jean-Louis Flandrin, «La vida sexual matrimonial en la sociedad antigua: de la doctrina de la Iglesia a la realidad de los comportamientos" en Aries, *Sexualidades, op. cit.*, pp. 162-163. Salvador Garofalo, «El pecado en los evangelios» en Graneris, *op. cit.*, pp. 102- 148.

[11] Dietrich Briesemeister, «El latín en la Nueva España», en Raquel Chang-Rodríguez (coord.), *Historia de la literatura mexicana*, vol. 2, México, Siglo xxi, 2002, pp. 524-548.

[12] Alonso de Molina, *Vocabulario en lengua castellana y mexicana*, Talleres de Imprenta, Encuadernación y Rayado «El Escritorio», Puebla, 1910, pp. 5-6.

[13] Hoy sabemos, por ejemplo, que la Panatenea, el festival más antiguo e importante celebrado anualmente en honor al nacimiento de Atenea y por la ciudad de Atenas, iniciaba con la cosecha del fuego nuevo, llevado en procesión de antorchas desde la Academia hasta el altar de la diosa, como una manera de darle nueva vida y orden a la ciudad. Esta fiesta concluía con una hecatombe, la quema sacrificial de cien bueyes y su banquete.

Jenifer Neils, *Goddess and Polis. The Panathenaic Festival in Ancient Athens*, Princeton University, Princeton, 1992. Giuseppi Graneris, «Concepto y tratamiento del pecado en la ciencia de las religiones» en Graneris, *op. cit.* p. 18.

14 Me detengo aquí porque en el Tercer Concilio Provincial Mexicano se adoptaron los acuerdos del Concilio de Trento con los cuales, entre otras cosas, las órdenes mendicantes perdieron privilegios y autonomía, y la autoridad episcopal asumió la segunda etapa de la evangelización.

15 Sumo a la lista a Diego Durán porque, como se verá más adelante, a pesar de llegar a las Indias durante la primera infancia, su educación católica lo hizo compartir con sus compañeros peninsulares la misma idea hispanizada del mundo indígena.

16 Pagano (del latín *paganus*), originalmente campesino, habitante de un pueblo. Hasta el siglo XV fue sinónimo de *gentil* y los cristianos lo aplicaron para identificar a los idólatras o politeístas, sobre todo a los antiguos griegos y romanos. Alonso Martín, *Diccionario Medieval Español*, Universidad Pontificia de Salamanca, Salamanca, 1986. «Pagan», *The Oxford English Dictionary*, Oxford, Clarendon, 1989. Para una explicación más amplia, véase el capítulo 2.

17 Robert Ricard, *La conquista espiritual de México. Ensayo sobre el apostolado y los métodos misioneros de las órdenes mendicantes en la Nueva España de 1523-1524 a 1572*, FCE, México, 1992, p. 29. Josep Ignasi Saranyana (dir.), *Teología en América Latina. Desde los orígenes a la guerra de Sucesión (1493-1715)*, 4 vols., Iberoamericana, Vervuert, Madrid, 1999, vol. 1., pp. 71, 87. Francisco Tomás y Valiente, «El crimen y pecado *contra natura*» en Francisco Tomás y Valiente *et al.*, *Sexo barroco y otras transgresiones premodernas*, Alianza, Madrid, 1990, p. 34.

18 Aunque *inculturación* es un neologismo recientemente adoptado por la Iglesia católica, lo utilizo en este libro por ser el término que mejor explica la estrategia cristiana para integrar su doctrina en otras culturas. Recientemente, Juan Pablo II definió la *inculturación de la fe* en la «Carta encíclica *Redemptoris Missio*» (§ 52). Disponible en www.vatican.va/holy_father/john_paul_ii/encyclicals/documents/ht_jp-ii_enc_07121990-redemptoris-missio_sp.html. Consultado el 10 de agosto de 2014.

19 Algunos libros enfatizan la transferencia de las ideas medievales a la comprensión del Nuevo Mundo, la idolatría y la imagen demonizada de los indios. Entre ellos: Josep Höffner, *La ética colonial española del Siglo de Oro*, Cultura Hispánica, Madrid, 1957. Antonello Gerbi, *La naturaleza*

de las Indias Nuevas. De Cristóbal Colón a Gonzalo Fernández de Oviedo, FCE, México, 1978. Silvio Zavala, *Servidumbre natural y libertad cristiana, según los tratadistas españoles de los siglos XVI y XVII*, Porrúa, México, 1975. Lewis Hanke, *La lucha por la justicia en la conquista de América*, Istmo, Madrid, 1988. Guy Rozat Dupeyron, *América, Imperio del Demonio. Cuentos y recuentos*, Universidad Iberoamericana, México, 1995. Jaime Humberto Borja Gómez, *Los indios medievales de fray Pedro de Aguado: construcción del idólatra y escritura de la historia en una crónica del siglo XVI*, Centro Editorial Javeriano, Bogotá, 2002. Otras obras aportan análisis importantes en torno a los problemas de la propiedad, la dominación y la servidumbre: Anthony Pagden, *The Fall of Natural Man. The American Indian and the origins of comparative ethnology*, Cambridge University, Cambridge, 1982. Carmen Bernard y Serge Gruzinsky, *De la idolatría. Una arqueología de las ciencias religiosas*, FCE, México, 1992.

Las visiones tergiversadas durante siglos sobre los pueblos extraeuropeos empezaron a corregirse en el siglo XIX y durante el XX. Así lo evidencian estudios antropológicos clásicos como los de Émile Durkheim, *Las formas elementales de la vida religiosa*, Alianza, Madrid, 1993. Franz Boas, *Textos de Antropología*, Editorial Universitaria Ramón Areces, Madrid, 2008. Victor W. Turner, *The Ritual Process. Structure and Anti-Structure*, Penguin, Harmondsworth, 1969. Edward, Westermarck, *The Origin and Development of the Moral Ideas*, 2 vols., Macmillan, Londres, 1906-1908. Mircea Eliade, *Lo sagrado y lo profano*, Paidós, Barcelona, 2014.

20 Una postura similar presentó, hace varios años, Juan Carlos Estenssoro Fuchs en su obra *Del paganismo a la santidad. La incorporación de los indios del Perú al catolicismo, 1532-1750*, Ifea, Lima, 2003, p. 21.

21 Me refiero, principalmente, a la historia oficial que se difunde en México en los libros de texto, desde la educación básica hasta la universitaria. Por otra parte, la crítica interna y externa de los relatos de los conquistadores y evangelizadores españoles, de la cual algunos trabajos (como el pionero de Tzvetan Todorov, *La Conquista de América. El problema del otro,* Siglo XXI, México, 1989) desprenden la incomprensión del «otro» es, desde mi punto de vista, deficiente, sobre todo porque confían en que los cronistas reprodujeron con fidelidad partes de la realidad, por ejemplo, los diálogos sostenidos entre Hernán Cortés y Moctezuma (calificado a la usanza hispanomedieval emperador del Imperio azteca) y no advierten los intereses de las corporaciones militares y eclesiásticas españolas en la colectivización, transmisión y copia de versiones únicas, como la

elaborada por Hernán Cortés en sus *Cartas de relación*. Este problema lo presenté en: Marialba Pastor, «La Conquista de México: una necesaria revisión de las pruebas sobre lo ocurrido», *Este País. Tendencias y opiniones*, México, n. 303, julio, 2016, pp. 8-12. También lo abordo en el Epílogo de este libro.

22 Es frecuente que los historiadores y literatos que analizan las crónicas a partir de su discursividad no se refieran a los conflictos económicos y las relaciones materiales a las que responden. Estos estudiosos, generalmente, se identifican con los planteamientos del estadounidense Hayden White y el denominado *giro lingüístico*, en boga desde los años ochenta del siglo XX. Son los casos de: Walter Mignolo, «Cartas, crónicas y relaciones del descubrimiento y la conquista» en Luis Íñigo Madrigal (coord.), *Historia de la Literatura Hispanoamericana*, 2 vols., Cátedra, Madrid, 1982, vol. I., Época Colonial, pp. 57-116. Beatriz Pastor, *Discurso narrativo de la Conquista*, Ediciones Casa de las Américas, La Habana, 1983. José Rabasa, *De la invención de América. La historiografía española y la formación del eurocentrismo*, Universidad Iberoamericana, México, 2009.

1. De la carnalidad a la espiritualidad

1 Paul Veyne, François Lissarrague y Françoise Frontisi-Ducroux, *Los misterios del gineceo*, Akal, Madrid, 2003, p. 75.

2 El marco teórico de este capítulo lo proporciona la síntesis de la teoría del sacrificio y la sexualidad, que he derivado de lo expuesto y discutido desde los trabajos de Robertson Smith, James Frazer y Edward Westermarck y las interpretaciones de Sigmund Freud, hasta las aportaciones Henri Hubert, Marcel Mauss, Mircea Eliade, Walter Burkert, René Girard, así como de los integrantes de la Escuela de Fráncfort: Theodor Adorno, Max Horkheimer, Herbert Marcuse. Otras contribuciones recientes están contenidas en las obras Klaus Heinrich y Horst Kurnitzky. *Vid.* William Robertson Smith, *Religion of the Semites*, MacMillan, Londres, 1927. James Frazer, *The Golden Bought. A Study in Magic and Religion*, Wordsworth, Hertfordshire, 1996. Westermarck, *op. cit.* Sigmund Freud, *Tótem y tabú*, Alianza, Madrid, México, 1986. *El malestar en la cultura y otros ensayos*, Alianza, Madrid, México, 1989; *Moisés y la religión monoteísta*, Alianza, Madrid, México, 1989. Theodor Adorno y Max Horkheimer, *Dialéctica de la Ilustración*, Trotta, Madrid, 1994. Mircea Eliade (ed.), «Sacrifice», en

The Encyclopedia of Religion, 16 vols. MacMillan, Nueva York, Londres, 1987, vol. 12, pp. 543-557. Henri Hubert y Marcel Mauss, «De la naturaleza y función del sacrificio», en Marcel Mauss, *Lo sagrado y lo profano [Obras I]*, Barral, Barcelona, 1970, pp. 143-262. Walter Burkert, *Homo Necans. The Anthropology of Ancient Greek. Sacrificial Ritual and Myth*, University of California, California, 1983; *Wilder Ursprung. Opferritual und Mythos bei den Griechen*, Wagenbach, Berlín,1990. Herbert Marcuse, *Eros y civilización,* Sarpe, Madrid, 1983. René Girard, *La violencia y lo sagrado*, Anagrama, Barcelona, 1983. Klaus Heinrich, *Anthropomorphe. Zum Problem des Anthropomorphismus in der Religionsphilosophie*, Stroemfeld, Roter Stern, Basel, Fráncfort del Meno, 1986. Horst Kurnitzky, *La estructura libidinal del dinero. Contribución a la teoría de la femineidad*, Siglo XXI, México, 1992; *Der heilige Markt: Kulturhistorische Anmerkungen,* Suhrkamp, Fráncfort del Meno, 1994; *Museos en la sociedad del olvido*, CONACULTA, México, 2013. Para sustentar afirmaciones puntuales, en este capítulo también cito fuentes escritas de primera mano y obras de autores especialistas en los mundos grecorromano y judeocristiano.

3 El decreto de Jerusalén (*c.* 49) conminó a quienes se convirtieran al cristianismo a seguir solamente cuatro preceptos: «Abstenerse de manjares inmolados a los ídolos, de sangre, de animales sofocados y de la fornicación». *Vid.* SB, Hechos de los apóstoles 15, citado por Boswell, *op. cit.*, p. 128. Si bien el uso de los términos *sexo*, *sexual* y *sexualidad* empezó a extenderse hasta el siglo XIX, los empleo de aquí en adelante para referirme al complejo sociocultural que comprende los hábitos, las conductas y las prácticas que incitan a los géneros a establecer relaciones eróticas y genitales y lo entiendo como un complejo cultivado y normado por su contexto histórico.

4 Para referirse al sacrificio la lengua latina utiliza, sobre todo, los términos *inmolatio* e *inmolare*, *sacrificum* y *sacrificare*. Estos dos últimos se componen del adjetivo sustantivado *sacrum* y del verbo *facere*. Francesca Prescendi, *Dècrire et comprendre le sacrifice*, Franz Steiner, Stuttgart, 2007, p. 25. Hyam Maccoby, *The Sacred Executioner: Human Sacrifice and the Legacy of Guilt*, Thames and Hudson, Nueva York, 1982, p. 97. Jan Assman, «Introducción. La forma histórica» en *Egipto a la luz de una teoría pluralista de la cultura*, Akal, Madrid, 1995, pp. 5-10. Klaus Heinrich, *Ensayo sobre la dificultad de decir no*, FCE, México, 2012, pp. 59-61. Jane Harrison, *Themis. A Study of the Social Origins of Greek Religio*, Merlin, Londres, 1977, pp. 189-192. Maccoby, *op. cit.*, p. 97. Sara B. Pomeroy, *Diosas, rameras, esposas*

y esclavas. Mujeres en la Antigüedad clásica, Akal, Madrid, 1999, pp. 18-19, 39. La concepción cíclica del tiempo con la preeminencia del culto a las diosas-madre y los sacrificios cruentos parece haber sido compartida por las comunidades mexicas. *Vid.* Susan D. Gillespie, *The Aztec Kings. The Construction of Rulership in Mexica History*, The University of Arizona, Tucson, 2000. Por lo tanto, sería pertinente preguntar si la ausencia del uso cotidiano de la rueda entre los pueblos prehispánicos se debe a esta relación con lo sagrado.

5 Sigmund Freud, «Animismo y magia» en *Totem y tabú*, Alianza, Madrid, México, 1986. «El culto en la antigua Grecia, colectivo o individual, seguía el esquema del *do ut des*, con un cierto espíritu de transacción, como prueban los himnos poéticos a los dioses. Así sucede siempre con los dioses olímpicos y celestes: se les prometen obsequios y sacrificios para obtener un deseo, o se les recuerda un favor pasado en ese sentido. Sin embargo, en el caso de los dioses ctónicos o divinidades subterráneas, la fórmula empleada es más bien *do ut abeas* [...] es decir, el invocante ofrece dones y ofrendas para que el dios o demonio no se presente.» David Hernández de la Fuente, *Los oráculos griegos*, Alianza, Madrid, 2008, p. 108. Horst Kurnitzky, «Entender lo extraño», *Este País*, México, diciembre 2014, n. 284, p. 41. Una función central de los ritos antiguos de iniciación fue restablecer la integridad emocional rota a consecuencia de cambios y crisis, como el nacimiento, la pubertad, el matrimonio, la guerra, las epidemias, el ingreso a una corporación o el fallecimiento. Géza Róheim, *Psychoanalysis and Anthropology. Culture, Personality and Unconscious*, Internacional Universities, Nueva York, 1968, pp. 121-129. Victor W. Turner, *The Ritual Process. Structure and Anti-Structure*, Penguin, Harmondsworth, 1969.

6 Burkert plantea cómo los sacrificios sangrientos constituyeron una muy antigua práctica social entre los cazadores. Después de atrapar y matar a un animal, colocaban su cráneo y sus huesos, sobre todo sus fémures, en un orden similar al dispuesto en vida; después los sepultaban, los colgaban de un árbol o los depositaban en un templo para proceder a quemar una parte e ingerir otra. La vida del animal se conservaba o retornaba en la vida de quien lo había apresado, su dueño. De no ser así, los cazadores creían que nunca más encontrarían más animales. Los huesos dispuestos en orden fue una manera de restaurar el daño. El miedo a la naturaleza, es decir, a lo que rodea y de lo que dependen los seres humanos, los impelía a restituir de alguna manera aquello que habían tomado de ella. Así puede

apreciarse cómo estos animales se sacralizaron. Burkert, *Homo necans, op. cit.*, p. 53. En esta parte de su obra, Buckert retoma las tesis de Karl Meulis. *Vid.* también: *Wilder Ursprung. Opferritual und Mythos bei den Griechen*, Wagenbach, Berlín, 1990, p. 21. Harrison, *op. cit.*, pp. 28, 44-47. Maccoby, *op. cit.*, p. 150. Max Weber, «Tipos de comunidad religiosa» en *Economía y Sociedad*, FCE, México, 1977, p. 331. Jan N. Bremmer, *Greek Religion*, Oxford University, Oxford, 1994, p. 6.

7 Jean-Pierre Vernant, *Entre mito y política*, FCE, México, 2002, p. 108. Pomeroy, *op. cit.*, p. 22. E. R. Dodds, *The Greeks and the Irrational*, University of California, Berkeley, 1951, pp. 13-15, 29, 40-41. Paul Veyne, *Die griechisch-römische Religion. Kult, Frömmigkeit und Moral*, Reclam, Stuttgart, 2005, p. 22. Paul Veyne, *Sexo y poder en Roma*, Paidós, Barcelona, 2012, pp. 2, 52, 55.

8 Vernant, *Entre mito, op. cit.*, p. 59. Bremmer, *op. cit.*, p. 1. A pesar de esa totalidad integrada, los intentos por separar los mundos de los dioses, los hombres y los animales y los de los mortales y los inmortales se percibieron desde los primeros tiempos griegos. Al robarle el fuego a los dioses, Prometeo permite —según el mito— que los hombres puedan unirse con ellos en los altares de sacrificio, así como distanciarse de los animales, en especial porque el fuego les da la posibilidad de comer alimentos cocidos y de utilizarlo como arma. El fuego será uno de los elementos más importantes para la dominación de la naturaleza, aunque Zeus envíe a los hombres a Pandora, la mujer causante de las plagas, quien, como venganza, los consumirá con tormentos y fatigas. Vernant, *Entre mito, op. cit.*, p. 144. Bremmer, *op. cit.*, pp. 74-76. Para Claude Levi-Strauss, el fuego constituyó un elemento de primer orden por significar el paso del estado de naturaleza al estado de cultura. Entre todos los seres vivos solo el hombre dominó esta energía celeste capaz de iluminar la noche y las cuevas. Asar o hervir la carne, establecer esta distancia con los alimentos crudos y sangrientos se instituyó como una regla humana que tendría efectos sobre la transformación de la materia y la producción de objetos de diversa índole (cerámica, pinturas, herramientas). Claude Lévi-Strauss, *Mitológicas. Lo crudo y lo cocido I*, FCE, México, 1996. Los significados del fuego son múltiples: es parte del sol, arma contra los enemigos, dominador de la naturaleza, símbolo de civilización, ahuyentador de los animales; calienta, transforma las comidas, inhuma a los muertos, purifica; además se identifica con el sacrificio, la sexualidad femenina y el culto a la virilidad. Bur-

kert, *Wilder, op. cit.*, p. 68. Franco Cardini, *Magia, brujería y superstición en el Occidente medieval*, Península, Barcelona, 1999, p. 49.

9 La religión griega nunca existió como una creencia monolítica. Cada ciudad contó con su panteón integrado con dioses de distinta importancia, su propia mitología, calendarios y fiestas, pero, a partir del 700 a.C., sin afectar los continuos intercambios, la independencia de las *poleis* declinó y el poder de Atenas y Esparta primero y el de Macedonia después, se distinguieron por la organización de una religión griega. Bremmer, *op. cit.*, pp. 1-5, 216-217, 248. Veyne, *Die griechisch-römische, op. cit.*, pp. 70-76, 80-85. Francis Vian, «Las religiones de la Creta minoica y la Grecia aquea» en Henri-Charles Puech, *Las religiones antiguas II, Historia de la Religiones siglo XXI*, Siglo XXI, México, 2001, p. 281. John H. Smith, *The Death of Classical Paganism*, Geoffrey Chapman, Londres-Dublín, 1976, p. 5.

10 Harrison, *op. cit.*, pp. 28, 44-47. Hyam Maccoby, *op. cit.*, Los mitos conservaron «la huella de su origen: un sacrificio más o menos desnaturalizado es lo que forma el episodio central y la especie de núcleo de la vida legendaria de los dioses; los dioses surgen de un sacrificio». Henri Hubert y Marcel Mauss, «De la naturaleza y función del sacrificio» en Mauss, *op. cit.* p. 231, Kurnitzky, *Retorno, op. cit.* Bremmer, *op. cit.*, pp. 32, 55, 61-62.

11 Dionisio fue el hijo forzado a nacer dos veces o de dos madres distintas: una humana, Sémele, y del «útero masculino» de Zeus. Bremmer, *op. cit.*, p. 19.

12 Vian, *op. cit.*, pp. 329-330.

13 Walter Burkert, *Greek religion: Archaic and Classical*, Blackwell, Oxford, 1985, p. 2. Burkert, *Wilder, op. cit.*, p. 22. Harrison, *op. cit.* pp. 18, 201-203.

14 Heródoto, *Historia. Obra Completa*, 5 vols., Gredos, Madrid, 1987-1992, vol. 1, II, XLIX.

15 Lucio Celio Firmiano Lactancio, *Instituciones divinas*, 2 vols., Gredos, Madrid, 1990, vol. 2, pp. 9-17. En lo sucesivo, Lc, *Inst.* Arthur D. Nock, *Conversion: The Old and the New in Religion from Alexander the Great to Augustine of Hippo*, Oxford University, Oxford, Nueva York, 1952, p. 23. Burkert, *Wilder, op. cit.*, pp. 59-105. Bremmer, *op. cit.*, p. 6. Horst Kurnitzky, *Der heilige Markt: Kulturhistorische Anmerkungen*, Suhrkamp, Fráncfort del Meno, 1994. Kurnitzky, *La estructura, op. cit.*

16 De acuerdo con Tito Livio, Numa Pompilio, el segundo rey romano: «Nombró de entre los senadores pontífice máximo a Numa Marcio, hijo de Marco, entregándole una exacta y pormenorizada descripción de to-

dos los sacrificios, o sea de las distintas clases de víctimas, los días y los templos en que habían de ser inmoladas, y de dónde había de obtenerse el dinero para los gastos que se originasen». Tito Livio, *Desde la fundación de Roma,* UNAM, México, 1998, I, VII, 10, 12-15; XIV, 3; XX; XXI, 3-5. Burkert, *Wilder*, *op. cit.*, p. 59. Miguel Ángel Ramírez Batalla, «Tradición y costumbres en la religión romana», en *Nova Tellus. Anuario del Centro de Estudios Clásicos*, Instituto de Investigaciones Filológicas-UNAM, México, 2007, n. 27-1, pp. 281-286.

17 Géza Alföldy, *Historia social de Roma*, Alianza, Madrid, 1996, pp. 139-141, 291-293.

18 Hadot, «III El fin del paganismo», *op. cit.*, pp. 99-101.

19 Phillip Hardie, *The Epic Successors of Virgil: A Study in the Dynamics of a Tradition*, Cambridge University, Cambridge, 1993, pp. 19-29. Raymond Bloch, «VI. La religión romana» en Henri-Charles Puech, *Historia de la Religiones. Las religiones antiguas III*, Siglo xxi, Madrid, 1970, p. 282.

20 Los misterios tuvieron gran éxito en el Imperio romano por promover la curiosidad (*gnosis*) y abrir formas nuevas, atractivas e, incluso, placenteras de conocimiento. Los cultos orientales (egipcios, sirios y de Anatolia) también ganaron adherentes, sobre todo en los siglos i, ii y iii de nuestra era, en puertos y pueblos de las rutas comerciales con Italia. Nock, *op. cit.*, p. 115. Ramírez Batalla, «Tradición y costumbres...», *op. cit.*, p. 250.

21 Veyne, *Sexo*, *op. cit.*, p. 92.

22 Paul Veyne, *Séneca y el estoicismo*, FCE, México, 1993, pp. 12-13.

23 Elaine Pagels, *Adam, Eve and the Serpent*, Vintage, Nueva York, 1988, p. XVII. Pomeroy, *op. cit.*, p. 153. Michel Foucault, «Las relaciones de poder penetran los cuerpos», en *Microfísica del poder*, La Piqueta, Madrid, 1992, p. 170.

24 Lucio Anneo Séneca, *Tratados morales*, Espasa-Calpe, Madrid, 1943, cap. VII. En lo sucesivo, Snc, *Trat.* Marcel Bataillon, *Erasmo y España. Estudios sobre la historia espiritual del siglo xvi*, FCE, México, 1996.

25 Veyne, *Séneca*, *op. cit*, pp. 70-71, 121.

26 Ernst Cassirer, *El problema del conocimiento en la filosofía y en la ciencia modernas*, vol. 1, FCE, México, 1974, pp. 190-194.

27 El orfismo (alrededor del año 500 a.C.) no creó una Iglesia, pero sí sectas. Opuesto a la religión oral griega se condujo a partir de libros vinculados a ideas de religión personal y salvación y a prácticas pitagóricas. La vida órfica consistió en abstenerse de comer carne de animal, usar ropa de lana, respetar los escritos sagrados y despreciar el cuerpo como tumba del alma.

Similar a los misterios eleusinos, manifestó una especial esperanza en la vida futura donde el alma gozaría de felicidad gracias a la disciplina. Ser iniciado fue comenzar una nueva vida, una nueva relación con lo sagrado. Asimismo, Orfeo y Musaeus tocan a la puerta de los ricos y los conminan a abandonar sus impurezas y las de sus antecesores. Nock, *op. cit.,* pp. 26-32. Pierre Hadot, «III El fin del paganismo» en Puech, *op cit.*, p. 103. Jacob Burckhardt, *Del paganismo al cristianismo. La época de Constantino el Grande*, FCE, México, 1996, p. 211.

28 Burckhardt, *op. cit.,* pp. 210-217. Burkert, *Greek Religion*, *op. cit.,* p. 335. E. R. Dodds, *Heiden und Christen in einen Zeitalter der Angst. Aspekte religiöser Erfahrung von Marc Aurel bis Konstantin*, Suhrkamp, Fráncfort del Meno, 1985, pp. 27-28.

29 Dodds, *Heiden, op. cit.,* p. 105. Hadot, «III El fin del paganismo», *op. cit.,* p. 106. Bremmer, *op. cit.,* pp. 86-89.

30 Dodds, *Heiden, op. cit.,* p. 96. Davies Nigel, *Sacrificios humanos: de la Antigüedad a nuestros días*, Grijalbo, Barcelona, México, 1983, p. 55. Luis Gil, *Censura en el mundo antiguo*, Alianza, Madrid, 2007, pp. 227-233, 281. Boswell, *op. cit.,* pp. 96,147. Hadot, «III El fin del paganismo», *op. cit.,* pp. 113-114, 117. Alföldy, *op. cit.,* pp. 90-91. Luis Gil, *op. cit.,* pp. 287-288.

31 Caquot, *op. cit.,* p. 144.

32 *Cf.* Spadafora, en Graneris, *op cit.*, p. 59

33 Maccoby, *op. cit.,* pp. 76, 101-104. En el Génesis, Dios demanda el sacrificio humano del primogénito, pero, simultáneamente, ordena su sustitución por el cordero pascual. En la primera parte del libro *El perfume o el miasma. El olfato y lo imaginario social. Siglos* X VIII *y* XIX (FCE, México, 2002), Alan Corbin analiza cómo se operó el cambio de percepción olfativa de lo pútrido y mórbido a lo fresco y saludable. Aunque este análisis trata el problema en siglos muy posteriores, en él pueden encontrarse explicaciones relativas a las pulsiones que motivan, en una época determinada, el rechazo de ciertos objetos y personas. Uta Ranke-Heinemann, *Eunucos por el reino de los cielos. La Iglesia católica y la sexualidad*, Trotta, Madrid, 1994, pp. 14-16.

34 Frazer, *op. cit.*, pp. 691-701. Robert Turcan, *The Cults of the Roman Empire*, Wiley-Blackwell, Nueva Jersey, 2001, pp. 69-81. Pomeroy, *op. cit.*, pp. 241-246.

35 Turcan, *op. cit.*, pp. 87-91.

36 Burckhardt, *op. cit.*, pp. 185, 214. Nock, *op. cit.*, pp. 209-215, 231. Norman Cohn, *Los demonios familiares de Europa*, Alianza, Madrid, 1980, pp. 30-31.

37 Al tercer día de iniciada la fiesta celebrada en abril en honor de Atis, los desmelenados *galli* (eunucos) se herían en la sombra de un pino en memoria de la mutilación de sus genitales. El mito de este dios frigio, amante de Cibeles, se representó cada primavera con su imagen colgada de un árbol o la muerte por su propia castración. Su sangre se vería, más tarde, en el sacrificio de Cristo, pero no como fertilizadora de los campos, sino como mudanza del curso de la historia del pecado. Maccoby, *op. cit.*, pp. 118-119. Girard, *El chivo*, *op. cit.*, p. 259.

38 Burckhardt, *op. cit.*, pp. 143, 147-150, 246. Aline Rousselle, *Porneia. Del dominio del cuerpo a la privación sensorial. Del siglo* II *al siglo* IV *de la era cristiana*, Península, Barcelona, 1989, pp. 142-143.

39 Tertullianus, *De Idolatría*, E. J. Brill, Leiden, Nueva York, 1997, 13.1. En lo sucesivo, Tr, *Idol.*

40 Tertuliano, *Apologética. A los gentiles*, Gredos, Madrid, 2001, XVII. *Ibid.*, IX. En lo sucesivo, Tr, *Apol.*

41 Michel Foucault, «La lucha por la castidad», en Aries, *Sexualidades*, *op. cit.*, p. 48.

42 Adolf von Harnack, *The Mission and Expansion of Christianity in the First Three Centuries*, Harper & Brothers, Nueva York, 1962, pp. 292-293. De las polémicas en torno a los sacrificios cruentos y la moral sexual registradas desde España hasta Egipto y Antioquia —región esta última con un dinámico intercambio de creencias, ritos y cultos familiares—, los cristianos recogerían argumentos respecto del cultivo y la alimentación del alma frente al pobre valor material del cuerpo y los beneficios de la abstinencia del consumo de la carne animal para el cuerpo y el alma, incluso por razones de índole nutricional, económica o demográfica, como manifiesta Porfirio de Tiro en su tratado *Sobre la abstinencia*, en el que explica el origen y la recurrencia a los sacrificios humanos cuando se experimentan hambres y guerras, y describe algunas de estas situaciones acompañadas de antropofagia. Así, Porfirio desacraliza las religiones antiguas, una tendencia que veremos repetida siglos más tarde en el caso americano. Porfirio, *Sobre la abstinencia*, Gredos, Madrid, 1984, II, 24; VII, 2. Robert M., Grant, *Christian Beginnings: Apocalypse to History*, Variorum Reprints, Londres, 1983, pp. 68-70. Hadot, «III El fin del paganismo», *op. cit.*, p. 117.

43 «Y son llamados supersticiosos [...] aquellos que adoran el recuerdo supérstite de los muertos o que adoran en casa, en honor de sus antepasados, las imágenes supérstites de aquellos como a dioses penates. Efectivamen-

te, a aquellos que adoptaban nuevos ritos para adorar como a dioses a hombres muertos, de los cuales pensaban que habían sido recibidos en el cielo, los llamaban supersticiosos, mientras que aquellos que adoraban a los dioses públicos y antiguos los llamaban religiosos.» Lc, *Inst.* IV,1.

44 Bruno Rech, «Las Casas und die Kirchenväter», pp. 1-47, en *Jahrbuch für Geschichte von Staat, Wirtschaft u. Gesellschaft Lateinamerikas*, Böhlau, Köln, Wien. vol. 17, 1980, pp. 6-8.

45 Cohn, *Los demonios, op. cit.*, p. 96. Guy G. Stroumsa, *La fin du sacrifice. Les mutations religieuses de l'Antiquité tardive,* Odile Jacob, París, 2005. Paul Veyne, *Als unsere Welt christlich wurde (312-394). Aufstieg einer Sekte zur Weltmacht*, C.H. Beck, München, 2008, p. 66.

46 Burckhardt, *op. cit.*, p. 227. Nock, *op. cit.*, pp. 7-9. Hadot, *op. cit.*, pp. 129-131.

47 Cohn, *Los demonios, op. cit.*, p. 25.

48 Orígenes, *Contra Celso*, Biblioteca de Autores Cristianos, Madrid, 1967, III, 24. En lo sucesivo, Or, *Contra.*

49 Dodds, *Heiden, op. cit.*, pp. 19-20, 99-101. Gil, *op. cit.*, pp. 243-244. Veyne, *Die griechischer*, *op. cit.*, pp. 66-70. Hadot, «III. El fin del paganismo», *op. cit.*, pp. 97-98. Rousselle, *op. cit.*, p. 127. Burckhardt, *op. cit.*, p. 241. Norman Cohn, *op. cit.*, p. 32. Grant, *op. cit.*, pp. 150-170. Smith, *op. cit.*, pp. 145-165. Arnaldo Momigliano, *The conflict between paganism and Christianity in the fourth century: Essays*, Clarendon Press, Oxford, 1963, pp. 1-16. Miguel Ángel Ramírez Batalla, *La idea de la romanidad en la Antiguedad Tardía (161-395)*, tesis de licenciatura, Facultad de Filosofía y Letras-UNAM, México, 2005, p. 86. Lc, *Inst* II, 21.2. Paulo Orosio, *Historias*, 2 vols., Gredos, Madrid, 1982-1999, VII, 43, 3.

50 Gil, *op. cit.*, p. 298.

51 Smith, *op. cit.*, p. 33. Gil, *op. cit.*, pp. 291-293.

52 Burckhardt, *op. cit.*, p. 237.

53 *Ibid*, p. 135.

54 Thomas, *op. cit.*, p. 106. Cohn, *Los demonios, op. cit.*, pp. 12, 20-22. Girard, *El chivo*, *op. cit.*, p. 27.

55 Gil, *op. cit.*, p. 339.

56 Heinrich, *Ensayo, op. cit.*, pp. 59-61. Guy Debord, *La société du spectacle*, Buchet-Chastel, París, 1967, pp. 80-84.

57 Esta idea del tiempo fue retomada por Agustín de Hipona de los maniqueos, los seguidores de Maní, quienes concibieron el tiempo y lo ocurrido en el tiempo como propio de Dios; de un ente inmanente depositario de la

salvación eterna de la humanidad como meta final. La concepción lineal, ascendente y progresiva del tiempo de los maniqueos, su desprecio de la vida cotidiana, las cosas materiales y la naturaleza externa, y su separación dualista de lo celeste y lo terrenal, del alma y el cuerpo, de los vicios y las virtudes contrastaron radicalmente con la concepción cíclica del tiempo del pensamiento griego.

58 Dodds, *Heiden*, *op. cit.*, p. 115. Veyne, *Als unsere Welt*, *op. cit.*, p. 47. Nock, *op. cit.*, p. 211. Dodds, *Heiden*, *op. cit.*, p. 116.

59 Veyne, *Als unsere Welt*, *op. cit.*, pp. 37-38.

2. *El estereotipo cristiano del pagano*

1 Por *estereotipo* —στεβό-ς (sólido, fuerte, firme) y τύπος (tipo)— entiendo la imagen o el cuadro mental limitado que resulta de la tendencia psicológica a concretar una abstracción, conferirle una mayor realidad y hacerla dominante como patrón de percepción y forma de clasificación. La posibilidad de ser captada por la mayor parte de las personas en un momento dado logra la fácil transmisión de esta imagen de generación en generación. *Vid.* «stereotype», *The Oxford English Dictionary*, Clarendon, Oxford, 1989; «estereotipo», *Diccionario de la Lengua Española*, Real Academia Española, Madrid, 1996. Para el análisis lingüístico de estas imágenes mentales, *vid*, Christian Plantin, *Lieux communs, topoï, stéréotypes, clichés*, Kimé, París, 1993.

2 Jaime Humberto Borja Gómez, *Los indios medievales de fray Pedro de Aguado: construcción del idólatra y escritura de la historia en una crónica del siglo XVI*, Centro Editorial Javeriano, Bogotá, 2002, p. 29. George L. Mosse, *La nacionalización de las masas*, Marcial Pons, Madrid, 2005, pp. 83-87.

3 Adolf von Harnack, *The Mission and Expansion of Christianity in the First Three Centuries*, Harper & Brothers, Nueva York, 1962, pp. 196, 292-293. Rousselle, *op. cit.*, pp. 163, 202.

4 Citado por Uta Ranke-Heinemann, *Eunucos por el reino de los cielos. La Iglesia católica y la sexualidad*, Trotta, Madrid, 1994, p. 21.

5 John Boswell, *Cristianismo, tolerancia social y homosexualidad*, Muchnik, Barcelona, 1992, p. 126.

6 Citado en *ibid.*, pp. 166-173. Jean-Louis Flandrin, «La vida sexual matrimonial en la sociedad antigua: de la doctrina de la Iglesia a la realidad de

los comportamientos» en Phillip Aries, *Sexualidades occidentales*, Paidós, México, 1987, p. 164. Grant, *op. cit.*, p. 305.

7 Rousselle, *op. cit.*, pp. 27-29, 33-34. Momigliano, *op. cit.*, pp. 11-12. E. R. Dodds, *The Greeks and the Irrational*, University of California, Berkeley, 1951, p. 113. Bremmer, *op. cit.*, pp. 36-37, 70-74. Paul Veyne, *Die griechisch-römische Religion. Kult, Frömmigkeit und Moral*, Reclam, Stuttgart, 2005, pp. 41-45.

8 Veyne, *Die griechisch-römische*, *op. cit.*, p. 206. Lluís Duch, «Prólogo» en Hugo Rahner, *Mitos griegos en interpretación cristiana*, Herder, Barcelona, 2003, pp. 11-26. E. R. Dodds, *Heiden und Christen in einen Zeitalter der Angst. Aspekte religiöser Erfahrung von Marc Aurel bis Konstantin*, Suhrkamp, Fráncfort del Meno, 1985, pp. 37-43.

9 Burckhardt, *op. cit.*, pp. 331-334.

10 El mundo cristiano estuvo impregnado de la heliolatría de las religiones antiguas, desde la egipcia y la persa (Mithras) hasta la romana, así como del monoteísmo neoplatónico. Con Constantino, desde el año 321, paganos y cristianos se aliaron para la fiesta del sol. Pedro Barceló, «Zur Begegnung, Konfrontation und Symbiose von religio Romana und Christentum» en Gunther Gottlieb y Pedro Barceló, *Christen und Heiden in Staat und Gesellschaft des zweiten bis vierten Jahrhunderts: Gedanken und Thesen zu einem schwierigen Verhältnis*, Schriften der Philosophischen Fakultäten der Universität Augsburg 44, Ernst Vögel, Múnich, 1992. pp. 151-209. Luis Gil, *Censura en el mundo antiguo*, Alianza, Madrid, 2007, pp. 319-328. Grant, *op. cit.*, pp. 63- 68.

11 Burckhardt, *op. cit.*, pp. 351, 363. Veyne, *Als unsere Welt*, *op. cit.*, p. 45.

12 Citado por Marcelino Menéndez Pelayo, *Historia de los heterodoxos españoles*, 2 vols., Gredos, Madrid, 1978, vol. I, p. 97.

13 Osio de Córdoba fue una figura central en la fundación de la Iglesia católica en España. Pedro Barceló, *Constantius II. und seine Zeit. Die Anfänge des Staatskirchentums*, Klett-Cotta, Stuttgart, 2004, p. 64.

14 Barceló, «Zur Begegnung», *op. cit.*, p. 160. John H. Smith, *The Death of Classical Paganism*, Geoffrey Chapman, Londres-Dublín, 1976, pp. 81, 166. Arthur D. Nock, *Conversion: The Old and the New in Religion from Alexander the Great to Augustine of Hippo*, Oxford University, Oxford, Nueva York, 1952, p. 225. «Se llaman *apóstatas* los que, después de recibir el bautismo de Cristo, retornan al culto a los ídolos y a la perversión de sus sacrificios», IS, *Etim.* I, 719.

15 Rosa María Sáenz Serrano, «*Sive pagani sive gentiles*: El contexto sociocultural del paganismo hispano en la Tardoantigüedad», *Gerión. Revista de Historia Antigua*, Universidad Complutense de Madrid, Madrid, 2003, pp. 9-35. Para Tertuliano, la idolatría no se limita a los ritos y la realización de los sacrificios; implica toda una forma de vida, porque determina el arte de hacer ídolos, su comercio, las profesiones de astrólogo y maestro, la manera de realizar las fiestas públicas y privadas. Smith, *op. cit.*, p. 81.

16 Gil, *op. cit.*, pp. 52, 93, 277, 310-311, 375-376, 384. Barceló, *Constantius II.*, *op. cit.*, pp. 124-126. Veyne, *Als unsere Welt*, *op. cit.*, p. 52. Rousselle, *op. cit.*, p. 161. Rahner, *op. cit.*, p. 114.

17 Gil, *op. cit.*, pp. 93, 157, 225. Peter Brown, *The Body and Society. Men, Women and Sexual Renunciation in Early Christianity*, Columbia University, Nueva York, pp. 175, 299. Chaunú, pp. 111-114.

18 Nock, *op. cit.*, p. 186. A. H. M. Jones, «The Social Background of the Struggle between Paganism and Cristianity» en Momigliano, *op. cit.*, pp. 22-23. Barceló, «Zur Begegnung», *op. cit.*, p. 181.

19 *The Theodosian Code and Novels and the Sirmondian Constitutions*, Princeton University, Princeton, 1952, XII, XV, XVI, 1, 2. Smith, *op. cit.*, pp. 145-165.

20 Barceló, «Zur Begegnung», *op. cit.*, p. 160. Peter Brown, *The World of late Antiquity, A D 150-750*, W. W. Norton, Londres, 1989. Gil, *op. cit.*, pp. 366-387.

21 *Vid.* Keith Thomas, *Religion and the Decline of Magic. Studies in Popular Beliefs in Sixteenth and Seventeenth-Century England*, Penguin, Londres, 1971.

22 *Cf.* Boswell, *op. cit.*, p. 154. Desde el siglo I existe una Iglesia cristiana en Atenas que sustituye la imagen de Palas Atenea por la de la Virgen María. «Muchos paganos de la Arabia, la Siria y la Mesopotamia eran convertidos a la nueva religión en la creencia de que María, la Madre de Dios, no era otra que la diosa Cibeles...». Ferdinand Gregorovius, *Roma y Atenas en la Edad Media y otros ensayos*, FCE, México, 2001, p. 210. Veyne, *Als unsere Welt, op. cit.*, pp. 29, 111. Antonio Rubial García, *El paraíso de los elegidos. Una lectura de la historia cultural de Nueva España (1521-1804)*, FCE, UNAM, México, 2010, pp. 31- 41.

23 Citado por Rahner, *op. cit.*, pp. 113-114. Lo anterior se corresponde con lo planteado por Jacques Le Goff: «[...] la cultura eclesiástica derrotó a la folklórica campesina gracias a tres procesos: la destrucción, la obliteración (esto es, la sustitución de cultos paganos por otros parecidos, cristianos,

que se superponían a los primeros) y la desnaturalización (o sea, la conservación cuando menos parcial de las formas, acompañada empero, de una profunda, y en muchos casos, absoluta mutación de significados)». Citado por Franco Cardini, *Magia, brujería y superstición en el Occidente medieval*, Península, Barcelona, 1999, p. 28.

24 Desde el siglo IV, los denominados Padres de la Iglesia del rito latino (Ambrosio de Milán [333-397], Jerónimo de Estridón [342-420], Agustín de Hipona [354-430], Paulo Orosio [383-420], Gregorio I Magno [540-604] e Isidoro de Sevilla [560-636]) vieron en el cristianismo el progreso y criticaron a las filosofías que encontraban en el placer corporal y material un camino para relacionarse con lo sagrado o una manera de trascender lo mundano. Smith, *op. cit.,* p. 229.

25 «*Rerum gestarum ordo atque conexio temporum*». *Cf.* Víctor Capanaga, "Introducción a escritos apologéticos: La ciudad de Dios", p. 53 en *AH Obras completas op. cit.*

26 Su nombre original es *De civitate Dei contra paganos.*

27 En *La Ciudad de Dios*, Agustín retomó lo planteado por Cicerón: la religiosidad grecorromana como producto del *evemerismo*, la corriente que reducía a los dioses paganos a la condición de humanos sacralizados. Smith, *op. cit.,* p. 229.

28 Más tarde, en el siglo XIII, cuando los demonios se habían convertido en seres muy poderosos y malignos, Tomás de Aquino concedió naturaleza espiritual a estos y a los ángeles y los demonios.

29 De acuerdo con la teología cristiana, el alma es la criatura más perfecta del orden de los humanos. Sus facultades son tres: la memoria para recordar, la inteligencia para entender y la voluntad para querer y amar. La gracia divina eleva al alma. José L. Illanes y Josep I. Saranyana, *Historia de la teología*, Biblioteca de Autores Cristianos, Madrid, 1995, p. 61.

30 Los conocimientos astrológicos se reservaron a los clérigos, quienes los popularizaron en el siglo XIII mediante enciclopedias, y en el siglo XIV en los calendarios y libros de las horas. Jean Seznec, *Los dioses* de *la Antigüedad en la Edad Media y el Renacimiento*, Taurus, Madrid, 1987, pp. 45-49.

31 Boswell, *op. cit.,* pp. 238-241, 272-275, 293-295, 346.

32 En la Edad Media, a los musulmanes se les calificó a veces de paganos. John Tolan, «Más allá de los mitos de la coexistencia interreligiosa: contactos y roces cotidianos según las fuentes jurídicas de la España medieval», p. 120, en *Graphen. Revista de Historiografía*, Grupo de Historiografía de Xalapa, Centro INAH-Veracruz, 2013, n. 5.

33 Boswell, *op. cit.*, pp. 37-39, 55, 301-312. Gil, *op. cit.*, pp. 390-391. Cardini, *Magia, op. cit.*, pp. 41-42. Veyne, *Als unsere Welt, op. cit.*, p. 47.

34 Norman Cohn, *Los demonios familiares de Europa*, Alianza, Madrid, 1980, p. 67.

35 *Ibid.*, pp. 84-85.

36 Cohn, *Los demonios, op. cit.*, p. 89. Ranke-Heinemann, *op. cit.*, p. 12.

37 Citado por Ranke-Heinemann, *op. cit.*, p. 24.

38 Brown, *The Body…*, *op. cit.*, p. 4.

39 Robert Muchembled, *Una histoire du diable, XII-XX siècle*, Èditions du Seuil, París, 2000, pp. 15-20.

40 Lothar Baier, *Die grosse Ketzerei. Verfolgung und Ausrottung der Katharer durch Kirche und Wissenschaft*, Wagenbach, Berlín, 2002, pp. 25-52; 155-162. Boswell, *op. cit.*, pp. 290-291. Cohn, *Los demonios, op. cit.*, pp. 58, 125. José L. Illanes y Josep I. Saranyana, *Historia de la teología*, Biblioteca de Autores Cristianos, Madrid, 1995, p. 47.

41 Citado por Cohn, *Los demonios, op. cit.*, p. 121.

42 Cardini, *Magia, op. cit.*, pp. 31-40. Vladimir Jankelevitch, *Lo puro y lo impuro,* Taurus, Madrid, 1990, p. 30, 54. Ranke-Hainemann, *op. cit.*, p. 143. Georges Duby, *El amor en la Edad Media y otros ensayos*, Alianza, Madrid, 1992. Boswell, *op. cit.*, p. 184.

43 Fue común atribuir a las brujas aquelarres o reuniones con el diablo o el Anticristo, en las cuales se mataban niños para después comerlos, profanaban tumbas, devoraban carne de muerto asada, cocida o cruda y elaboraban venenos con sesos y huesos, siendo el corazón el mejor bocado reservado al demonio con quien se sostenían perversas relaciones sexuales. *Vid.* Gustav Henningsen, *El abogado de las brujas. Brujería vasca e Inquisición española*, Alianza, Madrid, 1983. Cohn, *Los demonios*, *op. cit.* p. 77. Muchembled, *op. cit.*, p. 57. Carlo Ginzburg muestra cómo en los procesos contra la brujería celebrados a principios del siglo XV y finales del siglo XVIII, las confesiones de quienes participaron en fiestas o aquelarres presentan una «extraordinaria uniformidad». El uso de una terminología y un hilo narrativo comunes da lugar a la construcción de una imagen del aquelarre que se repite. *Vid.* Carlo Ginzburg, *Historia Nocturna. Las raíces antropológicas del relato*, Península, Barcelona, 2003. Este estereotipo se extendió a Nueva España y sirvió de guía para juzgar a mujeres extravagantes en algunos procesos inquisitoriales. *Vid.* Tania E. Romero Sánchez, *El aquelarre de María Felipa de Alcaraz, un ritual demoníaco novohispano del siglo XVIII*, tesis de maestría, Facultad de Filosofía y Letras e Instituto

de Investigaciones Históricas-UNAM, julio de 2014. Las imágenes de la Danza macabra, del Juicio final, del Triunfo de la muerte y de los cuatro jinetes del Apocalipsis (hambre, plagas, guerra y muerte) se representaron profusamente en la iconografía. Cardini, *Magia, op. cit.*, pp. 74-77.

44 Boswell, *op. cit.*, p. 50, 402 y ss. La fornicación con la bestia se equiparó al ayuntamiento carnal con demonio súcubo o íncubo. Andrés Moreno Mengíbar y Francisco José Vázquez García, *Sexo y razón: una genealogía de la moral sexual en España (siglo xvi-xx)*, Akal, Madrid, 1997, n. 5, pp. 187, 224-225. Paul Veyne, *Sexo y poder en Roma*, Paidós, Barcelona, 2012, p. 153. Se sabe poco sobre la homosexualidad femenina. Rousselle, *op. cit.*, p. 13.

45 Boswell, *ibid.*, pp. 68, 73, 101. Paul Veyne, «La homosexualidad en Roma» en Aries, *op. cit.*, pp. 57-58. El término *homosexual* se adoptó hasta el siglo XIX como antónimo de *heterosexual*; «[...] alude al fenómeno general del erotismo del mismo sexo y, en consecuencia, es la más amplia de las categorías empleadas; comprende todos los fenómenos sexuales entre personas del mismo sexo, ya sean resultado de preferencia consciente, deseo subliminal o necesidad circunstancial [...] Sólo el contexto y un razonamiento juicioso pueden sugerir qué es lo que se quiere decir en cada caso particular», Ramón Mújica Pinilla, Ángeles apócrifos en la América Virreinal, FCE, Lima, 1992, pp. 173-178.

46 *Ibid.*, pp. 118-124.

47 Boswell, *op. cit.* pp. 315, 335. Alberto Magno fue un teólogo dominico contemporáneo y amigo de Santo Tomás. Ambos adoptaron y adaptaron la obra de Aristóteles a la teología cristiana. Por ello recibieron críticas de otros escolásticos.

48 Foucault, «La lucha» en Aries, *op. cit.*, p. 49.

49 El culto a María muestra la necesidad de desexualizar a la mujer para adorarla. Maccoby, *op. cit.*, pp. 157-161. Cardini, *Magia, op. cit.*, p. 108.

50 Norman Cohn, *Das neue irdische Paradies. Revolutionäer Millenarismus und mystischer Anarchismus im mittelalterlichen Europa*, Rowohlts Enzyclopädie/Kulturen und Ideen, Hamburg, 1988, pp. 192-200. Ginzburg, *op. cit.*, pp. 133-180.

51 A partir del siglo IV, la retórica fue muy importante y las escuelas de los retóricos fueron las principales instituciones de enseñanza. «Era imprescindible en la vida diaria la expresión fácil y rica, y el triunfo máximo lo representaba un buen discurso.» «De las llamadas siete artes liberales, gramática, retórica, dialéctica, aritmética, música, geometría y astronomía,

que habían constituido antes la educación de los jóvenes distinguidos, las tres primeras seguían manteniendo ese lugar, mientras que las otras cuatro se habían convertido, por acumulación de la materia, en ramas especiales de la instrucción». Entre ellas destacaron las poesías a los mártires para conservar la memoria de la época de las persecuciones y los himnos que insuflan con alma nueva al latín al proporcionarle mayor sonoridad y ritmo. Burckhardt, *op. cit.*, pp. 269-270. Gil, *op. cit.*, p. 369. Juan Belda Plans, *Historia de la Teología*, Palabra, Madrid, 2010, p. 27.

52 Illanes, *op. cit.*, pp. XVIII, XX.

53 Cohn, *Los demonios, op. cit.*, p. 101. Illanes, *op. cit.*, p. XX. Daniel Ulloa, *Los predicadores divididos. (Los dominicos en Nueva España. Siglo XVI)*, El Colegio de México, México, 1977, pp. 225-226.

54 *Ibid.*, p. 216. José Román Flecha Andrés, *Teología moral fundamental*, Biblioteca de Autores Cristianos, Madrid, 1997, p. 45.

55 Contrario a las ideas de Joaquín de Fiore (1135-1202) y sus seguidores franciscanos y milenaristas no existiría una «nueva edad» con una Revelación más perfecta en la cual el mundo se convertiría en un monasterio, pues toda la palabra divina ya la había trasmitido Cristo. *Apud.* Illanes, *op. cit.*, pp. 69-70.

56 Thomas Laquear, *La construcción del sexo. Cuerpo y género desde los griegos hasta Freud*, Cátedra, Valencia, 1994, p. 55. Chaunú, *op. cit.*, p. 112-113. Veyne, «La vida sexual en la sociedad antigua» en Aries, *op. cit.*, p. 52.

57 Juan Luis Vives, *Obras Completas*, 2 vols., M. Aguilar, Madrid, 1947, vol. 1, p. 1206. Moreno Mengíbar, *Sexo*, *op. cit.*, pp. 25, 87. Sennett, Richard, *Carne y piedra. El cuerpo y la ciudad en la civilización occidental*, Alianza, Madrid, 1997, p. 141.

58 Lucien Febvre, *El problema de la incredulidad en el siglo XVI. La religión de Rabelais*, Akal, Madrid, 1993, p. 133. Porter «Historia del cuerpo» en Peter Burke (comp.) *Formas de hacer Historia*, Alianza, Madrid, 1993, p. 266. Sennett, *op. cit.*, p. 138.

59 Brown, *The Body…*, *op. cit.*, pp. 351-354. Michel Foucault, *Historia de la sexualidad. 1. La voluntad de saber*, 3 vols., Siglo XXI, México, 1992, pp. 72-80.

60 Havelock Ellis, *Sex in Relation to Society*, Heinemann Medical Books, Londres, 1946, p. 60. Ranke-Heinemann, *op. cit.*, pp. 145-149. Veyne, «La historia» en Aries, *op. cit.*, p. 115.

3. *Los pecados de la carne en las polémicas*

1 Así consta en *Las Siete Partidas*, las leyes elaboradas en el siglo XIII que entraron en vigor en Castilla un siglo después y que a finales del siglo XV estaban vigentes en la Península. Según este código, a causa de los pecados, Dios envía al mundo males como el hambre, la pestilencia y los terremotos. *Las Siete Partidas del rey don Alfonso el Sabio cotejadas con varios códigos antiguos por la Real Academia de la Historia*, 3 vols., Imprenta Real, Madrid, 1807, vol. I, 5, 33, p. 218.

2 Con expresiones tomadas de la teología, los cronistas calificaron las costumbres indígenas como: *immunditia*, *macula*, *ignominia*, *repugnantia*, *corruptio*, etc.

3 Edmundo O'Gorman destaca la imposibilidad de los europeos del siglo XVI para calificar las monumentales estatuas de los antiguos mexicanos. Solo pudieron considerarlas exóticas, imperfectas, feas, monstruosas: «[...] el concepto de lo monstruoso tiene un correlato que consiste en una ordenada y racional vista de la naturaleza, que es una visión que proporciona un sentimiento de seguridad que se apoya en la creencia de una estructura más o menos definida, que articula en un todo congruente la diversidad de planos o series que se destacan con cierta individualidad» (subrayados del autor). «El arte o la monstruosidad (1940)» en *Seis estudios históricos de tema mexicano*, Universidad Veracruzana, Xalapa, 1960, p. 52.

4 Algunos tratados de heresiología habían sido escritos en los primeros años cristianos por Ireneo de Lyon, Tertuliano, Clemente de Alejandría, Orígenes y Cipriano de Cartago.

5 Karl Joseph von Hefele, *El Cardenal Jiménez de Cisneros y la Iglesia española a fines del siglo XV y principios del XVI*, Diario de Barcelona, Barcelona, 1869, p. 219. Haim Beinart, *La Inquisición española. Antecedentes y comienzos*, Congreso Judío Latinoamericano, Buenos Aires, 1967, pp. 32-37. Rafael Carrasco, *Inquisición y represión sexual en Valencia. Historia de los sodomitas (1565-1785)*, Laertes, Barcelona, 1986, p. 20.

6 Esta problemática, así como la presencia del travestismo en América en tiempos de la Conquista, son los temas centrales tratados en Richard C. Trexler, *Sex and Conquest. Gendered Violence, Political Order, and the European Conquest of the Americas*, Cornell University, Nueva York, 1995. John Boswell, *Cristianismo, tolerancia social y homosexualidad*, Muchnik, Barcelona, 1992, pp. 238-241, 272-275. Antonio Domínguez Ortiz, *El antiguo régimen: los Reyes Católicos y los Austrias*, Alianza, Alfaguara,

Madrid, 1981, p. 12. El dominico español Juan de Torquemada (1388-1468), tío del inquisidor Tomás de Torquemada, contribuyó con ella al elaborar la obra *Contra los principales errores de Mahoma, los turcos y sarracenos* (1459). Aunque no alcanzó gran difusión, este escrito muestra el clima de preocupación y el ánimo antiislamista español. Entre los errores de los mahometanos, Torquemada señala la poligamia, el adulterio, el pecado *contra natura*, la aceptación de los deleites carnales y de la felicidad en lo voluptuoso. También señala las virtudes cristianas y su consecuente superioridad. José Antonio Maravall, *Estudios de historia del pensamiento español. Edad Media. La época del Renacimiento. El siglo del barroco*, 3 vols., Centro de Estudios Políticos y Constitucionales, Madrid, 1999, vol. 2, pp. 408- 413.

7 *Los demonios familiares de Europa*, Alianza, Madrid, 1980, pp. 81-83.

8 Guy Rozat Dupeyron, «Identidad y alteridades. El Occidente medieval y sus "otros"», pp. 27-51, *Desacatos, Revista de Antropología social*, CIESAS, México, 2000, n. 4, pp. 42-47.

9 El 5 de diciembre de 1484 el Papa Inocencio VIII dio a conocer la bula *Summis desiderantes affectibus*. En ella estableció los procedimientos y las penas contra la brujería. La consideró una herejía por el comercio que supone con el diablo, y la puso bajo los dictados de la Inquisición. En 1514 y 1521 el Papa León X dio a conocer otras dos bulas contra las artes ocultas. Asimismo, por incitar la búsqueda de un excesivo bienestar material y promover la moral hedonista, el *Código de Derecho Canónico* prohibió la «lectura de libros que enseñan o recomiendan la superstición de cualquier especie, los sortilegios, la adivinación, la magia, la invocación de los espíritus y otras prácticas semejantes», Pietro Castelli, «El pecado en el ocultismo» en Giuseppi Graneris *et al.*, *El pecado en las fuentes cristianas primitivas*, Rialp, Madrid, 1963, p. 274. Beinart, *op. cit.*, pp. 32-39. Helen Rawlings, *Church, Religion and Society in early modern Spain*, Palgrave, Basingstoke, Hampshire, 2002, pp. 8-16. Rafael Carrasco, *op. cit.*, p. 20.

10 Desde mediados del siglo XV y durante gran parte del siglo XVI, en España se discutieron, profusamente, la forma y la función del culto de las imágenes, debido a los continuos enfrentamientos entre la Iglesia y las minorías religiosas, sobre todo los conflictos con los judíos «que se oponían a los signos externos de la devoción». Las disputas promoverían una cultura que coadyuvaría a la proliferación de imágenes y a su valoración como medios de educación, memoria y excitación religiosa. El

Santo Oficio castigó los casos de iconoclastia e injuria contra las imágenes religiosas y contribuyó, con la confección de imágenes destinadas a la conversión de los moros y los judíos al cristianismo, al afianzamiento de una «doctrina de la adoración de las imágenes». En este proceso destacaron las consideraciones de Hernando de Talavera —confesor y consejero de la Reina Isabel—, quien asoció las imágenes de los gentiles con la idolatría, la suciedad y los pecados de la carne. Felipe Pereda, *Las imágenes de la discordia. Política y poética de la imagen sagrada en la España del cuatrocientos*, Marcial Pons, Madrid, 2007, pp. 21-22, 26, 55, 65 y 98. Gabriel Jackson, *Introducción a la España medieval*, Alianza, Madrid, 1974, p. 157.

11 Diego de Deza (1444-1523) continuó la enseñanza de la obra de Tomás de Aquino iniciada entre 1480 y 1486 por Pedro Martínez de Osma (¿?-1480) en la Universidad de Salamanca. Él mismo defendió a este clérigo en el proceso que se le siguió a causa de sus críticas a la Iglesia. Osma había tenido una importante participación en el gobierno de la Universidad de Salamanca y en la implantación del tomismo, pues abandonó el nominalismo y sustituyó la lectura de las *Sentencias* de Lombardo por la *Suma teológica* de Santo Tomás. Esta sustitución fue bien conocida porque él externó la idea de que los teólogos nominalistas planteaban los problemas en forma sutil y banal y de ello se había desprendido una teología «inútil y nociva a la vida espiritual, no basada directamente en la Revelación ni en las grandes tradiciones patrísticas, sino solo en unos intereses particulares de escasos horizontes». José L. Illanes y Josep I. Saranyana, *Historia de la teología*, Biblioteca de Autores Cristianos, Madrid, 1995, pp. 107-108.

12 Manuel Fernández Álvarez (dir.), *La Universidad de Salamanca I. Trayectoria histórica y proyecciones*, 2 vols., Universidad de Salamanca, Salamanca, 1989, vol. I., p. 272. Benjamin Keen, *La imagen azteca en el pensamiento occidental*, FCE, México, 1984, p. 81. Leticia Pérez Puente, Enrique González González y Rodolfo Aguirre Salvador, «Estudio introductorio. Los concilios mexicanos primero y segundo» en María del Pilar Martínez López-Cano (coord.), *Concilios provinciales mexicanos. Época colonial*, Instituto de Investigaciones Históricas-UNAM, México, 2004, pp. 1-36. Disponible www.historicas.unam.mx/publicciones/publicadigital/libros/concilios/concilios_index.html. Consultado el 7 y 8 noviembre 2014.

13 Francisco Tomás y Valiente, *El derecho penal de la monarquía absoluta (Siglos XVI-XVII*-XVIII), Tecnos, Madrid, 1969, pp. 84-87. Tomás y Valiente, «El crimen», *op. cit.*, p. 34. Victoria Howell Williams, «Los orígenes de la Inquisición española. A propósito de un libro nuevo» en *El Olivo. Do-*

cumentación y estudios para el diálogo entre judíos y cristianos, vol. XXII, 48, julio-diciembre, Madrid, 1998, p. 81. Rawlings, *op. cit.*, p. 8.

14 *Cf.* Tomás y Valiente, *El derecho*, *op. cit.*, p. 86.

15 Joseph Höffner, *La Ética Colonial Española Del Siglo De Oro. Cristianismo y Dignidad Humana*, Ediciones Cultura Hispánica, Madrid, 1957, pp. 107-112. Teófilo Urdanoz, «Introducción biográfica», en *Obras de Francisco de Vitoria. Relecciones teológicas*, Biblioteca de Autores Cristianos, Madrid, 1960, p. 1522. En lo sucesivo, FV, *Obras*. Marcelino Menéndez Pelayo, *Historia de los heterodoxos españoles*, CSIC, Madrid, 1992, p. 925. Stanley G., Payne, *La España imperial*, Playor, Madrid, 1985, p. 44. José Antonio Maravall, *Estado Moderno y mentalidad social, siglo XV al XVII*, 2 vols., Revista de Occidente, Madrid, 1972.

16 Juan Cruz Monje Santillana, *Las Leyes de Burgos de 1512, precedente del derecho internacional y del reconocimiento de los derechos humanos* en Repositorio Trabajos Académicos, Universidad de Burgos. Departamento de Derecho Público, p. 9. Disponible en http://dspace.ubu.es:8080/trabajosacademicos/bitstream/10259.1/85/1/Monje_Santillan.pdf Consultado el 22 de junio de 2012. Tomás y Valiente, *El derecho, op. cit.*, pp. 85-86.

17 Paulino Castañeda Delgado, *La teocracia pontifical y la conquista de América*, Eset, Victoria, 1968, pp. 255-285.

18 Venancio Diego Carro, «El emperador Carlos V, la verdadera reforma de la Iglesia y el Concilio de Trento», *Cuadernos Hispanoamericanos*, Madrid, n. 115, julio 1959, p. 11. Entre otras cosas, en 1500, Jiménez de Cisneros arrojó a la hoguera muchos libros, sobre todo «alcoranes». Antonio Sierra Corella, *La censura de libros y papeles en España y los índices y catálogos españoles de los prohibidos y expurgados*, Imprenta Góngora, Madrid, 1947, pp. 43, 79, 85, 151. David A. Brading, *The First America: The Spanish Monarchy, Creole Patriots and the Liberal State 1492-1866*, Cambridge University, Cambridge, 1993, p. 20. La crisis y reformación de las órdenes mendicantes ocurrió en toda Europa. Jean Delumeau, *El catolicismo de Lutero a Voltaire*, Labor, Barcelona, 1973, p. 4. Maravall, *Estudios de historia*, *op cit.*, vol. 1, p. 392.

19 José Luis Abellán, *Historia crítica del pensamiento español*, 7 vols., Círculo de lectores, Valencia, Barcelona, 1992, vol. 2., *La Edad de Oro. Siglo XVI*, p. 493. Rawlings, *op. cit.*, pp. 100-101. Georges Duby, *El año mil. Una interpretación diferente del milenarismo*, Gedisa, Barcelona, 2000, pp. 105-107.

20 Juan Pérez de Tudela, «El horizonte teologal en el ideario de Las Casas», *Sesión de apertura del curso académico 1974-75*, Instituto de España, Madrid, 1975, p. 29. Rozat, *América, op. cit.*, p. 50. Roger Bartra, *El salvaje en el espejo*, UNAM, Era, México, 1998.

21 Gerbi, *op. cit.*, p. 49. Un ejemplo antecedente de estas visiones es el de Apio, un autor antijudío, quien relató que al entrar al templo de Jerusalén los romanos encontraron a un cautivo griego que había sido engordado por los judíos para sacrificarlo. Grant, *op. cit.*, p. 162.

Hacia el año 1519, en la trágica coyuntura de hambre y peste en Valencia, la Inquisición usó a los sodomitas como chivos expiatorios para justificar la necesaria limpieza moral y social. Carrasco, *op. cit.*, p. 20. «Combatir el sexo con el sexo, o combatir el sexo con fuego —pedagogía del placer o pedagogía del terror— son dos estrategias que no se sitúan en el mismo nivel, aunque generalmente van asociadas». *Ibid.*, pp. 7-9.

22 Lucien Febvre, *El problema de la incredulidad en el siglo XVI. La religión de Rabelais*, Akal, Madrid, 1993, pp. 12, 105, 276. Abellán, *op. cit.*, vol. 2, pp. 416-417, 444-445. Gerbi, *op. cit.*, pp. 49-61. Cristóbal Colón, *Los cuatro viajes del almirante y su testamento*, Espasa-Calpe, Buenos Aires, 1946, pp. 57-58, 108, 109, 112, 165. «Carta del doctor Chanca sobre el segundo viaje colombino (*ca.* 1494)» en Martín Fernández de Navarrete (ed.) *Viajes de Colón*, Porrúa, México, 1986, p. 234.

23 En su primer viaje, Colón recogió el episodio de Polifemo de la *Eneida* y pensó que los caníbales poseían cabezas de perros (canes). Al igual que Virgilio, lo hizo para mostrar el caos existente fuera de la «civilización». Derek Hughes, *Culture and Sacrifice: Ritual Death in Literature and Opera*, Cambridge University, Cambridge, 2011, p. 57. Brading, *op. cit.*, pp. 16-17. Francisco Esteve Barba, *Historiografía indiana*, Gredos, Madrid, 1992, p. 58-59. Juan Álvarez-Cienfuegos Fidalgo, *La cuestión del indio: Bartolomé de las Casas frente a Ginés de Sepúlveda: visión ética, jurídica y religiosa del indio en la polémica de Valladolid, 1550*, Jintanjáfora, Morelia, 2001, p. 60. José Rico Verdú, *La retórica española de los siglos XVI y XVII*, CSIC, Madrid, 1973, pp. 31-32. Este problema también se registró en la antigüedad grecorromana. Jean Seznec, *Los dioses de la Antigüedad en la Edad Media y el Renacimiento*, Taurus, Madrid, 1987, pp. 185-187, 200. En la junta eclesiástica de 1532 los propios misioneros informan que en México y Tlaxcala «la costumbre y manera de suçeder en el señorío no se [h]a podido ni puede saber, porque tienen diversas costumbres», Cristófo-

ro Gutiérrez Vega, *Las primeras juntas eclesiásticas de México (1524-1555)*, Centro de Estudios Superiores, Roma, 1991, p. 211.

24 Esteve, *op. cit.*, p. 205. Irving A. Leonard, *Los libros del conquistador*, FCE, México, 2000, pp. 112-117. «Segunda carta-relación» en Hernán Cortés, *Cartas de Relación*, Porrúa, México, 1985, p. 35. En lo sucesivo, HC, *Cartas.*

25 Leonard, *op. cit.*, pp. 57-85. Robert Tate, *Ensayos sobre la historiografía peninsular del siglo XV*, Gredos, Madrid, 1970, p. 32. Álvarez-Cienfuegos, *op. cit.*, p. 74. Alfonso Mendiola, *Retórica, comunicación y realidad. La construcción retórica de las batallas en las crónicas de la conquista*, Universidad Iberoamericana, México, 2003.

26 Jean-Louis Flandrin, «La vida sexual matrimonial en la sociedad antigua: de la doctrina de la Iglesia a la realidad de los comportamientos» en Phillip Aries, *Sexualidades occidentales*, Paidós, México, 1987, p 164. Cristóbal Colón se había referido a quienes comían seres humanos como gente del Gran Can. Aunque la ingesta de carne humana podría haber existido en prácticas mágicas homeopáticas de tribus totémicas (poder para dar poder), la información proporcionada por él y otros cronistas indianos no es algo comprobado. Uno de los primeros ejemplos lo proporciona Mártir de Anglería, quien, aunque nunca pisó el nuevo continente, expresa: «¡Oh asco inexpresable! ¡Oh repugnante náusea! Como los judíos en la época de la ley antigua se comían los corderos del sacrificio, así hace esta gente con sus víctimas humanas, tirando tan solo los pies, las manos y las entrañas. Las figuras que hacen de sus ídolos destínanlas a diferentes efectos: para obtener victoria cuando están en guerra, para proteger su salud, conseguir abundancia de frutos y otras cosas parecidas, al arbitrio de cada cual». Pedro Mártir de Anglería, *Décadas del Nuevo Mundo,* Polifemo, Madrid, 1989, Década quinta, cap. IV, p. 328. En lo sucesivo, MA, Décadas. Bernal Díaz del Castillo, el soldado conquistador, autor de la *Historia verdadera de la Conquista de la Nueva España*, escrita probablemente 60 años después de la conquista de México y publicada hasta el siglo XIX, también relacionó la idolatría con los pecados de la carne y los demonios con las mujeres y escribió sobre la práctica de la sodomía que, junto con la bestialidad, eran los desórdenes más graves, desencadenados al quedar negada la alianza matrimonial. A su llegada a Yucatán, afirma, por ejemplo, que los habitantes de estas tierras tenían en sus adoratorios «[...] muchos ídolos de barro, unos como caras de demonios, y otros como de mujeres, y otros de otras malas figuras, de manera que al parecer estaban haciendo sodomías

los unos indios con los otros [...]». Más adelante, de otros indios dice: «Y según pareció en aquella sazón habían sacrificado a sus ídolos ciertos indios para que les diesen victoria contra nosotros, y andaban muchas indias riéndoles y holgándose, y al parecer muy de paz [...]». Este testimonio justifica la guerra de Conquista, puesto que, además de la sodomía, «[...] los mexicanos cada noche hacían grandes sacrificios y fiestas [...] y tañían su maldito tambor [...] y daban gritos y alaridos [...]» y hablaban con sus ídolos. Bernal Díaz del Castillo, *Historia verdadera de la Conquista de la Nueva España*, Porrúa, México, 1969, pp. 327-328. En lo sucesivo, BD, *Historia*. Christian Duverger, en el capítulo 5 de su libro *Crónica de la eternidad* (Taurus, México, 2013), trata de demostrar que la obra de Bernal la escribió realmente Hernán Cortés, pero no advierte la relatividad de la autoría individual de todas las crónicas indianas, la tendencia a copiar a otros autores —en este caso las cartas de Cortés— y la obligación que tenían los escritos de adaptarse a las reglas establecidas, además de otras muchas consideraciones que ponen sus argumentos en entredicho. *Vid.* El número de la revista *Graphen* dedicado a la crítica de los trabajos de investigación de este autor: *Graphen. Revista de Historiografía*, Grupo de Historiografía de Xalapa, Centro INAH-Veracruz, n. 6, 2014.

27 Leonard, *op. cit.* Amerigo Vespucci, *Cartas de viaje*, Alianza, Madrid, 1986, pp. 94-110. Brading, *op. cit.*, pp. 15-16. Dietrich Briesemeister, «Las cartas de Amerigo Vespucci sobre el Nuevo Mundo» en *Olivar, Memoria académica*, Universidad Nacional de la Plata, La Plata, año 1, n. 1, 2000, pp. 10-11.

28 La obra de Lombardo, aparecida en el siglo XII, era la más comentada de la teología cristiana después de la Biblia. A principios del siglo XVI se seguía empleando en las universidades europeas, hasta que la *Suma teológica* de Tomás de Aquino se impuso en toda España en la década de los treinta de ese mismo siglo. Höffner, *op. cit.*, pp. 292-293. Urdanoz, *op. cit.*, pp. 295-296.

29 Höffner, *op. cit*, pp. 238-241. Monje, *op. cit.*

30 Venancio Carro, *La Teología y los teólogos-juristas españoles ante la Conquista de América*, Escuela de Estudios Hispano-americanos de la Universidad de Sevilla, Madrid, 1944, pp. 153-256.

31 *Ibid.*, p. 247.

32 Juan López de Palacios Rubios y Matías de Paz, *De las islas del mar Océano. Del dominio de los Reyes de España sobre los indios*, FCE, México, Buenos Aires, 1954, pp. 16, 220-221. En lo sucesivo, PR, *De las islas.* Tomás de

Aquino había sido la figura académica más importante de la Universidad de París. Sus principales fuentes eran San Agustín, San Gregorio Magno, Boecio, San Atanasio y San Juan Crisóstomo. Illanes, *op. cit.,* pp. 65-66. STh, *Suma,* vol. VI, 1-2, 102.

33 El significado del término *idolatría* seguía remitiendo al dado por Isidoro de Sevilla (560-636). En sus *Etimologías*, una especie de enciclopedia deudora de *La Ciudad de Dios* de Agustín, básica en la formación teológica del clero católico hasta el siglo XVI, este hispanorromano evangelizador de los reyes arrianos visigodos, tradujo *idolatría* como «servidumbre» o «culto a los ídolos». «Ídolo —escribe— es una estatua que representa una figura humana consagrada. Esta es la etimología del vocablo, ya que *eídos*, en griego significa "figura", y de él, en forma diminutiva, resulta "ídolo"; lo cual, entre nosotros, se entiende como "figurilla". En consecuencia, toda figura o figurilla debe ser denominada "ídolo". Y por ello, "idolatría" es toda reverencia y servidumbre a cualquier ídolo». IS, *Etim.* I, 721. Rouselle, *op. cit.*, pp. 140-141. De ahí la destrucción inmediata de toda «figura» prehispánica por parte de los conquistadores.

34 En este tipo de comunidades es más importante la solidaridad lineal que la conyugal y la idea de familia no tiene cabida.

35 Ranke-Heinemann, *op. cit.,* pp. 164, 170.

36 Walter Benjamin, *El origen del drama barroco*, Taurus, Madrid, 1990, p. 73. Julio Caro Baroja, «Honor y vergüenza. Examen histórico de varios conflictos» en Jean G. Peristiany, *El concepto del honor en la sociedad mediterránea*, Labor, Barcelona, 1968, pp. 79-82. Frente a la moderación con la que los judíos aplicaban la prohibición del incesto, los teólogos cristianos habían desarrollado numerosas «sutilezas legales en materia de prohibición de matrimonio» que denotaban aversión al placer y a lo sexual. Ranke-Heinemann, *op. cit.,* pp. 196, 203-204. Antes del Concilio de Trento se reconocieron dos tipos de uniones monogámicas: el matrimonio y la barraganía (mujer de condición social inferior que desempeña funciones serviles, amiga, manceba, ama, fámula o barragana).

37 *Recopilación de Leyes de los Reynos de Indias*, Porrúa, México, 1987, vol 5., p. XXXVI. En lo sucesivo, LI, *Recopilación.* Antonio-Enrique Pérez Luño, *La polémica sobre el Nuevo Mundo. Los clásicos españoles de la Filosofía del Derecho,* Trotta, Madrid, 1992, p. 19. Antonio Ybot León, *La Iglesia y los eclesiásticos españoles en la empresa de Indias*, 2 vols., Salvat, Barcelona, Madrid, Buenos Aires, 1954-1963, vol. 1, p. 175.

38 Abellán, *op. cit.*, vol., 2, p. 501. En esa época la Iglesia suministraba una cuarta parte de los ingresos del erario real español por medio de tercias reales, subsidios y cruzadas. Payne, *op. cit.*, pp. 24-25.

39 Finalmente, los indios serían concebidos como hombres, pero, por su condición inferior, sometidos a la tutela de un «padre protector» que, para los franciscanos, debía ser uno de ellos. El jurista e historiador Francisco Tomás y Valiente ha sostenido que, como *alieni iuris* permanentes, «no podían ser verdaderos sujetos de derechos naturales, porque tal concepto y doctrina [...] supone una igualdad de condición natural que a ellos se les negó [...]». Francisco Tomás y Valiente, «La condición natural de los indios de Nueva España, vista por los predicadores franciscanos», *Anuario mexicano de historia del Derecho*, vol. IV, México, 1994, p. 262. En cambio, otros académicos han interpretado que en los textos de Palacios Rubios y Matías de Paz se encuentra el origen del derecho internacional y los derechos humanos, por reconocer la libertad de los indios. Al respecto, es pertinente recordar que muchos siglos antes el jurista romano Domitius Ulpianus (170-228) formuló los principios de libertad, igualdad y dignidad humanas de los que debía disfrutar todo ciudadano del Imperio romano como derecho natural, incluso para los esclavos. Por esta razón, Ulpiano se ha denominado «pionero de los derechos humanos». Dado que Tomás de Aquino compartió ideas relacionadas con la justicia con Aristóteles y Ulpiano, es común que a él se atribuyan las que son de estos. Tony Honoré, *Ulpian, Pioneer of Human Rights*, Oxford University, Oxford, 2002, pp. 76-94.

40 En sus *Etimologías,* Isidoro de Sevilla había recuperado la idea agustiniana de los dioses paganos «perdidos y llenos de infamante deshonor», así como la idea de Dios como un ente inmanente (creado a sí mismo) que dota al ser y la existencia de leyes naturales eternas, en las cuales los seres humanos no pueden intervenir, a diferencia del «derecho de las naciones» o el «derecho de gentes» que los hombres modifican según sus necesidades. En esa dirección, Isidoro retomó de Ulpiano el concepto *derecho natural* y escribió: «Este derecho no es exclusivo de la especie humana, sino común a todos los animales nacidos en el mar o la tierra y también a las aves. De él proviene la unión de macho y hembra que llamamos matrimonio, así como la procreación de hijos y crianza adecuada [*educatio*]. En realidad, vemos que todos los otros animales, incluso las bestias salvajes, se rigen por la comprensión de este derecho». Citado por Boswell, *op. cit.,* pp. 332-333.

41 Pedro de Córdoba (1482-1521) escribió entre 1510 y 1521 la *Doctrina cristiana para la instrucción de los indios,* dada a conocer en 1544 con los auspicios de fray Juan de Zumárraga, quien al introducir la imprenta en Nueva España promovió la publicación de diversas obras religiosas como catecismos e instrumentos de pastoral —a eso quedó constreñida la imprenta—, así como adaptaciones de obras publicadas en España, como la de fray Alonso de Molina. Illanes, *op. cit.*, p. 157. Molina había nacido en Extremadura hacia 1514 y llegado a México entre 1522 y 1523. Su obra en náhuatl fue vasta: *Doctrina breve mexicana* (1546), *Vocabulario castellano mexicano* (1555), *Confesionario menor* (1567-1577), *Confesionario mayor* (1565-1578) y *Vocabulario en lengua castellano y mexican* (1571). En los interrogatorios de sus confesionarios denota el interés de los misioneros por los pecados de la carne.

42 Ybot, *op. cit.,* vol., 1, pp. 223-224.

43 «Ordenanzas reales sobre los indios. (Las leyes de 1512-13)» en *Anuario de Estudios Americanos,* vol. XII, Escuela de Estudios Hispano-americanos de Sevilla, Sevilla, 1956, pp. 417-471.

44 Höffner, *op. cit.*, pp. 242-243.

45 Bartolomé de las Casas, *Historia de las Indias,* 3 vols., FCE, México, 1951, vol. 1, pp. 187 y ss. En lo sucesivo, BC, *Historia.* Venancio Diego Carro, «Bartolomé de las Casas y la lucha entre dos culturas: cristianismo y paganismo», *Anales de la Real Academia de ciencias morales y políticas,* a. XVIII, Cuaderno Único, Madrid, 1966, pp. 205-272.

46 Höffner, *op. cit.,* pp. 252-253.

47 Juan Friede, «La censura española y la *Recopilación historial* de fray Pedro Aguado», en *Boletín Cultural y Bibliográfico,* Banco de la República, Bogotá, 1963, vol. VI, n. 2, pp. 47-50. En 1527, por ejemplo, se retiran los escritos de Hernán Cortés por quejas de Pánfilo de Narváez. Sierra, *op. cit.*, pp. 62-73, 172-173. José Pardo Tomás, *Ciencia y censura. La Inquisición española y los libros científicos en los siglos XVI y XVII*, Consejo Superior de Investigaciones Científicas, Madrid, 1991.

48 José Rabasa, *Tell Me the Story of How I Conquered You: Elsewheres and Ethnosuicide in the Colonial Mesoamerican World*, University of Texas, Austin, 2011, p. 97.

49 Silvio Zavala, *Los esclavos indios en Nueva España*, El Colegio Nacional, México, 1994, pp. 20, 33. Contra estos abusos se manifestaron los doce primeros franciscanos presididos por fray Martín de Valencia, llamados por Cortés en 1524 para emprender las tareas de evangelización. Estos

frailes abrigaban la esperanza de fundar el paraíso terrenal en América. Sus dos primeras preocupaciones, manifestadas en la primera junta eclesiástica celebrada en 1524, fueron los ritos de los naturales y sus matrimonios, ya que —según los franciscanos— un solo hombre tenía muchas mujeres y esto no podía persistir. Cristóforo Gutiérrez Vega, *Las primeras juntas eclesiásticas de México (1524-1555)*, Centro de Estudios Superiores, Roma, 1991, pp. 30-33.

50 Antonio Rubial García, *El paraíso de los elegidos. Una lectura de la historia cultural de Nueva España (1521-1804)*, FCE, UNAM, México, 2010, pp. 61-62.

51 Carlos V escribe: «[...] porque por las relaciones e informaciones que de esa tierra tenemos, parece que los naturales della tienen ídolos donde sacrifican criaturas humanas, y comen carne humana, comiéndose unos a otros y haciendo otras abominaciones contra nuestra Santa Fe Católica y toda razón natural; y que ansimismo, cuando entre ellos hay guerras, los que cautivan y matan, los toman y comen de que Nuestro Señor ha sido y es muy deservido, habéis de defender y notificar y amonestar a todos los naturales de esa tierra que no lo hagan por ninguna vía...». Para evitarlo dice que enviará ganado. José Luis Martínez (ed.), *Documentos cortesianos 1518-1528*, 3 vols., FCE, UNAM, México, 1993, vol. 1, p. 266.

52 José Luis Egío García, ¿Qué hacer con el indio? Discursos sobre la esclavitud y la encomienda en las primeras crónicas de Indias, tesis de doctorado (en proceso), UNAM, México.

53 Zavala, *Los esclavos...*, *op. cit.*, pp. 26-27.

54 Ybot, *op. cit.*, vol., 1, p. 362.

55 Citado por Zavala, *Los esclavos...*, *op. cit.*, p. 27. A petición de Zumárraga, ese mismo año llegó a Nueva España Andrés de Olmos, uno de los primeros franciscanos en colaborar en la evangelización, sobre todo en la región de la Huasteca. Los franciscanos continuaron su proyecto de evangelización y, confiados en el milenarismo, procuraron instaurar una Iglesia primitiva y apostólica con una noción propia de divinidad. Para ello vieron conveniente bautizar a los indios, aunque fuera superficialmente, separarlos de los españoles civiles a fin de no contaminarlos con sus vicios y sujetarlos a un régimen de «paternal obediencia». Esto significó que, a pesar de ser un sacramento individual, el bautismo se administrara masivamente para convertir a la mayor cantidad posible y esperaran su cristianización natural dado el próximo fin de la historia humana por la superación definitiva del mal. Este proceder confrontó a los franciscanos

(agustinianos y escotistas) con los dominicos (tomistas y racionalistas) y los agustinos (tomistas, realistas y racionalistas), órdenes que exigían el bautizo exclusivo de los adultos ateniéndose a las normas más complicadas del ritual toledano, así como a una catequesis profunda. Francisco Morales, «Los *Colloquios* de Sahagún: el marco teológico de su contenido» en *Estudios de Cultura Náhuatl*, Instituto de Investigaciones Históricas-UNAM, México, 2001, n. 32, pp.186-187. Fernando Domínguez Reboiras, «*Los indios se convirtieron a la tarde del mundo*. Una aproximación a la visión del mundo, del tiempo y de la historia según los franciscanos en Nueva España» en Wulf Oesterreicher, Roland Schmidt-Reise (Hrsg.), *Conquista y conversión. Universos semióticos, textualidad y legitimación de saberes en la América colonial*, De Gruyter, Berlín, Boston, 2014, pp. 145-179, 167-172. Gutiérrez Vega, *op. cit.*, pp. 83-84. El ritual toledano tenía su origen en los ritos mozárabes.

56 Jesús García Ruiz, «El misionero, las lenguas mayas y la traducción. Nominalismo, tomismo y etnolingüismo en Guatemala» en *1611, Revista de Historia de la traducción*, Universitat Autónoma de Barcelona, Barcelona, n. 1, 2007.

57 Rubial, *El paraíso*, *op. cit.*, pp. 17-24.

58 La obra de Séneca renació en España a partir del siglo XIII, influyó en *Las siete partidas* de Alfonso el Sabio, y se difundió ampliamente en los siglos XV y XVI al ser traducida del latín al español. La parte más copiada correspondió a las sentencias morales, *Proverbia Moralia*. Feliciano Delgado León, «Séneca en la Edad Media española» en *Boletín de la Real Academia de Córdoba* 127, Real Academia de Córdoba de Ciencias, Bellas Letras y Nobles Artes, 1994, pp. 418-422. David Domínguez Manzano, «El estoicismo como moral en Vives, el Brocense y Quevedo», en *Ingenium. Revista de Historia del Pensamiento Moderno*, n. 5, enero-junio, 2011, pp. 105-131. Disponible en http.//dxidoi.org/la5209/rev_INGE.2011.n5.36221. Consultado el 20 de noviembre de 2015.

59 Josep Ignasi Saranyana (dir.), *Teología en América Latina. Desde los orígenes a la guerra de Sucesión (1493-1715)*, 3 vols. Iberoamericana, Vervuert, Madrid, 1999, vol. 1, p. 71.

60 Anónimo, *Sacrificio de Isaac. Auto en lengua mexicana escrito en 1678*, Tipografía de Salvador Landi, Florencia, 1899, pp. 22 y 29. Aunque la versión corresponde a 1678, Francisco del Paso y Troncoso, traductor al español de esta obra, asegura que se escenificaba desde los primeros tiempos de la época colonial. (Agradezco a Jaime Cuadriello esta referencia).

61 Richard Trexler, *Reliving Golgotha. The Passion Play of Iztapalapa*, Harvard University, Cambridge, Londres, 2003, pp. 15-32.

62 Erasmo estaba de acuerdo con la conversión paciente y pacífica de los infieles por medio del diálogo, pero le parecía necesario que los cristianos mostraran conductas virtuosas, dignas de Cristo. En estos momentos, su obra pasaba a América. El primer obispo de México, el franciscano Juan de Zumárraga, utilizaba *La Paraclesis* en sus doctrinas y apoyaba la idea de difundir la Escritura en todas las lenguas. Marcel Bataillon, *Erasmo y el erasmismo*, Crítica, Barcelona, 1978, pp. 60, 158, 181-182. Erasmo, *El Enquiridion o Manual del caballero cristiano y La Paráclesis o Exhortación al estudio de las letras divinas*, S. Aguirre Impresor, Madrid, 1932, pp. 160-177, 269. Teófilo Urdanoz, «Introducción biográfica», en *Obras de Francisco de Vitoria. Relecciones teológicas*, Biblioteca de Autores Cristianos, Madrid, 1960, pp. 32-33. Rawlings, *op. cit.*, p. 30. Friede, *op. cit.*, pp. 51-52. Hubert Jedin, *Breve historia de los concilios*, Herder, Barcelona, 1963, p. 108. Domingo de Soto, *De la justicia y el derecho en diez libros* (edición facsimilar de la de 1556), 5 vols., Instituto de Estudios Políticos, Madrid, 1967, vol. 1, p. 779. En lo sucesivo, DS, *De la justicia*.

63 *Idem.*

4. Para reconocer los pecados

1 Abril Castelló, «Los teólogos juristas de la Escuela de Salamanca, padres de los derechos humanos en el mundo moderno y contemporáneo», en *Religión y cultura, Revista trimestral de los Padres agustinos*, Madrid, n. 205, abril-junio, 1998, p. 275. Simón Valcárcel Martínez, *Las crónicas de Indias como expresión y configuración de la mentalidad renacentista,* Diputación Provincial de Granada, Granada, 1997, p. 179.

2 Algunos de ellos son: Josep Höffner, *La ética colonial española del Siglo de Oro*, Cultura Hispánica, Madrid, 1957. Zavala, *Servidumbre, op. cit.* Anthony Pagden, *The Fall of Natural Man. The American Indian and the origins of comparative ethnology*, Cambridge University, Cambridge, 1982. Carmen Bernard y Serge Gruzinsky, *De la idolatría. Una arqueología de las ciencias religiosas*, FCE, México, 1992. Rozat, *América, op. cit.*

3 Entre los teólogos-juristas más destacados de la Escuela de Salamanca en el siglo XVI se encuentran: Francisco de Vitoria (1483/1486-1546), Bartolomé de las Casas (1484-1566), Martín de Azpilcueta (1492-1586),

Domingo de Soto (1494-1570), Alfonso de Castro (1494-1558), Juan Bernal Díaz de Luco (1495-1556), Martín Pérez de Ayala (1504-1566), Alonso de la Vera Cruz (1507-1584), Melchor Cano (1509-1560), Diego de Covarrubias y Leyva (1512-1571), José de la Peña (1513- 1564), Domingo Bañez (1528-1604), Fernando Vázquez de Menchaca (1512-1569) y Francisco Suárez (1546-1617).

4 José Alejandro Cárdenas Bunsen, *Escritura y derecho canónico en la obra de fray Bartolomé de las Casas*, Iberoamericana / Vervuert, Madrid y Fráncfort, 2011, pp. 15, 358. José Román Flecha Andrés, *Teología moral fundamental*, Biblioteca de Autores Cristianos, Madrid, 1997, p. 53.

5 Höffner, *op. cit.*, pp. 295-296. Vicente Muñoz Delgado, «El pensamiento lógico» en *Filosofía latinoamericana en la época del Encuentro*, Trotta, CSIC, Madrid, 1992, p. 366.

6 Un caso relatado por Olmos fue la persecución, en noviembre de 1539, del señor de Matlatán, a quien la Inquisición acusó de idolatría, poligamia, embriaguez, fiestas, etc. Baudot, «Introducción», en Andrés de Olmos, *Tratado de hechicerías y sortilegios*, México, Instituto de Investigaciones Históricas-UNAM, 1990, p. XIV. En lo sucesivo, AO, *Tratado.*

7 José Miranda, «Introducción» en FO, *Sumario,* 71-73.

8 El término *camayoa* es, de acuerdo con Fernández de Oviedo, propio de la lengua de la Cueva en el Darién y se refiere al sodomita que adopta un papel pasivo en la relación sexual. FO, *Sumario,* 244-245. Brading, *op. cit.*, p. 40.

9 Lewis Hanke, «Estudio preliminar» en BC, *Historia* XIX-XX.

10 Esta obra se empezó a publicar en Sevilla el mismo año de 1535 y fue concluida en 1549. Gerbi, *op. cit.*, pp. 142-143.

11 Carta del rey, Monzón, 19 de diciembre de 1533, en Vasco de Puga, *Cedulario de la Nueva España*, CEHM-Condumex, México, 1985, fol. 89*v*. Citada por Pablo Escalante, *Los códices mesoamericanos antes y después de la conquista española,* FCE, México, 2010, p. 119.

12 Gonzalo Fernández de Oviedo, *Historia general y natural de las Indias, islas y tierra-firme del Mar Océano*, Real Academia de la Historia, Madrid, 1851, p. 29. En lo sucesivo, FO, *Historia.*

13 Gerbi, *op. cit.*, pp. 183-186. Rolena Adorno, «Introducción» en Irving A. Leonard, *Los libros del conquistador*, FCE, México, 2000, pp. 9-45.

14 Orosio denomina *paganos* a quienes viven en el campo alejados de la civilidad y las buenas costumbres y *gentiles* a «quienes gustan de cosas terrenas». Dice que en la época de los paganos «reina la sangrienta muer-

te, cuando la religión, enemiga de la sangre, es olvidada». Paulo Orosio, *Historias*, 2 vols., Gredos, Madrid, 1982-1999, vol. 1, p. 80. Paulo Orosio, *Paulo Orosio, su vida y sus obras,* Instituto de Estudios Gallegos P. Sarmiento, Galicia, 1985. Guillermo Fraile, *Historia de la filosofía española. Desde la época romana hasta fines del siglo XVII*, Biblioteca de Autores Cristianos, Madrid, 1971, p. 63. Borja, *op. cit.*, p. 66.

15 Walter Mignolo, «Cartas, crónicas y relaciones del descubrimiento y la conquista» en Luis Íñigo Madrigal (coord.), *Historia de la Literatura Hispanoamericana*, 2 vols., Cátedra, Madrid, 1982.

16 En otras crónicas —también orientadas a describir la naturaleza americana— los volcanes, por ejemplo, significan una ocasión para referirse al fuego, los sacrificios humanos y la ubicación del demonio en el inframundo. Tomás López Medel, *De los tres elementos. Tratado sobre la naturaleza y el hombre del Nuevo Mundo*, Alianza, Madrid, 1990, p. 124. *Vid.* Alfonso Mendiola, *Retórica, comunicación y realidad. La construcción retórica de las batallas en las crónicas de la conquista*, Universidad Iberoamericana, México, 2003.

17 La difusión de los relatos de Mandeville, Marco Polo y otros viajeros sobre monstruos, animales y tierras imaginadas llenaron la cabeza de la gente de la Baja Edad Media e impactaron los escritos de los primeros navegantes y exploradores en América. Stephen Jay Greenblatt, *Maravillosas posesiones. El asombro ante el Nuevo Mundo*, Marbot, Barcelona, 2008, pp. 65-116. Para confirmar la influencia de las historias universales de los siglos XIV y XV en las crónicas del siglo XVI, se puede consultar el acervo correspondiente a este periodo que guarda la biblioteca de la Universidad de Salamanca.

18 Olmos realizó sus trabajos de evangelización entre 1528 y 1571. Adaptó la gramática de Antonio de Nebrija y concluyó, en 1547, el *Arte de la lengua mexicana,* una adaptación de la terminología náhuatl a la escritura alfabética y la gramática latina, por carecer su autor de conocimientos sobre la lógica de las culturas indígenas. La mayor parte del resto de su obra desapareció. *Apud.* Dietrich Briesemeister, «El latín en la Nueva España», en Raquel Chang-Rodríguez (coord.), *Historia de la literatura mexicana*, vol. 2, México, Siglo XXI, 2002, p. 529. Ascensión Hernández de León-Portilla y Miguel León-Portilla, «Estudio introductorio» en Fray Andrés de Olmos, *Arte de la Lengua Mexicana*, UNAM, México, 2002, p. XIII.

19 Arthur J. O. Anderson, «Los "Primeros Memoriales" y el *Códice Florentino*» en *Estudios de Cultura Náhuatl*, Instituto de Investigaciones Histó-

ricas-UNAM, México, n. 24, p. 88. Georges Baudot, «Los precursores franciscanos de Sahagún del siglo XIII al siglo XVI en Asia y América» en *Estudios de Cultura Náhuatl*, Instituto de Investigaciones Históricas-UNAM, México, n. 32, 2001, pp. 159-173. María del Carmen Alberú Gómez, *Relación de Michoacán y Códice Florentino: la huella medieval en dos códices del siglo XVI*, tesis doctoral, Facultad de Filosofía y Letras, Universidad de Barcelona, 2012, p. 73.

20 Gerónimo de Mendieta, *Historia eclesiástica indiana*, Porrúa, México, 1980, p. 75. En lo sucesivo, GM, *Hist.*

21 En los primeros años del siglo XVII, el franciscano Juan Bautista Viseo (1555-1604) reunió los *huehuetlahtolli* de Olmos como pláticas antiguas para aconsejar, guiar y educar a la población del centro de México. En estos ya se percibe la inculturación de la religión cristiana en lo tocante al monoteísmo, la castidad, la pureza, la honra, etc. *Vid.* Ascensión Hernández de León-Portilla (comp.), *Obras clásicas sobre la lengua náhuatl*, Fundación Histórica Tavera y Digibis, Madrid, 1998. Miguel León-Portilla y Librado Silva, *Huehuetlahtolli: testimonios de la antigua palabra*, FCE, México, 1993. Josefina García Quintana, «El huehuetlatolli —antigua palabra— como fuente para la historia sociocultural de los nahuas» en *Estudios de Cultura Náhuatl*, Instituto de Investigaciones Históricas- UNAM, México, n. 12, 1976, pp. 61-71.

22 Cristóforo Gutiérrez Vega, *Las primeras juntas eclesiásticas de México (1524-1555)*, Centro de Estudios Superiores, Roma, 1991, p. 97.

23 En la publicación preparada por el fraile Juan Bautista en 1600 no se puede distinguir qué corresponde a este fraile, qué a Olmos y qué a los asistentes indígenas, ya que, para este momento, las autoridades eclesiásticas eran más eficaces en impedir las desviaciones idolátricas. Mark Z. Christensen, *Translated Christianities. Nahuatl and Maya Religious Texts*, Pennsylvania State University, Pennsylvania, 2014.

24 Algunos extirpadores de idolatrías en España fueron: Pedro Ponce, Hernán Ruiz de Alarcón, Jacinto de la Serna, Pedro Sánchez de Aguilar, Diego Jayme, Ricardo Villavicencio.

25 Baudot, «Introducción», *op. cit.*, en AO, *Tratado* XXIV.

26 Esta obra fue empleada por frailes y cronistas como Gerónimo de Mendieta (llegado a Nueva España en 1554) en su *Historia eclesiástica*, *op. cit.* También la usó Juan de Torquemada en su *Monarquía indiana* (1615), 7 vols., Instituto de Investigaciones Históricas-UNAM, México, 1975. *Ibid.*, pp. XXII- XXV. En lo sucesivo, JT, *Monarquía.*

[27] En sentido antiguo, un baboso es un enamoradizo, adulador, obsequioso con las mujeres.

[28] José Luis Espinel, *San Esteban de Salamanca. Historia y guía (siglos xiii-xx),* San Esteban, Salamanca, 1978, pp. 40-41.

[29] Alcalá viajó a la zona purépecha y en su *Relación* interpretó –este es el término que emplea– lo que sus informantes le comunicaron. En sus primeras páginas asegura que los indios carecen de virtudes, porque su razón se encuentra ofuscada por los vicios e idolatrías. Entre ellos destacan las borracheras y los sacrificios humanos que reclaman sus dioses y diosas y la ingesta de víctimas del sacrificio cuyos brazos y piernas sirven de alimento a ciertos señores. También refiere sacrificios de animales, autosacrificios, diosas devoradoras de sangre, etc. Según Alcalá, los sacrificios sangrientos cesaron cuando en una reunión, siguiendo la visión profética de la próxima llegada de los españoles, los dioses de aquel lugar los abandonaron. Fray Jerónimo de Alcalá, *Relación de Michoacán*, FCE, México, 1997, pp. 8, 71-80, 106.

[30] María Elisa Martínez de Vega, «Formas de vida del clero regular en la época de la Contrarreforma: los franciscanos descalzos a la luz de la legislación provincial», *Cuadernos de Historia Moderna*, Universidad Complutense de Madrid, Madrid, 2000, n. 25, pp. 128-132. Gutiérrez Vega, *Las primeras, op. cit.*, p. 62. Leticia Pérez Puente, «Estudio introductorio» en *El concierto imposible. Los concilios provinciales en la disputa por las parroquias indígenas (México, 1555-1647)*, IISUE, UNAM, México, 2010.

[31] Silvio Zavala, *Los esclavos indios en Nueva España*, El Colegio Nacional, México, 1994, pp. 46-59.

[32] *Ibid.*, 51.

[33] Vasco de Quiroga dispuso la disciplina corporal y espiritual de los indígenas en los pueblos-hospital por él fundados. Separó a los varones de las hembras, dotó a cada grupo de vestidos especiales y permitió su relación sexual solo los domingos. *Vid.* Vasco de Quiroga, *Reglas y ordenanzas para el gobierno de los hospitales de Santa fe de México y Michoacán*, Secretaría de la Economía Nacional, México, 1940.

[34] José Luis Espinel, *San Esteban de Salamanca. Historia y guía (siglos xiii-xx),* Editorial San Esteban, Salamanca, 1978, pp. 13-14, 21. En este convento también se acostumbró quemar libros. Antonio Sierra Corella, *La censura de libros y papeles en España y los índices y catálogos españoles de los prohibidos y expurgados*, Imprenta Góngora, Madrid, 1947, pp. 43, 79, 85.

[35] Espinel, *op. cit.*, pp. 13-14. Manuel Fernández Álvarez (dir.), *La Universidad de Salamanca I. Trayectoria histórica y proyecciones*, 2 vols., Universidad de Salamanca, Salamanca, 1989, p. 63. Clara Inés Ramírez, *La Universidad de Salamanca en el siglo XVI. Corporación académica y poderes eclesiásticos*, Universidad de Salamanca, Salamanca, 2002, p. 67. Harald Maihold, *Strafe für fremde Schuld? Die Systematisierung des Strafbegriffs in der Spanischen Spätsscholastik und Naturrechtslehre*, Böhlau, Köln, Weimer, Wien, 2005, p. 39. José L. Illanes y Josep I. Saranyana, *Historia de la teología*, Biblioteca de Autores Cristianos, Madrid, 1995, p. 105.

[36] Las reelecciones eran lecciones solemnes de dos horas, pronunciadas por graduados y catedráticos titulares en las facultades o en la Universidad; una reminiscencia y derivación de las *Quaestiones disputatae* y los *Quodlibeta* de la escolástica medieval. Estas lecciones no admitían discusión.

[37] Jaime Brufau Prats, «Introducción» en *Relección «De dominio»*, Universidad de Granada, 1964, pp. XXVII, 12-14.

[38] Brading, *op. cit.*, pp. 83-85. Matthew Restall, *Seven Myths of the Spanish Conquest*, Oxford University, Oxford, 2003, p. 74. Illanes y Saranyana, *op. cit.*, pp. 113-114. La buena formación de los teólogos hizo que del convento de San Esteban se tomaran los educadores de los príncipes, los confesores y los consejeros reales. A partir de 1544 aquí se imprimieron libros para adoctrinar a los indios en sus lenguas (purépecha, mixteca, zapoteca, etc.) y se redactaron sumas para enseñar los sacramentos. Espinel, *op. cit.*, pp. 41, 78. Fueron trece *Reelecciones*. Aparte de *De Temperantia* (1537), el problema de las Indias lo abordó en: *De Indis recenter inventis* (o Relección Primera, 1939) y *De Jure Belli* (o Segunda Relección, 1539). Vitoria no publicó sus obras, tampoco se conservan sus manuscritos, porque, al parecer, fue ágrafo. Todas las ediciones se basan en apuntes de sus discípulos, pero pueden tomarse como relativamente fieles porque las dictaba. Joseph Höffner, «Ein Bruch in der christlichen Eigentumslehre? Vom jus gentium zum jus naturae», en *Gesammelte Aufsätze zur Kulturgeschichte Spaniens*, 19. Band, Aschendorffsche Münster, Westfalen, 1962, p. 314; Teófilo Urdanoz, «Introducción», FV, *Obras* 18, 43.

[39] Vicente Beltrán Heredia, «Introducción» a Francisco de Vitoria O. P., *Comentarios a la* Secunda Secundae *de Santo Tomás*, Biblioteca de Teólogos Españoles, Salamanca, 1952, vol. 17, p. 5.

[40] Marcelino Rodríguez Molinero, *La doctrina colonial de Francisco de Vitoria o el derecho de la paz y de la guerra. Un legado perenne de la escuela de Sala-*

manca, Librería Cervantes, Salamanca, 1993, pp. 50-55. Abril Castelló, «Los teólogos juristas», *op. cit.*, p. 277.

41 En los libros III y VII de la Ética a Nicómaco (Aristóteles, Ética a Nicómaco, Alianza, Madrid, 2001). En lo sucesivo, A, *Ética*. Aristóteles aborda el problema de la templanza. Considera que los deleites corporales (comer, beber y fornicar) son buenos si se constriñen a la necesidad —incluso a la necesidad de disfrutar el placer— y no se cae en los excesos. Tomás de Aquino seguirá en este punto la tradición cristiana, en especial las consideraciones teológicas sobre los pecados de la carne, e interpretará a Aristóteles para restringir los actos sexuales permitidos a aquellos que tengan como finalidad la procreación, es decir, no verá necesario el goce o el placer.

42 Aristóteles plantea que el uso de la razón aparta a los seres humanos de los vicios y los conduce a las virtudes, es decir, a obrar bien, a fin de conseguir la felicidad. Según el filósofo, alcanzar la virtud conforme a la razón por medio de las obras es lo más divino (A, *Ética* I, IX). La virtud atañe al alma no al cuerpo y la razón sujeta los deseos y los apetitos. La templanza y la fortaleza se destruyen con los excesos y defectos y se conservan con la medianía o la práctica del justo medio (A, *Ética* II, II). Las virtudes se dividen en contemplativas y morales, unas consisten en el entendimiento y otras en las costumbres (A, *Ética* I, XIII). Las repúblicas hacen las leyes, dictan las costumbres que hacen buenos a los ciudadanos (A, *Ética* II, I). Como las virtudes se logran con los hábitos, estos deben tender al perfeccionamiento del hombre (A, *Ética* II, VI).

43 Según Vitoria: «*Tocante al derecho natural y divino, no hay ningún alimento, sea vegetal, sea animal, que no pueda comerse*», pero comer carne humana es reprobable. Cursivas en el original. FV, *Obras* 1030.

44 Bernard, *op. cit.*, pp. 74-75.

45 Alberto Colunga, «Introducción al Tratado de la ley antigua», en STh, *Suma* VI 404-407.

46 Rodríguez, *op. cit.*, pp. 45-52, 77. Pagden, *op. cit.*, pp. 85-86.

47 Rodríguez, *op. cit.*, p. 79. Illanes y Saranyana, *op. cit.*, p. 144.

48 En una carta escrita en 1535, este dominico expresa a Paulo III cómo los indios se han convertido al cristianismo gracias a las labores de los mendicantes. Han abandonado sus antiguas costumbres idolátricas y sangrientas —al igual que los antepasados de los europeos— y son en ese momento un modelo de templanza, modestia, obediencia, compostura, laboriosidad, religiosidad, etc. Por tales razones —le pide Garcés al Papa—, no debe

permitirse el maltrato y la destrucción a los que los someten algunos españoles. Fray Agustín Dávila Padilla, *Historia de la fundación y discurso de la provincia de Santiago de México, de la Orden de Predicadores*, Academia Literaria, México, 1955, pp. 139-148.

49 Zavala, *Los esclavos*, *op. cit.*, pp. 60-61.

50 Rodríguez, *op. cit.*, pp. 364-366.

51 Lewis Hanke, «Introducción» en Bartolomé de las Casas, *Del único modo de atraer a todos los pueblos a la verdadera religión*, FCE, México, 1975, pp. 45-48. En lo sucesivo, BC, *Del único*. Illanes y Saranyana, *op. cit.*, p. 158. Don Paul Abbott, *Rhetoric in the New World. Rhetorical Theory and Practice in Colonial Spanish America*, University of South Carolina, Columbia, 1996, pp. 63-65.

52 *Vid.* Richard Trexler, *Religion in social context in Europe and America, 1200-1700*, Arizona Center for Medieval and Renaissance Studies, Tempe, 2002.

53 Todavía, a más de un siglo de distancia de la conquista de Tenochtitlan, uno de los frecuentes centros de interés de Sor Juana Inés de la Cruz es el sacrificio humano y su relación simbólica con el sacrificio de Cristo. Wolfgang Zwack, «Religión indígena y noción cristiana del sacrificio: el choque de dos mundos en la "Loa para *El Divino Narciso*" de Sor Juana Inés de la Cruz», *Voz y Letra, Revista de Filología*, t. II, vol. 2, 1991, pp. 117-143.

54 José Luis Abellán, *Historia crítica del pensamiento español*, 7 vols., Círculo de lectores, Valencia, Barcelona, 1992, p. 534. Pedro Fernández Rodríguez, *Los dominicos en el contexto de la primera evangelización de México 1526-1550*, Editorial San Esteban, Salamanca, 1994, pp. 174-180.

55 Barry L. Isaac, «Cannibalism among aztecs and their neighbours: analysis of the 1577-1586 *Relaciones geográficas* for Nueva España and Nueva Galicia provinces», *Journal of Anthropological Research*, University of New Mexico, vol. 58, n. 2, 2002, p. 218.

56 Algunos tratados de heresiología habían sido escritos por Irineo de Lyon, Tertuliano, Clemente de Alejandría, Orígenes, Cipriano de Cartago. Höffner, *op. cit.*, pp. 115-116. Pagden, *op. cit.*, p. 109. Pedro Sánchez Ciruelo o Pedro Ciruelo sostiene que en las primeras edades del mundo había habido quienes no guardaron la *ley de natura*, maltrataron a sus prójimos y fueron viciosos como brutos animales y otros que, a pesar de conocer los diez mandamientos, no se corrigieron y siguieron inclinados a los sacrificios cruentos. Por estas causas Dios envió a Cristo, quien revocó todas

las ceremonias carnales y estableció las reglas de la ley de natura. Pedro Ciruelo, *Reprobación de las supersticiones y hechicerías*, Maxtor, Valladolid, 2005, pp. 48-50.

57 En 1547 Olmos concluyó el *Arte para aprender la lengua mexicana*, una obra que difícilmente se pudo acercar a las lenguas habladas antes de la Conquista por los indígenas, en virtud de la destrucción de su complejo religioso y con él su cultura, así como de la incapacidad y los prejuicios de este fraile franciscano para comprender a pueblos extraños para él. Georges Baudot, «Fray Andrés de Olmos y su Tratado de los pecados mortales» en *Estudios de Cultura Náhualt,* Instituto de Investigaciones Históricas-UNAM, 1976, n. 12, pp. 53-59. Disponible en www.historicas.unam.mx/publicaciones/revistas/nahuatl/pdf/ecn12/165.pdf. Daniéle Dehouve, *Relatos de pecados en la evangelización de los indios de México (siglos XVI-XVIII),* Ciesas-Cemca, México, 2010, p. 23. Para el caso de Perú, Estenssoro afirma que los frailes e indios tradujeron por medio de préstamos mutuos. Plantea cómo las fuentes indígenas escritas están contaminadas con el vocabulario y la gramática castellana y cita a fray Domingo de Santo Tomás cuando sostiene que los naturales no tenían nombres ni verbos y se aprovecharon de los españoles «declinándolos como los suyos». Estenssoro, Juan Carlos Estenssoro Fuchs en su obra *Del paganismo a la santidad. La incorporación de los indios del Perú al catolicismo, 1532-1750*, Ifea, Lima, 2003, pp. 84-114.

58 Vicente de Ferrer (1350-1419) fue un teólogo dominico que predicó a finales del siglo XIV cuando, como consecuencia de la Peste negra y la mala fama de la comunidad judía, la persecución de este grupo se exacerbó y condujo a los pogromos de 1391 en España. En ese momento, la retórica y elocuencia de Ferrer contribuyeron a incrementar el número de flagelantes, el fanatismo católico y el clima de animadversión popular contra los no cristianos que vivían en ese entonces en la península ibérica; asimismo, contribuyeron a persuadir a los herejes de abandonar sus creencias y aceptar la fe cristiana. Baudot, «Fray Andrés» en AO, *Tratado,* 56-57.

59 En esta obra Baudot incluye la traducción al castellano del sermón sobre la lujuria. AO, *Tratado* 43-45.

60 Los sermones contra la lujuria continuaron siendo predicados. Ante la Corte francesa, Juan Gerson, un religioso combatiente de la relajación del cuerpo eclesiástico y el Cisma de Occidente, reprobó el amor mundano, exhortó a las mujeres a no ceder ante sus maridos si les exigen pecar contra la naturaleza y resistirse hasta la muerte. Además, equiparó con «la

homosexualidad toda acción que obstaculice la fecundación en las relaciones matrimoniales». Ranke-Heinemann, Uta Ranke-Heinemann, *Eunucos por el reino de los cielos. La Iglesia católica y la sexualidad*, Trotta, Madrid, 1994, pp. 45, 47, 53, 55.

61 Isidoro de Sevilla y otros autores medievales se refieren al búho y al hombre-búho como ave nocturna, de rapiña, comedor de cuerpos humanos, poseídos por quienes hacen magia y brujería y por quienes habitan en las tinieblas de los pecados. Son símbolos de la encarnación del diablo y representación de los judíos. En otro sermón, Olmos afirma que cuando Jesucristo vino al mundo lo encontró «infestado de sodomitas», motivo por el cual Dios castigó de modo «muy doloroso, espantoso, aterrador» para que este pecado fuera «abandonado, para no ir nunca al infierno». AO, *Tratado* 47.

62 Baudot, «Introducción» en AO, *Tratado* XII. Teófilo Urdanoz, «Introducción biográfica», en *Obras de Francisco de Vitoria. Relecciones teológicas*, Biblioteca de Autores Cristianos, Madrid, 1960, p. 55.

63 Pedro Borges Morán, *El envío de misioneros a América durante la época española*, Universidad Pontificia de Salamanca, Salamanca, 1977, pp. 185-237.

64 Illanes y Saranyana, *op. cit.*, pp. 137-138.

65 Hanke, «Introducción» en *Del único, op. cit.*, p. 51. José Antonio Maravall, *Estudios de historia del pensamiento español. Edad Media. La época del Renacimiento. El siglo del barroco*, 3 vols., Centro de Estudios Políticos y Constitucionales, Madrid, 1999, vol. 1, p. 424.

66 Abril, *op. cit.*, p. 281. Antonio Ybot León, *La Iglesia y los eclesiásticos españoles en la empresa de Indias*, 2 vols., Salvat, Barcelona, Madrid, Buenos Aires, 1954-1963, vol., 1, p. 279. Zavala, *Servidumbre, op. cit.*, p. 104.

67 Gutiérrez Vega, *op. cit.*, pp. 138-139.

68 *Ibid.*, pp. 144-146, 163-164.

69 Severo Aparicio, «Influjo de Trento en los concilios limenses» en *Missionalia hispánica*, Consejo Superior de Investigaciones Científicas, Madrid, año XXIX, mayo-agosto, n. 86, 1972, pp. 215-239.

70 Demetrio Ramos, «Estudio preliminar», Juan Ginés de Sepúlveda, *Hechos de los españoles en el Nuevo Mundo y México*, Seminario Americanista de la Universidad de Valladolid, Valladolid, 1976.

71 Ybot, *op. cit.*, pp. 414-418.

72 *Ibid.*, p. 281.

73 Abellán, *op. cit.*, vol. 2, pp. 543-544. Cárdenas Bunsen, *op. cit.*, p. 23. Se ha visto antes que Domingo Soto conocía a fondo el problema indiano. Además, había participado muy activamente en el primer periodo del Concilio de Trento siendo el redactor principal de los decretos sobre el pecado original y la justificación. Illanes y Saranyana, *op. cit.*, p. 141. Vitoria y Soto fueron maestros de Alonso de la Veracruz (*ca.* 1507-1584) en la Universidad de Salamanca, un autor con una amplia obra teológica tomista, miembro distinguido de la segunda escolástica y de la Facultad de Teología de la Real y Pontificia Universidad de México, fundada en 1551 cuando las «Controversias de Valladolid» seguían su curso.

74 Juan Ginés de Sepúlveda, *Tratado sobre las justas causas de la guerra contra los indios*, FCE, México, 1987, p. 133. En lo sucesivo, GS, *Tratado.*

75 Al parecer, Sepúlveda era dado a aceptar estereotipos, pues reprodujo sin cuestionamientos una historia relacionada con el último juicio llevado a cabo en contra de los *fraticelli* en 1466: «Se entregaban a orgías nocturnas, mataban e incineraban niños y mezclaban sus cenizas con el vino de comunión». Norman Cohn, *Los demonios familiares de Europa*, Alianza, Madrid, 1980, p. 81. Para la teología cristiana, la «ley natural» es lo que Dios enseñó a todas las criaturas, a las racionales y a las irracionales. Para los hombres es la posibilidad de participar en la «ley eterna», de seguir el plan de Dios y distinguir entre el bien y el mal. La diferencia básica entre hombres y animales es que los primeros conocen a través de la razón y los segundos a través del instinto, de modo que no pueden confundirse unos y otros.

76 Bruno Rech, «Bartolomé de las Casas und Aristoteles», *Jahrbuch für Geschichte von Staat, Wirtschaft u. Gesellschaft Lateinamerikas*, vol. 22, p. 41.

77 Benjamin Keen, *La imagen azteca en el pensamiento occidental*, FCE, México, 1984, p. 84.

78 La apologética es un género literario que expone los fundamentos y las pruebas de la verdad de la religión católica. En preniceanos, niceanos y Padres de la Iglesia, las apologías y las apologéticas fueron escritos que se multiplicaron para defender al cristianismo y atacar a los herejes y paganos. Clemente de Alejandría fue el primer gran maestro, al contribuir con la retórica como técnica de la persuasión. Avery Dulles, *A History of Apologetics*, Hutchinson, Londres, 1971, pp. 50-68. Los años de escrituración de la *Apologética* de Las Casas son difíciles de determinar porque esta obra formó parte de la *Historia de las Indias* iniciada por el fraile en 1527 (BC, *Apolog.* I, 89). Como había nacido en 1484, es probable que la escribiera

en España, en el convento de San Gregorio de Valladolid, entre 1554 y 1556. A su muerte en 1566, este último voluminoso manuscrito elaborado durante 40 años quedó depositado en el monasterio de San Gregorio de Valladolid, junto con otros documentos. La *Historia de las Indias* fue publicada hasta 1875 y la *Apologética* en 1909. Esteve, *op. cit.,* pp. 97-99.

79 Rolena Adorno, «La censura y su evasión: Jerónimo Román y Bartolomé de las Casas», *Estudios de cultura náhuatl*, n. 23, Instituto de Investigaciones Históricas -UNAM, México, 1993, pp. 264-296. La obra de Román sería retirada de la circulación para ser censurada y expurgada y volver a salir al público, con modificaciones, en 1595. Entre las partes enmendadas se encontrarían, precisamente, las referentes a la religiosidad indígena americana con énfasis en los pecados y los vicios, pues, adhiriéndose a Las Casas, Román sostenía que, ante prácticas idolátricas, blasfemias o de fornicación era mejor que los príncipes disimularan, ya que prohibirlas acarreaba más daño, (p. 266). No ve ningún problema en estudiar a los pueblos paganos y, al igual que Las Casas, lamenta la quema de los antiguos libros sagrados, pues podrían haber beneficiado a la evangelización (p. 282). Junto con la apropiación de los argumentos de Las Casas por parte de quienes estaban interesados en defender la racionalidad de los indios, el cronista Baltasar Dorantes de Carranza también usó los escritos lascasianos en su obra, *Sumaria relación de las cosas de la Nueva España*. Al igual lo hizo Juan de Torquemada en su *Monarquía indiana*.

80 Cárdenas Bunsen, *op. cit.,* pp. 16-17, 90.

81 En el primer párrafo de esta obra escribe: «La causa final de escrebilla fue cognoscer todas y tan infinitas naciones deste vastísimo orbe infamadas por algunos [...] como si la Divina Providencia en la creación de tan innumerables número de ánimas racionales se hobiera descuidado, dejando errar la naturaleza humana [...]» BC, *Apolog.* I, 3. Seguramente, se refiere a los que habían sido sus enemigos: Pedro Mártir de Anglería, Fernández de Oviedo, Ginés de Sepúlveda, etc.

82 Bruno Rech, «Las Casas und die Autoritäten seiner Geschichtsschreibung» en *Jahrbuch für Geschichte von Staat, Wirtschaft u. Gesellschaft Lateinamerikas*. 16, 1979, p. 15.

83 Cárdenas Bunsen, *op. cit.,* p. 22.

84 Venancio Carro, *La Teología y los teólogos-juristas españoles ante la Conquista de América*, Escuela de Estudios Hispano-americanos de la Universidad de Sevilla, Madrid, 1944, p. 223.

85 Edmundo O'Gorman, *Cuatro historiadores de Indias, siglo XVI*, Secretaría de Educación Pública, México, 1972, pp. 101-110.

86 Generalmente, la *leyenda negra* —llamada así a principios del siglo XX por Julián Juderías— se identifica con la mala fama de los españoles debido a los asesinatos y tratos crueles infringidos a los indios americanos por los conquistadores, difundidos por Las Casas en su obra *Brevísima relación de la destrucción de las Indias*; sin embargo, empezó siglos antes, cuando se divulgó, a manera de estereotipo, la satánica condición moral de los españoles (ladrones, lujuriosos, soberbios, etc.) como consecuencia de la triple y vil herencia visigoda, judía y sarracena y de su religiosidad fingida. Vicente Salavert Fabián, «La Leyenda Negra. Evolución del panfleto antiespañol en la Francia del siglo XVI» en *Historia16*, 1990, año XV, n. 167, pp. 38-50.

87 Wulf Oesterreicher, «Fray Bartolomé de las Casas, seine *Brevíssima relaçión de la destryçción de la Indias* und die *leyenda negra*» en Roland Schmidt-Reise (Hrsg.), *Conquista y conversión. Universos semióticos, textualidad y legitimación de saberes en la América colonial*, De Gruyter, Berlín, Boston, 2014, pp. 345-381.

88 Isacio Pérez Fernández, *Fray Toribio Motolinía, OFM frente a Fray Bartolomé de las Casas, OP.*, Editorial San Esteban, Salamanca, 1989, pp. 64-66.

89 Así se conocía a Enrique Bartolomei de Segusio (o de Susa).

90 Francisco López de Gómara, *Historia General de las Indias y vida de Hernán Cortés*, 2 vols., Ayacucho, Caracas, 1979, vol. I, pp. 7, 61-63, 319, 355. En lo sucesivo, LG, *Hist.*

91 Brading, *op. cit.*, p. 47, citado en Eguío García, *op. cit.*, cap. I. *Vid.* Nora Edith Jiménez, *Francisco López de Gómara: Escribir historias en tiempos de Carlos V*, Colegio de Michoacán, México, 2001.

92 En particular defiende a Hernán Cortés por ser un buen cristiano enviado por Dios. Zavala, *Los esclavos*, *op. cit.*, pp. 188-189. Fernando Domínguez Reboiras, «*Los indios se convirtieron a la tarde del mundo.* Una aproximación a la visión del mundo, del tiempo y de la historia según los franciscanos en Nueva España», Oesterreicher, *op. cit.*, p. 146.

93 El 24 de abril de 1553, Ruy González, el regidor del cabildo de la ciudad de México, escribió una carta al emperador para comunicarle que Las Casas desconocía los trabajos realizados por los conquistadores para meter en razón a los mexicanos, quienes eran –y aquí retorna el estereotipo— «[...] gente bárbara, idólatra, sacrificadora, matadora de inocentes, comedora de carne humana, sodomita [...]». Meses después,

este mismo funcionario prohibiría la circulación de la *Brevísima relación de la destrucción de la Indias*. Pérez Fernández, *Fray Toribio, op. cit.*, p. 53. Tiempo después, Bernardino de Sahagún denunciará a Motolinia ante la Inquisición, cuestionará lo que dice de la cuenta calendárica mexica de 260 días (*tonalpohualli*) y expresará su preocupación por las conversiones rápidas de los indígenas causantes del resurgimiento de las idolatrías. Dominique de Courcelles, *Escribir la historia, escribir historias en el mundo hispánico*, Instituto de Investigaciones Históricas-UNAM, México, 2009, p. 220.

94 Pérez Fernández, *Fray Toribio, op. cit.*, pp. 54-60.

95 Aprobados y publicados por Cédula Real dictada en Salamanca.

96 Citado por Zavala, *Servidumbre, op. cit.*, p. 93.

97 Friede, *op. cit.*, pp. 48-65, 92-93.

5. El papel de la Revelación en los discursos

1 Marcello Carmagnani, *El regreso de los dioses. El proceso de reconstitución de la identidad étnica en Oaxaca: siglos XVII y XVIII*, FCE, México, 1988, pp. 49-50.

2 En la «Recopilación historial» de fray Pedro Aguado sobre el reino de Nueva Granada se suprimió lo relacionado con costumbres y creencias religiosas de los indios muisca, especialmente las prácticas de iniciación sexual y las descripciones de su indumentaria, sobre todo lo tocante a la cobertura de los genitales. Friede, «La censura española y la *Recopilación historial* de fray Pedro Aguado», en *Boletín Cultural y Bibliográfico*, Banco de la República, Bogotá, 1963, vol. VI, n. 2, pp. 90-91. En la pragmática de Felipe II del 12 de julio de 1564, la Corona española aceptó las resoluciones del Concilio de Trento, aunque, en la práctica, las aspiraciones absolutistas de la monarquía obstaculizaron la ejecución de algunos decretos. Erika Tánacs, «El Concilio de Trento y las Iglesias de la América española: la problemática de su falta de representación», *Fronteras de la Historia, Revista de Historia Colonial Latinoamericana*, Instituto Colombiano de Antropología e Historia, Bogotá, vol. 7, 2002, pp. 139-161. Juan Villegas, *Aplicación del Concilio de Trento en Hispanoamérica 1564-1600. Provincia eclesiástica Perú*, Instituto Tecnológico del Uruguay, Montevideo, 1975, pp. 71-77.

3 Friede, *op. cit.*, pp. 78-80.

4 Marcilio Ficino había sostenido el «teísmo universal» que adoptó la teología: todas las religiones son equivalentes y todos los pueblos antiguos han participado de la Revelación cristiana, pero esta ha sido oscurecida por los intereses diabólicos. Jean Seznec, *Los dioses de la Antigüedad en la Edad Media y el Renacimiento*, Taurus, Madrid, 1987, p. 88.

5 Francisco Tomás y Valiente, *El derecho penal de la monarquía absoluta (Siglos XVI-XVII*-XVIII), Tecnos, Madrid, 1969, pp. 84-87.

6 Por ejemplo, el criollo colimense Juan de Grijalva narra cómo los miembros de su orden religiosa debían leer todos los días a Santo Tomás para encontrar en él las respuestas a sus preguntas y dudas y no discutir con quienes estaban más versados en su obra. Juan de Grijalva, *Crónica de la orden de Nuestro Padre San Agustín en las provincias de Nueva España*, Imprenta Victoria, México, 1924, pp. 332-335.

7 Harald Maihold, *Strafe für fremde Schuld? Die Systematisierung des Strafbegriffs in der Spanischen Spätsscholastik und Naturrechtslehre*, Böhlau, Köln, Weimer, Wien, 2005, p. 45.

8 Paul J. Tillich, *Systematic Theology I*, University of Chicago, Chicago, 1948, pp. 205, 307. Álvaro Matute (comp.), «La conciencia histórica en la Edad Media», *Historiología: teoría y práctica*, UNAM, México, 1999, pp. 29-66. Ramón Mújica Pinilla, Ángeles apócrifos en la América Virreinal, FCE, Lima, 1992.

9 Robert Ricard, *La conquista espiritual de México. Ensayo sobre el apostolado y los métodos misioneros de las órdenes mendicantes en la Nueva España de 1523-1524 a 1572*, FCE, México, 1992, p. 29. Guy Rozat Dupeyron, *América, Imperio del Demonio. Cuentos y recuentos*, Universidad Iberoamericana, México, 1995, p. 42.

10 *Vid.* el relato que hace Mendieta de la muerte y milagros de fray Martín de Valencia. GM, *Hist.* 587-600. Guy Rozat explica que la crónica de Andrés Pérez de Ribas, escrita en el siglo XVII, recuerda «una serie de temas clásicos que la tradición historiográfica occidental recomienda desde Cicerón». Es el relato de la manera como el demonio se refugió en tierras americanas y la heroica batalla librada por los jesuitas contra el mal en el norte de México, y de la supuesta trasformación de los indios al cristianismo, esto es, la derrota del mal. Guy Rozat Dupeyron, «Fronteras semióticas. Escritura y alteridad en las crónicas novohispanas», *Antropología crítica*. Disponible en http://antcritica.tripod.com/id5.htm, p. 4. *América, op. cit.*, pp. 23-24, 55, 124. Esteve, *op. cit.*, p. 205.

11 José Rico Verdú, *La retórica española de los siglos XVI y XVII*, CSIC, Madrid, 1973, p. 46.

12 «Verdad», Martín Alonso, *Diccionario medieval español*, 2 vols., Universidad Pontificia de Salamanca, Salamanca, 1986. «Verdad», RAE, *Diccionario de autoridades*, Gredos, Madrid, 1963.

13 Álvaro Matute (comp.), *op. cit.*, p. 52. Jaime Humberto Borja Gómez, *Los indios medievales de fray Pedro de Aguado: construcción del idólatra y escritura de la historia en una crónica del siglo XVI*, Centro Editorial Javeriano, Bogotá, 2002. pp. 72-75.

14 *Vid.* Alfonso Mendiola, *Retórica, comunicación y realidad. La construcción retórica de las batallas en las crónicas de la conquista*, Universidad Iberoamericana, México, 2003.

15 Simón Valcárcel Martínez, *Las crónicas de Indias como expresión y configuración de la mentalidad renacentista*, Diputación Provincial de Granada, Granada, 1997, p. 382. Esteve, *op. cit.*, p. 205. Mendiola, *op. cit.* p. 158.

16 Matute, *op. cit.*, p. 57.

17 *Ibid.*, p. 66.

18 Quien más las cita es Bartolomé de las Casas en su *Apologética*. *Vid.* Manuel Carrera Stampa, «Historiadores indígenas y mestizos novohispanos. Siglos XVI y XVII», *Revista Española de Antropología Americana*, Universidad Complutense de Madrid, Madrid, n. 6, 1971, pp. 206-243.

19 Si bien la mayor parte de la obra de Mendieta —la colección de cartas, informes y memoriales reunidos en el *Códice Mendieta. Siglos XVI y XVII* por Joaquín García Icazbalceta (*Nueva Colección de Documentos para la Historia de México*, Imprenta de Francisco Díaz de León, México, 1892) y la *Historia eclesiástica*— se refiere a los problemas y las hazañas de los franciscanos en la evangelización de los indios, a la fundación del Colegio de Tlatelolco y a los conflictos entre las órdenes mendicantes y el aparato eclesiástico, es necesario mencionar los escritos de este fraile por ser el eslabón que une, en lo tocante a la supuesta religiosidad indígena prehispánica, a los de su orden: Olmos, Motolina y Sahagún. Para «la reconstrucción del mundo prehispánico que aparece en el libro II, Mendieta debió consultar manuscritos, los *Memoriales* de Motolinia, los textos históricos de fray Andrés de Olmos, hoy desaparecidos, la *Apologética* de De las Casas y el *Códice Mendoza*. [Francisco de] Solano asegura que también utilizó la obra de Sahagún, pues, aunque no la cita de manera explícita, sabemos que fray Gerónimo tuvo participación muy directa en su elaboración», Antonio Rubial, «Estudio preliminar. Fray Gerónimo de Mendieta:

tiempo, vida, obra y pensamiento», Fray Gerónimo de Mendieta, *Historia eclesiástica indiana*, CONACULTA, México, 2002, p. 49.

20 Friede, *op. cit.*, pp. 83 y 94. *Vid.* el caso de las crónicas de Tezozómoc en José Romualdo Pantoja Reyes, *Dominación colonial y discurso cristiano en las crónicas indias de los siglos XVI y XVII. El caso de las Crónicas de Hernando Alvarado Tezozómoc*, tesis de doctorado, ENAH, México, 2015, pp. 61-76.

21 Rozat, *América*, *op. cit.*, p. 45. Michel Foucault, *Las palabras y las cosas. Una arqueología de las ciencias humanas*, Buenos Aires, Siglo XXI, 1968, p. 48.

22 Este orden corresponde al dado por el salmantino Melchor Cano en su obra *De locis theologicis*, publicada en 1562. José Luis Abellán, *Historia crítica del pensamiento español*, 7 vols., Círculo de lectores, Valencia, Barcelona, 1992, vol. 2., *La Edad de Oro. Siglo XVI*, pp. 604-605; Santiago Montero Díaz, «Estudio preliminar», Luis Cabrera de Córdoba, *De Historia para entenderla y escribirla*, Instituto de Estudios Políticos, Madrid, 1948, Daniel Ulloa, *Los predicadores divididos. (Los dominicos en Nueva España. Siglo XVI)*, El Colegio de México, México, 1977, pp. 216-226. Illanez y Saraynana, *op. cit.*, p. 139.

23 En las universidades se estudiaba, aparte de las obras de los teólogos que daban cuenta del pasado pagano y herético, historias de España, de la Iglesia, de Oriente, de las costumbres griegas y romanas y de acontecimientos puntuales como alguna batalla o la vida de alguna figura prominente.

24 Borja, *op. cit.*, p. 154. Cárdenas Bunsen, *op. cit.*, p. 98.

25 *Cf.* Franco Cardini, *Magia, brujería y superstición en el Occidente medieval*, Península, Barcelona, 1999, p. 49.

26 E. O'Gorman, «El arte o la monstruosidad (1940)» en *Seis estudios históricos de tema mexicano*, Universidad Veracruzana, Xalapa, 1960. La relación entre concepción cíclica de la naturaleza (ciclos astronómicos, fertilidad, parto, etc.), sacrificio humano, sexualidad, vida, muerte y magia imitativa es presentada por Laura Ibarra García en «Los sacrificios humanos. Una explicación desde la teoría histórica-genética», *Estudios de Cultura Náhuatl*, Instituto de Investigaciones Históricas-UNAM, México, 2001, n. 32, pp. 340-349.

27 Esto permitiría pensar que, por ser un símbolo sacro, el empleo mundano de la rueda estuviera prohibido en las sociedades precolombinas. Jane Harrison, *Themis. A Study of the Social Origins of Greek Religio*, Merlin, Londres, 1977, p. 189-192. Horst Kurnitzky, «Sólo un baile. Fundamen-

tos de la cohesión social», *Museos en la sociedad del olvido*, CONACULTA, México, 2013, pp. 47-68.

28 Sara B. Pomeroy, *Diosas, rameras, esposas y esclavas. Mujeres en la Antigüedad clásica*, Akal, Madrid, 1999, pp. 18-19, 39.

29 Gerbi, *op. cit.*, p. 15.

30 Chaunú, *op. cit.*, pp. 112-113.

31 Robert Muchembled, *Una histoire du diable, XII-XX siècle*, Èditions du Seuil, París, 2000, pp. 36-41.

32 Con base en la mitología grecolatina Las Casas sostiene que Saturno devoró a sus propios hijos e introdujo la costumbre de comer carne humana. Los pueblos siguieron esta costumbre porque copian las costumbres buenas o malas que ven en sus reyes o príncipes, BC, *Apolog.* VI, 544-549.

33 Jeffrey Burton Russell, *The Prince of Darkness. Radical Evil and the Power of Good in History*, Cornell University, Ithaca, Nueva York, 1988, p. 17. Luis Nicolau D'Olwer, *Fray Bernardino de Sahagún (1499-1590)*, University of Utah, Salt Lake, 1987, p. 62. Valcárcel, *op. cit.*, pp. 78-80.

34 Mújica Pinilla, *op. cit.*, p. 178. La mayoría de los códices se elaboraron después de la Conquista con la dirección de los frailes o el clero regular. En los pocos códices prehispánicos sobrevivientes, el Borgia o el Laud, podemos encontrar este tipo de imágenes.

35 La obra de Dante, *La divina comedia*, empleó la *Suma teológica* de Tomás de Aquino como fuente de inspiración.

36 Louise Burckhart, *The slippery earth: nahua-christian moral dialogue in sixteenth-century Mexico*, University of Arizona, Tucson, 1989, pp. 98-101. Tania E. Romero Sánchez, *El aquelarre de María Felipa de Alcaraz, un ritual demoníaco novohispano del siglo XVIII*, tesis de maestría, Facultad de Filosofía y Letras e Instituto de Investigaciones Históricas-UNAM, julio de 2014. Luis Weckmann, *La herencia medieval de México*, 2 vols., El Colegio de México, México, 1984.

37 *Cf.* Thomas Laquear, *La construcción del sexo. Cuerpo y género desde los griegos hasta Freud*, Valencia, Cátedra, 1994, p. 42.

38 En el códice Laud, de la región del centro de México, se puede observar la asociación prehispánica de las diosas-madre con los reptiles, sobre todo con las serpientes, los sacrificios, la sangre y el tiempo cíclico, lo cual permite suponer que, al igual que en otras religiones antiguas, la vida y la muerte constituyeron una totalidad integrada. Por tal motivo, mantener la disgregación de elementos llevada a cabo por las interpretaciones de los

cronistas evangelizadores, se convierte en un obstáculo para comprender la lógica del pensamiento de los pueblos prehispánicos.

39 Jacques Lafaye, *Quetzalcóatl y Guadalupe. La formación de la conciencia nacional en México*, FCE, México, 1991, pp. 211-300.

40 Diego Durán, *Historia de las Indias de Nueva España e Islas de la Tierra firme*, 2 vols, Rosa Camelo y José Rubén Romero Galván (eds.), Conaculta, México, 2002. En lo sucesivo, DD, *Hist.*

41 Por justificar las adivinanzas que tenían los indios, otro franciscano, Bernardino de Sahagún denunció a Motolinia al Santo Oficio. Miguel León-Portilla, «Sahagún y la invención de la antropología» en Miguel León-Portilla (ed.), *Bernardino de Sahagún. Quinientos años de presencia*, UNAM, México, 2002, p. 10.

42 Elías Trabulse, *Los orígenes de la ciencia moderna en México (1630-1680)*, FCE, México, 1994, pp. 11-22, 66. Nicolau D'Olwer, *op. cit.*, p. 49.

43 Fray Toribio de Benavente, *Historia de los indios de la Nueva España*, Dastin, Madrid, 2001. En lo sucesivo, Mot., *Hist.* Esta obra se atribuye a Motolinia con cuestionamientos. Fue publicada hasta 1848 y los *Memoriales* en 1903. Rozat, «Fronteras», *op. cit.*, pp. 4-5.

44 Don Paul Abbott, *Rhetoric in the New World. Rhetorical Theory and Practice in Colonial Spanish America*, University of South Carolina, Columbia, 1996, p. 18.

45 Cardini, *Magia, op. cit.*, pp. 23-24, 28.

46 Tomás y Valiente, *Manual, op. cit.*, p. 341.

47 Escalante, *Los códices, op. cit.*, p. 120.

48 Fray Toribio de Benavente, Motolinia, *El libro perdido. Ensayo de reconstrucción de la obra histórica extraviada de Fray Toribio*, CONACULTA, México, 1989, p. 141. En lo sucesivo, Mot., *Libro.*

49 Según Las Casas, Quetzalcóatl llegó a Cholula procedente de Yucatán. De todas partes fueron a visitarlo y le levantaron múltiples capillas y simulacros. Además de enseñar el oficio de la platería, «nunca admitió sacrificios de sangre de hombres ni animales, solo de pan y rosas. Además, prohibió la guerra, los robos y la muerte». BC, Hist. I, 545.

50 John L. Phelan, *El reino milenario de los franciscanos en el Nuevo Mundo*, UNAM, México, 1972, p. 26.

51 La base de sus descripciones y muchas frases se inspiran en la Biblia Políglota de Alcalá (encargada por Jiménez de Cisneros a un equipo de teólogos traductores del griego, latín, hebreo y arameo después de la reconquista en España y dada a conocer entre 1514-1519) y quizás en otras

obras sefardíes o traducidas directamente del hebreo. También menciona las *Decretales* de San Agustín, las obras de Juan Crisóstomo, Marco Polo, Los Proverbios de Salomón, las *Siete partidas*, etc. Es probable que Motolinia perteneciera a los «alumbrados» que basaban sus creencias en San Pablo y estaban vinculados a Erasmo y Savonarola. «En la corroboración de las visiones místicas de la Nueva España fray Toribio acudió a *Los siete libros de la guerra* [de Flavio Josefo] que tuvieron los judíos con los romanos, publicado por la dinastía sevillana en 1532 y 1536». Nancy Joe Dyer, «Introducción», Toribio de Benavente Motolinia, *Memoriales*, El Colegio de México, México, 1996, pp. 14, 39, 79-81.

52 Como se puede apreciar, es posible que la ingesta de hongos, su nombre y función sí procedieran de los cultos indígenas, pero ¿qué entendían por comulgar? Y ¿unos «comulgaban» con hongos y otros con carne humana?, ¿qué ritos seguían antes de su ingesta?, ¿eran los hongos substitutos de la carne humana? Nada de esto aclara el fraile.

53 Robert M. Ogilvie, *Los romanos y sus dioses*, Alianza, Madrid, 1995, pp. 63- 65. Es importante recordar que *sacrificar* quiere decir convertir algo en sacro y advertir que el sacrificio no solamente es el momento de la muerte de la víctima, sino el ritual completo.

54 Es posible que las rosas mencionadas fueran alguna de las especies americanas, sin embargo, su escasez en tiempos prehispánicos hace pensar no en un descuido de Mendieta, sino en la inserción del símbolo cristiano de la virginidad de María.

55 Mendieta, Sahagún y Durán repiten el mismo cliché del sacrificio que los cronistas que los precedieron: el cuerpo de la víctima quebrado sobre una losa de piedra donde el sacerdote o el *Papaua*, es decir, su Papa, les abría el pecho con un pedernal, les sacaba el corazón, derramaba su sangre, tiraban su cuerpo gradas abajo y quienes lo recibían lo cortaban para después cocinarlo y comerlo. GM, *Hist.* 100-101, 133, 568, 644. Fray Bernardino de Sahagún, *Historia general de las cosas de Nueva España, Primera versión íntegra del texto castellano del manuscrito conocido como Códice Florentino*, 2 vols., Alianza, Madrid, 1988, vol. 2, IX, pp. 574-575. En lo sucesivo, BS, *Hist. DD, Hist.* II, 9-15, 26-27, 48-57, 64.

56 La lógica de las crónicas también está dominada por el proyecto salvífico. En el relato de Sahagún, Moctezuma es un profeta que prepara el advenimiento del reino cristiano, fundamento de la mitohistoria nacional. Rozat, «Fronteras», *op. cit.*, pp. 4-5. Eduardo Subirats, *Memoria y exilio*, Losada, Buenos Aires, Madrid, 2003, p. 83.

57 Ricardo Martínez Lacy, *Historiadores e historiografía de la antigüedad clásica: Dos aproximaciones*, FCE, México, 2004, pp. 87-101.

58 Illanez y Saraynana, *op. cit.*, p. 140. Cervantes Bunsen, *op. cit.*, p. 104.

59 Esteve, *op. cit.*, p. 100-115.

60 Emilio Sauras, «Introducción al Tratado de la Eucaristía» en STh, *Suma* XIII, 415.

61 Edmundo O'Gorman, «Estudio preliminar» en BC, *Apolog.* LXVI-LXVIII. Stanley G., Payne, *La España imperial*, Playor, Madrid, 1985, p. 16.

62 El *corpus* de fuentes de Las Casas es muy vasto. Cita la Biblia, escritores grecolatinos, teólogos prenicieanos, niceanos, Padres de la Iglesia (Aristóteles, Séneca, Ovidio, Porfirio, Rufino, Pausanias, Lucano, Luciano, Diódoro de Sicilia, Tertuliano, Agustín de Hipona, Eusebio, Juan Crisóstomo, Jerónimo, Paulo Orosio, Ambrosio). También a Tomás de Aquino y los teólogos de la Escuela de Salamanca. Además, recurre a las historias de la Antigüedad y las historias universales que en sus tiempos gozaron de gran atractivo intelectual (Macrobio, Petrus Comestor, Vicentius von Beauvais, Annio de Viterbo, Alexander ab Alexandro, Aulus Gellios, Ludovicus Coelius Rhodoginus, Berosus, Manethón y Metáthenes). Toma una vasta información de Diódoro de Sículo (siglo I a.C.) quien escribió una historia universal y de las civilizaciones en veinte volúmenes y siguió la traducción hecha en España por Poggio. Para Las Casas, Diódoro es quien dice la verdad sobre el mundo antiguo. Lo parafrasea para afirmar que todos los hombres están hermanados y han seguido la misma evolución desde la época de las cavernas, lo cual le sirve para identificar analogías entre los antiguos europeos y los indios. Para un examen de las fuentes empleadas en sus obras pueden consultarse los estudios de Bruno Rech: «Las Casas und die Autoritäten seiner Geschichtsschreibung» en *Jahrbuch über Geschichte von Staat, Wirtschaft u. Gesellschaft Lateinamerikas*, Böhlan, Köln, Wien, Bd. 16, 1979, pp. 13-52; «Las Casas und die Kirchenväter» en *Jahrbuch über Geschichte von Staat, Wirtschaft u. Gesellschaft Lateinamerikas*, Böhlan, Köln, Wien, Bd.17, 1980, pp. 1-47; «Las Casas und das Alte Testament» en *Jahrbuch über Geschichte von Staat, Wirtschaft u. Gesellschaft Lateinamerikas*, Böhlan, Köln, Wien, Bd.18, 1981, pp. 1-30; «Bartolomé de las Casas und Aristoteles» en *Jahrbuch über Geschichte von Staat, Wirtschaft u. Gesellschaft Lateinamerikas*, Böhlan, Köln, Wien, Bd. 22, 1985, pp. 39-68.

63 Ante la carencia de dogmas o libros sagrados, los griegos recurrieron a la adivinación oracular que arrojó «señales» interpretadas por expertos y

profetas para determinar el tipo, el lugar y la forma de realizar los sacrificios. Antes de consultar al oráculo, quienes demandaban este servicio ofrecían sacrificios, generalmente de animales comprados en el mismo templo. Las plegarias se propiciaban con sacrificios y los agradecimientos se daban con ellos también. Según canta el *Himno homérico al Apolo pítico*, en el templo consagrado a este dios se ofrecían grandes hecatombes. En cada una de ellas se sacrificaban cien animales, pero en una sola ceremonia podían sacrificarse cuatrocientos o más. Oráculos como el de Delfos, Claros y Dídima fueron centros sagrados donde residieron las más altas autoridades religiosas, los adivinos o adivinas que poseían el poder de la palabra y, por consiguiente, el futuro social y político. La opinión de los dioses, traducida por estas autoridades, fue vinculante para la política. De hecho, existió identidad entre religión y política. La democracia ateniense no se podría explicar sin este recurso. El vínculo con lo sagrado a través de intermediarios como la Pitia o de la lectura de los órganos internos de los animales, de la interpretación de los sueños, las drogas y el trance extático fueron formas de obtener conocimientos, pues se pensaba que la locura o el delirio estimulaban las facultades de penetrar en el mundo divino y acceder a sus misterios. También se creía que las distintas formas de éxtasis (profética, poética, erótica) contenían significados ocultos que podían ser liberados al suprimir la interferencia corporal y el control racional. Una vez conocida la causa del mal, los «poseídos» podían realizar los sacrificios apropiados para liberarse de él o comportarse adecuadamente. Como se verá más adelante con respecto a los ritos relacionados con la sexualidad, a menudo los griegos los vincularon con la propiciación de la fertilidad y la reproducción. E. R. Dodds, *The Greeks and the Irrational*, University of California, Berkeley, 1951, pp. 109, 119. David Hernández de la Fuente, *Los oráculos griegos*, Alianza, Madrid, 2008, pp. 11-16, 20, 40-41, 108-119, 137, 145-146.

64 La diversidad del mal hace que Las Casas use indistintamente demonio o demonios.

6. *La inculturación de la fe*

1 Alonso de Zorita, *Los señores de la Nueva España*, UNAM, México, 1993, p. 65. En lo sucesivo, AZ, *Señores*.

2 Los franciscanos y su proyección misional volvieron a ocupar un lugar importante en la toma de decisiones políticas en la época de Felipe II. Nueva España se convirtió en la cabeza de puente para la expansión del cristianismo en Asia, y en 1577 los franciscanos viajaron a Filipinas y Cantón. María Elisa Martínez de la Vega, «Formas de vida del clero regular en la época de la Contrarreforma: los franciscanos descalzos a la luz de la legislación provincial», *Cuadernos de Historia Moderna*, Universidad Complutense de Madrid, Madrid, 2000, n. 25, monográfico VI, pp. 128, 157-158.

3 Alonso de Montúfar fue un dominico discípulo en Sevilla del escolástico tomista Diego de Deza. Llegó a Nueva España como segundo arzobispo para poner orden en el aparato eclesiástico. Él solicitó el establecimiento del Santo Oficio de la Inquisición en México para perseguir las desviaciones religiosas; no para juzgar a los indios, pues los consideraba menores de edad, sino para asustarlos. *Cf.* Leticia Pérez Puente, «Estudio introductorio» en *El concierto imposible. Los concilios provinciales en la disputa por las parroquias indígenas (México, 1555-1647)*, IISUE, UNAM, México, 2010. El docto y prominente agustino, fray Alonso de la Veracruz, logró que los indios no pagaran diezmos. Enrique González González, «Fray Alonso de la Veracruz, contra las reformas tridentinas: el *Compendium privilegiorum pro novo orbe indico*», María del Pilar Martínez López-Cano y Francisco Javier Cervantes Bello, *Reformas y resistencias en la Iglesia novohispana*, UNAM, Benemérita Universidad Autónoma de Puebla, México, 2014, pp. 109, 77-110.

4 Diez años más tarde, el Segundo Concilio Provincial Mexicano (1565) recibió el mandato de adaptar los acuerdos de Trento a la normativa americana, a pesar de no contar aún con ellos. Fue hasta 1585, en el tercer concilio, cuando se fijaron las nuevas disposiciones.

5 Estos cambios fueron confirmados en los concilios provinciales mexicanos de 1565 y, sobre todo, en el de 1585. Pérez Puente, «Estudio», *op. cit.*

6 Juan Pablo II, «Carta encíclica *Redemptoris Missio*» (§ 52). Disponible en www.vatican.va/holy_father/john_paul_ii/encyclicals/documents/ht_jp-ii_enc_07121990-redemptoris-missio_sp.html. Jaime Litvak King llamó *aculturación retroactiva* a la introducción posthispánica de elementos a las religiones prehispánicas. «La introducción posthispánica de elementos a las religiones prehispánicas: un problema de "aculturación retroactiva"», en Jaime Litvak King y Noemí Castillo Tejero, *Religión en Mesoamérica.*

XII Mesa Redonda, Sociedad Mexicana de Antropología, México, 1972, pp. 25-29.

7 Guy Rozat Dupeyron, «Las "visiones de los vencidos" y la mitohistoria de la conquista de México», en Margarita Guerra Martinière y Denisse Rouillon Almeida (edits.), *Historias paralelas*, Actas del Primer Encuentro de Historia Perú-México, Pontificia Universidad Católica de Perú, Fondo Editorial, El Colegio de Michoacán, México, 2005, p. 44.

8 Jean Delumeau, *El catolicismo de Lutero a Voltaire*, Labor, Barcelona, 1973, p. 4. Maravall, *Estudios de historia*, *op cit.*, vol. 1, p. 4.. Keith Thomas, *Religion and the Decline of Magic. Studies in Popular Beliefs in Sixteenth and Seventeenth-Century England*, Penguin, Londres, 1971, pp. 78-88.

9 Thomas, *Religion*, *op cit.* p. 88.

10 Jean Seznec, *Los dioses* de *la Antigüedad en la Edad Media y el Renacimiento*, Taurus, Madrid, 1987, pp. 223.

11 Thomas, *Religion*, *op cit.*, p. 14.

12 Como se recordará, él fue el autor de la voluminosa obra *Adversus omnes haereses*, publicada en París en 1534.

13 Reynerio Lebroc, «Proyección tridentina en América», *Missionalia Hispánica*, Consejo Superior de Investigaciones Científicas, Madrid, 1969, año XXI, n. 77, p. 138.

14 Seznec, *Los dioses*, *op. cit.*, p. 216.

15 En 1566 se instituyó el catecismo romano. El catecismo del jesuita alemán Pedro Canisio, apodado Martillo de los herejes, intentó contrarrestar al de Lutero. Lucía Rodríguez «El catecismo en los concilios provinciales mexicanos en el contexto de la evangelización novohispana», en Oesterreicher, *op. cit.*, p. 185.

16 José Sánchez Herrero, «Alfabetización y catequesis en España y América en el siglo XVI», Universidad de Sevilla, Facultad de Geografía e Historia, Sevilla, [s.f.], p. 246. Disponible en http://dadun.unav.edu/bitstream/10171/4721/1/JOSE%20SANCHEZ%20HERRERO.pdf. Consultado el 29 de julio de 2014.

17 Marialba Pastor, «La función de los rituales sonoros en el proyecto contrarreformista novohispano» en Marialba Pastor (coord.), Lucero Enríquez (ed.), *Actores del ritual en la Catedral de México*, Instituto de Investigaciones Estéticas-UNAM, 2016, pp. 15-27.

18 *El sacrosanto y ecuménico Concilio de Trento*, Imprenta de Sierra y Martí, Barcelona, 1828. Sesión XXII. Doctrina sobre el Sacrificio de la Misa. Cap. V. De las ceremonias y ritos de la Misa. En lo sucesivo, CT.

[19] El teólogo Pedro Lombardo, maestro de Tomás de Aquino, había apuntado que «[…] Cristo al marcharse de aquí dejó saludables efectos, instituyendo el sacrificio de su cuerpo». «Ocúltanse bajo especie de pan los sacratísimos miembros y vinos líquidos se convierten en sagrada sangre.» Este teólogo fue muy importante para la política contrarreformista, de ahí que el evangelizador franciscano Diego Valadés, elegido por el Vaticano para elaborar la obra *Retórica Cristiana* (1579) con el fin de orientar correctamente al clero novohispano en los procesos de predicación y conversión, le dedicara alrededor de la quinta parte de su obra. *Vid.* Fray Diego Valadés, *Retórica Cristiana*, UNAM, FCE, México, 1989. En lo sucesivo, DV, *Ret.*

[20] Jean Gaudemet, *El matrimonio en Occidente*, Taurus, Madrid, 1993, pp. 325-326.

[21] John Boswell, *Cristianismo, tolerancia social y homosexualidad*, Muchnik, Barcelona, 1992, pp. 27-53.

[22] El Concilio Laterano de 1215 había impedido cualquier discusión sobre la eucaristía y los santos óleos. Thomas, *Religion, op. cit.*, p. 39.

[23] Burckhardt, *op. cit.*, p. 256.

[24] Octavio Paz, *El laberinto de la soledad*, FCE, México, 1992, p. 13.

[25] Josep Ignasi Saranyana (dir.), *Teología en América Latina. Desde los orígenes a la guerra de Sucesión (1493-1715)*, 4 vols., Iberoamericana, Vervuert, Madrid, 1999, vol. 1., pp. 131-139.

[26] Debido a que la función deliberativa de la retórica se orienta a corregir los pecados y la función epidíctica o panegírica a destacar las virtudes de los santos, la obra de Luis de Granada, *Ecclesisticae rhetoricae*, sirvió como modelo por representar una respuesta a la apostasía protestante, defender el catolicismo e inclinar las emociones a la alabanza a Dios como una poderosa arma de convencimiento. Don Paul Abbott, *Rhetoric in the New World. Rhetorical Theory and Practice in Colonial Spanish America*, University of South Carolina, Columbia, 1996, pp. 11-12.

[27] Constantino Bayle, *Los cabildos seculares de la América Española*, Sapientia, Madrid, 1952, pp. 363-377. Marialba Pastor, *Cuerpos sociales, cuerpos sacrificiales*, FCE, UNAM, México, 2004.

[28] María del Pilar Martínez López-Cano (coord.), *Concilios provinciales mexicanos. Época colonial*, Instituto de Investigaciones Históricas-UNAM, México, 2004. Disponible en: www.historicas.unam.mx/publicciones/publicadigital/libros/concilios/concilios_index.html Tercer concilio, A, 1.1º. Tit 1.

[29] Ordenanza 119 de Felipe II (1571), citada por Sebastián Greusslich, «El *estilo llano* y la historia de la lengua española en el siglo XVI –el caso de la historiografía oficial de Indias», en Oesterreicher, *op. cit.*, p. 281. p. 111.

[30] Friede, «La censura», *op. cit.*, pp. 174-176. Pardo, *op. cit.*, pp. 24-25.

[31] De acuerdo con la división aristotélica, la retórica deliberativa es propia de los debates que se sostienen en las asambleas y los parlamentos, útil para sopesar el pro y el contra de los asuntos y discutir si los hechos ocurrieron de una u otra manera con el fin de orientar los conocimientos hacia una meta; la retórica judicial corresponde a las denuncias, la presentación de testigos, testimonios, pruebas y la defensa de los acusados para aproximarse a la verdad y hacer justicia. Aristóteles, *Retórica*, Gredos, Madrid, 2008, pp. 153-300. En lo sucesivo, A, *Ret.* Weber, Max Weber, «Tipos de comunidad religiosa» en *Economía y Sociedad*, FCE, México, 1977, pp. 848-853. Mendiola, *La retórica*, *op. cit.* Frances Yates, *El arte de la memoria*, Siruela, Madrid, 2005, pp. 221-229.

[32] Aristóteles también propone que todo discurso se divida en: exordio, propuesta del asunto, exposición de pruebas y conclusión. A, *Ret.*, 153-300. Friedrich Nietzsche, *Escritos sobre retórica,* Trotta, Madrid, 2000, p. 81.

[33] *Elogium* es un «testimonio, o testificación que se da de alguno, alabándole y honrando sus méritos y persona»; es un discurso laudatorio o de engrandecimiento; una manera de divinizar o hacer algo sacro. Entre los primeros cristianos, *eulogia* fue un nombre que se aplicó a la eucaristía y las *eulogias* fueron panes bendecidos que simbolizaron el amor y la hermandad de la comunidad cristiana. De este modo, en la etimología del término quedó estampado el carácter religioso de este tipo de discurso que en la mayoría de los ritos debe pronunciarse para propiciar la unión de las fuerzas divinas y los seres humanos. RAE, *Diccionario de autoridades*, Gredos, Madrid, 1963.

[34] Un caso de defensa fue la *Suplica en favor de los cristianos* de Atenágoras de Atenas con la cual este cristiano respondió a las tres acusaciones más frecuentes: ateísmo, antropofagia e incesto. Él presentó una apología de la moral cristiana afirmando la castidad y el respeto que los cristianos profesaban a la vida humana, extensiva incluso a los nonatos al prohibir el aborto. Otro caso es el *Discurso contra los griegos* escrito por Taciano el Sirio, quien consideró que los dioses del Olimpo eran inmorales y las fiestas griegas indecentes; la mitología estaba repleta de absurdos y sus filósofos llenos de vicios y contradicciones. Según Taciano, la raza humana era hija del pecado, por eso no debía comer carne, beber vino ni contraer matri-

monio, sino vivir en la total abstinencia. Avery Dulles, *A History of Apologetics*, Hutchinson, Londres, 1971, pp. 22-23 y 28. Daniel Ruiz Bueno, *Padres apologetas griegos*, Biblioteca de Autores Cristianos, Madrid, 1954. Ramón Trevijano, *Patrología,* Biblioteca de Autores Cristianos, Madrid, 2004.

35 Marcus Fabius Quintilianus, «Lob und Tadel», *Ausbildung des Redners*, 2 vols., Wissenschaftliche Buchgesellschaft, Darmstadt, 1972, vol 1., III, 7, pp. 349-351. La retórica epidíctica fue usada por los judíos y los cristianos en la época helenística por contener argumentaciones contra la idolatría y fundamentar la superioridad de la Revelación divina sobre la sabiduría pagana. Grant, *op. cit.*, pp. 198-204. Dulles, *op. cit.*, p. 19.

36 Yates, *op. cit.*, pp. 98, 137.

37 *Ibid.*, 81, 105, 144-145. Daniéle Dehouve, *Relatos de pecados en la evangelización de los indios de México (siglos XVI-XVIII),* Ciesas-Cemca, México, 2010, p. 28. Ana Isabel Pérez-Gavilán Ávila, *El corazón sagrado*, Plaza y Janés, México, 2013. Castidad, ascetismo y éxtasis son inseparables porque propician un estado de excitación, deseo, goce y sufrimiento que permiten la elevación espiritual que demandan las religiones, Havelock Ellis, *Sex in Relation to Society*, Heinemann Medical Books, Londres, 1946, p. 97. El cuerpo desaparece como instrumento del erotismo y, al hacerlo, esta función se traslada a la exaltación y el deseo. Roy, Porter, «Historia del cuerpo», Burke (ed.), *Formas, op. cit.*, p. 261. Una reminiscencia de orden antropofágico se puede extraer del relato de Antonio Rubial en relación con la vidente mexicana de origen indio Santa Catarina de San Juan: «En su relación amorosa, la vidente comía gusanos del costado de Cristo, bebía su sangre y lamía sus llagas. Su boca era lugar fundamental de sus encuentros con Dios; con ella respiraba, tragaba, lamía y chupaba la dulzura y el sufrimiento de esa comida que era el cuerpo y la sangre de Cristo. Pero al mismo tiempo ella misma se convertía en comida, como lo muestra la visión en la que Cristo manipuló y devoró su corazón, ofrecido previamente por la Virgen, quien lo había lavado y limpiado antes de ofrecerlo a su hijo». Antonio Rubial García, *Profetisas y solitarios. Espacios y mensajes de una religión dirigida por ermitaños y beatas laicos en las ciudades de Nueva España*, UNAM, FCE, México, 2006, p. 143.

38 La vida de fray Martín de Valencia hasta la veneración de sus reliquias. GM, *Hist.*, 571-605. Un ejemplo entre los muchos que proporciona Santiago de la Vorágine es el de San Nicolás: «Nada más nacer ocurrió con este niño un hecho sorprendente: se sostuvo por sí mismo, de pie, dentro

del lebrillo en que lo lavaban. En la época de su lactancia, los miércoles y viernes no aceptó el pecho materno más que una vez al día. En su juventud huyó de las diversiones [...]». Santiago de la Vorágine, *La leyenda dorada*, Alianza, Madrid, 1982, p. 18.

39 Joseph Campbell, *El héroe de las mil caras. Psicoanálisis del mito*, FCE, México, 1993, pp. 53-232.

40 Richard C. Trexler, *Church and Community, 1200-1600. Studies in the history of Florence and New Spain*, Storia e Letteratura, Roma, 1987; *Reliving Golgotha. The Passion Play of Iztapalapa*, Harvard University, Cambridge, Londres, 2003. Jaime Humberto Borja Gómez, *Los indios medievales de fray Pedro de Aguado: construcción del idólatra y escritura de la historia en una crónica del siglo XVI*, Centro Editorial Javeriano, Bogotá, 2002 pp. 168-169.

41 Al poner énfasis en todas las fuentes del mal, las imágenes profundizaban el sentimiento de culpa, la inhibición y el miedo. Las pinturas murales de los conventos coloniales siguieron un molde que se remitió a textos bíblicos, aunque adecuado al espacio arquitectónico y el lugar. Los temas alegóricos de los agustinos, por ejemplo, se repitieron en varios conventos y se relacionaron con el triunfo de la muerte, el infierno, el Juicio Final, el purgatorio, el demonio, Cristo, los mártires, la mortificación de la carne y el pecado original y de idolatría. Martín Olmedo Muñoz, *Espiritualidad, temporalidad e identidad en un proyecto agustino. La pintura mural de los conventos de la orden de ermitaños en la Nueva España*, tesis de doctorado, UNAM, México, 2013.

42 Anthony Pagden, *The Fall of Natural Man. The American Indian and the origins of comparative ethnology*, Cambridge University, Cambridge, 1982, p. 113. Friede, *op. cit.* pp. 167-192. Mendiola, *op. cit.*, p. 158. Valcárcel, *op. cit.*, p. 436. Aristóteles, «Tópicos», *Tratados de lógica (Organon)*, Gredos, Madrid, 1982, 100*a.*, pp. 89-90. Dehouve, *Relatos, op. cit.*, p. 21. Sebastián Greusslich, *op. cit.*, p. 281. Yates, *op. cit.*, pp. 26-27. Linda Báez Rubí, *Mnemosine novohispánica. Retórica e imágenes en el siglo XVI*, Instituto de Investigaciones Estéticas-UNAM, México, 2005, pp. 26, 60.

43 Seznec, *op. cit.*, pp. 218, 224.

44 Hans Belting, *Imagen y culto: una historia de la imagen anterior a la edad del arte*, Akal, Madrid, 2009, p. 641. Christian Hecht, *Katholische Bilder Theologie der frühen Neuzeit. Studien zu Traktaten von Johannes Molanus, Gabriele Paleotti und anderen Autoren*, Gebr. Mann, Berlín, 2012, pp. 39-43. En 1570, el teólogo flamenco contrarreformista Johannes Molanus atacó la indecencia, básicamente los «grotescos» desnudos, y sostuvo que las

imágenes son más inmediatas y poderosas que los textos, entre otras cosas porque la lascivia que pueden mostrar añade tentaciones a las que de por sí nacen de la propia carne. La pintura es más elocuente que el discurso y penetra más hondo en el corazón, por tal motivo, los artistas deben seguir la tradición y ajustarse a los prototipos establecidos por la Iglesia. Años después, en 1582, en un sentido similar, el cardenal Gabriele Paleotti señaló que el arte es un lenguaje que puede hablarle al pueblo con «eficacia moral», por lo tanto, es necesario que cultive la devoción y no favorezca la falsa doctrina. La producción de las imágenes debe girar en torno al concepto *imitación* —en ella radica la creatividad—, así como perseguir fines formativos ligados a la poesía y los códigos tridentinos. David Freedberg, «Johannes Molanus on Provocative Paintings. *De Historia sanctarum imaginum et pictorarum*, Book II, Chapter 42». Disponible en http://www.columbia.edu/cu/arthistory/faculty/Freedberg/Johannes-Molanus.pdf. Consultado el 10 de noviembre de 2014. John Cahill O. P., «The development of the theological censures after the Council of Trent (1563-1709)», Freiburg/Schweiz, *Studia Friburgensia N F*, 10, 1955, p. 291. Giuseppe Fusari, «Introducción», Gabriele Paleotti, *Discorso intorno alle immagini sacre e profane*, Vaticana, Cad&Welness, 2002, pp. XXXI-XXXII.

45 Citado en Belting, *op. cit.*, p. 722.

46 Crescenciano Saravia, «Repercusión en España del decreto del Concilio de Trento sobre las imágenes», *Boletín del Seminario de Estudios de Arte y Arqueología*, Valladolid, 1960, t. XXVI, pp. 130-131. Martínez López-Cano, *Concilios*, *op. cit.*, Tercer Concilio, libro III, título XVII, párrafo VIII. Los «Índices expurgatorios» contienen reglas generales. Años más tarde, Francisco Pacheco, el pintor y tratadista suegro de Diego Velázquez, en íntimo contacto con la Inquisición, señalará cómo deben pintarse las imágenes: los ángeles, los demonios, la virgen María, etc.

47 Yates, *op. cit.* pp. 98, 113.

48 Martínez López-Cano, *Concilios*, *op. cit.*, Primer concilio, LXVI.

49 Sierra, *op. cit.*, p. 223.

50 Esteve, *op. cit.*, p. 205.

51 En este libro Alfonso Mendiola crítica la historiografía positivista o cientificista y el uso acrítico de las crónicas indianas del siglo XVI como «minas de información», como vehículos de acceso directo a la Revelación sobre lo acaecido en la conquista y la evangelización de América.

52 Gabriel Jackson, *Introducción a la España medieval*, Alianza, Madrid, 1974, p. 133.

53 Abbott, *op. cit.*, pp. 70-74.

54 Pilar Máynez, «Las doctrinas de Molina y Sahagún: similitudes y diferencias», *Estudios de Cultura Náhuatl*, Instituto de Investigaciones Históricas-UNAM, México, 2002, n. 33, pp. 267-276.

55 Abbott, *op. cit.*, pp. 42-43.

56 Ignacio Osorio Romero, *Historia de las bibliotecas novohispanas*, SEP, México, 1986, pp. 21-22, 39.

57 Ascensión Hernández de León-Portilla, «El arte de la lengua mexicana y castellana de fray Alonso de Molina: Morfología y composición», *Estudios de Cultura Náhuatl*, n. 38, Instituto de Investigaciones Históricas-UNAM, México, 2008, pp. 170-171.

58 *Ibid.*, pp. 172-174.

59 Dietrich Briesemeister, «El latín en la Nueva España», en Raquel Chang-Rodríguez (coord.), *Historia de la literatura mexicana*, vol. 2, México, Siglo xxi, 2002.

60 Patrick Johansson, «La *Historia General*: un encuentro de dos sistemas cognitivos» en Miguel León-Portilla (ed.), *Bernardino de Sahagún. Quinientos años de presencia*, UNAM, México, 2002, pp. 204-205.

61 Federico Navarrete, «La sociedad indígena en la obra de Sahagún» en León-Portilla, *Bernardino, op. cit.*, p. 102. Sahagún recogió los primeros diálogos entre indígenas y franciscanos en *Coloquios y Doctrina Christiana*, obra que se conserva en el Archivo Secreto del Vaticano. Francisco Morales, «El diálogo de los doce de fray Bernardino de Sahagún. Un transvase cultural y lingüístico en sentido opuesto» en León-Portilla, *Bernardino, op. cit.*, p. 241. Repasó durante varios años sus escritos, los enmendó varias veces y, al fin «se sacaron en blanco, de buena letra» en náhuatl y en castellano.

62 Alfredo López Austin, «Estudio acerca del método de investigación de fray Bernardino de Sahagún», *Estudios de Cultura Náhuatl*, Instituto de Investigaciones Históricas-UNAM, México, 2011, n. 42, pp. 353-400. Arthur J. O. Anderson, «Los "Primeros Memoriales" y el *Códice Florentino*» en *Estudios de Cultura Náhuatl*, Instituto de Investigaciones Históricas-UNAM, México.

63 Juan Carlos Estenssoro Fuchs, *Del paganismo a la santidad. La incorporación de los indios del Perú al catolicismo, 1532-1750*, Ifea, Lima, 2003, p. 84.

64 Los códices *Matritenses*, base de la *Historia general* de Sahagún, arrojan heterogeneidad en su composición material y en su contenido: participación de varios escribas y pintores, tachaduras, anotaciones y añadidos de

los glosadores y revisores, ajustes de restauradores; ausencia de una visión global, así como una serie de incoherencias. Por estas razones no se puede considerar la versión final de un trabajo, afirma Miguel Ángel Ruz Barrio en «Los Códices Matritenses de fray Bernardino de Sahagún: estudio codicológico del manuscrito de la Real Academia de la Historia», en *Revista Española de Antropología Americana*, Universidad Complutense de Madrid, julio-diciembre 2010, vol. 40, n. 2, pp. 206-207. Michel Oudijk, «De tradiciones y métodos: investigaciones pictográficas», *Desacatos*, *Revista de Antropología social*, CIESAS, México, 2008, n. 27, pp. 123-138.

65 Bernardino (Ribeira) de Sahagún (1499-1590) fue muy consciente de la reforma protestante. Él señaló que con el Nuevo Mundo Dios había querido «restituir a la Iglesia lo que el Demonio la ha robado en Inglaterra, Alemania y Francia, en Asia y Palestina [...]». BS, *Hist.* I, 35. Fue autor de numerosas obras (historias, exhortaciones, sermonarios, catecismos, doctrinas adaptadas a la conversión, salmos y cantares) en náhuatl, «para que fueran entonados en vez de las composiciones de la antigua tradición en las que encontraba elementos idolátricos». Miguel León-Portilla, «Sahagún y la invención de la antropología», en *Bernardino de Sahagún. Quinientos años de presencia*, UNAM, México, 2002, p. 10.p. 21 y José Rubén Romero Galván, «Fray Bernardino de Sahagún y la Historia General de las Cosas de Nueva España», en León-Portilla, *Bernardino, op. cit.*, p. 29. Su diccionario español-náhuatl y su gramática se perdieron. David Mauricio Adriano Solokow, *Etnógrafos coloniales. Alteridad y escritura en la Conquista de América (siglo XVI)*, Vervuert, Iberoamericana, Fráncfort, Madrid, 2014, pp. 388-389. La *Historia general* y el *Códice Florentino* fueron escritos por Sahagún durante más de 20 años (entre 1547 y 1569) en español y náhuatl. Esta obra fue motivo de persecuciones y requisas durante medio siglo, por miedo a que propiciara herejías, al grado de tener que rehacerla cuando era mayor de 70 años. BS, *Hist.* I, 77-80. Miguel León-Portilla, *Fray Bernardino de Sahagún en Tlatelolco*, Secretaría de Relaciones Exteriores, México, 1999, p. 48. En 1570 el provincial Alonso de Escalona recogió los libros y los dispersó para examinarlos cuando ya se habían recibido los acuerdos del Concilio de Trento en España. Siete años después, por Cédula Real (22 de abril de 1577), Felipe II ordenó al virrey de Nueva España enviar al Consejo de Indias todos los ejemplares de la obra «sin que de ellos quede original ni traslado alguno». La cédula insiste en que no se consienta que «por ninguna manera persona alguna escriba cosas que toquen las supersticiones y manera de vivir que estos indios te-

nían, en ninguna lengua, porque así conviene al servicio de Dios Nuestro señor [...]». Friede, «La censura», *op. cit.*, pp. 92-93. No obstante, Sahagún guardó una copia que usó para elaborar el *Códice Florentino*. Fue publicada hasta el siglo xx (1929-30). Miguel León-Portilla, «Memoriales, relaciones, crónica e historia. Sahagún en la historiografía del siglo xvi», Pilar Maynez y José Rubén Romero Galván (coords.) *Segundo Coloquio. El universo de Sahagún. Pasado y Presente, 2008*, Instituto de Investigaciones Históricas, Biblioteca Nacional y Hemeroteca Nacional-UNAM, México, 2011, pp. 13-51.

66 Johansson, «La *Historia General*», *op. cit.*, p. 207.

67 Valcárcel, *op. cit.*, p. 74. Bernard, *op. cit.*, p. 75.

68 Antes, Durán ha hablado del «Estado mexica» con sus «grandes leyes y pragmáticas y ordenanzas», «casas reales de los reyes y señores», consejos de guerra, ceremonias de ordenamiento de caballeros con particulares insignias, otorgamiento de encomiendas, exención de alcabalas, tributos y pechos, etc. DD, *Hist. I*, 119-123.

69 Tánacs, *op. cit.*, p. 157.

70 Gonzalo Obregón (prol. y textos), *Los tlacuilos de Fray Diego Durán*, Cartón y Papel de México, México, 1975, Miniatura 12. Templo mayor de Tenochtitlan. Esteve , *op. cit.*, p. 213.

71 Escalante, *Los códices*, *op. cit.*, pp. 163 y 179.

72 Georges Baudot, *Utopía e historia de México. Los primeros cronistas de la civilización mexicana (1520-1569)*, Espasa-Calpe, Madrid, 1983, p. 121.

73 Rozat, *América*, *op. cit.*, p. 177.

74 Patrick Johansson «La *Historia General*», *op. cit.*, p. 206. Guy Rozat Dupeyron, «La invención del testimonio», *Graphen. Revista de Historiografía*, Grupo de Historiografía de Xalapa, Centro INAH-Veracruz, 2013, n. 5, pp. 135-160.

75 Esta experiencia unificó a unos como «indios», forzados a hablar náhuatl, sin respetar la procedencia regional y la particularidad de cada cultura; y a otros con fuertes identidades regionales (extremeños, castellanos, vascos, asturianos, etc.) como españoles, es decir, forzados a reconocer al Imperio español y hablar castellano.

76 Los evangelizadores estudiaron a Isidoro de Sevilla, no solo por ser un destacado teólogo español, sino por haber vivido momentos de herejía y participar en la conversión de los visigodos al catolicismo en la península ibérica (Recaredo, 589). Su obra *Etimologías* —la cual he mencionado antes— consta de 20 libros y está escrita en los primeros años del siglo vii.

Reúne todos los campos del saber antiguo y es una primera conciliación entre paganismo y cristianismo. Partiendo de la procedencia y el significado de los términos, avanza hacia la explicación de las cosas con el sentido escolar del *trivium* y el *quadrivium*. Domina una gran cantidad de fuentes (Virgilio, Cicerón y Lucano son los más citados, seguidos de Plauto, Terencio, Ennio, Lucrecio, Salustio, Horacio, Ovidio y Marcial), además de autores de la patrística como Ambrosio, Agustín, Prudencio, etc. Pero los que mayor información le proporcionan son: Lactancio, Tertuliano, Agustín, Jerónimo, Casiodoro, Ambrosio y Gregorio Magno. Isidoro se vinculó íntimamente con los monarcas godos que ocuparon el trono durante su pontificado y pudo mostrar cómo utilizar la cultura pagana para interpretar correctamente el cristianismo a partir de la doctrina del pecado. Es posible que se copiaran cinco mil ejemplares de la *Enciclopedia* en su época y que su divulgación fuera amplia tanto dentro como lejos de la península ibérica. Manuel C. Díaz y Díaz, «Introducción general» a IS, *Etim.* I, 46, 48-49, 127, 133-135, 193-194, 200, 37I. Franco Cardini, *Magia, brujería y superstición en el Occidente medieval*, Península, Barcelona, 1999, p. 25.

77 Seznec, *op. cit.*, pp. 20-21, 34.

78 Ambrogio Calepino (¿1440?-1510) había elaborado un diccionario latino que gozó de numerosas ediciones y traducciones a once idiomas. José Luis Rodríguez Molinero y Florencio Vicente Castro, «Bernardino de Sahagún», Laureano Robles, *Filosofía iberoamericana en la época del Encuentro*, Trotta, Madrid, 1992, pp. 261-279.

79 Bartholomaeus Anglicus (1203-1272), *El libro sobre las propiedades de las cosas*, Heinrich Mayer, Tolosa, 1494. Arberu, *op. cit.*, p. 76. Los textos de Sahagún también presentan similitudes con bestiarios y descripciones geográficas españolas elaboradas para otras regiones del mundo. Ascensión Hernández de León-Portilla, «La *Historia General* de Sahagún a la luz de las enciclopedias de tradición greco-romana» en León-Portilla, *Bernardino, op. cit.* p. 53. Como ha probado Pablo Escalante, las pinturas de seres humanos del *Códice Florentino* guardan analogías con pinturas medievales. Pablo Escalante Gonzalbo, «Cristo, su sangre y los indios. Exploraciones iconográficas sobre el arte mexicano del siglo XVI», Helga von Kügelgen (ed.), *Herencias indígenas, tradiciones europeas y la mirada europea, Actas del Coloquio de la Asociación Carl Justi y del Instituto Cervantes de Bremen*, Bremen, 6-9 abril, 2000, Fráncfort del Meno, 2002, p. 72 y ss. Salvador Reyes Equiguas, «Las representaciones de los seres vivos en el

Códice Florentino y otras obras españolas de su época», en Pilar Maynez y José Rubén Romero Galván (coords.), *op. cit.*, pp. 221- 248.

80 Guilhem Olivier Durand, «El panteón mexica a la luz del politeísmo grecolatino: el ejemplo de la obra de fray Bernardino de Sahagún», Studi e Materiali di Storia delle Religioni, Roma, 2010, vol. 76(*2*), pp. 389-410.

81 Alfredo López Austin y Josefina García Quintana «Introducción» en BS, *Hist.* 58-59.

82 Sahagún concibe a los dioses prehispánicos de naturaleza igualmente irracional que la de los dioses de los paganos del Viejo Mundo. Alfredo López Austin, «Los mitos en la obra de Sahagún», en León-Portilla, *Bernardino, op. cit.*, pp. 83-85. Miguel Ángel Segundo Guzmán, «Trabajar sobre las ruinas del Otro: temporalidad india y sentido del paganismo en la Historia General de fray Bernardino de Sahagún», *Fronteras de la Historia*, Instituto Colombiano de Antropología e Historia, Bogotá, 2012, vol. 17, n. 2.

83 Martínez López-Cano, *Concilios*, *op. cit.* Tercer Concilio, título IV, De los herejes.

84 De acuerdo con Borja Gómez, la separación *aquí* y *allá* y la conciencia *lejos* y *cerca* fueron producto de las experiencias franciscanas en el proceso de conversión de los paganos idólatras al cristianismo y se convirtieron en una tradición que constituyó una parte importante de la imagen del mundo europea. Borja, *op. cit.*, p. 29. No obstante, es importante tomar en cuenta que esta separación y conciencia forma parte de las calificaciones que todo pueblo confiere a los extraños. «El tema vicio-virtud fue uno de los más repetidos en la historiografía del siglo XVI», *ibid.*, p. 60.

85 Josefina García Quintana, «Fray Bernardino de Sahagún», José Rubén Romero Galván (coord.) *Historiografía novohispana de tradición indígena*, México, Instituto de Investigaciones Históricas- UNAM, México, 2003, pp. 198-199.

86 En 1581, la *Historia de la Indias* de Durán estaba lista para ser entregada a la imprenta cuando el Consejo de Indias la detuvo y sometió a una doble censura y corrección, de modo que líneas y palabras fueron tachadas. Tal freno duraría hasta 1900, trescientos años.

87 José Rubén Romero Galván, «La crónica X», Romero Galván, *Historiografía*, *op. cit.*, pp. 185-186.

88 Valcárcel, *Cronistas*, *op. cit.*, pp. 481-482.

89 Es el caso de la quema de un número indeterminado de códices mayas por instrucciones del fraile franciscano Diego de Landa.

7. El control de la carne, la sangre y otros fluidos

1 Para una revisión detallada de distintas manifestaciones de la sexualidad descritas por estos y otros cronistas evangelizadores, *vid.* Enrique Dávalos López, *Templanza y carnalidad en el México prehispánico. Creencias y costumbres sexuales en la obra de los frailes historiadores*, tesis de maestría, Facultad de Filosofía y Letras-UNAM, México, 1998.

2 Sahagún afirma: «No creo ha habido en el mundo idólatras tan reverenciadores de sus dioses, ni tan a su costa, como éstos desta Nueva España; ni los judíos, ni ninguna otra nación tuvo yugo tan pesado y de tantas cerimonias como le han tenido estos naturales por espacio de muchos años [...]» BS, *Hist.*, I, 34. Stephen A Colston, Fray Diego Durán and the localistic orientation of his "Historia", *Gedenkschrift Gerdt Kutscher. Indiana,* vol. 2, n. 10, 1985, p. 123.

3 Horst Kurnitzky, «Entender lo extraño», *Este País*, México, diciembre 2014, n. 284, p. 8. En las primeras edades romanas se efectuaron sacrificios humanos a Saturno y en el *Dies Sanguinis* (Día Sangriento), celebrado el 23 de marzo de su calendario, los sacerdotes se punzaron a sí mismos para ofrecer su sangre. En el año 97 a.C., el Senado prohibió estas sangrías y solo recurrió a ellas cuando los libros sibilinos las recomendaron. Más adelante, los propios romanos repudiarían los sacrificios humanos y los considerarían una práctica propia de extranjeros o gente de otros tiempos. Francesca Prescendi, *Dècrire et comprendre le sacrifice*, Franz Steiner, Stuttgart, 2007, p. 199.

4 Se piensa que en el antiguo Perú la vida de los muertos siguió estrechamente vinculada «a sus cuerpos y a la satisfacción de sus necesidades materiales», Juan Carlos Estenssoro Fuchs, *Del paganismo a la santidad. La incorporación de los indios del Perú al catolicismo, 1532-1750*, Ifea, Lima, 2003, p. 121.

5 *Vid.* Claude Lévi-Strauss, *Mitológicas. Lo crudo y lo cocido I,* FCE, México, 1996. Marcel Detienne et Jean-Pierre Vernant, *La cuisine du sacrifice en pays grec*, Gallimard, París, 1979.

6 Barry L. Isaac, «Cannibalism among aztecs and their neighbours: analysis of the 1577-1586 *Relaciones geográficas* for Nueva España and Nueva Galicia provinces», *Journal of Anthropological Research*, University of New Mexico, vol. 58, n. 2, 2002.

7 John H. Smith, *The Death of Classical Paganism*, Geoffrey Chapman, Londres-Dublín, 1976, pp. 5-10.

8 El celibato se instituyó en forma obligatoria para los sacerdotes en el Concilio de Trento. Siempre había existido para el clero regular. El rechazo a la promiscuidad preparó el camino de la separación de los cuerpos y de la familia nuclear que se acentuó en la época moderna.

9 Después de ofrecer en dirección oriental el corazón de los sacrificados, los sacerdotes lo desollaban «como a carnero, sacando el cuero todo entero» para después vestirse con él. DD, *Hist.*, I, 175.

10 Para Durán, el sacrificio es una forma de enfrentar el miedo a la muerte. En la guerra contra los matlazincas, cuando los mexicanos sacrificaron a todos los presos, dice que sus cuerpos los ponían en fila en «el lugar de las Calaberas». A este lugar le llama, posteriormente, *tzompantli*, y también lo desacraliza: «para que cada uno conociese su preso y cautivo, para dárselo que lo comiese y tuuiese los guesos, por grandeça, en su casa en palos puestos, y así vinieron estas naciones indianas á perder el miedo á los muertos y fantasmas y a no dárseles nada de dormir en ciminterios ó en Iglesias, solos ó acompañados, ni á dárseles nada de ver visiones, ni de oir gemidos [...] ni otras cosas grimosas, como gente bárvara insensata [...]». DD, *Hist.,* I, 335.

11 En la *Eneida,* Virgilio corrobora la correspondencia de los sacrificios humanos con las sociedades agrícolas. Los vincula con la devoción y los coloca en el centro del progreso social por haber señalado la superación de la etapa de nomadismo, caza y recolección, y el establecimiento de la agricultura, la construcción de las ciudades y el punto de partida del conocimiento y el cálculo matemático. Derek Hughes, *Culture and Sacrifice: Ritual Death in Literature and Opera*, Cambridge University, Cambridge, 2011, p. 48. Paul Veyne, *Die griechisch-römische Religion. Kult, Frömmigkeit und Moral*, Reclam, Stuttgart, 2005, p. 34. Sara B. Pomeroy, *Diosas, rameras, esposas y esclavas. Mujeres en la Antigüedad clásica*, Akal, Madrid, 1999, p. 35.

12 Horst Kurnitzky, *Extravíos de la antropología mexicana*, Fineo, México, 2006, p. 63.

13 Kurnitzky, «Entender», *op. cit.,* p. 8.

14 En la Grecia antigua los sacrificios agrarios seguían tres actos: la muerte, la comunión y la resurrección de la víctima (el espíritu duerme en invierno y renace en primavera). Walter Burkert, *Wilder Ursprung. Opferritual und Mythos bei den Griechen*, Wagenbach, Berlín, 1990, p. 21. Para más análisis de los ritos de muerte y resurrección puede consultarse a James Frazer, *The Golden Bought. A Study in Magic and Religion*, Wordsworth, Hert-

fordshire, 1996, pp. 691-701. Para la relación entre ritos y música, *vid.* la obra de Theodor Reik, *Ritual, Four Psychoanalytic Studies*, Grove, Nueva York, 1962, especialmente, el Prefacio de Sigmund Freud. Burkert, Walter Burkert, *Homo Necans. The Anthropology of Ancient Greek. Sacrificial Ritual and Myth*, University of California, California, 1983, p. 51. Cardini, *Magia, op. cit.*, p. 112. Francis Vian, «Las religiones de la Creta minoica y la Grecia aquea» en Henri-Charles Puech, *Las religiones antiguas II, Historia de la Religiones siglo XXI*, Siglo XXI, México, 2001, pp. 258-259.

15 Jean-Pierre Vernant, *Entre mito y política*, FCE, México, 2002, p. 145.

16 Vian, *op. cit.*, pp. 258-259.

17 Veyne, *Los misterios, op. cit.*, pp. 15-16.

18 Rousselle, *op. cit.*, pp. 27-29, 37-39. Kurnitzky, *La economía, op. cit.*, pp. 193-196. Maccoby, *The Sacred Executioner: Human Sacrifice and the Legacy of Guilt*, Thames and Hudson, Nueva York, 1982, p. 97.

19 Burkert, *Wilder Ursprung. Opferritual und Mythos bei den Griechen*, Wagenbach, Berlín, 1990, pp. 46-47. Burkert, *Homo necans, op. cit.*, p. 51.

20 Kurnitzky, *La economía, op. cit.*, pp. 32-34.

21 Por erotismo entiendo aquí el juego de deseos y tensiones sexuales. En organizaciones sociales comunitarias supone la permisividad o los espacios de libertad concedidos por la colectividad a los sujetos individuales para realizar sus prácticas sexuales. Es decir, no ocurriría en rituales que imponen la total disciplina, aunque en ellos se represente el coito. *Vid.* Theodor Reik, «The Shofar», *Ritual. Four psychoanalytic studies*, Grove, Nueva York, 1962, pp. 221-361.

22 John Boswell, *Cristianismo, tolerancia social y homosexualidad*, Muchnik, Barcelona, 1992, p. 110.

23 Bremmer, *op. cit.*, pp. 5-6. Veyne, *Die griechisch-römische, op. cit.*, p. 51.

24 René Girard, *La violencia y lo sagrado*, Anagrama, Barcelona, 1983. El *agon* griego era una fiesta de sacrificio y en Roma el sacrificio del caballo, en octubre, era seguido de un ritual de batalla entre dos grupos. Burkert, *Homo, op. cit.*, p. 54.

25 En las tesmoforias realizadas en honor a Demeter, las fiestas principales y más extendidas en Grecia, probablemente llegadas de Egipto, el tiempo quedaba suspendido para poder conjuntar los ritos funerarios y los ritos de la reproducción; para representar el «orden o destino natural» del tránsito de la doncella a la madre. Harrison, *op. cit.*, p. 244. Burkert, *Homo, op. cit.*, pp. 59-66, 257. Pomeroy, *op. cit.*, p. 42. Burkert, *Wilder, op. cit.*, p. 51. Burkert, *Greek religion, op. cit.*, pp. 104-105, 243-245. Bremmer,

Greek, *op. cit.*, p. 76. Cada doncella ateniense debía, antes de su boda, ir a la Acrópolis y brindarle un sacrificio a la diosa Atenea. La celebraban, por lo menos, una vez al año únicamente las mujeres casadas pertenecientes a las familias nobles, aunque también se registró la presencia eventual de niñas. Estas mujeres abandonaban sus casas durante tres días (en Sicilia 10 días) para ascender en peregrinación a los santuarios con cerdos —las víctimas sacrificiales sustitutas de la diosa-madre Demeter— e instrumentos para efectuar los sacrificios y la comida. Los cerdos eran arrojados a cuevas subterráneas, símbolos del útero femenino, para ser sacrificados en ellas. Kurnitzky, *La economía, op. cit.* Sus restos se mezclaron con semillas y se colocaron en los altares —algo que recuerda las descripciones de los soldados cronistas en la caída de Tenochtitlan—, mientras representaciones de falos, serpientes y abetos simbolizaron, con su ambivalencia, la muerte y el renacimiento; las cópulas y la fertilidad.

26 Kurnitzky, *La economía, op. cit.*

27 Harrison, *op. cit.*, pp. 213-231. Pomeroy, *op. cit.*, p. 29.

28 James Lockhart, *The nahuas after the Conquest: a social and cultural history of the Indians of central Mexico, Sixteenth through Eighteenth centuries*, Stanford University, Stanford, 1992, pp. 102-110.

29 Claudio Lomnitz, *Modernidad indiana. Nueve ensayos sobre nación y mediación en México*, Planeta, México, 1999, p. 42.

30 María del Pilar Martínez López-Cano (coord.), *Concilios provinciales mexicanos. Época colonial*, Instituto de Investigaciones Históricas-UNAM, México, 2004, Tercer concilio, Tit. XII, §IX.

Disponible en www.historicas.unam.mx/publicciones/publicadigital/libros/concilios/concilios_index.html

31 Diego Durán dice que entre los tecpanecas «era por vía de mujer el parentesco», DD, *Hist.*, I, 115.

32 Gillespie, Susan D. Gillespie, *The Aztec Kings. The Construction of Rulership in Mexica History*, The University of Arizona, Tucson, 2000, pp. 31-37.

33 Se piensa que en las temosforias corría la sangre y ocurrían excesos sexuales. No obstante, antes del festival, se reclamaba la abstinencia sexual de las asistentes ya que, para los griegos, en ese momento se producía el orden conyugal. También la Ceres romana, relacionada con la Demeter griega, fue una divinidad a la cual se sacrificaron cerdos. Sus ritos y misterios, reminiscencias de las tesmoforias y los misterios eleusinos, propiciaron la suspensión del tiempo para señalar el nacimiento, el matrimonio y la muerte como asuntos especialmente femeninos. «La fosa en la tierra

(*mundus Cereris*) era consagrada a la diosa y se la consideraba como pasaje al submundo. Este hoyo era descubierto tres veces al año para permitir que los espíritus de la muerte visitasen a los vivos. El agujero era dividido en dos secciones, y debió haber sido utilizado para guardar semillas.» Pomeroy, *op. cit.*, p. 239-240. Burkert, *Greek religion, op. cit.*, p. 246. Vian, *op. cit.*, p. 217.

34 Hyam Maccoby, *The Sacred Executioner: Human Sacrifice and the Legacy of Guilt*, Thames and Hudson, Nueva York, 1982, pp. 108. Las libertades carnales, el alcohol y los alucinógenos que acompañaron a las orgías no se entendieron como recursos para el libertinaje —tal como lo divulgaron los cristianos—, sino parte del proceso homeopático de purificación y revigorización; esfuerzos para detener el tiempo, sacar lo viejo e introducir lo nuevo. Dodds, E. R. Dodds, *The Greeks and the Irrational*, University of California, Berkeley, 1951, p. 77. Havelock Ellis, *Sex in Relation to Society*, Heinemann Medical Books, Londres, 1946, p. 150. Se creía que quien no participaba en este tipo de fiestas, a falta de catarsis, entraba en una profunda tristeza. Luciano narra los excesos con motivo de las enormes peregrinaciones y fiestas de la primavera en Siria: mujeres enloquecidas, sacrificios, incendios de bosques, reclutamiento de eunucos quizás esclavos, emasculaciones, etc., Burckhardt, *Del paganismo, op. cit.*, p. 154, 157. Vian, *op. cit.*, p. 217. La diosa Hestia/Vesta era la diosa del hogar público y familiar que con su llama siempre encendida simbolizaba la continuidad de la familia y la comunidad. La castidad de las vestales no pudo ser siempre conservada de modo que al perderla fueron condenadas a ser enterradas vivas y se les culpó de haber contribuido a la derrota de los romanos en Cannas (216 a.C.). La relación entre virginidad, honestidad y salud de la comunidad y el Estado estuvo firmemente presente en Esparta, Etruria, Roma y la cristiandad. Pomeroy, *op. cit.*, pp. 186-191.

35 Otros dioses podían curar, pero también causar problemas mentales, porque tenían dones liberadores (Hécate, Cibeles, Poseidón, Apolo Nomios, Ares). Dodds, *The Greeks, op. cit.*, p. 77.

36 Nock, *op. cit.*, pp. 79-83.

37 Veyne, *Los misterios, op. cit.*

38 Boswell, *op. cit.*, p. 83.

39 Rousselle, *op. cit.*, p. 12. Alicia Montemayor, *La trama de los discursos y las artes. El Canon de Policleto de Argos*, CONACULTA, México, 2013.

40 Rebecca Overmyer-Velázquez, «Christian morality revealed in New Spain: the inimical nahua woman in book ten of the Florentine Co-

dex», *Journal of women's history*, 1998, vol. 10, n. 2, pp. 9-37 Disponible en http://muse.jhu.edu/journals/jowh/summary/v010/10.2.overmyer-velazquez.html. Consultado el 3 de agosto 2014.

41 Por pecados públicos se entiende: juegos ilícitos, concubinato, blasfemias, usuras, etc. Martínez López-Cano, *Concilios*, *op. cit.*, Tercer Concilio, Tit. VIII, § VIII. Juan Carlos Estenssoro Fuchs, *Del paganismo a la santidad. La incorporación de los indios del Perú al catolicismo, 1532-1750*, Ifea, Lima, 2003, p. 121.

42 López Cano, *op. cit.*, Primer Concilio, cap. 8. En relación con el matrimonio, Sahagún escribió varios tratados: la *Regla de los casados*, los *Impedimientos del matrimonio* y *Los mandamientos de los casados*. Nicolau D'Olwer, *op. cit.*, p. 82.

43 «Formas de vida del clero regular en la época de la Contrarreforma: los franciscanos descalzos a la luz de la legislación provincial», *Cuadernos de Historia Moderna*, Universidad Complutense de Madrid, Madrid, 2000, n. 25, pp. 159-167.

44 Martínez López-Cano, *Concilios*, *op. cit.*, Primer Concilio, VII.

45 *Proverbios de Salomon*, Sebastian Grypho, Lyon, 1550.

46 Thelma D. Sullivan compara los *huehuehtlahtolli* con el Libro de las Profecías, pero no desarrolla ni justifica esta comparación. Thelma D. Sullivan, «Náhuatl proverbs, conundrums and metaphors collected by Sahagún», *Estudios de Cultura Náhuatl*, Instituto de Investigaciones Históricas-UNAM, México, 1963, n. IV, pp. 93-177.

47 Alfredo López Austin, «Estudio acerca del método de investigación de fray Bernardino de Sahagún», *Estudios de Cultura Náhuatl*, Instituto de Investigaciones Históricas-UNAM, México, 2011, p. 375. Miguel León-Portilla, «Sahagún y la invención de la antropología» en Miguel León-Portilla (ed.), *Bernardino de Sahagún. Quinientos años de presencia*, UNAM, México, 2002, p. 14.

48 «Plática y exhortación que un padre labrador hacía a su hijo ya casado» y «Exhortación que hacía una madre a su hija», JT, *Monarquía* IV, 13, XXXVI, pp. 265-270.

49 Don Paul Abbott, *Rhetoric in the New World. Rhetorical Theory and Practice in Colonial Spanish America*, University of South Carolina, Columbia, 1996, p. 34.

50 Se puede comparar con los Proverbios: «Huye de la mujer disoluta»: «Guarda, hijo mío, los mandatos de tu padre y no des de lado las enseñanzas de tu madre. Ten siempre ligado a ellos tu corazón, enlázalos a tu cuello. Te

servirán de guía en tu camino y velarán por ti cuando durmieres, y cuando te despiertes te hablarán. [...] Para que te guarden de la mala mujer, de los halagos de la mujer ajena. No codicies su hermosura en tu corazón, no te dejes seducir por sus miradas [...] Porque los celos del marido le ponen furioso y no perdona el día de la venganza. No se contentará con una indemnización y no aceptará dones por grandes que sean.» SB, *Proverbios*, 6.

51 Como ha subrayado Estenssoro para el caso de Perú: «La religiosidad española estaba impregnada de elementos paganos cristianizados...», Estenssoro, *op. cit.*, p. 155.

Epílogo

1 Lema franciscano aparecido en el folio cuarto de guarda del *Códice Florentino* de Bernardino de Sahagún.

2 *Vid.* Ethelia Ruiz Medrano, «Introducción» a Alonso de Zorita, *Relación de la Nueva España*, 2 vols., CONACULTA, México, 2011.

3 Joseph de Acosta, *Historia Natural y Moral de las Indias en que se tratan de las cosas notables del cielo, elementos, metales, plantas y animales dellas y los ritos y ceremonias, leyes y gobierno de los indios*, FCE, México, Buenos Aires, 1962, p. 216. En lo sucesivo, JA, *Hist.*

4 Juan Carlos Estenssoro Fuchs, *Del paganismo a la santidad. La incorporación de los indios del Perú al catolicismo, 1532-1750*, Ifea, Lima, 2003, p. 189.

5 Antonio Rubial, «Estudio preliminar. Fray Gerónimo de Mendieta: tiempo, vida, obra y pensamiento», Fray Gerónimo de Mendieta, *Historia eclesiástica indiana*, CONACULTA, México, 2002, p. 47.

6 René Girard, *El chivo expiatorio*, Anagrama, Barcelona, 2002.

7 Fernando de Alva Ixtlilxóchitl, «Compendio histórico del reino de Texcoco», *Obras históricas*. 4 vols., Instituto de Investigaciones Históricas-UNAM, México, 1985, vol. 1, p. 452. *Vid.* Guy Rozat Dupeyron, «La Conquista de México no ocurrió» en Guy Rozat (coord.), *Repensar la Conquista. Tomo I. Reflexión epistemológica sobre un momento fundador*, pp. 57-80. Disponible en http://guyrozatrepensarlaconquista.blogspot.mx/p/libros-para-descargar.html. Consultado el 15 agosto 2015.

8 Evidente en la extensa obra de Torquemada. Ursula Dyckerhoff ha sustentado la ausencia de pruebas históricas para afirmar la existencia de órdenes de caballeros águilas y caballeros tigres en la sociedad mexicana. «La jerarquía militar y las órdenes militares mexica según las fuentes

primarias», Sabine Dedenbach *et al.* (eds.), *50 años de estudios americanistas en la Universidad de Bonn: nuevas contribuciones a la arqueología, etnohistoria, etnolingüística y etnografía de las Américas,* Markt Schwaben, Saurwein, 1998, p. 406.

9 Con base en lo planteado por Edmundo O'Gorman, ser criollo no atañe a la accidental circunstancia del lugar de nacimiento o de la procedencia, sino al «sentimiento de esa especie de inautenticidad o desequilibrio ontológico» propia de quien asume el papel de mediador entre la cultura española y las culturas indígenas. Edmundo O'Gorman, *Meditaciones sobre el criollismo*, Centro de Estudios de Historia de México Condumex, México, 1970; *La invención de América*, FCE, México, 1991, p. 155.

FUENTES

Teología cristiana

Agustín de Hipona, *Confesiones, Obras completas II*, Biblioteca de Autores Cristianos, Madrid, 1979. 41 tomos.

———, *La Ciudad de Dios, Obras completas XVI* y *XVII*, Biblioteca de Autores Cristianos, Madrid, 1958. 41 tomos.

Aristóteles, *Ética a Nicómaco*, Alianza, Madrid, 2001.

———, *Retórica*, Gredos, Madrid, 2008.

———, *Tratados de lógica (Organon)*, Gredos, Madrid, 1982.

Bartholomaeus Anglicus, *El libro de proprietatibus rerum,* Heinrich Mayer, Tolosa, 1494.

Heródoto, *Historia. Obra Completa*, 5 vols., Gredos, Madrid, 1987-1992.

Isidoro de Sevilla, *Etimologías*, 2 vols., Biblioteca de Autores Cristianos, Madrid, 1982.

Lactancio, Lucio Celio Firmiano, *Instituciones divinas*, 2 vols., Gredos, Madrid, 1990.

Orígenes, *Contra Celso*, Biblioteca de Autores Cristianos, Madrid, 1967.

Orosio, Paulo, *Historias*, 2 vols., Gredos, Madrid, 1982-1999.

———, *Paulo Orosio, su vida y sus obras*, Instituto de Estudios Gallegos P. Sarmiento, Galicia, 1985.

Porfirio, *Sobre la abstinencia*, Gredos, Madrid, 1984.

Quintilianus, Marcus Fabius, *Ausbildung des Redners*, 2 vols., Wissenschaftliche Buchgesellschaft, Darmstadt, 1972.

Sagrada Biblia, versión directa de las lenguas originales, por Eloíno Nácar Fúster y Alberto Colunga Cueto, Biblioteca de Autores Cristianos, Madrid, 1971.

Santiago de la Vorágine, *La leyenda dorada*, Alianza, Madrid, 1982.

Santo Tomás de Aquino, *Suma contra los gentiles*, Porrúa, México, 1991.

———, *Suma teológica*, XVI vols., Biblioteca de Autores Cristianos, Madrid, 1994.

Séneca, Lucio Anneo, *Tratados morales*, Espasa-Calpe, Madrid, 1943.

Tertuliano, *Apologética. A los gentiles*, Gredos, Madrid, 2001.

Tertullianus, *De Idolatría*, Leiden, Nueva York, E. J. Brilll, 1987.

The Theodosian Code and Novels and the Sirmondian Constitutions, Princeton University, Princeton, 1952.

Tito Livio, *Desde la fundación de Roma*, UNAM, México, 1998.

Documentos y crónicas de los siglos XVI y XVII

Acosta, Joseph de, *Historia natural y moral de las Indias en que se tratan de las cosas notables del cielo, elementos, metales, plantas y animales dellas y los ritos y ceremonias, leyes y gobierno de los indios*, FCE, México, Buenos Aires, 1962.

Alcalá, fray Jerónimo de, *Relación de Michoacán*, FCE, México, 1997.

Anónimo, *Sacrificio de Isaac. Auto en lengua mexicana escrito en 1678*, Tipografía de Salvador Landi, Florencia, 1899.

Cabrera de Córdoba, Luis, *De historia para entenderla y escribirla*, Instituto de Estudios Políticos, Madrid, 1948.

Casas, Bartolomé de las, *Apologética historia sumaria*, 2 vols., UNAM, México, 1967.

———, *Del único modo de atraer a todos los pueblos a la verdadera religión*, FCE, México, 1975.

———, *Historia de la Indias*, 3 vols., FCE, México, 1951.

Ciruelo, Pedro, *Reprobación de las supersticiones y hechicerías*, Maxtor, Valladolid, 2005.

Colón, Cristóbal, *Los cuatro viajes del almirante y su testamento*, Espasa-Calpe, Buenos Aires, 1946.

Cortés, Hernán, *Cartas de relación*, Porrúa, México, 1985.

CT *El sacrosanto y ecuménico Concilio de Trento*, Imprenta de Sierra y Martí, Barcelona, 1828.

Dávila Padilla, fray Agustín, *Historia de la fundación y discurso de la provincia de Santiago de México, de la Orden de Predicadores por las vidas de sus varones insignes y casos notables de Nueva España*, Academia Literaria, México, 1955.

Díaz del Castillo, Bernal, *Historia verdadera de la Conquista de la Nueva España*, Porrúa, México, 1969.

Durán, Diego, *Historia de las Indias de Nueva España e Islas de la Tierra Firme*, 2 vols., Rosa Camelo y José Rubén Romero Galván (eds.), Conaculta, México, 2002.

Erasmo, *El Enquiridion o Manual del caballero cristiano y La Paráclesis o Exhortación al estudio de las letras divinas*, S. Aguirre Impresor, Madrid, 1932.

Fernández de Oviedo, Gonzalo, *Historia general y natural de las Indias, islas y tierra-firme del Mar Océano*, Real Academia de la Historia, Madrid, 1851.

———, *Sumario de la natural historia de las Indias*, FCE, México, Buenos Aires, 1950.

Ginés de Sepúlveda, Juan, *Hechos de los españoles en el Nuevo Mundo y México*, Seminario Americanista de la Universidad de Valladolid, Valladolid, 1976.

———, *Tratado sobre las justas causas de la guerra contra los indios*, FCE, México, 1987.

Grijalva, Juan de, *Crónica de la orden de Nuestro Padre San Agustín en las provincias de Nueva España*, Imprenta Victoria, México, 1924.

Ixtlilxóchitl, Fernando de Alva, *Obras históricas*, 4 vols., Instituto de Investigaciones Históricas- UNAM, México, 1985.

Las Siete Partidas del rey don Alfonso el Sabio cotejadas con varios códigos antiguos por la Real Academia de la Historia, 3 vols., Imprenta Real, Madrid, 1807.

López de Gómara, Francisco, *Historia general de las Indias y vida de Hernán Cortés*, 2 vols., Ayacucho, Caracas, 1979.

López de Palacios Rubios, Juan y Matías de Paz, *De las islas del mar Océano. Del dominio de los Reyes de España sobre los indios*, FCE, México, Buenos Aires, 1954.

López Medel, Tomás, *De los tres elementos. Tratado sobre la naturaleza y el hombre del Nuevo Mundo*, Alianza, Madrid, 1990.

Mártir de Anglería, Pedro, *Décadas del Nuevo Mundo*, Polifemo, Madrid, 1989.

Mendieta, fray Gerónimo de, *Códice Mendieta. Siglos* XVI y XVII en Joaquín García Icazbalceta, *Nueva Colección de Documentos para la Historia de México*, Imprenta de Francisco Díaz de León, México, 1892.

_______, *Historia eclesiástica indiana*, Porrúa, México, 1980.

Molina, Alonso de, *Vocabulario en lengua castellana y mexicana*, Talleres de Imprenta, Encuadernación y Rayado «El Escritorio», Puebla, 1910.

Motolinia, fray Toribio de Benavente, *El libro perdido. Ensayo de reconstrucción de la obra histórica extraviada de Fray Toribio*, CONACULTA, México, 1989.

_______, *Historia de los indios de la Nueva España*, Dastin, Madrid, 2001.

_______, *Memoriales*, El Colegio de México, México, 1996.

Olmos, fray Andrés de, *Arte de la lengua mexicana*, UNAM, México, 2002.

_______, *Tratado de hechicerías y sortilegios*, Instituto de Investigaciones Históricas-UNAM, México, 1990.

«Ordenanzas reales sobre los indios. (Las leyes de 1512-13)» en *Anuario de Estudios Americanos*, vol. XII, Escuela de Estudios Hispano-americanos de Sevilla, Sevilla, 1956.

Paleotti, Gabriele, *Discorso intorno alle immagini sacre e profane*, Cad & Welness, Ciudad del Vaticano, 2002.

Recopilación de Leyes de los Reynos de Indias, Porrúa, México, 1987.

Sahagún, fray Bernardino de, *Historia general de las cosas de Nueva España. Primera versión íntegra del texto castellano del manuscrito conocido como Códice Florentino*, 2 vols., Alianza, Madrid, 1988.

Soto, Domingo de, *De la justicia y el derecho en diez libros* (edición facsimilar de la de 1556), 5 vols., Instituto de Estudios Políticos, Madrid, 1967.

Torquemada, Juan de, *Monarquía indiana*, 7 vols., Instituto de Investigaciones Históricas-UNAM, México, 1975.

Valadés, fray Diego, *Retórica cristiana*, UNAM, FCE, México, 1989.

Vasco de Puga, *Cedulario de la Nueva España*, CEHM Condumex, México, 1985.

Vasco de Quiroga, *Reglas y ordenanzas para el gobierno de los hospitales de Santa Fe de México y Michoacán*, Secretaría de la Economía Nacional, México, 1940.

Vespucci, Amerigo, *Cartas de viaje*, Alianza, Madrid, 1986.

Vitoria, Francisco de O. P., *Comentarios a la* Secunda Secundae *de Santo Tomás*, Biblioteca de Teólogos Españoles, Salamanca, 1952.

———, *Obras de Francisco de Vitoria. Relecciones teológicas*, Biblioteca de Autores Cristianos, Madrid, 1960.

Vives, Juan Luis, *Obras Completas*, 2 vols., M. Aguilar, Madrid, 1947.

Zorita, Alonso de, *Los señores de la Nueva España*, UNAM, México, 1993.

Fuentes citadas

Abbott, Don Paul, *Rhetoric in the New World. Rhetorical Theory and Practice in Colonial Spanish America*, University of South Carolina, Columbia, 1996.

Abellán, José Luis, *Historia crítica del pensamiento español*, 7 vols., Círculo de Lectores, Valencia, Barcelona, 1992.

Abril Castelló, Vidal, «Los teólogos-juristas de la Escuela de Salamanca, padres de los derechos humanos en el mundo moderno y contemporáneo» en *Religión y cultura*, 1998, vol. 44, n. 205.

Adorno, Rolena, «La censura y su evasión: Jerónimo Román y Bartolomé de Las Casas» en *Estudios de Cultura Náhuatl*, Instituto de Investigaciones Históricas-UNAM, México, n. 23, 1993.

Adorno, Theodor y Max Horkheimer, *Dialéctica de la Ilustración*, Trotta, Madrid, 1994.

Alberú Gómez, María del Carmen, *Relación de Michoacán y Códice Florentino: la huella medieval en dos códices del siglo XVI*, tesis doctoral, Departamento de Ciencias de la Antigüedad y de la Edad Media, Facultad de Filosofía y Letras, Universidad de Barcelona, Barcelona, 2012.

Alföldy, Géza, *Historia social de Roma*, Alianza, Madrid, 1996.

Alonso, Martín, *Diccionario medieval español*, 2 vols., Universidad Pontificia de Salamanca, Salamanca, 1986.

Álvarez-Cienfuegos Fidalgo, Juan, *La cuestión del indio: Bartolomé de las Casas frente a Ginés de Sepúlveda: visión ética, jurídica y religiosa del indio en la polémica de Valladolid*, 1550, Jintanjáfora, Morelia, 2001.

Anderson, Arthur J. O., «Los "Primeros Memoriales" y el *Códice Florentino*» en *Estudios de Cultura Náhuatl*, Instituto de Investigaciones Históricas-UNAM, México, n. 24, 1994.

Aparicio, Severo, «Influjo de Trento en los concilios limenses», *Missionalia Hispánica*, Consejo Superior de Investigaciones Científicas, Madrid, Año XXIX, mayo-agosto, 1972, n. 86.

Aries, Phillip, *Sexualidades occidentales*, Paidós, México, 1987.

Assman, Jan, *Egipto a la luz de una teoría pluralista de la cultura*, Akal, Madrid, 1995.

Báez Rubí, Linda, *Mnemosine novohispánica. Retórica e imágenes en el siglo XVI*, Instituto de Investigaciones Estéticas-UNAM, México, 2005.

Baier, Lothar, *Die grosse Ketzerei. Verfolgung und Ausrottung der Katharer durch Kirche und Wissenschaft*, Wagenbach, Berlín, 2002.

Barceló, Pedro, *Constantius II. und seine Zeit. Die Anfänge des Staatskirchentums*, Klett-Cotta, Stuttgart, 2004.

Bartra, Roger, *El salvaje en el espejo*, UNAM/Era, México, 1998.

Bataillon, Marcel, *Erasmo y España. Estudios sobre la historia espiritual del siglo XVI*, FCE, México, 1996.

________, *Erasmo y el erasmismo*, Crítica, Barcelona, 1978.

Baudot, Georges, «Los precursores franciscanos de Sahagún del siglo XIII al siglo XVI en Asia y América» en *Estudios de Cultura Náhuatl*, Instituto de Investigaciones Históricas-UNAM, México, 2001, n. 32.

________, «Fray Andrés de Olmos y su Tratado de los pecados mortales" en *Estudios de Cultura Náhualt*, Instituto de Investigaciones Históricas-UNAM, 1976, n. 12. Disponible en www.historicas.unam.mx/publicaciones/revistas/nahuatl/pdf/ecn12/165.pdf.

________, *Utopía e historia de México. Los primeros cronistas de la civilización mexicana* (1520-1569), Espasa-Calpe, Madrid, 1983.

Bayle, Constantino, *Los cabildos seculares de la América Española*, Sapientia, Madrid, 1952.

Beinart, Haim, *La Inquisición española. Antecedentes y comienzos*, Congreso Judío Latinoamericano, Buenos Aires, 1967.

Belda Plans, Juan, *Historia de la Teología*, Palabra, Madrid, 2010.

Beltrán Heredia, Vicente, «Introducción» en Francisco de Vitoria, *Comentarios a la* Secunda Secundae *de Santo Tomás*, Salamanca, Biblioteca de Teólogos Españoles, 1932, t. 1, De fide et spe (qq. 1-22).

Belting, Hans, *Imagen y culto: una historia de la imagen anterior a la edad del arte*, Akal, Madrid, 2009.

Benjamin, Walter, *El origen del drama barroco*, Taurus, Madrid, 1990.

Bernard, Carmen y Serge Gruzinsky, *De la idolatría. Una arqueología de las ciencias religiosas*, FCE, México, 1992.

Boas, Franz, *Textos de antropología*, Editorial Universitaria Ramón Areces, Madrid, 2008.

Borges Morán, Pedro, *El envío de misioneros a América durante la época española*, Universidad Pontificia de Salamanca, Salamanca, 1977.

Borja Gómez, Jaime Humberto, *Los indios medievales de fray Pedro de Aguado: construcción del idólatra y escritura de la historia en una crónica del siglo XVI*, Bogotá, Centro Editorial Javeriano, 2002.

Boswell, John, *Cristianismo, tolerancia social y homosexualidad*, Muchnik, Barcelona, 1992.

Brading, David A., *The First America: The Spanish Monarchy, Creole Patriots and the Liberal State 1492-1867*, Cambridge University, Cambridge, 1993.

Bremmer, Jan N., *Greek Religion*, Oxford University, Oxford, 1994.

Briesemeister, Dietrich, «El latín en la Nueva España» en Raquel Chang-Rodríguez (coord.), *Historia de la literatura mexicana*, 2 vols., México, Siglo XXI, 2002.

_______, «Las cartas de Amerigo Vespucci sobre el Nuevo Mundo», *Olivar, Memoria académica*, Universidad Nacional de La Plata, La Plata, 2000, año 1, n. 1.

Brown, Peter, *The Body and Society, Men, Women and Sexual Renunciation in Early Christianity*, Columbia University, Nueva York, 1988.

_______, *The World of late Antiquity*, A D 150-750, W. W. Norton, Londres, 1989.

Brufau Prats, Jaime, *La escuela de Salamanca ante el descubrimiento del nuevo mundo*, Editorial San Esteban, Salamanca, 1989.

Burckhardt, Jacob, *Del paganismo al cristianismo. La época de Constantino el Grande*, FCE, México, 1996.

Burckhart, Louise, *The slippery earth: nahua-christian moral dialogue in sixteenth-century Mexico*, University of Arizona, Tucson, 1989.

Burke, Peter, (comp.) *Formas de hacer Historia*, Alianza, Madrid, 1993.

Burkert, Walter, *Greek religion: Archaic and Classical*, Blackwell, Oxford, 1985.

———, *Homo Necans. The Anthropology of Ancient Greek. Sacrificial Ritual and Myth*, University of California, California,1983.

———, *Wilder Ursprung. Opferritual und Mythos bei den Griechen*, Wagenbach, Berlín, 1990.

Cahill, John O. P., «The development of the theological censures after the Council of Trent (1563-1709)», *Studia Friburgensia* NF, Freiburg/Schweiz, 1955.

Campbell, Joseph, *El héroe de las mil caras. Psicoanálisis del mito*, FCE, México, 1993.

Cárdenas Bunsen, José Alejandro, *Escritura y derecho canónico en la obra de fray Bartolomé de las Casas*, Iberoamericana / Vervuert, Madrid y Fráncfort, 2011.

Cardini, Franco, *Magia, brujería y superstición en el Occidente medieval*, Península, Barcelona, 1999.

Carmagnani, Marcello, *El regreso de los dioses. El proceso de reconstitución de la identidad étnica en Oaxaca: siglos* XVII y XVIII, FCE, México, 1988.

Carrasco, Rafael, *Inquisición y represión sexual en Valencia. Historia de los sodomitas* (1565-1785), Laertes, Barcelona, 1986.

Carrera Stampa, Manuel, «Historiadores indígenas y mestizos novohispanos. Siglos XVI y XVII", *Revista Española de Antropología Americana*, Universidad Complutense de Madrid, Madrid, n. 6, 1971.

Carro, Venancio Diego, «Bartolomé de las Casas y la lucha entre dos culturas: cristianismo y paganismo», *Anales de la Real Academia de Ciencias Morales y Políticas*, a. XVIII, Cuaderno único, Madrid, 1966.

———, «El emperador Carlos V, la verdadera reforma de la Iglesia y el Concilio de Trento», *Cuadernos Hispanoamericanos*, Madrid, n. 115, julio 1959

———, *La Teología y los teólogos-juristas españoles ante la Conquista de América*, Escuela de Estudios Hispano-americanos de la Universidad de Sevilla, Madrid, 1944.

Cassirer, Ernst, *El problema del conocimiento en la filosofía y en la ciencia moderna*, vol. 1, FCE, México, 1974.

Castañeda Delgado, Paulino, *La teocracia pontifical y la conquista de América*, Eset, Victoria, 1968.

Castelló, Abril, «Los teólogos juristas de la Escuela de Salamanca, padres de los derechos humanos en el mundo moderno y contemporáneo» en *Religión y cultura, Revista trimestral de los padres agustinos*, Madrid, abril-junio, 1998, n. 205.

Chang-Rodríguez, Raquel (coord.), *Historia de la literatura mexicana*, 2 vols., UNAM, Siglo XXI, México, 2002.

Chaunú, Pierre, y Jean Legrand (col.), *Historia y población. Un futuro sin porvenir*, FCE, México, 1982.

Christensen, Mark Z., *Translated Christianities. Nahuatl and Maya Religious Texts*, The Pennsylvania State University, Pennsylvania, 2014.

Cohn, Norman, *Das neue irdische Paradies. Revolutionäer Millenarismus und mystischer Anarchismus im mittelalterlichen Europa*, Rowohlts Enzyclopädie, Kulturen und Ideen, Hamburgo, 1988.

_______, *Los demonios familiares de Europa*, Alianza, Madrid, 1980.

Colston, Stephen A., Fray Diego Durán and the localistic orientation of his "Historia", *Gedenkschrift Gerdt Kutscher. Indiana*, vol. 2, n. 10, 1985.

Corbin, Alan, *El perfume o el miasma. El olfato y lo imaginario social. Siglos XVIII y XIX*, FCE, México, 2002.

Courcelles, Dominique de, *Escribir la historia, escribir historias en el mundo hispánico*, Instituto de Investigaciones Históricas-UNAM, México, 2009.

Dávalos López, Enrique, *Templanza y carnalidad en el México prehispánico. Creencias y costumbres sexuales en la obra de los frailes historiadores*, tesis de maestría, Facultad de Filosofía y Letras- UNAM, México, 1998.

Debord, Guy, *La société du spectacle*, Buchet-Chastel, París, 1967.

Dedenbach, Sabine *et al.*, (eds.), *50 años de estudios americanistas en la Universidad de Bonn: nuevas contribuciones a la arqueología, etnohistoria, etnolingüística y etnografía de las Américas*, Markt Schwaben, Saurwein, 1998.

Dehouve, Daniéle, *Relatos de pecados en la evangelización de los indios de México (siglos XVI-XVIII)*, Ciesas-Cemca, México, 2010.

Delgado León, Feliciano, «Séneca en la Edad Media española», en *Boletín de la Real Academia de Córdoba* 127, Real Academia de Córdoba de Ciencias, Bellas Letras y Nobles Artes, Córdova, 1994, pp. 415-432.

Delumeau, Jean, *El catolicismo de Lutero a Voltaire*, Labor, Barcelona, 1973.

Detienne, Marcel y Jean-Pierre Vernant, *La cuisine du sacrifice en pays grec*, Gallimard, París, 1979.

Diccionario de la Lengua Española, Real Academia Española, Madrid, 1996.

Dodds, Eric R., *Heiden und Christen in einem Zeitalter der Angst. Aspekte religiöser Erfahrung von Marc Aurel bis Konstantin*, Suhrkamp, Fráncfort del Meno, 1985.

———, *The Greeks and the Irrational*, University of California, Berkeley, 1951.

D'Olwer, Luis Nicolau, *Fray Bernardino de Sahagún* (1499-1590), University of Utah, Salt Lake, 1987.

Domínguez Ortiz, Antonio, *El antiguo régimen: los Reyes Católicos y los Austrias*, Alianza-Alfaguara, Madrid, 1981.

Duby, Georges, *El amor en la Edad Media y otros ensayos*, Alianza, Madrid, 1992.

———, *El año mil. Una interpretación diferente del milenarismo*, Gedisa, Barcelona, 2000.

Dulles, Avery, *A History of Apologetics*, Hutchinson, Londres, 1971.

Durand, Guilhem Olivier, «El panteón mexica a la luz del politeísmo grecolatino: el ejemplo de la obra de fray Bernardino de Sahagún», *Studi e Materiali di Storia delle Religioni*, Roma, 2010, vol. 76(2).

Durkheim, Émile, *Las formas elementales de la vida religiosa*, Alianza, Madrid, 1993.

Duverger, Christian, *Crónica de la eternidad*, Taurus, México, 2013.

Egío García, José Luis, *¿Qué hacer con el indio? Discursos sobre la esclavitud y la encomienda en las primeras crónicas de Indias*, tesis, Posgrado de Historia- UNAM, México.

Eliade, Mircea (ed.) *The Encyclopedia of Religion*, 16 vols., MacMillan, Nueva York, Londres, 1987.

________, *Lo sagrado y lo profano*, Paidós, Barcelona, 2014.

Ellis, Havelock, *Sex in Relation to Society*, Heinemann Medical Books, Londres, 1946.

Escalante Gonzalbo, Pablo, «Cristo, su sangre y los indios. Exploraciones iconográficas sobre el arte mexicano del siglo XVI» en Helga von Kügelgen (ed.), *Herencias indígenas, tradiciones europeas y la mirada europea. Actas del Coloquio de la Asociación Carl Justi y del Instituto Cervantes de Bremen*, Bremen, 6-9 abril, 2000, Fráncfort del Meno, 2002.

________, *Los códices mesoamericanos antes y después de la conquista española*, FCE, México, 2010.

Espinel, José Luis, *San Esteban de Salamanca. Historia y guía (siglos XIII-XX)*, Editorial San Esteban, Salamanca, 1978.

Estenssoro Fuchs, Juan Carlos, *Del paganismo a la santidad. La incorporación de los indios del Perú al catolicismo, 1532-1750*, Ifea, Lima, 2003.

Esteve Barba, Francisco, *Historiografía indiana*, Gredos, Madrid, 1992.

Febvre, Lucien, *El problema de la incredulidad en el siglo XVI. La religión de Rabelais*, Akal, Madrid, 1993.

Fernández Álvarez, Manuel (dir.), *La Universidad de Salamanca I. Trayectoria histórica y proyecciones*, 2 vols., Universidad de Salamanca, Salamanca, 1989.

Fernández de Navarrete, Martín (ed.), *Viajes de Colón*, Porrúa, México, 1986.

Fernández Rodríguez, Pedro, *Los dominicos en el contexto de la primera evangelización de México 1526-1550*, Editorial San Esteban, Salamanca, 1994.

Flecha Andrés, José Román, *Teología moral fundamental*, Biblioteca de Autores Cristianos, Madrid, 1997.

Freedberg, David, «Johannes Molanus on Provocative Paintings. *De Historia sanctarum imaginum et pictorarum*, Book II, Chapter 42». Disponible en http://www. Columbiaedu/cu/arthistory/faculty/ Freedberg/Johannes-Molanus.pdf. Revisado el 10 de noviembre de 2014.

Foucault, Michel, *Historia de la sexualidad. 1. La voluntad de saber*, 3 vols., Siglo xxi, México, 1992.

———, *Las palabras y las cosas. Una arqueología de las ciencias humanas*, Buenos Aires, Siglo xxi, 1968.

———, *Microfísica del poder*, La Piqueta, Madrid, 1992.

Fraile, Guillermo, *Historia de la filosofía española. Desde la época romana hasta fines del siglo xvii*, Biblioteca de Autores Cristianos, Madrid, 1971.

Frazer, James, *The Golden Bough. A Study in Magic and Religion*, Wordsworth, Hertfordshire, 1996.

Freud, Sigmund, *El malestar en la cultura y otros ensayos*, Alianza, Madrid, México, 1989.

———, *Moisés y la religión monoteísta*, Alianza, Madrid, México, 1989.

———, *Tótem y tabú*, Alianza, Madrid, México, 1986.

Friede, Juan, «La censura española y la *Recopilación historial* de fray Pedro Aguado», en *Boletín Cultural y Bibliográfico*, Banco de la República, Bogotá, 1963, vol. VI, n. 2.

García Quintana, Josefina, «El huehuetlatolli —antigua palabra— como fuente para la historia sociocultural de los nahuas» en *Estudios de Cultura Náhuatl*, Instituto de Investigaciones Históricas-UNAM, México, 1976, n. 12.

García Ruiz, Jesús, «El misionero, las lenguas mayas y la traducción. Nominalismo, tomismo y etnolingüismo en Guatemala», 1611. *Revista de Historia de la traducción*, Universitat Autónoma de Barcelona, Barcelona, 2007, n. 1. Disponible en www.traduccionliteraria.org/1611/generalnum.htm Consultado el 8 de junio de 2014.

Gaudemet, Jean, *El matrimonio en Occidente*, Taurus, Madrid, 1993.

Gerbi, Antonello, *La naturaleza de las Indias Nuevas. De Cristóbal Colón a Gonzalo Fernández de Oviedo*, FCE, México, 1978.

Gil, Luis, *Censura en el mundo antiguo*, Alianza, Madrid, 2007.

Gillespie, Susan D., *The Aztec Kings. The Construction of Rulership in Mexica History*, The University of Arizona, Tucson, 2000.

Girard, René, *El chivo expiatorio*, Anagrama, Barcelona, 2002.

_______, *La violencia y lo sagrado*, Anagrama, Barcelona, 1983.

Ginzburg, Carlo, *Historia Nocturna. Las raíces antropológicas del relato*, Península, Barcelona, 2003.

Gottlieb, Gunther y Pedro Barceló (eds.), *Christen und Heiden in Staat und Gesellschaft des zweiten bis vierten Jahrhunderts: Gedanken und Thesen zu einem schwierigen Verhältnis*, Schriften der Philosophischen Fakultäten der Universität Augsburg 44, Ernst Vögel, Múnich, 1992.

Graneris, Giuseppi *et al.*, *El pecado en las fuentes cristianas primitivas*, Rialp, Madrid, 1963.

Grant, Robert M., *Christian Beginnings: Apocalypse to History*, Variorum Reprints, Londres, 1983.

Greenblatt, Stephen Jay, *Maravillosas posesiones. El asombro ante el Nuevo Mundo*, Marbot, Barcelona, 2008.

Gregorovius, Ferdinand, *Roma y Atenas en la Edad Media y otros ensayos*, FCE, México, 2001.

Guerra Martinière, Margarita y Denisse Rouillon Almeida (eds.), *Historias paralelas*, Actas del Primer Encuentro de Historia Perú-México, Pontificia Universidad Católica de Perú, Fondo Editorial, El Colegio de Michoacán, México, 2005.

Gutiérrez Vega, Cristóforo, *Las primeras juntas eclesiásticas de México (1524-1555)*, Centro de Estudios Superiores, Roma, 1991.

Hanke, Lewis, *La lucha por la justicia en la conquista de América*, Istmo, Madrid, 1988.

Hardie, Phillip, *The Epic Successors of Virgil: A Study in the Dynamics of a Tradition*, Cambridge University, Cambridge, 1993.

Harrison, Jane, *Themis. A Study of the Social Origins of Greek Religion*, Merlin, Londres, 1977.

Hecht, Christian, *Katholische Bilder Theologie der frühen Neuzeit. Studien zu Traktaten von Johannes Molanus, Gabriele Paleotti und anderen Autoren*, Gebr. Mann, Berlín, 2012.

Heinrich, Klaus, *Anthropomorphe. Zum Problem des Anthropomorphismus in der Religionsphilosophie*, Stroemfeld, Roter Stern, Basel, Fráncfort del Meno, 1986.

________, *Ensayo sobre la dificultad de decir no*, FCE, México, 2012.

Henningsen, Gustav, *El abogado de las brujas. Brujería vasca e Inquisición española*, Alianza, Madrid, 1983.

Hernández de la Fuente, David, *Los oráculos griegos*, Alianza, Madrid, 2008.

Hernández de León-Portilla, Ascensión, «El arte de la lengua mexicana y castellana de fray Alonso de Molina: Morfología y composición» en *Estudios de Cultura Náhuatl*, n. 38, Instituto de Investigaciones Históricas-UNAM, México, 2008.

________ (comp.), *Obras clásicas sobre la lengua náhuatl*, Madrid, Fundación Histórica Tavera y Digibis, 1998.

Höffner, Joseph, «Ein Bruch in der christlichen Eigentumslehre? Vom jus gentium zum jus naturae» en *Gesammelte Aufsätze zur Kulturgeschichte Spaniens*, 19. Band, Aschendorffsche Münster, Westfalen, 1962.

________, *La ética colonial española del Siglo de Oro*, Cultura Hispánica, Madrid, 1957.

Honoré, Tony, *Ulpian, Pioneer of Human Rights*, Oxford University, Oxford, 2002.

Hughes, Derek, *Culture and Sacrifice: Ritual Death in Literature and Opera*, Cambridge University, Cambridge, 2011.

Ibarra García, Laura, «Los sacrificios humanos. Una explicación desde la teoría histórica-genética», *Estudios de Cultura Náhuatl*, Instituto de Investigaciones Históricas-UNAM, México, 2001, n. 32.

Illanes, José L. y Josep I. Saranyana, *Historia de la teología*, Biblioteca de Autores Cristianos, Madrid, 1995.

Íñigo Madrigal, Luis (coord.), *Historia de la Literatura Hispanoamericana*, 2 vols., Cátedra, Madrid, 1982.

Isaac, Barry L., «Cannibalism among aztecs and their neighbours: analysis of the 1577-1586 *Relaciones geográficas* for Nueva España and Nueva Galicia provinces», *Journal of Anthropological Research*, University of New Mexico, vol. 58, n. 2, 2002.

Jedin, Hubert, *Breve historia de los concilios*, Herder, Barcelona, 1963.

Jackson, Gabriel, *Introducción a la España medieval*, Alianza, Madrid, 1974.

Jankelevitch, Vladimir, *Lo puro y lo impuro*, Taurus, Madrid, 1990.

Jiménez, Nora Edith, *Francisco López de Gómara: Escribir historias en tiempos de Carlos V*, Colegio de Michoacán, México, 2001.

Juan Pablo II, «Carta encíclica *Redemptoris Missio*». Disponible en: www.vatican.va/holy_father/john_paul_ii/encyclicals/documents /ht_jp-ii_enc_07121990 redemptoris-missio_sp.html. Consultado el 10 de agosto de 2014.

Keen, Benjamin, *La imagen azteca en el pensamiento occidental*, FCE, México, 1984.

Kurnitzky, Horst, *Der heilige Markt: Kulturhistorische Anmerkungen*, Suhrkamp, Fráncfort del Meno, 1994.

_______, *Retorno al destino. La liquidación de la sociedad por la sociedad misma*, Colibrí, Universidad Autónoma Metropolitana-Xochimilco, México, 2001.

_______, «Entender lo extraño», *Este País*, México, diciembre 2014, n. 284.

_______, *Extravíos de la antropología mexicana*, Fineo, México, 2006.

———, *La estructura libidinal del dinero. Contribución a la teoría de la femineidad*, Siglo XXI, México, 1992.

———, *Retorno al Destino, la liquidación de la sociedad por la sociedad misma*, Colibrí, México, 2001.

———, «Sólo un baile. Fundamentos de la cohesión social» en *Museos en la sociedad del olvido*, CONACULTA, México, 2013.

Lafaye, Jacques, *Quetzalcóatl y Guadalupe. La formación de la conciencia nacional en México*, FCE, México, 1991.

Laquear, Thomas, *La construcción del sexo. Cuerpo y género desde los griegos hasta Freud*, Cátedra, Valencia, 1994.

Lebroc, Reynerio, «Proyección tridentina en América» en *Missionalia Hispánica*, Consejo Superior de Investigaciones Científicas, Madrid, 1969, año XXI, n. 77.

León Portilla, Miguel, *Fray Bernardino de Sahagún en Tlatelolco*, Secretaría de Relaciones Exteriores, México, 1999.

———, (ed.), *Bernardino de Sahagún. Quinientos años de presencia*, UNAM, México, 2002.

———, y Librado Silva, *Huehuetlahtolli: testimonios de la antigua palabra*, FCE, México, 1993.

Leonard, Irving A., *Los libros del conquistador*, FCE, México, 2000.

Lévi-Strauss, Claude, *Mitológicas. Lo crudo y lo cocido I*, FCE, México, 1996.

Litvak King, Jaime y Noemí Castillo Tejero, *Religión en Mesoamérica. XII Mesa Redonda*, Sociedad Mexicana de Antropología, México, 1972.

López Austin, Alfredo, «Estudio acerca del método de investigación de fray Bernardino de Sahagún», *Estudios de Cultura Náhuatl*, Instituto de Investigaciones Históricas-UNAM, México, 2011, n. 42.

Lockhart, James, *The nahuas after the Conquest: a social and cultural history of the Indians of central Mexico, Sixteenth through Eighteenth centuries*, Stanford University, Stanford, 1992.

Lomnitz, Claudio, *Modernidad indiana. Nueve ensayos sobre nación y mediación en México*, Planeta, México, 1999.

Maccoby, Hyam, *The Sacred Executioner: Human Sacrifice and the Legacy of Guilt*, Thames and Hudson, Nueva York, 1982.

Maihold, Harald, *Strafe für fremde Schuld? Die Systematisierung des Straf Begriffs in der Spanischen Spätsscholastik und Naturrechtslehre*, Böhlau, Köln, Weimer, Wien, 2005.

Maravall, José Antonio, *Estado Moderno y mentalidad social, siglo XV al XVII*, 2 vols., Revista de Occidente, Madrid, 1972.

_______, *Estudios de historia del pensamiento español. Edad Media. La época del Renacimiento. El siglo del barroco.* 3 vols., Centro de Estudios Políticos y Constitucionales, Madrid, 1999.

Marcuse, Herbert, *Eros y civilización*, Sarpe, Madrid, 1983.

Martín, Alonso, *Diccionario Medieval Español*, Universidad Pontificia de Salamanca, Salamanca, 1986.

Martínez de Vega, María Elisa, «Formas de vida del clero regular en la época de la contrarreforma: los franciscanos descalzos a la luz de la legislación provincial», *Cuadernos de Historia Moderna*, Universidad Complutense de Madrid, Madrid, 2000, n. 25.

Martínez, José Luis (ed.), *Documentos cortesianos 1518-1528*, 3 vols., FCE, UNAM, México, 1993.

Martínez Lacy, Ricardo, *Historiadores e historiografía de la antigüedad clásica: Dos aproximaciones*, FCE, México, 2004.

Martínez López-Cano, María del Pilar (coord.), *Concilios provinciales mexicanos. Época colonial*, Instituto de Investigaciones Históricas-UNAM, México, 2004. Disponible en www.historicas.unam.mx/publicciones/publicadigital/libros/concilios/concilios_index.html. Consultado el 7 y 8 de noviembre de 2014.

_______ y Francisco Javier Cervantes Bello, *Reformas y resistencias en la Iglesia novohispana*, UNAM, BUAP, México, 2014.

Matute, Álvaro (comp.), *Historiología: teoría y práctica*, UNAM, México, 1999.

Mauss, Marcel, *Lo sagrado y lo profano [Obras I]*, Barral, Barcelona, 1970.

Máynez, Pilar, «Las doctrinas de Molina y Sahagún: similitudes y diferencias» en *Estudios de Cultura Náhuatl*, Instituto de Investigaciones Históricas-UNAM, México, n. 33, 2002.

______ y José Rubén Romero Galván (coords.), *Segundo Coloquio. El universo de Sahagún. Pasado y Presente, 2008*, Instituto de Investigaciones Históricas, Biblioteca Nacional y Hemeroteca Nacional-UNAM, México, 2011.

Mendiola, Alfonso, *Retórica, comunicación y realidad. La construcción retórica de las batallas en las crónicas de la conquista*, Universidad Iberoamericana, México, 2003.

Menéndez Pelayo, Marcelino, *Historia de los heterodoxos españoles*, CSIC, Madrid, 1992.

Momigliano, Arnaldo, *The conflict between paganism and Christianity in the fourth century: Essays*, Clarendon Press, Oxford, 1963.

Monje Santillana, Juan Cruz, *Las Leyes de Burgos de 1512, precedente del derecho internacional y del reconocimiento de los derechos humanos*, en Repositorio Trabajos Académicos, Universidad de Burgos. Departamento de Derecho Público, p. 9. Disponible en http://dspace.ubu.es:8080/trabajosacademicos/bitstream/10259.1/85/1/MonjeSantillan.pdf. Consultado el 22 de junio de 2012.

Montemayor, Alicia, *La trama de los discursos y las artes, El Canon de Policleto de Argos*, Conaculta, México, 2013.

Morales, Francisco, «Los *Colloquios* de Sahagún: el marco teológico de su contenido» en *Estudios de Cultura Náhuatl*, Instituto de Investigaciones Históricas-UNAM, México, 2001, n. 32.

Moreno Mengíbar, Andrés y Francisco José Vázquez García, *Sexo y razón: una genealogía de la moral sexual en España (siglo XVI-XX)*, Akal, Madrid, 1997.

Mosse, George L., *La nacionalización de las masas*, Marcial Pons, Madrid, 2005.

Muchembled, Robert, *Une histoire du diable, XII-XX siècle*, Èditions du Seuil, París, 2000.

Mújica Pinilla, Ramón, *Ángeles apócrifos en la América Virreinal*, FCE, Lima, 1992.

Muñoz Delgado, Vicente, «El pensamiento lógico» en *Filosofía latinoamericana en la época del Encuentro*, Trotta, CSIC, Madrid, 1992.

Neils, Jenifer, *Goddess and polis. The Panathenaic Festival in ancient Athens*, Princeton University Press, Princeton, 1992.

Nietzsche, Friedrich, *Escritos sobre retórica*, Trotta, Madrid, 2000.

Nigel, Davies, *Sacrificios humanos: de la Antigüedad a nuestros días*, Grijalbo, Barcelona, México, 1983.

Nock, Arthur D., *Conversion: The Old and the New in Religion from Alexander the Great to Augustine of Hippo*, Oxford University, Oxford, Nueva York, 1952.

Obregón, Gonzalo (prol. y textos), *Los tlacuilos de Fray Diego Durán*, Cartón y Papel de México, México, 1975.

Oesterreicher, Wulf y Roland Schmidt-Reise (Hrsg.), *Conquista y conversión. Universos semióticos, textualidad y legitimación de saberes en la América colonial*, De Gruyter, Berlín, Boston, 2014.

Ogilvie, Robert M., *Los romanos y sus dioses*, Alianza, Madrid, 1995.

O'Gorman, Edmundo, *Cuatro historiadores de Indias, siglo XVI*, Secretaría de Educación Pública, México, 1972.

_______, *La invención de América*, FCE, México, 1991.

_______, *Meditaciones sobre el criollismo*, Centro de Estudios de Historia de México Condumex, México, 1970.

_______, *Seis estudios históricos de tema mexicano*, Universidad Veracruzana, Xalapa, 1960.

Olmedo Muñoz, Martín, *Espiritualidad, temporalidad e identidad en un proyecto agustino. La pintura mural de los conventos de la orden de ermitaños en la Nueva España*, tesis de doctorado, UNAM, México, 2013.

Osorio Romero, Ignacio, *Historia de las bibliotecas novohispanas*, SEP, México, 1986.

Oudijk, Michel, «De tradiciones y métodos: investigaciones pictográficas», *Desacatos, Revista de Antropología social*, CIESAS, México, 2008, n. 27.

Overmyer-Velázquez, Rebecca, «Christian morality revealed in New Spain: the inimical nahua woman in book ten of the Florentine Codex», *Journal of women's history*, 1998, vol. 10, n. 2. Disponible en http://muse.jhu.edu/journals/jowh/summary/v010/10.2.overmyer-velazquez.html. Consultado el 3 de agosto de 2014.

Pagden, Anthony, *The Fall of Natural Man. The American Indian and the origins of comparative ethnology*, Cambridge University, Cambridge, 1982.

Pagels, Elaine, *Adam, Eve and the Serpent*, Vintage, Nueva York, 1988.

Pantoja Reyes, José Romualdo, *Dominación colonial y discurso cristiano en las crónicas indias de los siglos XVI y XVII. El caso de las Crónicas de Hernando Alvarado Tezozómoc*, tesis de doctorado, Escuela Nacional de Antropología e Historia, México, 2015.

Pardo Tomás, José, *Ciencia y censura. La Inquisición española y los libros científicos en los siglos XVI y XVII*, CSIC, Madrid, 1991.

Pastor, Marialba, *Cuerpos sociales, cuerpos sacrificiales*, FCE, UNAM, México, 2004.

———, «La Conquista de México: una necesaria revisión de las pruebas sobre lo ocurrido», *Este País. Tendencias y opiniones*, México, n. 303, julio.

——— (coord.), Lucero Enríquez (ed.), *Actores del ritual en la Catedral de México*, Instituto de Investigaciones Estéticas-UNAM, México, 2016.

Payne, Stanley G., *La España imperial*, Playor, Madrid, 1985.

Paz, Octavio, *El laberinto de la soledad*, FCE, México, 1992, p. 13.

Pereda, Felipe, *Las imágenes de la discordia. Política y poética de la imagen sagrada en la España del cuatrocientos*, Marcial Pons, Madrid, 2007.

Pérez de Tudela y Alfonso García Gallo, Juan, *Sesión de apertura del curso académico 1974-75*, Instituto de España, Madrid, 1975.

Pérez Fernández, Isacio, *Fray Toribio Motolinía, OFM frente a Fray Bartolomé de las Casas*, OP., Editorial San Esteban, Salamanca, 1989.

Pérez-Gavilán Ávila, Ana Isabel, *El corazón sagrado*, Plaza y Janés, México, 2013.

Pérez Luño, Antonio-Enrique, *La polémica sobre el Nuevo Mundo. Los clásicos españoles de la Filosofía del Derecho*, Trotta, Madrid, 1992.

Pérez Puente, Leticia, *El concierto imposible. Los concilios provinciales en la disputa por las parroquias indígenas (México, 1555-1647)*, IISUE, UNAM, México, 2010.

Peristiany, Jean G., *El concepto del honor en la sociedad mediterránea*, Labor, Barcelona, 1968.

Phelan, John L., *El reino milenario de los franciscanos en el Nuevo Mundo*, UNAM, México, 1972.

Plantin, Christian, *Lieux communs, topoï, stéréotypes, clichés*, Kimé, París, 1993.

Pomeroy, Sara B., *Diosas, rameras, esposas y esclavas. Mujeres en la Antigüedad clásica*, Akal, Madrid, 1999.

Prescendi, Francesca, *Dècrire et comprendre le sacrifice*, Franz Steiner, Stuttgart, 2007.

Puech, Henri-Charles, *Las religiones antiguas II, Historia de la Religiones siglo XXI*, Siglo XXI, México, 2001.

Rabasa, José, *De la invención de América. La historiografía española y la formación del eurocentrismo*, Universidad Iberoamericana, México, 2009.

_______, *Tell Me the Story of How I Conquered You: Elsewheres and Ethnosuicide in the Colonial Mesoamerican World*, University of Texas, Austin, 2011.

RAE, *Diccionario de autoridades*, Gredos, Madrid, 1963.

Rahner, Hugo, *Mitos griegos en interpretación cristiana*, Herder, Barcelona, 2003.

Ramírez, Clara Inés, *La Universidad de Salamanca en el siglo XVI. Corporación académica y poderes eclesiásticos*, Universidad de Salamanca, Salamanca, 2002.

Ramírez Batalla, Miguel Ángel, *La idea de la romanidad en la Antigüedad Tardía (161-395)*, tesis de licenciatura, Facultad de Filosofía y Letras-UNAM, México, 2005.

________, «Tradición y costumbres en la religión romana» en *Nova Tellus. Anuario del Centro de Estudios Clásicos*, Instituto de Investigaciones Filológicas-UNAM, México, 2007, n. 27-1.

Ramos, Demetrio, «Estudio preliminar» en Juan Ginés de Sepúlveda, *Hechos de los españoles en el Nuevo Mundo y México*, Seminario Americanista de la Universidad de Valladolid, Valladolid, 1976.

Ranke-Heinemann, Uta, *Eunucos por el reino de los cielos. La Iglesia católica y la sexualidad*, Trotta, Madrid, 1994.

Rawlings, Helen, *Church, Religion and Society in early modern Spain*, Palgrave Macmillan, Basingstoke, Hampshire, 2002.

Rech, Bruno, «Bartolomé de Las Casas und Aristoteles» en *Jahrbuch für Geschichte von Staat, Wirtschaft u. Gesellschaft Lateinamerikas*, Böhlan, Köln, Wien, Bd. 22, 1978.

________, «Las Casas und das Alte Testament» en *Jahrbuch über Geschichte von Staat, Wirtschaft u. Gesellschaft Lateinamerikas*, Böhlan, Köln, Wien, Bd. 18,1981.

________, «Las Casas und die Autoritäten seiner Geschichtsschreibung» en *Jahrbuch über Geschichte von Staat, Wirtschaft u. Gesellschaft Lateinamerikas*, Böhlan, Köln, Wien, Bd. 16, 1979.

________, «Las Casas und die Kirchenväter» en *Jahrbuch über Geschichte von Staat, Wirtschaft u. Gesellschaft Lateinamerikas*, Böhlan, Köln, Wien, Bd.17, 1980.

Reik, Theodor, *Ritual, Four Psychoanalytic Studies*, Grove, Nueva York, 1962.

Restall, Matthew, *Seven Myths of the Spanish Conquest*, Oxford University, Oxford, 2003.

Ricard, Robert, *La conquista espiritual de México. Ensayo sobre el apostolado y los métodos misioneros de las órdenes mendicantes en la Nueva España de 1523-1524 a 1572*, FCE, México, 1992.

Rico Verdú, José, *La retórica española de los siglos XVI y XVII*, CSIC, Madrid, 1973.

Robertson Smith, William, *Religion of the Semites*, MacMillan, Londres, 1927.

Robles, Laureano, *Filosofía iberoamericana en la época del Encuentro*, Trotta, Madrid, 1992.

Rodríguez Molinero, Marcelino, *La doctrina colonial de Francisco de Vitoria o el derecho de la paz y de la guerra. Un legado perenne de la escuela de Salamanca*, Librería Cervantes, Salamanca, 1993.

Róheim, Géza, *Psychoanalysis and Anthropology. Culture, Personality and Unconscious*, International Universities, Nueva York, 1968.

Romero Galván, José Rubén (coord.), *Historiografía novohispana de tradición indígena*, Instituto de Investigaciones Históricas-UNAM, México, 2003.

Romero Sánchez, Tania E., *El aquelarre de María Felipa de Alcaraz, un ritual demoníaco novohispano del siglo XVIII*, tesis de maestría, Facultad de Filosofía y Letras, Instituto de Investigaciones Históricas-UNAM, México, 2014.

Rousselle, Aline, *Porneia. Del dominio del cuerpo a la privación sensorial. Del siglo II al siglo IV de la era cristiana*, Península, Barcelona, 1989.

Rozat Dupeyron, Guy, *América, Imperio del Demonio. Cuentos y recuentos*, Universidad Iberoamericana, México, 1995.

_______, «Fronteras semióticas. Escritura y alteridad en las crónicas novohispanas», *Antropología crítica*. Disponible en http://antcritica.tripod.com/id5.html. Consultado el 15 de agosto de 2017.

_______, «Identidad y alteridades. El Occidente medieval y sus "otros"», *Desacatos, Revista de Antropología social*, CIESAS, México, 2000, n. 4.

_______, «La Conquista de México no ocurrió», Memorias del Seminario de Historiografía de Xalapa «Repensar la Conquista».

Disponible en http://www.lagos.udg.mx/uiv11/indice%20MEMORIAS.pdf. Consultado el 28 de mayo de 2015.

———, «La invención del testimonio» en *Graphen. Revista de Historiografía*, Grupo de Historiografía de Xalapa, Centro INAH-Veracruz, 2013, n. 5.

Rubial García, Antonio, *El paraíso de los elegidos. Una lectura de la historia cultural de Nueva España (1521-1804)*, FCE, UNAM, México, 2010.

———, «Estudio preliminar. Fray Gerónimo de Mendieta: tiempo, vida, obra y pensamiento», en Fray Gerónimo de Mendieta, *Historia eclesiástica indiana*, CONACULTA, México, 2002.

———, *Profetisas y solitarios. Espacios y mensajes de una religión dirigida por ermitaños y beatas laicos en las ciudades de Nueva España*, UNAM, FCE, México, 2006.

Ruiz Bueno, Daniel, *Padres apologetas griegos*, Biblioteca de Autores Cristianos, Madrid, 1954.

Ruiz Medrano, Ethelia, «Introducción» en Alonso de Zorita, *Relación de la Nueva España*, 2 vols., Conaculta, México, 2011.

Russell, Jeffrey Burton, *The Prince of Darkness. Radical Evil and the Power of Good in History*, Cornell University, Ithaca, Nueva York, 1988.

Ruz Barrio, Miguel Ángel, «Los Códices Matritenses de fray Bernardino de Sahagún: estudio codicológico del manuscrito de la Real Academia de la Historia» en *Revista Española de Antropología Americana*, Universidad Complutense de Madrid, julio-diciembre 2010, vol. 40, n. 2.

Sáenz Serrano, Rosa María, «*Sive pagani sive gentiles*: El contexto sociocultural del paganismo hispano en la Tardoantigüedad», *Gerión. Revista de Historia Antigua*, Universidad Complutense de Madrid, Madrid, 2003.

Salavert Fabián, Vicente, «La Leyenda Negra. Evolución del panfleto antiespañol en la Francia del siglo XVI» en *Historia16*, año XV, n. 167, 1990, pp. 38-50.

Sánchez Herrero, José, «Alfabetización y catequesis en España y América en el siglo XVI», Sevilla, Universidad de Sevilla, Facultad de Geografía e Historia, [s.f.]. Disponible en: http://dadun.unav.edu/bitstream/10171/4721/1/JOSE%20SANCHEZ%20HERRERO.pdf. Consultado el 29 de julio de 2014.

Saranyana, Josep Ignasi (dir.), *Teología en América Latina. Desde los orígenes a la guerra de Sucesión (1493-1715)*, 4 vols., Iberoamericana, Vervuert, Madrid, 1999.

Saravia, Crescenciano, «Repercusión en España del decreto del Concilio de Trento sobre las imágenes», *Boletín del Seminario de Estudios de Arte y Arqueología*, Valladolid, 1960, t. XXVI.

Segundo Guzmán, Miguel Ángel, «Trabajar sobre las ruinas del Otro: temporalidad india y sentido del paganismo en la *Historia General* de fray Bernardino de Sahagún», *Fronteras de la Historia*, Instituto Colombiano de Antropología e Historia, Bogotá, 2012, vol. 17, n. 2.

Sennett, Richard, *Carne y piedra. El cuerpo y la ciudad en la civilización occidental*, Alianza, Madrid, 1997.

Seznec, Jean, *Los dioses de la Antigüedad en la Edad Media y el Renacimiento*, Taurus, Madrid, 1986.

Sierra Corella, Antonio, *La censura de libros y papeles en España y los índices y catálogos españoles de los prohibidos y expurgados*, Imprenta Góngora, Madrid, 1947.

Smith, John H., *The Death of Classical Paganism*, Geoffrey Chapman, Londres-Dublín, 1976.

Solokow, David Mauricio Adriano, *Etnógrafos coloniales. Alteridad y escritura en la Conquista de América (siglo XVI)*, Vervuert, Iberoamericana, Fráncfort, Madrid, 2014.

Stroumsa, Guy G., *La fin du sacrifice. Les mutations religieuses de l'Antiquité tardive*, Odile Jacob, París, 2005.

Subirats, Eduardo, *Memoria y exilio*, Losada, Buenos Aires, Madrid, 2003.

Sullivan, Thelma D., «Nahuatl proverbs, conundrums and metaphors collected by Sahagún» en *Estudios de Cultura Náhuatl*, Instituto de Investigaciones Históricas-UNAM, México, 1963, n. IV.

Tánacs, Erika, «El Concilio de Trento y las Iglesias de la América española: la problemática de su falta de representación», *Fronteras de la Historia, Revista de Historia Colonial Latinoamericana*, Instituto Colombiano de Antropología e Historia, Bogotá, vol. 7, 2002.

Tate, Robert, *Ensayos sobre la historiografía peninsular del siglo XV*, Gredos, Madrid, 1970.

Thomas, Keith, *Religion and the Decline of Magic. Studies in Popular Beliefs in Sixteenth and Seventeenth-Century England*, Penguin, Londres, 1971.

The Oxford English Dictionary, 20 vols. Oxford, Clarendon, 1989.

Tillich, Paul J., *Systematic Theology* I, University of Chicago, Chicago, 1951.

Todorov, Tzvetan, *La Conquista de América. El problema del otro*, Siglo XXI, México, 1989.

Tolan, John, «Más allá de los mitos de la coexistencia interreligiosa: contactos y roces cotidianos según las fuentes jurídicas de la España medieval» en *Graphen. Revista de Historiografía*, Grupo de Historiografía de Xalapa, Centro INAH-Veracruz, 2013, n. 5.

Tomás y Valiente, Francisco, *El derecho penal de la monarquía absoluta (Siglos XVI-XVII-XVIII)*, Tecnos, Madrid, 1969.

———, «La condición natural de los indios de Nueva España, vista por los predicadores franciscanos», *Anuario mexicano de historia del Derecho*, vol. IV, México, 1994.

——— *et al.*, *Sexo barroco y otras transgresiones premodernas*, Alianza, Madrid, 1990.

Trabulse, Elías, *Los orígenes de la ciencia moderna en México (1630-1680)*, FCE, México, 1994.

Trevijano, Ramón, *Patrología*, Biblioteca de Autores Cristianos, Madrid, 2004.

Trexler, Richard C., *Church and Community, 1200-1600. Studies in the history of Florence and New Spain*, Storia e Letteratura, Roma, 1987.

_______, *Reliving Golgotha. The Passion Play of Iztapalapa*, Harvard University, Cambridge, Londres, 2003.

_______, *Sex and Conquest. Gendered Violence, Political Order, and the European Conquest of the Americas*, Cornell University, Nueva York, 1995.

Turcan, Robert, *The Cults of the Roman Empire*, Willey-Blackwell, Nueva Jersey, 2001.

Turner, Victor W., *The Ritual Process. Structure and Anti-Structure*, Penguin, Harmondsworth, 1969.

Ulloa, Daniel, *Los predicadores divididos. (Los dominicos en Nueva España. Siglo XVI)*, El Colegio de México, México, 1977.

Valcárcel Martínez, Simón, *Las crónicas de Indias como expresión y configuración de la mentalidad renacentista*, Diputación Provincial de Granada, Granada, 1997.

Vernant, Jean-Pierre, *Entre mito y política*, FCE, México, 2002.

Veyne, Paul, *Als unsere Welt christlich wurde (312-394). Aufstieg einer Sekte zur Weltmacht*, C.H. Beck, München, 2008.

_______, *Die griechisch-römische Religion. Kult, Frömmigkeit und Moral*, Reclam, Stuttgart, 2005.

_______, François Lissarrague y Françoise Frontisi-Ducroux, *Los misterios del gineceo*, Akal, Madrid, 2003.

_______, *Séneca y el estoicismo*, FCE, México, 1993.

_______, *Sexo y poder en Roma*, Paidós, Barcelona, 2012.

Villegas, Juan, *Aplicación del Concilio de Trento en Hispanoamérica 1564-1600. Provincia eclesiástica Perú*, Instituto Tecnológico del Uruguay, Montevideo, 1975.

Von Harnack, Adolf, *The Mission and Expansion of Christianity in the First Three Centuries*, Harper & Brothers, Nueva York, 1962.

Von Hefele, Karl Joseph, *El Cardenal Jiménez de Cisneros y la Iglesia española a fines del siglo XV y principios del XVI*, Diario de Barcelona, Barcelona, 1869.

Weber, Max, *Economía y Sociedad*, FCE, México, 1977.

Weckmann, Luis, *La herencia medieval de México*, 2 vols., El Colegio de México, México, 1984.

Westermarck, Edward, *The Origin and Development of the Moral Ideas*, 2 vols., Macmillan, Londres, 1906-1908.

Williams, Victoria Howell, «Los orígenes de la Inquisición española. A propósito de un libro nuevo» en *El Olivo. Documentación y estudios para el diálogo entre judíos y cristianos*, vol. XXII, 48, julio-diciembre, Madrid, 1998.

Ybot León, Antonio, *La Iglesia y los eclesiásticos españoles en la empresa de Indias*, 2 vols., Salvat, Barcelona, Madrid, Buenos Aires, 1954-1963.

Zavala, Silvio, *Los esclavos indios en Nueva España*, El Colegio Nacional, México, 1994.

________, *Servidumbre natural y libertad cristiana, según los tratadistas españoles de los siglos XVI y XVII*, Porrúa, México, 1975.

Zwack, Wolfgang, «Religión indígena y noción cristiana del sacrificio: el choque de dos mundos en la "Loa para *El Divino Narciso*" de Sor Juana Inés de la Cruz», *Voz y Letra, Revista de Filología*, 1991, t. II, vol. 2.

www.ingramcontent.com/pod-product-compliance
Lightning Source LLC
Chambersburg PA
CBHW031041110426
42740CB00047B/778

9786075690766